KB034750

말의 표정들

현대의 지성 154

말의 표정들

미디어 문화의 실천과 소통의 윤리

제1판 제1쇄   2014년 3월 14일
제1판 제2쇄   2015년 9월 1일

지은이   김예란
펴낸이   주일우
펴낸곳   ㈜문학과지성사
등록번호   제1993-000098호
주소   121-894 서울 마포구 잔다리로7길 18(서교동 377-20)
전화   02)338-7224
팩스   02)323-4180(편집)   02)338-7221(영업)
전자우편   moonji@moonji.com
홈페이지   www.moonji.com

ⓒ 김예란, 2014. Printed in Seoul, Korea.

ISBN 978-89-320-2610-7

현대의 지성 154

미디어 문화의 실천과
소통의 윤리

말의 표정들

김예란 지음

문학과지성사
2014

    마주침 외에 무엇을 할 수 있을까? 우리는 무수한 대상들과의 마주침을 무한의 가능성이자 궁극의 한계로서 겪고 흘러내면서 세계를 살아간다. 표정은 그 마주침의 실재다.

    견고한 물질성과 증발적인 이미지, 부드러운 균열과 강렬한 진동. 모든 찰나마다 그 자리에서 고유하게 존재하는 형상과 운동이 곧 표정이다. 얼굴 없는 몸에서도 표정은 불구된 몸으로써 자명하다. 심지어 죽음에 있어서조차 차갑게 굳어 남은 최후의 표정이란 존재의 모든 기억을 총체적으로 표출하는 전신의 축제다. 표정은 존재 위에 둥둥 떠다니는 껍데기가 아니다. 그저 몸뚱이의 말단에 수동적으로 머무는 데 그치지 않는다. 존재가 세계를 향해 온몸으로 드러내는 최선의 표현 그리고 어느 지점에선가 절제하듯 멈춰선 우아한 동작, 그 순전한 경계가 표정이다. 표정은 그 누군가의 정밀하게 홈이 파인 얼굴에, 깊이 웅크린 몸뚱이에, 애처롭게 사라지는 뒷모습에 파이고 파묻고 퍼진다. 세계-

내-존재가 실존하는 자리에 곧 표정이 있다. 그 때문에 표정은 그토록 섬세하고 거대하며, 모호하면서도 엄정하고, 수줍고 담대하다. 그것은 여느 발화보다도 투명하고 자연스러우며 민첩하게 존재성을 체현한다.

또한 표정은 주체와 세계의 관계를 육화한다. 나의 표정을 절대 보지 못하는 유일한 존재는 바로 나다. 표정이란 운명적으로 그 주인에 등 돌리고 있다! 나와 나의 표정은 본성적으로 연결되어 있지만 본연적으로 단절되어 있다. 단독의 표정은 외롭다. 따라서 표정은 세상을 향하게 된다. 주체와 세계의 마주침에서 비로소 표정은 살아난다. 나의 표정을 보는 유일한 자는 바로 내 앞의 당신이다. 당신의 표정에는 내가 보는 당신이, 당신이 보는 내가, 내가 보는 당신이 나를 응시함으로써 비로소 현존하는 우리가 있다. 표정은 나와 당신이 관계하는 방식을 건설하고 표명한다. 그것은 단독의 당신과 나 사이에서 서로를 향해 열리게 된 자리이고 길이며 몸으로 벌이는 선언이다. 이목구비 세밀한 근육들이 의식의 흐름을 주파하고 추월하고 확장하여, 타인을 향해 그려내는 하나의 상호주관적인 위상도다. 표정은 관계의 드러냄이기도 하지만 그 이전에 관계의 맺음이다. 관계라는 동학의 실천이다.

표정의 논리는 어떠한가? 동일한 육체들의 바탕 위에서 생성되는 표정은 한순간도 똑같이 머물지 않는다. 한번 만들어진 표정이 영원히 지속될 수 없듯이 한번 사라진 표정은 결코 되돌아올 수 없다. 이렇듯 표정은 끊임없이 발생하고 변화하면서 주체를 증명한다. 이런 점에서 표정은 얼굴의 주름 운동이다. 의미의 '안으로의 함축'과 기호의 '바깥으로의 표현'이 종합하여, 깊이로 파고들면서 넓이를 이동시키는 들뢰즈의 주름 운동. 표정은 차이들의 변화를 반복함으로써 매 순간 이전의 무수한 것들로부터 도약하며 신생한다. 이 영원회귀 안에서 나는 나일 수 있고 더 이상 내가 아니며, 잃어버린 나면서 새로운 내가 된다.

　그리하여, 이 세상의 모든 것들은 표정을 지닌다. 모든 것에 표정이 있을진대 마땅히 말에도 표정이 있다. 슬픔의 말, 기쁨의 말, 찢어진 말, 회생하는 말, 혼자 있는 말, 어울리는 말, 말의 미소와 통곡 또는 그 재질과 울림. 더욱이 말은 관계 속의 우리라는 집합을 잣고 드러내는 운동 과정이다. 말의 표정들이란 그 운동을 체현하는 실재적 매개다. 따라서 우리 삶에 퍼져 있는 말의 표정들을 바라보는 일은 우리 사회가 주고받는 느낌과 생각의 이야기들에 귀 기울이는 행위고 종국에는 우리 자신을 이해하고 반성하기 위한 성찰적 모험이다.

　나는 한동안 우리 세계에 펼쳐진 말들을 경청하며 그 의미들을 파 내려가고자 노력했다. 그러다가 말의 모든 의미는 보이지 않는 기의로 추상화되기에 앞서, 그렇게 높이 올라가거나 깊이 가라앉기 직전에, 말의 표정으로서 이미 현존한다는 사실을 깨달았다. 이런 점에서 말의 표정은 선험적이고 초월적이기보다는 체험적이고 현상적이다. 더욱이 오늘날 말의 표정들이 각기 다양하고 발랄한 순발력과 날카로운 통각의 울림을 지니게 된 데는 환경 변화에 힘입은 바 크다. 비트와 네트의 미적분적 변양들이 엮어낸 소통의 연결망 덕분에 서로 비추고 옮기고 모으고 소각하는 말의 활동들이 항상 동시다발적으로, 무척이나 광대하고 재빠르게 일어나고 있다.

　사람들의 말은 대부분 정렬된 논리어가 아니다. 차라리 무리가 내는 웅성거림과 술렁댐, 잡음처럼 들리는 무채색의 비음이며, 번쩍거리는 형광색의 환호와 소란, 전자적인 재질과 동물적인 냄새가 엉키어 독특한 표정들을 만들어낸다. 이러한 말의 표정들은 상징의 체계와 질서를 미처 확보하지 못하는, 아니 거기에 얽매이기를 거부하는 듯하다. 언어로 정립되기까지 거쳐야 하는 정합적 질서와 절차를 차마 기다리거나 견뎌낼 수 없다는 듯이 날것의 생생한 음질로 스스로 태어난다. 이것은 마치 성악설의 한 주인공 아이처럼 순연적인 이기성을 변덕스럽고도 끈덕지게, 귀엽고도 당돌하게 뱉어낸다. 이들이 반드시 아름답거나 올바르지만은 않을 것이다. 그렇지만 살아 있으므로 진실이다. 이토록 비천하지만 동시에 경외되는 삶의 진실이 화化/話한 것이 바로 말의 표정들이다. 따라서 말의 표정들에 머무는 일은 사회의 마음과 몸, 그 진실을 천착하는 일이다. 이런 점에서 게오르크 짐멜은 감각의 사회학을 제안하면서 당대를 이해하기 위해서는 이토록 미세하고 잠재적이지만 심대하게 수행되는 대중의 감각 실천들을 탐구하기를 권고했다.

그러나 표정을 보기란 얼마나 어렵고 때로는 위험하기조차 한 일인가? 표정의 직시는 종종 변신, 나아가 죽음의 테제와 연관되었다. 마치 돌로 굳어지는 몸 혹은 사자死者의 세계로 추락하는 사랑처럼. 그러나 그렇다고 해서 표정을 부인하거나 포기하는 일이 우리에게 남겨진 유일한 길은 아니리라. 페르세우스는 메두사의 얼굴을 방패의 이미지로 투영하고, 오르페우스는 에우리디케를 잃은 슬픔을 노래로 번역했다. 이로써 너무나 두렵거나 사랑스러워 직시할 수 없었던 존재의 표정들을 보고 말할 수 있었다. 이처럼 언어적 매개는 금지된 삶과 죽음의 표정을 의미의 차원으로 외삽한다. 이제 말로 매개된 표정들이란 진실로서, 또 진실을 위해, 경험되고 해석되어야 할 무엇이 된다. 이렇듯 표정과의 대면은 사유를 낳는다. 그리고 자아 성찰의 가능성을 열어준다. 이것이 "악惡의 날," '너'가 곧 '나'인 상황에서 요청되는 표정의 윤리학이다(황지우의 시 「나는 너다 5」에서 인용). 우리가 위험스런 공포와 유혹에도 불구하고 그 치명성을 무릅쓰며 너와 나의 표정을 직시하고 발언해야 하는 이유도 여기에 있다.

이 책에는 현재 우리의 삶 속의 여러 조건들 속에서 발화되거나 침묵되었던 말의 표정들이 담겨 있다. 표정들이 서로 조화롭게 어울려 있지만은 않으며 갈등으로 왜곡되거나 폭력으로 무기화되기도 하는 것이 현재 우리 삶의 정황이다. 본래 말이란 이질적인 본성과 강도의 힘들이 긴장하고 결투하는 유격의 장이다. 이것이 말의 건강한 생산력이기도 하다. 그렇지만 폭력적인 쟁투가 미덕으로 장려되는 신자유주의 조건에서 말은 지독히도 독단적인 원리와 독재적인 권력에 의해 포획되고 말았다. 이 상황에서 강제적으로 조형되는 표정은 무엇이며 과연 우리는 무슨 표정들을 가지고 있는가, 또 우리는 다른 어떤 표정들을 지을 수 있을까?

이러한 물음들에 대해, 제1부에서는 소통의 정치적 조건을 검토하고, 강요와 강제의 조건에 대응하여 창발의 기운으로 꿈틀대는 말들의 울림을 해석한다. 제2부는 자본과 권력의 장치로 작동하는 미디어 테크놀로지의 문제를 논한다. 정보자본주의사회에서 영혼과 정신이 상품으로 통제되는 방식을 추적하면서, 인간의 행복과 존재의 미학이 실현될 수 있는 윤리적 가능성을 상상한다. 제3부는 대중이 일상에서 행하는 미디어 실천의 양상을 살펴보았다. 전통적인 삶과 노동의 질서가 전면적으로 해체되는 상황에서 새로운 문화적 정체성이 궁구되고 구성되는 미디어 현장에 주목한다. 제4부는 오늘날 우리 문화공간의 풍경을 그려보고자 했다. 민주화와 자본주의라는 이중의 가능 조건 안에서 충돌과 실험을 통한 도전적인 문화 운동이 생성되고 성장하는 국면들을 조망했다.

　이 책은 지난 십여 년간 쓴 글들을 모은 것이다. 그동안 많은 분들이 순간순간마다 각자 계신 자리에서 고유한 가르침과 도움을 베풀어주셨다. 내 주위에 그들의 모든 각개 빛나는 표정들이 없었다면 이 책은 결코 만들어질 수 없었을 것이다. 부족한 글들이지만 한데 묶여 하나가 된 얼굴을 가질 수 있도록 출판을 허락해주신 문학과지성사의 주일우 사장님과 모든 원고를 충실히 살펴주신 편집부의 최대연 선생님께 감사를 표한다. 박명진 선생님께서는 인간의 말을 탐구하는 일에 관해, 그 준엄한 가치와 방향을 몸소 보여주셨다. 그분의 커다란 가르침 안에서 나의 말에 대한 탐구 작업이 미약하나마 싹틀 수 있었다. 아울러 그토록 아름다운 얼굴을 한 친구들과 선후배, 동료들을 바라보며 대화하고 글 쓰는 일은 참으로 복된 기쁨이었다. 부모님께서는 아마도 내가 이 세상에서 처음으로 대한 표정의 주인들이셨을 게다. 이 복잡하고 어려운 세계와의 첫 대면이 그분들의 고귀한 표정을 통해 이루어졌다는 것은 더할 나위 없는 행운이다. 진심으로 감사드린다.

2014년 3월
김예란

차례

제1부　사회 그리고 느낌

1장
소통이라는 유령:
상징권력과 인정투쟁의 관점에서

1. 소통의 자리

'인간人間'은 말 그대로 관계와 사이의 의미를 내포하는 흥미로운 단어다. 유사 단어라 할 수 있는 '사람'은 단수의, '인류'는 집합의 명사형을 유지한다면 인간은 누구와 누구 '사이,' 그 빈 곳 또는 중간의 공간을 함축한다. 사람이나 인류가 아닌 인간에만 '사이'라는, 다수가 공존적으로 빚어내는 관계성이 존재한다. 그 '사이'에서 존재들이 언어를 매개로 관계를 맺는 활동이 소통이다. 소통은 바로 그 '사이'에 있다. '사이'는 단지 소통의 배경이나 조건만이 아니며, 소통을 통해 사이가 비로소 관계로서 생성되고 관계는 차이로부터 소통이 발동하게끔 한다. 이런 점에서 관계와 소통은 사이 안에서 상호 원천적이며 상호 형성적이다. 따라서 소통을 통해서만이, 애초에 함께 있어 사이[間]를 만들어낸 이들이 비로소 특정한 언어적 주체[人]로 형성된다. 복수로서의 사람

'들'이 있기에 사이라는 관계 공간이 형성되고, 그 안에서 언어를 매개로 한 소통이 발생한다. 물론 그 역도 성립되어야 한다. 소통이 있기에 관계가 형성·재형성되고, 그 소통 안에서 인간 주체들의 관계가 존립할수 있다. 인간과 소통의 짝패 중 하나라도 없다면 나머지 하나도 무너지고 만다.

소통은 여럿 사이에서 관계를 맺는 과정적 실천을 의미하므로, 본연적으로 동일성과 차이의 문제를 짊어지게 된다. 각기 다양한 차이를 지닌 개별자(각 개별자 자체의 내적인 다층성과 차이를 포함하여)들이, 절대적 전일체에 무차별적으로 통합되지 않고 고유한 차이들을 유지할수 있도록, 동시에 다양한 차이들이 공존하되 서로 완전히 유리되거나 결별하지 않으면서 함께 있을 수 있도록, 요컨대 '사이'의 거리가 너무 가까워 붙어버리거나 반대로 너무 멀어서 끊이지 않고 보존되도록 적절히 매개하는 작용이 소통이기 때문이다. 특이성singularity과 보편성 universality은 개별 주체와 집합적 공동체가 서로 형성하면서 하나가 나머지 하나를 극단까지 위협할 수 있는 비변증법적 관계에 있다. 이는 인간관계라는 존재의 의미에서뿐만 아니라 소통이라는 재현의 의미에서도 그러하다. 바로 소통은 이 긴장에 개입하고 그것을 작동시키는 인간의 상징적 활동이다. 이는 소통이 보편성/특이성, 동일성/차이, 도덕/윤리, 정치/미학 사이의 긴장이라는, 오래된 논쟁에 직접적으로 개입하고 수행하는 적극적 행위임을 뜻하는 것이기도 하다.

이 글은 한국 사회에서 소통이 매개하고 매개되는 보편성과 특이성의 관계와 방식들을 해석하려는 목적을 지닌다. 소통의 사회적 조건과그 실천 양식의 특성을 읽어내기 위해 이 글은 다음과 같이 기획되었다. '소통의 사회적 조건'을 상징권력으로 조직되는 '상징체계'로, 필연적이지만 반드시 미리 결정되지는 않는 식으로 느슨하게 구성된 아비투스habitus에 속한 주체가 그 고유한 주관적·객관적 상황과 관계를 수행하는 '인정투쟁'을 '소통의 행위'라고 해석할 것이다. 구체적으로 새로운 정치 집권 세력이 등장하고 시민사회의 변동이 격렬했던 2008년 이후의 시기에 소통이 정치적으로 문제화되고 소통에 관한 상징체계가 사회적으로 구축된 과정과 특성, 그 참여자들이 소통을 실행하는 관계와 역학, 그 과정과 효과의 역동에 주목한다. 이렇듯 '소통'이라는 주제를 중심으로 작동된 상징권력과 인정투쟁의 국면을 분석함으로써, 첫째로 소통에 관해 이질적으로 형성된 사회적 인식의 겹들을 분별하고, 둘째로 실제 소통 담론들에 관한 실질적 이해를 통해 한국의 소통 문화를 비판적으로 이해하며, 마지막으로 소통의 윤리와 정의를 논한다.

2. '유령'으로서의 소통

소통이 한국 사회의 핵심 문제로 대두한 것은 일종의 담론적 사건이다. 소통의 담론화는 자연스런 문제로 저절로 생성되는 것도 아니고, 몇몇 정치인이나 지식인의 계획된 의도에 의해서 돌연 창출될 수 있는 것도 아니며, 어떠한 혁명적 계기에 의해서 폭발적으로 창발되는 것도 아니다. 정치, 사회, 문화, 경제, 미디어의 역동이 수렴하는 조건에서 결핍의 대상이자 성취의 목표로, 현실적으로 극복해야 할 문제이자 문제 해결의 도구로, 정치적 기술이자 사회적 정의로, 이 모든 의미들을 모호하게 안은 총체적인 개념으로 소통이라는 말이 부상했다.

과거로부터 억압받은 기억 혹은 미완의 미래적 열망이 엉겨 붙어 현재를 떠돌 때 우리는 그것을 '유령specter'이라 부른다. 데리다는 유령을 현재의 시간성으로부터 탈각되어 시간 질서에 길들여지지 않고 초현재적으로 현존하는 것, 그리고 삶과 죽음의 경계 위에 있음으로써 삶에 대한 가르침과 성찰을 실어오는 것, 실재도 본질도 아닌 채 우리와 더불어 사는 것이라고 풀이한다(Derrida, 1994). 유령은 미처 태어나지 않았거나 이미 죽어 사라진 존재, 즉 현재-삶present-living의 경계 너머에 있는 타자다. 그렇기에 유령과 함께한다는 것은 "기억의 정치, 유산의 정치, 그리고 (복수로서) 세대들의 정치"를 뜻한다(같은 책, p. x). "유령과 함께하는 것"은 "다르게 사는 것, 그리고 더 좋게 사는 것, 아니 더 좋게는 아닐지라도 더 옳게 사는 것"이다. 현재-삶이라는 틀, 즉 "나와 우리의 삶"이라는 경험적 현실의 범위를 넘어 "영원히 다가올 미래future-to-come"에 대해 '책임'을 지는 것이 진정한 의미에서의 '정의justice'일진대, 유령은 바로 타자 지향적인 책임성과 정의를 표상하는 것이다.

우리 시대에 소통은 하나의 유령이다. 미완의 과제, 보증 없는 열망, 성취의 의지, 갈등과 절망이 뒤엉킨 유령 말이다. 현재 '소통'이라는 말에는 과거로부터의 기억과 회오, 앞날에 대한 희망과 공포가 뒤섞인 채, 초현재적인 의미들이 다소 혼란스럽게 공존하고 있다. 이리하여 마치 강력하다 못해 필연적인 역사적 선택인 듯이, 소통은 현재 현실 정치를 순식간에 포획하는 유령이 되었다.

한국 근현대사에서 유령은 줄곧 출몰해왔다. 다만 그 구체적인 모습과 속성이 시대적 정황에 따라 특수하다. 전후 한국 사회에서는 국가의 운명이 경제의 관점에서 정의되었고 빈곤이 가장 문제시되었다. 그리고 그것을 해결하기 위한 과업으로서 경제 부흥이 국가의 목표로 설정되었다. 현재의 빈곤과 미래의 경제 부흥이라는 상대어가 접합하면서 '경제적 근대화'라는 유령이 탄생했다. 1970~80년대는 국가의 운명이 정치적 관점에서 정의되었다. 군부독재는 극복해야 할 대상으로 문제시되었고, 성취 목표로 '정치 민주화'라는 유령이 설정되었다.

오늘날 우리에게 등장한 소통이라는 유령과 어떻게 더불어 살아가느냐에 따라 소통 정치의 운명은 '다르게' 전개될 수 있다. 유령과의 대면 순간에는 여러 가능성들이 잠재되어 있는데, 당대의 사회적 조건 및 정치적 실천력의 접합 방식에 따라 특정한 가능성이 행해지는 것이다. 지금이 소통의 위기라면, 과연 이전에는 지금이 위기라고 할 만큼 소통이 잘되고 안정되었던 걸까? 왜 갑자기 소통이 당대의 핵심적인 문젯거리로 부각되는 것일까? 이 물음들을 염두에 두며 우리의 기억을 더듬어보자. 군사독재 정권 시대의 청년들은 자신의 의지와 이념을 표현하기 위해서 스스로의 몸을 멸하는 극단적인 방식을 선택할 정도(가장 극단적인 예로 분신의 비극들)로 한국의 소통 질서는 야만적이고 폭력적이며 강압적이었다. 이후 문민정부를 거쳐 참여정부에 이르기까지, 부분적으로는 이념 지형의 변화로 인해, 부분적으로는 형식적 민주화의 성취와 시민의 성장이라는 제도 변화와 사회 변동으로 인해, 그리고 인터넷과 같은 개방적인 커뮤니케이션 네트워크의 물적 확장으로 인해 소통에 대한 대중적 감수성과 능력이 신장되었으며, 무엇보다도 소통의 시민적 정념, 욕망, 필요, 의지가 확산되고 확고해졌다. 이렇게 소통에 대한 사회적 체험, 인식, 전망이 증대된 상황에서 집권한 이명박 정부는 유독 자기 폐쇄적인 응집성이 강한 집단성을 드러냈다 ── 예컨대 속칭 '강부자' 내각과 '고소영' 정권이란, 경제·지역·종교·이념의 동일성을 기반으로 집결된 보수 집단을 가리킨다. 그러나 이명박 대통령의 집권 초기에 형성된 정부 비판적인 여론은 주로 이념이나 정책에 관한 것이었고 소통에 대한 문제의식은 거의 나타나지 않았다. 간혹 대통령의 커뮤니케이션에 관한 기사가 언론이나 블로그 등의 개인 미디어에 실린 경우가 있었지만, 이들은 주로 대통령의 '화법'에 주목했다. "막말, 내지르기, 시각주의 화법"(강준만), "엉큼 화법"(김재영)으로 풍자되거나 좀 더 체계적으로는 "장사 논리"의 "관점"과 "신뢰 위기"가 "책임 회피"성 발언으로 누설되는 "고장" 난 "커뮤니케이션"으로 지적되는 방식에 그쳤다.[1] 주로 화법에 관한 풍자일 뿐, 소통의 철학이나 정치성에 대한 치열한 비판은 거의 보이지 않는다.

소통이 유령으로 전면에 드러난 것은 2008년 미국산 쇠고기 수입을 필두로 한 한-미 FTA에 대한 사회적 갈등을 계기로 해서다.[2] 촛불집회가 격화되는 가운데 이명박 대통령은 2008년 5월 13일 국무회의에서 "정부가 국민과의 소통에 부족한 점이 있었다"라고 말했고, 이튿날 미래기획위원회에서 "각각의 세대에 맞는 소통 방식을 찾아라. 젊은 세대와 소통하는 방법을 배워라"라고 지시했으며, 같은 달 22일 대국민 담화를 통해 '소통의 부재'를 사과하면서 한-미 FTA의 국회 비준 동의를 촉구했다. 이와 맞물려 정부 부처 간 소통 문제 해소를 위한 전략 회의가 정례화되는 등 소통을 촉진하려는 정책이 추진되고, 미디어에서 소통을 주제로 한 기획기사와 심층보도가 부지런히 실렸으며, 이념의 지

---

1) 이러한 논의들을 종합하여 보도한 기사로, 박주현(2008. 5. 3), "이명박 커뮤니케이션에 벌써 빨간불? 쇠고기 파문과 대통령 화법," 『오마이뉴스』참고(http://www.ohmynews.com/NWS_Web/view/at_pg.aspx?CNTN_CD=A0000892320).

2) 이명박 정권의 촛불 정국에 즈음하여 소통이 지배적 문제로 등장했다는 정황 판단은 실증적으로도 증명된다. 민영·노성종(2011)의 분석에 의하면, 정권별로 '소통'이 제목에 포함된 기사 수는 문민정부 시기에 30건, 국민의 정부 시기에 59건, 참여정부 시기에 260건이던 것이 이명박 정부 시기에 들어서 1,272건인 것으로 나타나, 전체 조사 대상 시기의 기사 수에서 78.5퍼센트를 차지했다.

형을 가로지르는 다양한 입장에서 소통을 주제로 한 칼럼, 대담, 논문, 블로그 포스팅 들이 활발하게 개진되었다.

소통의 유령은 다양한 가능성과 효과를 배태하고 있다. 그러나 2008년 봄, 정부에 의해 공론화된 소통 담론은 그 조건, 가치관, 행위 양식에 있어 부적절하거나 왜곡된 방향성을 내비쳤다. 우선 소통을 만능 도구로 대상화하는 혐의가 짙었다. 소통의 부재로 상황 정의가 이루어짐으로써, 소통의 제도화가 문제의 해결책으로 판단되었다. 소통이라는 말의 수적 증가에도 불구하고, 그것이 전략적으로 활용됨으로써 소통의 구체적인 조건과 형태와 목표에 대한 비판적 사유는 오히려 억제되었다('문제는 소통의 부재이므로 소통이 뚫리면 국민이 정부에 동의하는 방향으로 사안이 해결될 것이다'라는 식의 순박하거나 무책임한 사고들). 소통 담론이 권위적이거나 배타적인 정치 태도에 기초해서 기형적인 전략으로 발동되었기에, 소통의 유령이 원천적으로 지닌 타자성, 도전성, 그리고 그 정치적 잠재성은 애초부터 억압되었다. 소통이란 무엇인지, 어떻게 진행될 수 있는 것인지, 어떤 이들이 어떤 의도로 참여하는지, 어떤 목적이 지향되어야 하는지에 관한 보다 복잡하고 본질적인 문제들은 차단되었다.

또한 대통령의 소통 부재에 대한 '사과'라는 담화 형식은 사과의 진정성보다는 일시적인 처방과 입막음의 성격이 강했다. 사과는 "단순한 인상 관리 차원의 말이나 맥락에서 분리된 말 그 자체의 해석이 아니라 도덕적 기준 아래에서 관계를 복원시키는 행위를 이끌어내는 화행"으로서 기능하는 수행적 언어다(김영욱, 2011). 수행적 언어는 발화를 통해 '행위'하는 언어로서, 발화의 내용이 이후에 진행될 행위를 이미 내포하는 속성을 지닌다(Austin, 1962, p. 6). 약속, 서약, 명령이 대표적인 수행적 발화 양식이라는 사실에서 추론할 수 있듯이, 수행적 언어가 충족되기 위해서는 행위의 수행 여부 및 그 효과가 중요하게 고려된다. 따라서 수행적 언어가 적합한 의미 작용을 하기 위해서는 말해진 내용이 행동으로 이어지도록 하는 조건의 적합성, 발화 행위자의 진실성, 대화자들이 수행되는 언어와 행위에 대해 이해를 공유하는 관계의 조화성의 요건들이 주요하다. 이 요건들이 어떻게 충족되어 작동하는지 여부에 따라, 수행적 언어는 (내용의 진위가 중요한 명제적 진술문과 달리) 행운 또는 불행의 결과를 낳는다(같은 책). 이러한 수행적 언어에 대한 이해를 적용한다면, 사과라는 발화는 본질적으로 그 사과 내용을 수행한다는 약속을 내포하며, 그 행위는 과오에 대한 책임성과 보상처럼 화해를 통한 관계 회복을 향하는 것이 되어야 한다(김영욱, 2011).

이러한 사과에 대한 이론적 해석이 지금 우리가 다루는 문제에 더욱 복잡하게 연관되는 이유는 대통령의 사과 담화가 곧 소통, 아니 더 정확히 말한다면 소통의 부재에 관한 것이었기 때문이다. 즉, 소통의 양식(사과)과 내용(소통)이 중첩되는 이중구조를 띠고 있다. 소통을 위한, 소통에 의한, 소통의 시도로서 사과의 담화가 수행된 것이다. 더군다나 대통령의 '말하기'가 아니라 국민의 말하기에 대한 대통령의 '듣기'의 부족이 사과의 내용이었기에, 듣기의 실천이 그의 사과를 진실한 것으로 만드는 수행의 본질적 요소를 이룬다. 듣기에 관한 사과의 발화에는 어떻게 듣기를 수행할 것인가, 듣기라는 행위를 수행하고 있음을 어떻게 타인이 인지할 수 있도록 표현할 것인가, 그리고 그 듣기를 수행했음을 어떻게 승인받을 수 있을 것인가라는 복잡한 문제가 연관되며, 그 대응 방식이 소통 정치의 행운 또는 불행을 결정한다고 볼 수 있다.

대통령이 국민의 말을 잘 듣겠다는 사과 '발언'을 했으나, 이것이 책임성 있는 사과가 되지 못한 까닭은 여기에 있다. 그저 '앞으로 국민의 소리를 잘 듣겠소'라는 약속은 책임성 있는 사과 행위가 될 수 없고, 국민이 말한 그 내용에 대답하고 실행하는 행위가 추동되어야만 사과의 진정성이 확보될 수 있기 때문이다. 반면 대통령의 행위가 결여된 비수행적 사과는 오히려 소통 행위를 봉쇄하는 부정적 효과를 낳았다. 입막음과 현실 직시의 차단 효과로서, 내용 없는 약속을 하는 사과란 마치 가면처럼 소통 부재 현실을 가리고 그에 대해 발언하려는 시도를 막는다. 더군다나 사과가 권력에 정당성을 제공하는 수단으로 활용된 조건에서 평등한 소통은 더욱 어려워진다. 왜냐하면 권력의 사과 이후에 일어나는 대중의 불만과 불평은 사과를 받아들이지 못하는 편협함 내지 과도함, 심지어 불법적인 것으로 간주되기 십상이기 때문이다. 그리하여 권력의 피상적인 사과는 미래의 소통 가능성을 봉쇄하며 그 선을 넘어선 발언에 대해 잠정적인 처벌의 힘을 발휘하게 된다. 이 과정에서 권력은 스스로를 소통의 주체로서 자기 정당화하며, 현 문제의 규정뿐 아니라 향후의 소통 질서를 통제하는 통치자로서 권위를 강화할 수 있다.

정리하자면, 유령으로서 소통은 과거의 결핍이자 미래지향적 목적으로서, 우리가 가지고 있는 모든 문제를 체현하는 존재다. 그러나 본래적으로는 다양한 가능성과 가치를 함축하는 유령으로서의 소통은 2008년 봄 통치권력에 의해 공론화되었다. 지도자의 소통 부재에 대한 사과 발언은 그 유령의 모든 가능성을 한숨에 포획함으로써, 그 반성적 대안성과 미래지향적 급진성을 차단하고 한층 더 완고하고도 강경하게 기존 질서를 강화하고자 했다. 소통은 위장적인 "정치적 물신"(Bourdieu, 1991)으로 박제되어 전시 효과를 발했다. 그러나 이처럼 보수적인 기호로 물신화되었다고 해서 소통이라는 유령의 운명이 반드시 기성의 정치 질서에 맞추어 고착되는 것은 아니다. 오히려 사회적 장의 한복판에 놓이게 된 소통이라는 문제는 한층 더 복잡하고 다양한·역동과 변화를 겪게 된다.

3. 소통의 상징체계

당대를 넘어선 다른 시간대, 그 이전이든 이후든 간에 탈현재적으로 존재하는 유령이 당대로 들어오는 것은 어떠한 소환을 통해서다. 특히 언어를 매개로 한 담론 행위들은 기억과 환영처럼 현존하는 유령에 구체적인 형체를 부여하고 그를 가시화하는 역할을 '수행'한다. 그 소환의 목소리가 어떠한 위치와 목표에서, 어떠한 기술과 격식으로 수행되는지에 따라 유령의 실질적 모습과 구체적 속성, 그리고 정치적 효과가 생성된다. 부르디외의 개념화를 빌려온다면, 유령에 관한 '상징체계'가 구축되는 것이다.

우리는 언어 작용을 통해 "사회적 세계"를 "지각"하는 방식을 습득한다(Bourdieu, 1991; 이하 쪽수만 표시). 주관적 지각은 객관적 차원에서의 "사회적 구조화"와 상동적이다. 이미 보편성과 개연성을 확보한 객관적 사회구조가 주관적인 스키마schema로 받아들여지고 실천된다는 점에서 그러하다(p. 234). 언뜻 자연스럽고 당연하게 보이는 이 일은, 실상 매우 권력적이다. 부르디외의 시각에서 볼 때, 일상적인 경험이나 감정(불안, 기대, 걱정 등)처럼 삶에서 항상 일어나지만 미처 말로는 표현되지 않는 체험들, 이 모호하지만 명백히 현존하는 현실을 공표하는 것, 심지어 "공식적으로 객관화, 시각화, 말해질 수 있는 것"으로 만드는 힘이 곧 "사회적 권력"이다. 객관적인 것의 주관적 수용이 실제로는 매우 복잡하며 갈등적인 것임에도 불구하고, 특정한 지각 방식의 체득과 담론적 이해를 통해 조용하게 당연한 듯 진행되며 마침내 사회 구성원들의 "상식"과 "명백한 합의"로 완성된다는 점에서(p. 236), 이 사회적 권력은 '상징권력'이라 불릴 만한 것이다. 객관적 구조와 일상적으로 경험되는 주관적 인지구조가 일치하지 않는 경우에서조차, 이 불안한 인지 내용이 주체에게 수용되어 수행될 때 가장 절대적인 정당화로서의 상징권력의 효과가 입증된다(p. 238). 요컨대 사회적 관계란 지각과 인정을 함축한 상징적 상호작용, 즉 "소통 관계relations of communication"다. 상징권력은 경제, 제도, 정치의 영역들을 관통하며 권력관계의 정당화 및 재생산 효과를 낳는다. 간단히 말해, "권력의 상징주의 없이는 상징권력도 없다"(p. 75).

상징권력은 지식 창출과 의미 작용의 일상적인 소통 과정 속에서 가지각색의 방식들로 항상 진행된다. 생각하고 말하는 모든 행위, 일상적인 대화에서부터 격렬한 논쟁에 이르기까지 사회 공간 곳곳에 상징권력은 촘촘하게 자리 잡고 있으며 극렬하게 작동한다.

> 범주화하는 노동, 사물을 명료화하고 분류하는 노동은 우리 일상 안에서 끊임없이, 행위자가 사회적 세계의 의미와 그 안에서 자신의 위치, 그리고 자신의 사회적 정체성의 의미를 놓고 충돌하는 투쟁의 매 순간, 누구 혹은 무엇인가에 대해 좋거나 나쁘게 말하거나 축복하고 저주하는 모든 형식, 악의적인 가십, 찬사, 칭찬, 칭송, 모욕, 반발, 비판, 고발, 명예훼손 등의 형식 속에서 지속적으로 수행된다. (p. 236)

이렇듯 정치권력과 상징권력은 불가분의 관계에 있다. 정치는 반드시 '명명하는naming 마술적 힘'을 부려 무엇인가를 현존하는 것으로 만드는 작용을 통해 이루어지기 때문이다. 명명함으로써 말해질 수 있는 것과 그렇지 않은 것이 범주화되고, 성공적으로 명명된 것은 곧 현실이라고 공인되는 동시에 그 말이 다시 현실을 설명하는 지식으로 승인된다. 정치는 특수한 질서와 현상을 '사실'로 만들고 그에 '진실성'을 부여하여 개인적 '신념'과 사회적 '합의'를 구축하는 작용이며 효과다. 종국적으로 담론화된 그것을 진실이라고 믿는 개인들의 신념과 합의가 구축될 때, 특정한 사회적 현실을 구성하는 것으로서 상징권력의 효과가 완성된다.

사회가 복잡해지고 이질적인 하위 구조들이 파생되면 다양한 상징 행위들이 경쟁적으로 시도되고 실천된다. 상징체계란 상이할 뿐 아니라 서로 전략적이고 투쟁적인 관계에 있는 생활양식들이 배치된 공간으로서, "차이의 논리"에 따라 특정한 자본이 배분되고 조직되는 사회적 공간이다(p. 237). 여기에서도 권력과 상징은 밀접하게 상호작용하는데, 차이가 "구별 짓기distinction"라는 상징적 질서로 번역되기 때문이다. 순위, 질서, 등급 같은 '상징적 위계'는 구별의 상징질서로서 사회 구성원의 스키마 형성에 관여한다. 개인은 위계의 어느 지점에 위치 지어지는데, 그 위치에 대한 인식 자체가 그 자신의 '정체'와 '상황'을 암묵적으로 지시한다.[3] 상징권력의 작동에 의해 형성된 지각의 범주들이 이를 체득한 행위자에 의해서 자명한 것으로 인지되고 실천될 때, 구별 짓기의

---

3) 부르디외에 의하면 '나는 누구인가' '어떤 사람이 되어야 하는가'와 같은 주체 정의와 상황 정의는 '무엇을 해야 한다'라는 행위 정의보다 훨씬 효과적이다.

다른 이름인 "상징자본symbolic capital"이 형성된다. 이 과정을 거치며 개인은 자신에게 이미 부여된 아비투스를 의식적·무의식적으로 수행하는데, 이 자연화된 체득과 실천이 상징권력의 효과다(p. 52).

'상징투쟁'은 명명과 의미 부여의 권력을 획득하기 위한 갈등 및 경쟁 과정이다. 객관/중립/타당성을 자임하는 공식적 관점은 집단적 합의와 상식이라는 명목으로 공적 명명을 부여하는 권능을 발휘한다. 반면, 개별적인 관점은 특정한 시각, 특정한 위치에 기대어 이름 붙이기를 시도하게 된다. 주로 사적인 이해관계 속에서 이름 붙이기(별명, 모욕, 고발, 고소, 명예훼손 등)를 행하기 마련인 개인은, 일부 유명 작가나 권위 있는 논설가를 제외하고는, 그들의 명명 활동이 인지를 획득하고 상징 효과를 파생시킬수록 그 정당성이 약해지는 운명을 겪기 쉽다. 사회적인 상징투쟁이 다방위적으로 벌어지는 가운데 특히 국가는 공식화된 명명, 객관화된 분류, 올바른 질서를 명명하는 권위를 독점한다(p. 242).

앞에서 지적했듯이, 이명박 정부 초기에 지배권력에 대한 인식이 이념, 종교, 계층과 계급 구조 등 사회구조적 요인의 관점에서 구성되며 소통은 부차적인 도구로 간주되었던 반면, 소통의 공론화는 미국산 쇠고기 수입에 반대하는 촛불시위가 격화된 시기, 보다 정확히 말하면 대통령이 국민과의 '소통 부족'을 발언하는 시점에 촉발되었다. 대통령이 촛불 정국을 소통 부재의 상황으로 명명함으로써 소통은 상황을 정의하는 공식 담론이 되었고, 이념과 입장의 차이와 무관하게 보수든 진보든 소통을 논하는 상징의 장에 포섭되거나 개입하게 되었다. 문제는 앞서 지적했듯, '소통의 부재'로 명명된 상황 정의와 '사과'라는 과거 봉합적이며 미래 통제적인 수행 언어를 통해 대통령 혹은 대통령이 체화하는 공식적 담론권력이 소통의 상징체계를 선제 구축했다는 점이다. 이렇게 통치권력에 의해 선점된 소통의 상징체계에서 소통의 부재에 관한 원인 해석, 사실 분석과 이론화, 문제 해결과 수행의 논리에 대한 대안적인 담론이 활발하게 생성·표명될 수 있는 여지는 무척 좁았다. 그러나 소통의 담론이 보수적 정치 상황에 기인하고 보수적 통치권력에 의해 설정되었다고 해서, 소통에 관한 상징체계가 보수적인 것으로 종결되는 것은 아니다. 오히려 조건이 협소하고 조악할수록 '소통이란 무엇이고, 어떠해야 하는가'라는 문제를 둘러싸고 진행되는 담론투쟁은 더욱 치열하게 일어날 수도 있다. 이런 연유에서 부르디외의 상징체계 이론에 구체성과 특수성을 더해줄 만한 역동이 현실 정치에서는 종종 일어난다. 부르디외의 상징권력 개념에서는 객관적인 질서를 주관화하여 체득하고 자연스럽게 실천함으로써 그 권위의 정당화와 재생산에 기여하는 기능적 효과가 강조된다. 반면 한국 사회의 경우에는 흥미롭게도, 대통령의 '소통의 부재' 담화 이후에 나온 수많은 논의들이 다른 방식의 상황 정의와 개념화를 시도했다. 개별 행위자들은 국가가 정의하는 소통에 귀 기울이기보다는 자신의 아비투스의 위치에서 체험되고 설명되는 소통론을 주장하는 일에 더 큰 흥미를 느끼고, 그에 의미를 두는 듯했다. 그 과정에서 시민의 소통 담론은 통치자의 소통 개념을 지지하고 강화하기보다는 그에 비판적이고 도전적인 양상을 띠게 되었다.

나아가 소통 담론은 현실 상황에 한시적으로 적용되는 것에 멈추지 않았다. 과거부터 누적되어왔지만 미처 명명되지 못한 채 남아 있는 현실 문제들이 소급되며 소통의 하위 담론들로 광범하게 파생되었다. 따라서 담론화의 단계까지 이르지 못한 다수의 문제들이 소통이라는 인식의 틀에 의해 비로소 명명되어 가시화되기 시작했고, 기왕에 인지되었던 사안들도 소통이라는 관점에서 재정의되었다. 예컨대 지역 갈등은 지역 간 소통으로, 계파 갈등도 계파 간 소통으로, 가정 문제와 가족구조의 변동도 가족 간 소통으로, 세대 갈등과 계급 소외도 세대 간 소통, 주변부와의 대화라는 방식으로 재조명되면서, 소통의 관점에서 담론화되고 논쟁되었다. 소통의 상징체계가 정권의 상징권력에 의해 현실로 객관화되고 진실성을 획득하는 대신, 오히려 구조적으로 연관된 여타 사회문제들까지 흡수하여 이들이 소통의 관점에서 보다 비판적으로 성찰되고 논쟁될 수 있도록 개편이 이루어진 것이다.

이렇듯 소통이라는 상징체계의 형성과 발전은 사회적 투쟁의 상징적 전회라고 말할 수 있다. 새로이 생성된 소통의 상징체계의 성격으로서, 우선 새로운 소통 행위자들의 등장이 두드러진다. 이 변화의 주체로 노정태, 김현진, 한윤형 등 20대 젊은 논객들이 부상했는데, 이들은 자신의 아비투스의 체험과 의식을 '글'의 형태로 표명하는 방식으로 사회에 개입한다(김청환, 2008. 7. 3). 과거 몸으로 투쟁하는 '열사'와는 차별화되는 '스타 논객'으로서 편집장, 에세이스트, 칼럼니스트라고 소개되는 이들은, 소위 유명 대학을 나왔지만 획일화된 취업과 사회 진출을 시도하는 대신 "모니터 앞에 앉"아 글쓰기를 선택했다. 유명 블로거인 노정태는 자신의 포스팅을 통해 "노동문제, 실질적 민주화, 자본과 노동의 균형"의 문제를 다루고, 시사 에세이스트인 김현진은 "20대의 불만"을 에너지로 하여 "기회의 평등이 무너진 체제를 고착화하는 사람들을 귀찮게" 하고 "계속 문제 제기하"기 위해서 자신은 글을 쓴다고 말한다. 이들에게 있어 글은 상징자본이며 글쓰기란 사회적 발언이자 개입 행위로서, "자신의 계급적 이해관계에 충실한 '생활 글'" 쓰기를 통해 "논리를 연구하고 매체를 만드는 등의 대책"을 세워 스스로 "새판 짜기"로 확장시켜야 할(김현진) 정치운동의 의미를 지니는 것이다(김청환, 2008. 7. 3).

새로운 저자들의 소통관은 권위적인 그것과 큰 차이를 보인다. 우선 정부의 소통관에서는 국민이 한-미 FTA와 미국산 쇠고기 수입에 부정적 태도를 가지게 된 것은 사실에 대한 몰이해와 왜곡된 정보 습득에 기인한 것으로 판단되었다. 따라서 이 문제를 해결하기 위한 수단으로서 소통이 절실히 요구된다는 입장이 두드러졌다. 충분한 정보와 지식을 전달하고 홍보하는 과정을 거치면 동의를 얻을 수 있으리라는 전략적 계획 아래에서, 정보 전달과 설득의 전략으로서 소통의 의미가 채택된 셈이다. 반면 새로운 세대의 대표적인 논설가인 한윤형은 일방적이거나 자기 위안적인 소통을 "힐링healing" 기능을 하는 "자폐적" 글쓰기로 비판한다. 그에 의하면 소통은 곧 대화로서, 올바른 의미의 소통이 되기 위해서는 그 "순환"과 "유통"의 방향과 범위가 중요하다. 김현진은 권위적 소통 구조의 일방성을 '두사부일체' 즉 '두목과 사장과 아버지는 하나다'라는 대중적 농담에 비추어 해석하고 있다. 그는 "엠비 정부의 '소통'과 '대화'"를 "답답한 아버지 스타일"에 비유하는데, 이들의 공통점은 "도무지 대화가 가능하지 않다는 것을 100% 주지시켜 끝내는 소통이고 대화고 죄다 포기하게 만들어버리는 존재"라는 것이다(김현진, 2009. 6. 29). 이런 점에서 소통과 복음은 분리되어야 할 터인데, "'복음'이란 건 원래 '전파'하는 것일 뿐 '소통'하는 것이 아니"기 때문이다. 상호성을 전제로 하는 소통과 달리 복음은 "귀 있는 자는 들을지어다"라는 태세를 취한다. 물론 "안 들리면 말고"와 같은 식으로 일방적인 말하기와 귀 막기의 태도를 고수한다(김현진, 2010. 1. 28).

새로운 소통 주체들의 등장과 그들이 사회적으로 지니는 의미를 이해하기 위해서는 앞으로 오랜 관찰이 필요할 것이다. 그러나 여기서 일단 확인할 수 있는 것은, 소통이라는 심대하고도 까다로운 '유령'을 대면하며 함께 살아가야 하는 '정치적 책임'을 우리 사회가 인식하기에 이르렀으며, 지금도 미완의 과제로 짊어지고서 고투하고 있다는 사실이다. 이는 소통이 현재를 넘어, 과거를 반성하고 다른 미래를 도모해야 하는 정치적 가치로서 상징화했음을 의미한다. 더욱이, 마치 돌연변이처럼 등장한 새로운 세대의 저자들과 (시민 혹은 네티즌이라고 불리는) 다수의 이름 없는 발언자들에 힘입어, 소통의 상징체계가 다양한 담론들과의 접붙이기를 통해 다기한 모양새와 가변적인 방향성을 지닌 상징체계로 변화될 가능성을 내포하게 되었다.

마지막으로, 소통의 상징체계에 등장한 행위자들의 정념과 문화에 관한 진지한 탐문이 필요하다. 마치 부르디외가 주장한 것처럼 소통의 상징체계가 권력에 의해 세워졌고 게임의 규칙과 자본의 배분 원리까지 정해져 있다면, 그래서 승패가 이미 결정되어 있다면, 왜 패배가 이미 결정된 수많은 사람들이 그 소통의 장에 뛰어드는 것일까? 부르디외의 해석에 따르면 객관적인 조건과 주관적인 체험 현실이 불안정하게 맞부딪히는 상황에서, 개별 행위자들은 자신이 기대할 수 있는 물질적·상징적인 수익을 계산하며 이에 유리하도록 전략적으로 행동한다. 그러나 오늘날 한국 사회의 장에서 터져 나온 소통에 대한 담론들을 보면, 적어도 일부 사람들은 반드시 기성의 권력을 강화하거나 자신의 이해관계에 따라 영리하게 처신하기보다는 자신의 신념을 발언하고자 하는 열망과 의지에 충실히 따르는 듯하다. 그 전력과 승패에 대한 판단은 접어두고서라도, 이렇듯 경쟁적이고 갈등적으로 상징의 장에 참여하도록 이끄는 신념과 의지는 중요하게 평가되어 마땅하다. 상징체계의 '보존' 외에도 상징체계의 '변동'이, 상징권력의 '유지' 못지않게 상징투쟁의 '역동'이 중요하게 고려되어야 한다는 뜻이다.

4. 인정투쟁으로서의 상징투쟁

소통이 유령이라면 그것은 공식적인 제도, 구조, 질서의 형식들을 떠안은 동시에 그들을 넘어 현존한다. 그것은 당대 구성원의 의지와 욕망의 총체로서의 정념이다. "욕구는 첫 몸짓들을 유발했고, 정념은 첫 목소리들을 토해내게 했다"라고, 『언어 기원에 관한 시론』에서 루소는 말했다. "언어는 정신적인 욕구, 즉 정념에서 오"며, "살고자 하는 욕구가 서로 피하게 한다면 모든 정념은 사람들을 가까이하게 한다. 사람들에게 목소리를 토해내게 하는 것은 배고픔도 목마름도 아니고 사랑, 증오, 동정심, 분노 같은 것들이다"(루소, 2002, pp. 27~28).

정념이 시민사회의 틀 안에 자리할 수 있는 방법으로서 의지와 도덕의 문제를 진지하게 고려하지 않을 수 없으며, 이것은 근대 이후 발전한 '인정recognition'의 사유와 연관된다. 우리가 어떤 수고와 고통을 감내하고서라도 소통을 희원하고 실천하는 것은, 누구나 타인과 사회와 맺는 상호주관적인 관계로부터의 인정을 필요로 하기 때문이다. 헤겔의 인정투쟁 이론과 마가렛 미드의 상호작용론을 결합한 비판이론가 악셀 호네트는 인정을 주체가 자기 형성을 하기 위한 필수적인 조건이자 매개로서 설명한다.

호네트는 인정의 세 요소를 도출하는데, 지원에 대한 필요의 인정 양식인 '사랑,' 인지적 존중과 평등한 권리의 인정 양식인 법적 '권리,' 마지막으로 능력과 성취에 대한 사회적 존경의 인정 양식인 '연대'가 그것이다. 타인의 인정 관계는 자신과의 관계인 주체성 형성과 긴밀하게 관련되어, 사랑은 자기 확신self-confidence, 법적 권리는 자기 존중selfrespect, 연대는 자기 존엄self-esteem에 영향을 미친다. 사랑은 가족과 친지와의 친밀과 우정의 영역, 권리는 시민사회와 법의 영역, 연대는 가치의 공동체(예컨대 경제행위)의 영역에서 주로 발현된다(Honneth, 1995, p. 129). 개인의 윤리적 삶의 실현은 사랑, 권리, 연대라는 인정의 "상호주관적인 선제 조건"이 충족될 때만이 가능하다(같은 책, p. 174).

인정 이론은 윤리적 삶에 대한 도덕적 규범으로서 항상 유효하지만[4] 그것이 실제로 구현되는 방식은 역사적으로 다양하고 가변적이다. 예를 들어 필요, 평등, 성취는 서구 역사의 흐름에 길항적으로 접합해왔다. 전근대사회가 주로 공동체적 사랑에 근거했다면, 시민혁명을 거치며 이룩된 근대사회는 시민의 법적 평등을 지향했고, 현대 자본주의사회에서는 개인의 능력과 성취를 기준으로 경제적 분배 방식을 조직하는 성격이 강하다. 뿐만 아니라 역사적 조건에 따라 세 가지 인정의 요소들은 충돌하며 사회질서의 변동을 낳기도 했다. 법적으로 평등한 시민의 개인적인 자율성과 자기실현의 자유라는 근대적 인정 양식은, 다른 인정의 형식인 사랑을 제한하는 것이었다. 또한 사회적 정의에 의거한 법적 권리의 평등성이라는 근대적 가치는, 경쟁과 능력에 따라 차등적으로 실행되는 개인적 성취를 근거로 하는 탈근대적 개인주의(성취와 연대)와 종종 갈등을 빚는다. 이와 유사하게 개별화된 삶의 목표를 지향하는 현대의 개인들이 사회적 연대로 통합될 수 있는 방식을 구상하기란 쉽지 않다.

---

4) 호네트는 윤리적 삶에 대한 규범 이론으로서 인정 이론이 확보해야 할 추상성과 구체성의 범위를 이렇게 설명한다. "충분히 추상적이고 형식적인 방식을 취함으로써 개별적 특수성을 취하고 있다는 의혹으로부터 자유로워야 하고, 다른 한편으로 내용의 차원에서 볼 때 개별적인 자기 결정의 일반적인 준거 이상으로 삶의 일반적인 구조를 설명할 수 있을 정도로 구체성을 띠어야 한다"(Honneth, 1995, p. 174).

서로 다른 인정 양식들은 오늘날 보다 첨예하게 갈등하고 있다. 근대적 평등과 자유의 원리가 (인정 대신) 무관심과 폭력의 질서로 왜곡되고 있다는 인식은 호네트와 낸시 프레이저의 논쟁에서도 확인된다(Fraser, 2003; Honneth, 2003). 정치철학자인 낸시 프레이저는 "이차원적 정의관"(김원식, 2009)의 입장에서 현대 자본주의적 갈등은 경제적 분배 질서의 모순에 기인한다고 주장한다.[5] 반면 호네트는 "인정으로서의 재분배redistribution as recognition"라는 표현으로 프레이저에 논박한다. 경제적 재분배와 상징적 분배인 인정은 서로 다르거나 분리될 수 있는 것이 아니라는 그의 "인정 일원론"(같은 글)의 관점에서 볼 때, 경제적 배분이란 인정투쟁의 역사적 특수성, 특히 현대 자본주의사회에서 도드라지는 인정 양식의 한 형태다. 그리고 문화적 정체성의 견해에서 '문화적'이란, 제도적·경제적으로 환원될 수 없는, 그 자체 절대적인 의미에서의 정체성 인정에 대한 요구인 것이다. 정체성 형성이 사회적 참여를 가능하도록 만드는 조건이자 사회적 참여가 지향하는 최종의 윤리적 목표라는 것이다(Honneth, 2003, p. 176). 이렇듯 개인, 상호주관성, 사회는 인정 원리로 매개되며 자기실현이라는 윤리적 목표를 향해 공진한다.

그렇다면 두번째 문제로, 개인적 특수성과 사회적 보편성은 어떻게 조화될 수 있으며 그 효과는 어떠한가? 이 문제 역시 논쟁적인데, 이는 한편으로는 인정 획득을 통해 이전까지 무시당했던 주변적 존재들이 사회적으로 정체화될 수 있다는 점에서는 긍정적이지만, 다른 한편으로는 타자가 인정 질서에 순응적으로 편입됨으로써 기존 질서의 재생

---

5) 프레이저에게 있어서 중요한 것은 경제적 배분의 민주화와 병행되는 인정투쟁이다. 그녀는 이 두 과업이 함께 수행될 때 진정한 의미에서의 '동등한 참여parity of participation'가 보장하는 사회정의가 실현될 것이라고 주장한다.

산에 기여하는 것으로 종결될 위험이 있기 때문이다. 그리고 기존 질서의 배타성은 외부자를 끌어들이면서 더욱 강고해질 것이다. "인정투쟁을 통해 사회적 인정의 대상과 내용이 확장"된다고 본 호네트의 "도덕적 진보관"은 "기존 인정 질서의 지배권력적 성격"을 고려하지 않는 한계를 지닌다고 비판될 수 있다(문성훈, 2005, p. 149). 심지어 "사회적 인정이 비판의 규범적 토대일 뿐 아니라 이데올로기적 지배의 도구가 될 수 있다는 이중성"으로부터 '사회적 투쟁'이 유발될 위험조차 있다. 이러한 비판들에 대해 호네트는 인정투쟁의 갈등은 '윤리적 삶'의 가치 안에 포괄될 수 있다고 반박한다. 도덕성이 모든 사람들을 자율적인 인간으로서 평등하게 대하는 태도라면, 윤리적 삶은 특정한 "개별적 생활세계의 **에토스**_ethos of a particular lifeworld_"에 기초하며, 보편적인 도덕 원리에 대한 규범적 요구는 이러한 요청에 도달할 수 있는 범위에 한해서만 유효하다는 것이다(Honneth, 2003, p. 172).

개인적 자아실현과 사회의 인정 질서의 갈등성에 관해, 문성훈은 호네트의 이론에 중요한 영향력을 미친 조지 허버트 미드의 "주격 나I"와 "목적격 나Me"의 개념을 되살려 양자의 길항 및 화해 관계를 검토한다(문성훈, 2005). '주격 나'가 자기 창조적인 주체라면 '목적격 나'는 타자에 의해 규정되는 존재다. 만약 개인이 사회적으로 용인되지 않는 목표를 설정하고 실천할 경우, 그 개인은 '주격 나'로서 인정받을 수 있는가? 반대로 개인이 사회적인 인정을 받기 위해 자신의 목표를 허용 가능한 것으로 변경하며 '목적격 나'로 안주할 때, 그것이 진정한 자기실현이라고 할 수 있는가? 이에 대해 문성훈은 '목적격 나'와 '주격 나'의 갈등구조가 역동적 사회발전 속에서 조화되어, 둘 간의 갈등과 저항의 목표가 "양자 간의 화해"로 공유되는 가능성을 기대한다. 사회는 현재의 인정 질서를 넘어서 미래의 확장된 가치 기준을 지속적으로 창출해낼 수 있어야 하고, 개인 역시 "선취된 미래의 시각에서는 이미 사회적으로 가치 있는 것으로 인정된 개인상을 내면화"하는 전망을 가질 수 있어야 할 것이다. 요컨대 인정 질서의 제한성과 이데올로기적 기능에 대한 반성 위에서 인정 질서의 유연한 확장이 지속적으로 추구되어야 한다는 것이다(같은 글, p. 164).

인정투쟁을 통한 인정 질서의 지속적인 변화는 사회의 진보에 기여한다. '사회적 인정'의 진보를 위해서 '개인화와 사회적 포용'의 관계는 두 개의 전략을 취할 수 있다. 하나는 개별자의 관점에서 볼 때 새로운 인격의 등장이 상호적 인정의 체계로 포용됨으로써 사회적으로 인지되는 개인성을 증가시키는 것이고, 다른 하나는 사회적 관점에서 볼 때 보다 많은 수의 사람들이 기존의 인정 관계 안에 포함됨으로써 서로를 인정하는 주체들의 범위를 확장시키는 것이다. 어느 쪽이든 인정 원리의 규범적인 중요성은 그것의 적절한 적용과 해석에 대한 끊임없는 노력과 투쟁을 통해 "타당성의 잉여"를 산출하는 것에 있다(Honneth, 2003, pp. 186~87). 예를 들어 일반적인 인정 원리에서 고려되지 않았던 특정한 관점을 수용하여 도덕을 재정립하는 것, 또는 건강한 사회적 비판을 위해서 기존의 사회적 해석에 대척하는 인정 원리를 또 다른 정의로서 적용하는 식이다. 이처럼 새로운 윤리성과 새로운 정의에 쉼 없이 주의를 기울이고 그들에 인정을 부여하는 지속적인 자기 갱신을 통해, 인정 원리는 비판적이고 진보적인 정치 기획으로 기능할 수 있다.

5. 한국 사회의 인정 질서와 상징투쟁

한국 사회에서 '소통의 위기'로 지칭되는 현상, 혹은 내가 '상징투쟁'
으로 이해하고자 하는 이 현상은 필요-평등-연대, 또는 사랑-법-성
취의 영역들에서 서로 다른 인정의 요구들이 충돌하는 현상이다. 소통
의 위기를 이념, 세대, 지역 등으로 구분되는 사회 집단 간의 단절이나
제도의 결함에서 비롯되는 문제로 보는 해석이 불충분한 이유도 여기
에 있다 ── 소통이란 애초부터 차이들 간의 관계 맺음이기에. 본질적인
문제는 이질적인 대화자들이 소통 행위가 초래하는 수고, 고난, 절망에
도 불구하고 소통의 장에 개입하고 참여하는 동력을 규명하는 것이다.
상징의 장에 사회 구성원들이 들어서려는 투쟁적 의지를 발하는 이유
는 그것이 그에게 사회적 인정의 의미를 지니기 때문이다. 그리고 사회
적 인정을 통해서만이 자아실현을 추구하는 윤리적 삶을 향유할 수 있
기 때문이다. 자아실현은 자신의 존재론적 목적 실현과 그것을 최선의
언어로 표현하는 것의 합치를 의미한다(Taylor, 1979). 그렇다면 더욱이,
소통이 사회의 핵심 문제로서 갈등을 빚는 현 상황에서 주체적 삶의 경
험과 재현은 인정투쟁을 구성하는 두 개의 필수 요소로 고려되어 마땅
하다.

한국의 소통적 인정투쟁의 특징으로서, 첫째로 인정 주체와 인정 양
식의 불일치와 혼란 현상이 관찰된다. 이는 행위자들이 서로 다른 인정
양식을 요구하거나 부여하는 현상을 가리킨다. 이것은 '주격 나'와 '목적
격 나'의 부조화를 일으키며, 인정 대신 무시·경멸·모욕·탄압을 범하
고, 사회적 불의와 정치적 폭력을 낳을 수 있다. 예컨대 일반적으로 세
대 갈등이라고 불리는 소통 관계에서는 사랑의 인정 양식과 법적 권리

의 인정 양식이 충돌한다. 가령 2008년 미국산 쇠고기 수입에 반대하는 촛불시위에서 중고생들은 투표권 보장 등의 법적 평등과 정치 참여의 인정을 요구한 반면, 기성세대는 그들이 보수인가("학생들은 이런 것에 관심을 가지면 안 된다, 집에 들어가거라"라는 식) 진보인가("386세대의 자녀이기에 진취적이다")에 따라 그 구체적인 양식은 상이했지만, 공통적으로 가부장적 가족 관계로 규범화된 사랑의 논리로 응대했다(김예란·김효실·정민우, 2010). 신자유주의적 경제 질서는 성취와 업적에 기준을 두어 경제 집합체를 구성하는 인정 양식(만)을 인정하는 반면, 흔히 88만원 세대라고 불리는 대다수의 청년들은 사랑과 평등과 성취를 아우르는 총체적 가치로서 사회적 인정을 요청하고 있다. 또한 다문화 체제에서 당연히 시민권과 평등을 누려야 할 이주민들이지만, 한국 사회에서는 노동력 공급과 인구 재생산을 위한 경제적 필요에 의해서만 취급될 뿐이다. 정쟁에서 이러한 혼란의 사례를 찾는 일도 어렵지 않다. 단적인 예로 '실세'로 속칭되는 한 정치인(이재오)이 "아들아, 가슴속 깊이 분노가 치밀 때 하늘을 보고 '허허허' 하고 웃어보아라, 누군가에게 배신을 당했을 때 '허 참 그게 아닌데……' 하고 웃어넘겨라"라고 트위터에 글을 남겼고, 그다음 날 소장파 정치인(정두언)이 마치 맞받아치듯 "정치하면서 웃겼던 일은 3류에다 1960년대식에다 유치찬란하기 그지없는 사람이 실력자라고 언론의 주목을 받고 정치적 분석을 받고 하는 것이죠"라는 말을 트위터에 남겼다. 서로를 겨냥한 발언이라는 추측이 나오기도 했던 이 짧은 일화는, 정치를 가족적 위계질서와 동일시하는 구세대와 정치를 세대 격차와 질로 평가하는 신진 세대가 서로 판이한 인정 양식을 적용하고 있음을 보여준다(임인택, 2011. 5. 5). 이렇듯 파편화되고 불평등한 인정 질서 대신, 보다 조화롭게 연계되고 정의롭게 배분된 인정의 원리가 요구되는 것은 물론이다.

둘째, 소통의 상징체계 자체가 인정투쟁의 장으로 작동하며, 소통에 관한 담론투쟁은 인정투쟁의 중요한 매개로 기능한다. 소통의 상징체계에 들어선 화자들은 자신의 소통관을 내세우는 것으로 인정투쟁을 개진했다.[6] 특히 2008년 촛불집회의 맥락에서 소통이란 무엇이며 어떠해야 하는가에 대한 담론들이 경쟁적으로 개진되었다.

우선 소통의 문제를 촛불로 실체화한 대중은 과연 누구인가? 이는 실질적인 소통 주체라고 할 수 있는 익명의 다수 대중에 관한 문제다. 우선 대통령은 양초의 비용을 부담한 물질적 배후를 궁금해했고, 보수론자인 조갑제는 "배후 세력은 MBC, KBS"이고 광우병대책위원회, 진보연대와 같은 "좌익"이 "주동 세력"이며, 이들에 "속아 넘어간 사람," "촛불 불법 폭력시위"를 "촛불 문화제"라고 미화한 방송, "여기에 부화뇌동한 국회의원"들이 책임을 져야 한다고 주장했다(조갑제, 2008. 6. 18). 젊은 세대 보수론자인 변희재는 진보 세력의 우석훈을 거명하며, 우석훈은 "386세대의 지시를 그대로 따라주는 꼭두각시"를 필요로 하는 것이라고 비난함으로써(변희재, 2008. 5. 11), 10대 촛불 참여자들을 386세대의 꼭두각시로 자리매김했다. 한편 진보론자인 진중권은 대중을 절대화한다. 한 칼럼에서 "시위의 배후에 '정치적 의도'가 있다"고 말하는 정권을 조소하며, 민주당은 물론이고 진보신당까지 배척당한 시위 현장을 상기한다. "불행히도 우리도 대중에게 뒤통수를 맞았"으며

---

6) 이하 보수론자나 진보론자라는 명칭은, 해당 인물이 사회적으로 인식되고 평가되는 일반적인 통념을 따른 것이다. 각 논자가 보수론자인지 진보론자인지를 판단하는 일은 이 논문의 범위를 넘어선 대단히 까다로운 작업이다. 이 글은 주체적이고 사회적인 인식 속에서 논자들의 위치가 형성된다는 전제 아래, 각 지점에서 어떠한 소통의 진보론과 보수론이 배출·유통되었는가를 검토하는 것을 목적으로 한다.

"이번에는 조용히 대중의 지도를 따르자. 그것이 민주주의다"라고 대중의 존재를 강조하고 있다(진중권, 2008. 5. 3). 보수론자와 진보론자는 각기 다른 입장에서 대중을 소통의 주체 자리로부터 분리해내고 있다. 전자에게 대중은 무지와 오판의 대리인으로 환원된다. 후자에게는 진실의 담지자로 인지되거나(같은 글) "도덕적 우월감과 자긍심"을 획득한 집단으로 인정되지만(이택광, 2009. 4. 29), 진보 지식인들 역시 자신 또는 자신을 포함한 '우리'(그렇다면 여기서 '우리'란 또 누구란 말인가?)와 '그들'로서 대중을 분리시키고 있다. 정부에 대항하는 시민을 지지하는 진보적 성격의 대담회에서조차 젊은 진보론자들은 촛불을 이끈 대중의 힘을 존중하면서도, 권력의 폭력성에 저항하는 대신 비폭력을 주장함으로써『조선일보』에 의해 미화되는 운명을 자청한 순진한 대중들을 책망하고 있다(민중언론참세상, 2008).

대중은 발화의 행위자로 상상되지만 실상 지식인의 시선 속에서 익명적 집단으로 피상화되며 재차 모호한 정체성을 부여받았다. 각 이념적 입장을 대변하는 논설가들은 대중을 자신의 '(루소의 의미에서의) 욕구'를 투영한 '목적격 나'로 수용했지만, 소통의 주체인 '주격 나'로는 인정하지 않았다. 그 과정에서 대중은 중첩적인 모호성과 예측 불가능한 거대함으로 그려지고 있을 뿐이다. 한마디로, 대중은 유령이 되었다.

소통의 방법론에 관련하여, 조갑제는 소통을 잘하기 위해서는 "거짓말을 배제하고 사실을 골라내 정확하고 쉽게 국민들에게 전달해야 한다"고 주장하며 이것이 "소통이고 홍보"라는 등식을 제안한다(조갑제, 2008. 7. 1). '과학'과 '미신,' 혹은 '진실'과 '거짓'을 분리하고 촛불의 대중은 후자에 매몰됐다고 비판한다. 그러나 우리는 사실과 당위를 거짓과 허위로부터 분리하여 진리로 정의 내리는 것이 곧 상징권력임을 앞에서 확인한 바 있다. 보수적인 소통 담론은 일방적, 전달 중심적인 방향성을 띠며 상징권력의 체계를 강화하려는 욕구를 내포한다. 사실과 당위, 거짓과 허위를 구분하는 기준 자체에 대한 투쟁이 곧 상징투쟁이며 민주적인 소통일진대, 이 필연적인 투쟁 과정이 혼란, 비정상적인 소통의 상황으로 문제시되고 "법질서 수호"가 강경하게 주장된다(조갑제, 2008. 6. 18). 반면 신세대 진보 논객들은 '매개'와 대의에 대한 반감을 드러내며, 사회 변화를 추동하는 날것의 담론과 직접적인 행동을 지지한다. 이들의 주장은 소통이 존재하는 상징의 경계에 위험스럽게 부딪치고 있다. 즉 소통의 상징체계에서 작동하는 소통의 제도적 매개—정치적 매개로서의 정당과 커뮤니케이션의 매개로서의 언론 미디어—를 부정한 후, 맨 몸과 맨 목소리로 투쟁하는 모델에 도덕적이고 정치적인 정당성이 부여되었다(민중언론참세상, 2008). 나는 모든 문제가 반드시 매개를 통해 조절되는 식으로 처리되어야 하며 직접적인 행동은 금지되어야 한다고 주장하려는 것이 아니다. 법의 절대성을 지지하려는 것 역시 아니다. 단지 진보적인 입장에서나 보수적인 입장에서나 공히 소통의 영역이 훼손 혹은 부정되고 있으며, 소통 영역의 자율성과 효과성이 간과 또는 파괴되고 있음을 지적하려는 것이다. '명박산성'은 사회적 소통 행위가 한계에 다다랐음을 체현하는 비극의 상징물이다. 그것은 상징투쟁의 몰락과 물리적 폭력의 등장을 위태롭게 알렸다.

이렇듯 촛불 정국에서는 소통의 주체와 방법에 대한 사회적 성찰과 합의가 충분히 진행되지는 못했다고 판단된다. 그럼에도 불구하고 이 혼란과 고통의 의미를 찾는다면, 그것은 은폐되었던 문제점인 소통이 부재하는 현실이 사회적으로 인지되고, 소통이 기꺼이 고민되어야 할 근본적 가치로서 인정되었다는 점이다. 사랑-법-연대의 삶에 있어서 근원적인 필요-평등-성취의 목적을 위해 인간은 상호 인정 관계에 몸 담지 않을 수 없다는 점, 인정 원리는 개별성과 보편성 사이의 긴장에 위치하지만 동시에 조화로운 화해를 도모한다는 점, 사회적 정의는 새로이 생성되는 특수성에 대해 인정의 폭을 넓히려는 지속적인 노력 속에서 도달할 수 있다는 점, 그리고 상호 인정을 매개로 한 사회정의 안에서 자아실현이라는 윤리가 실현될 수 있다는 점에서 그러하다. 소통을 인정이라는 윤리 안에서 진행되는 투쟁으로 이해할 때, 그것이 야만적이고 폭력적인 다툼으로서의 투쟁이 아니어야 한다는 것은 분명하다. 이로써 우리는 고유하게 존중되고 활용되어야 할 가치로서 소통의 이성과 윤리의 문제에 다다르게 된다.

6. 소통의 이성과 윤리

소통의 상징체계는 현실의 권력 질서의 상징이자, 그것이 담론적으로 작동하는 사회적 공간이다. 이 공간에서 다양하고 대립적인 아비투스의 주체들이 상호주관적인 인정을 추구하고 인정투쟁의 의지를 발한다. 합리적인 소통이란 정의로운 인정투쟁에 기여하는 소통을 의미한다. 이를 위해 소통의 합리성과 윤리성이 요청된다.

하버마스의 "언어 행위를 통한 상호 이해 과정"의 개념을 소통으로 바꾸어 생각해도 좋다면, 그의 언어 행위에 대한 지향론과 상호주관론의 비교는 소통의 가치를 탐구하려는 지금의 작업에 깊은 통찰을 전해 준다(하버마스, 2000; 이하 쪽수만 표시). 지향론은 "화자"가 "기호"의 도움을 받아 "수신인으로 하여금 자신이 의도한 의견이나 의도를 인식할 수 있도록 한다면"(p. 149) 그것을 성공적인 언어 행위 수행으로 간주한다. 이에 비해 상호주관론은 "세계에 관해 의견을 나누고 상호 이해"에 이르는 것을 의도한다. 지향론자는 "청자에게 독특한 수동성을 선고"하고 "수신인은 화자의 주장을 타당한 것으로 수용해야만 한다"(p. 159)고 생각하며, 청자가 주어진 말에 대해 수용 또는 거부를 선택할 수 있는 가능성을 부정한다(p. 160). 지향론의 한계는 여기에 있다. 의미는 주관적 이해의 전달이 아니라, 상호주관적으로 합의된 타당성의 조건 안에서만 이해될 수 있는 것이기 때문이다. 결국 말한다는 것은 "**상호주관적 인정**을 목표로 하는 비판 가능한 타당성 주장들"(필자 강조)이며, 그것이 없다면 화자의 언어 수행적 목표 역시 성취될 수 없는 것이다(p. 164).

소통을 상호주관적인 참여와 합의 도출의 과정으로 정의한다면, 이 글의 서두에서 제기했던 문제인 동일성/차이 혹은 보편성/특이성의 모순적 공존 관계는 소통의 궁극적인 가치로 인정되어 마땅하다. 고전 형이상학에서부터 포스트모던의 극단적 맥락주의에 이르기까지, 다양성과 통일성의 길항 관계는 구체적인 역사적 지점마다 끊임없이 지속되어왔다.[7] 하버마스가 제안하는바, 다양성과 통일성의 양극단은 "해석의 공동 지평"에서 만날 수 있다. 우리가 타인과 세계를 이해하고 뜻을 교환하기 위해서는 어쨌든 언어를 통해야만 한다. 이 언어적 전회는 "언어적 상호 이해의 가능성"(p. 195)을 전제로 하는 "의사소통적 이성"에 준거할 때만 유효하다. 의사소통적 이성은 "컨텍스트에 의존하며 동

---

7) 하버마스는 그리스 철학으로부터 칸트, 헤겔로 이어지는 형이상학이 일자 혹은 이성의 전일성과 절대성에 중심을 두는 통일성의 원리를 지향한다면, 포스트모더니즘이 대변하는 극단적 맥락주의는 우연성과 다수성의 가치를 중시한다고 설명한다(하버마스, 2000).

시에 컨텍스트를 초월하는 타당성 주장을 통해 자신의 목소리를 낸다"
(p. 195). 환원하자면 의사소통적 이성은 구체적인 언어유희와 제도들
에 "내재적"이며, 동시에 현재 주어진 활동과 제도를 "비판"하므로 "초
월적"이다. 이것은 의사소통적 이성이 (형이상학적으로) 시공간적으로
초월적인 '타당성'을 확보하고 추구하면서, 동시에 (맥락주의적으로) 구
체적이고 특정한 컨텍스트에서 "제기"되고 "실제의 행위 결과들을 통해
수용되거나 거부된다"는 것을 뜻한다(p. 195).

　현대인은 오늘날 탈중심화된 사회 환경에는 더 이상 맞지 않는 "전체
사회의 의지"라는 식의 보편주의적 원칙에 여전히 사로잡혀 있거나, 극
단적 맥락주의가 수반하는 "낙담 효과"에 매몰되어 있다(pp. 197~98).
따라서 형이상학적 통일성 사유에 갇히지 않으면서 맥락주의에 매몰되
지도 않는 기준으로서 소통의 실천적 의미와 방식에 대한 탐구가 요청
된다. 이에 대해 하버마스는 두 가지 대안을 제안하는데, 하나는 생활
세계의 의사소통 행위의 배경이자 조건인 '의사소통적 이성'을 회복하
는 것이다. 명백성, 진리, 정의, 진실성, 책임 능력의 보편적 원칙들은 세
계 형성의 힘을 지니면서 상호 이해를 지향하는 행위, 즉 의사소통 행
위의 보편적 근거와 가능성을 제공한다. 이러한 보편적인 근거 위에서
서로 의사 교환을 함으로써 "자신들이 생활세계의 특수한 컨텍스트에
속해 있다는 사실을 동시에 안다." 보편적인 언어 조건 안에서 고유한
언어적 주체로서의 자각이 싹트는 것이다. 이리하여 구체적인 의사소통
정황 안에서의 의사소통 행위, 즉 상호주관성의 발휘가 상호적 의사소
통의 두번째 원칙을 이룬다. 상호주관성은 개인들의 정체성과 상호 이
해를 형성하는 과정으로서, (결코 유토피아가 아닌) 갈등 속에 있는 다
수 개인들 간의 "연대적 협동 작업"을 통해 생산된다. 그것은 역사적 정

황 속에서 "오류를 저지를 수 있고 거듭해서 실행할 수 있는 협동적 노력, 즉 훼손될 수 있는 피조물들의 고통을 완화하고, 폐지하고, 저지하려는 노력으로부터 비의도적으로 산출"되는 것이다(pp. 202~203).

조건이 거칠수록 그 방식이 용이하고 효과가 공격적인 지향론적 소통이 빈번히 사용된다. 한국 사회에서 청자가 의미를 이해하고 타당성을 검토할 수 있는 근거를 제시하지 않거나 반박할 기회를 허용하지 않는 소통 방식이 팽배한 현상을 이러한 맥락에서 설명할 수 있을 것이다. 공적인 장에서 입장의 차이를 상호 검토하고 논의하는 과정을 무시한 채 일방적으로 정책이 결정되는 방식(대표적으로 국회 몸싸움은 제도적 강행을 지나쳐 제도적 질서를 무너뜨리는 물리적 폭력까지 수반한 것이다), 여론의 수렴 과정 없는 일방적 정책 추진 행위가 공공연히 행해지고 있다. 대중의 일상에서는 텔레비전과 인터넷에서 '마녀사냥'이나 '신상 털기'가 빈번히 일어나며, 이것이 확산되며 파생시키는 잡음과 논란은 오락 대상으로 활용 또는 악용된다. 더불어 급속하게 확장하고 있는 소셜 미디어는 화자의 지향론적 발언이 구조적으로 보장되고 촉진되는 기술적·제도적·문화적 구조를 지닌 만큼, 새로운 미디어 환경에서 상호주관적인 소통의 이성과 윤리의 코드를 정립하는 일은 더욱 큰 중요성을 지닐 것이다. 이것이 말하기와 관련된 소통 질서의 왜곡이라면, 듣기와 관련된 소통 질서의 분란 현상 역시 발견된다. 자신의 입장이 관철되지 않을 경우, 상대방이 내 말을 '듣지' 않았다는 반발이 곧장 제기된다. 강압적인 독재 정권에서 시민의 말하기를 막는 권력이 공포의 대상이 된다면, 오늘날 시민의 말을 듣지 않는 권력은 분노의 대상이 된다.

또한 한국의 상징체계는 이념 경쟁에 대해 강박적일 정도로 경직되어 있다. 이는 객관주의와 중립성의 신화에 강박적으로 매달리는 태도와, 의견이나 해석의 차이를 불온시하고 두려워하는 태도로 나타난다. 공적인 담론에 대한 비판은 줄곧 '사실'의 왜곡이나 근거 없는 '비난,' 심지어 '괴담'으로까지 폄하되며, 그것이 대안적인 해석일 가능성은 아예 고려되지 않는다. 다른 의견은 틀린 사실로 치부되고 마는 것이다. 그러나 많은 경우에 사실과 진실이 상징권력에 의해 명명, 규정, 범주화되어 구성된다는 점은 앞서 상징권력의 정치적 효과로 논의된 바와 같다. 그렇다면 새로운 해석과 주장을 나쁜 이념으로 간주하고 상징의 장으로부터 퇴출하는 행위는 상징폭력의 전형적인 모습이다. 호네트를 상기할 때, 인정투쟁의 의의는 새로운 해석과 입장이 일정한 타당성 논증을 통해 진실 범주로 포용되는 것에 있다. 진실/신념, 과학/의견을 이분법적으로 대립시키고 각 짝패의 후자를 비과학적인 것으로 배척하는 상징폭력이 지속된다면, 그 사회의 인정 논리는 보수적으로 고착되고 인정투쟁의 민주적 가능성은 고갈될 것이다.

우리는 생존을 위한 물질적 조건과 노동의 필요로부터 자유로운 아고라의 시민이 아니다. 질곡, 고난, 갈등, 허망하거나 그럴듯한 희원과 기대에 이르기까지 자신에게 주어진 삶의 공간, 즉 아비투스를 떠날 수 없고 그 안에 몸담거나 그것을 짊어지고 살아가야 하는 현실인이다. 그렇다면 나의 말이 나의 경험, 신념, 이념, 전망과 유리된 추상적이고 보편적인 것일 수는 없다. 오히려 사회적으로 객관적인 관계와 주관적인 체험이 결합된 그 고유한 아비투스로부터 빚어진 특정한 의미와 표현 형식 이외의 것을 말하는 것이 불가능한 일이다. 중요한 것은 개인의 체험적 진실이 고유한 언어로 투명하게 재현될 수 있도록 하는 조건으로서의 '민주적 상징체계,' 특정한 발화가 하나의 가능한 진실이라는 주장을 뒷받침하는 관점·논리·근거가 타당하게 제시되고 비판될 수 있는

'합리적 의사소통,' 제시된 발화가 경청되고 상호주관적 해석에 담기며 정당한 합의를 획득하는 인정 원리의 실천으로서의 '상징투쟁'이다. 상징투쟁은 진실이라는 공통된 목표를 향하는 신념들의 자유로운 격전을 전제로 한다. 그리고 상징투쟁이 개방적이고 정당하게 이루어질 때, 사회의 인정 질서가 굳거나 썩지 않고 도덕성과 민주성을 항상적으로 지향하는 조건에 놓일 수 있다. 나아가 이렇듯 사회적 인정투쟁이 소통을 통해 추진될 때, 구성원들의 개별적인 가치와 공동체의 보편적인 원칙이 조화롭고도 민주적으로 추구될 수 있을 것이다.

마지막으로, 권력화된 체계의 근본적인 한계성, 입장의 차이, 개별자의 허약과 오류 때문에 소통은 완성될 수 없으며 끊임없이 추구되고 투쟁되어야 하는 과정적 가치다. 따라서 소통의 주체가 실천해야 할 가치이자 원칙으로서 소통의 윤리가 요청된다. 솔직성, 진실성, 용기, 비판, 자발적 책무를 요건으로 하는 "두려움 없는 발화," 즉 그리스의 파르헤지아parrhesia의 원칙은 여전히 유효하다(Foucault, 2001). 거짓이나 은폐의 유혹을 이기고(솔직성), 자신이 참이라고 믿는 것을 진실로서 말하며(진실성), 그 발언이 야기할 것으로 예기되는 개인적 위험에도 불구하고 진실을 발언하고(용기), 발화의 의미·조건·효과를 급진적으로 성찰하며(비판), 외부의 강제나 필요에 순응하는 대신 자신의 자유로부터 발언하는 신념과 실천(자발적 책무)이 파르헤지아를 이룬다. 파르헤지아는 주체의 삶에 있어 자기 형성의 윤리이고, 수행 기술의 미학적 가치이며, 억압적이고 왜곡된 사회적 상징질서에 대해 진실과 정의를 촉구하는 비판적 담론 행위이고, 민주주의를 지향하고 행하는 정치적 실천이다.

7. 맺으며

지금까지 한국 사회에서 소통의 상징체계가 형성되고, 상징권력과 인정투쟁의 역동 안에서 소통의 문화정치가 형성되는 가능성을 검토했다. 소통의 담론화가 이루어진 주요 계기와 과정과 함께 주요 담론 행위자들에 주목함으로써 소통의 상징체계와 상징투쟁의 성격을 해석했다. 소통의 상징체계는 한국 사회의 상징적·물적 발전과 대중의 소통 능력 및 감수성의 향상, 폐쇄적이고 보수적인 정치권력 및 그에 대한 반동과 같은 복합적 요소들 간의 융합적 산물로 이해될 수 있다. 한편 이로부터 본격적으로 진행된 상징투쟁은 경제적 재분배 및 정체성 정치의 요구들을 수렴하며, 그것을 소통을 통해 공동적으로 해결해야 한다는 정치적 의미를 함축하게 되었다.

사회 변화와 문화적 다양화의 흐름 속에서 신념, 이념, 가치관의 분화 역시 복잡하게 일어나고 있다. 사회구조적 문제들 ── 프레이저의 견해대로 계급, 성, 지역, 세대, 인종 간 평등한 재분배(Fraser, 2003) ── 을 포용하는 동시에 개인의 자아실현이라는 윤리적 목표를 지원하기 위해서는 한층 광범하고 유연한 인정구조가 요청된다. 보편성의 가치로서 사회정의의 실현과, 개별성의 가치로서 문화적 정체성의 요구들을 조화롭게 추구하기 위해서 인정 질서의 항상적인 재편성과 유연한 확장이 요구된다. 소통의 상징체계는 다양한 입장과 이해관계에 있는 사회 구성원들이 자기 형성과 자기 재현을 시도하고, 그에 대해 상호 인정을 실천하는 인정투쟁의 핵심적인 장으로서 유효하다. 그 질서의 변화와 재형성을 불온시하는 것은 옳지 않으며, 오히려 지금을 반성하지 않는 자족적 소통 질서는 새로운 생성 운동을 무시하고 탄압하는 역효과를 낳을 뿐이다.

이 글은 '소통의 위기'라는 관점을 '상징투쟁'이라는 관점으로 전환할 것을 제안한다. 상징투쟁의 지평은 '극단적인 자유 대 권력의 획일적인 통제'라는 이분법을 넘어선다. 상징투쟁은 소통의 도덕적 규범과 합리적 이성이라는 보편적인 기대 가능성 위에서 주체의 자기 형성의 윤리적 기획이 자유롭게 실천되는 동시에, 상호주관적인 인정 관계 안에서 비판적으로 논쟁되고 정당하게 합의된 의미가 조화롭게 공유되는 과정적 가치를 뜻한다. 어쨌거나 '위기'에 대한 강박적인 두려움보다는 '투쟁'에 대해 열린 자유가 더 아름답고 선하고 진실하다.

2장
감성공론장 :
느끼고 말하고 행하다

1. 감성의 돌출과 흐름

사적인 것과 공적인 것의 만남은 어떻게 이루어지는가? 이 질문은 적어도 몇 가지 문제 영역을 포함하고 있다. 대략적으로나마 그 문제 영역을 구획한다면 주체의 사적 경험과 정신세계, 그 개인이 자리 잡은 사회적 조건과 관계, 개인적인 것과 사회적인 것의 교류가 촉발되거나 지속되도록 하는 사회적 정황 또는 사건, 어떤 경험을 소통과 재현의 형식으로 번역하는 미디어의 물적·상징적·제도적 환경, 소통의 사회적 효과 및 반향의 문제들과 연관된다.

사적인 개인이 공공의 사회에 참여하는 문제는, '공론장'의 개념을 중심으로 무척이나 다기한 방식으로 논의되었다. 하버마스의 공론장 개념은 자유로운 사적 개인이 모여 이성적이고 합리적인 소통 행위를 통해 공공선을 추구하는 이념적·도덕적·정치적 소통 행위의 모델이다

(Habermas, 1962). 그러나 주지하다시피, 공론장은 현존하는 실체다. 그래서 특정한 시기의 사회적·정치적·경제적·문화적 맥락 안에서 변모, 확장, 세분화, 재구성되는 역동체이며 하나의 규범적 모델로 정형화하기 어렵다. 특히 복잡성이 가속적으로 증가하는 현대사회의 삶의 한복판에서 경험과 현상은 주체가 스스로 인식하기 어려울 정도로, 그들의 의도, 계획, 인지와 이성적 판단에 채 닿기도 전에 스쳐 지나면서, 복합적인 변화 과정을 스스로 창출하며 전개된다. 이러한 삶의 공간을 혼자 산다는 것이 불가능하다면, 과연 우리는 어떻게 더불어 살아가고 있는가? 어떻게 누군가와 함께 느끼고 말하고 행하며 살아가는 것이 가능한가? 이러한 물음 위에서, 이 글은 2008년 봄부터 가상과 현실을 가로지르며 그 존재를 드러낸 여성 커뮤니티의 특성을 읽어내고, 이러한 공동체의 활동을 사회적 실천의 장이라는 관점에서 해석하려 한다.

여성 온라인 커뮤니티에 대해 많은 관심이 표출되었다. 하나는 긍정적인 의미에서든 부정적인 의미에서든 이들이 갑자기 '부대'로 등장했다는 것이었다. 이러한 표현은 신선하기는 하지만, 어떠한 사회적 행동이 가시화하기까지 진행되었을 깊고 오래된 과정에 대한 이해를 충분히 갖추지는 못했다. 보다 섬세한 해석으로 새로운 주체, 삶, 정치의 형성이라는 관점에서 설명되기도 했다. 예를 들어 이준웅은 인터넷 공론장에서 "정보적 주체" 못지않게 "공존의 인식"과 "공적 관여의 감각"을 지닌 "공적 자아"의 출현을 관찰하고 있으며, 이들의 연결이 비판적 담론 공중의 형성에 주요한 역할을 했다고 주장한 바 있다(이준웅, 2009). 또한 김영옥은 "소속감은 있지만 구속력은 없는 느슨한 취향 공동체적 유대"를 형성해온 여성 커뮤니티가 "삶권력"에 대항하는 "삶능력"을 발휘하고 "정동적 노동affective labor"의 잠재력을 지니게 된 것으로 평가한다

(김영옥, 2009). 마지막으로 일상 정치의 형성과 그에 맞물린 사회관계의 복합성을 강조하는 시각이 제기되었다. 이상길은 "촛불" 현상에 대한 논평들이 다양한 입장에서 자신의 "순수성" 에토스를 투영했다는 점을 지적하며, 본질적으로 "오염된 것"으로서 정치, 또한 그에 사회적으로 작동하는 "매개 층위"를 급진적으로 이해할 것을 제안한다(이상길, 2009). 이러한 긍정적인 평가들에 동의하면서도 품게 되는 의문은 사적 개인이 공적 자아로 형성된, 또는 느슨한 유대가 정치적 능력으로 숙성하게 된, 또는 오염과 매개의 복잡 행위가 작동하게 된 바로 그 계기 또는 과정이 과연 무엇이었으며 어떠한 조건적, 실천적 교합에서 비로소 가능해질 수 있었는가라는 점이다.

이러한 문제의식을 포괄하기 위해 나는 '감성공론장' 개념을 제안한다. 이후에 상술되겠지만, 감성공론장은 근대 공론장 개념에 그 전제로서 함축되어 있는, 이성적이고 합리적인 소통 규범으로부터 자유로운 공론장에 대해 생각하기 위한 개념 도구다. 감성공론장의 핵심적 특징은 암묵적이고 미세하지만 광범하고 근면한, 감정과 경험의 소통 과정에서 구성된다는 점에 있다. 감정은 때로는 그것을 공유한 구성원들 사이에서도 인식되지 않을 정도로 비가시적이지만 분명히 실존한다. 그리고 감정이 어느 사회적 계기에 특정한 커뮤니케이션 양식으로 발화되면, 서서히 독특한 표현적·행동적 감각과 감수성을 획득하게 된다. 감정과 느낌의 공유, 언어적 표출, 대화와 사회적 행위의 발현이 진행되는, 사적인 동시에 공적인 관계, 과정, 활동이 감성공론장이다. 그러나 감성공론장이 이성적인 공론장에 대척적인 것은 아니다. 또한 감성과 이성을 뚜렷이 구분하는 일이 애초부터 가능하지도 않다. 따라서 감성공론장의 개념은 기존의 근대 공론장 개념에서 이론적 정당성을 독점한 채 중심에 서 있던 이성과 합리성의 규범적 권위를 양보시키고, 그 이면에 축소된 채 방치되어 있었던 감정·정동·느낌——나의 표현으로 '감성'——의 가치를 재해석함으로써, 감성과 이성이 중첩되어 나타나는 사회적 느낌과 사유와 말과 행동의 영역을 섬세하고 포괄적으로 이해하려는 성격을 지닌다.

이후의 장들에서는 촛불 공간에 나타난 여성들의 경험, 관계, 활동을 감성공론장이라는 시각에서 해석함으로써, 감성의 소통과 공유로부터 만들어지는 집단성의 문화정치 혹은 정치 문화적 의미를 재조명할 것이다. 이를 위한 준비 작업으로 우선 공론장에 관한 기존의 논의를 검토하고, 이에 대한 대안적인 시도로서 감성과 집단성에 대한 이론적 해석들을 탐색한다.

2. 공론장 또는 대안 공론장에 관한 논의들

벤하비브는 공론장의 유형을 한나 아렌트의 "경쟁적 모델," 브루스 애커먼의 "자유주의적 모델," 위르겐 하버마스의 "담론적 모델"로 구분한다(Benhabib, 1992). 벤하비브의 관점에서 볼 때, 아렌트의 경쟁적 모델은 "정치적 사고"를 일종의 스토리텔링 행위로 간주하여, 마치 공연하듯 역사를 공공의 장소에서 "다시 기억re-membering"해내어 공유되도록 하는 "창조적 행위"로 설명한다.[1] 그러나 그것은 '정치적인 것'과

---

1) '기억하다remember'의 라틴어 어원인 'rememorari'는 're(again)'와 'memorari(be mindful of)'가 결합한 단어로서 '마음에 되살리다recall to mind'라는 뜻을 지닌다.

'사회적인 것'을 원천적으로 분리시키고, 인간의 '활동'이 이루어지는 공적인 공간으로부터 인간의 경제적이고 사회적인 행위인 '노동'과 '작업'을 배제하는 '현상학적 본질주의'를 벗어나지 못한 한계를 지닌다. 애커먼의 자유주의적 모델은 합법성의 바탕 위에서 대화 참여자들이 기본적인 화행speech act 책무를 준수하기를 강조하는 입장이다. 특정 입장의 도덕적 우위를 전제하지 않고, 중립적인 언어적 매개를 위한 지침이 존재하며, 참여자들에게 초월적 관점을 요구하지 않는 것을 규범으로 제시하는 자유주의적 모델은, 그러나 대화적 제약이 준거하는 규범의 '합법성'을 이의 없이 받아들인다는 점에서 문제적이다. 실상 현실적 갈등의 많은 부분은 합법과 탈/불법의 경계 자체에 대한 이견에서 비롯하기 때문이다. 합법성의 규범 안에 갇힌 대화란, 정해진 합법 영역 바깥에 존재하는, 그러나 실제로 중요할 수 있는 문제들을 공적으로 논의하기에 부적합한 사적 사안들로 치부하거나 은폐할 수 있다. 이어 벤하비브는 하버마스의 담론적 모델은 참여자들의 담론적 의지 형성, 참여의 평등성과 확장성, 담론 구성의 과정성의 요소들의 중요성을 강조한다고 말한다. 공론장이란 선험적으로 존재하는 것이 아니라, 공론장의 규범, 방향성, 목표, 참여자들의 실용적 지혜와 화용론적 수행 행위의 요소들이 상호 결합하면서 끊임없이 구성되는 실체이기 때문이다(Boyte, 1992; Calhoun, 1992; Derrida, 2006). 그러나 담론적 모델에서 상정하는 언어의 게임에도 자유주의적 모델과 유사하게 대화의 규범적 제약이 전제된다는 한계점이 지적된다.

공론장 모델을 발전시킨 후속 연구 흐름들 중 하나는 하버마스의 부르주아 공론장 모델이 스스로 갇혀 있었던 백인/남성 중심적인 '배타성'을 해체하는 방향으로 전개된다(Habermas, 1992). 계급적·젠더적·

인종적으로 '다른' 공론장과 시민권이 실존했음을 증거하는 역사적 접근들(천정환, 2003; Boyte, 1992), 이러한 타자화된 공론장과 지배적인 공론장이 본질적으로 공유하는 상호 연계성, 상호 의존성, 상호 구성성을 밝히는 이론적 재구성(Habermas, 1992), 현재 지구적 차원에서 물리적 또는 가상적으로 진행되는 탈국경화 및 이주의 흐름 안에서 과거의 주권국가-시민사회의 틀로는 설명되지 않을 새로운 형태의 공론장들에 대한 탐색과 재맥락화의 시도들(김수아, 2007; 2008; 김수정·김예란, 2008; Benhabib & Resnik, 2009; Dean, 2001; Negt & Kluge, 1993; Warner, 2002)이 그 주요 흐름을 이룬다.

특히 여성주의자들이 적극적으로 주도한 대안적 공론장 논의에 주목할 만한데, 이는 여성이 단지 사적 인간private persons으로 규정되며 공론장에 그녀들을 위한 자리는 애초부터 고려되지 않았다는 자성적 역사 인식으로부터 성장했기 때문에 더욱 그러하다. 예를 들어 프레이저는 지배적인 공론장 사고의 모순을 지적하며 "대항적 공론장counter public sphere"의 이론적·사회적 실천을 요청한다(Fraser, 1992). 일반적으로 '공적인 것'은 국가 관련성, 보편적 접근 가능성, 보편적 중요성, 공동의 선과 공유된 이해관계를 가리키는 반면, '사적인 것'은 시장경제와 사적 소유, 가족생활과 친밀성 구조를 뜻하는 것으로 대비된다. 그러나 이 대비의 전제인 사적인 것과 공적인 것의 구분이란 실상 모호하거나 왜곡된 것이다. 왜냐하면 공론장이 인종, 젠더, 계급적 이해관계에 의해 굴곡진 것이 현실인데, 지배적인 공론장 개념은 그 불평등한 현실을 '괄호 치기'하는 식으로 은폐하기 때문이다. 따라서 프레이저는 유일의 공론장 대신 복수의 공론장들을 생성하여 부르주아 남성 중심적 이데올로기가 '사적인 것'이라 명명하며 제쳐놓은 사안들을 적극적으로 포용하고, "강한 공중strong publics(여론과 정책 결정을 모두 수행하는 담론의 주체, 예를 들어 국회)"과 "약한 공중weak publics(숙의적 실천이 전적으로 여론 형성에 관여할 뿐 정책 의사결정에는 개입하지 않는 주체, 예를 들어 시민사회)"을 모두 포괄하여 이들 간의 관계를 적극적으로 숙고할 것을 제안한다. 여성이 본질적으로 사적 주체에 한정되지 않는다는 점은 여성의 공론장 실천의 역사가 증명한다. 예컨대 랜디스가 프랑스 혁명의 공론장에서 당시 여성주의자들의 "대항 담론과 급진적 수행성"이 발휘되었음을 목도하고 있듯이, 역사적으로 여성은 "적어도 일시적으로나마" 공화적 도덕과 법률이 여성에게 부여한 제약을 넘어섰던 것이다(Landes, 1996, p. 308).

벤하비브 역시 프레이저와 유사한 입장에서 사적인 것과 공적인 것의 구분 폐기와 실용적 담론의 여성화를 제안한다(Benhabib, 1992). 남성 중심적인 시각에서 자리매김된 여성의 사적 공간은 도덕적·종교적 양심, 경제적 자유, 친밀성의 영역이며 '선good'의 가치에 의존하는 영역으로 한정된 반면, 남성적 공론장은 '정의justice'의 가치에 의해 지배되는 것으로 간주되었다는 것이다. 이 단순화의 논리에서 여성의 사적 공간이 지닌, 그 고유한 정의에 대한 성찰적 관심은 부재할 수밖에 없었다. 따라서 정의/선, 규범/가치, 이해관계/필요로 이분화된 전통적인 구분을 해체하기 위한 탈젠더적 급진성이 요청된다. 사적인 문제로 치부되었던 것을 공공의 영역에서 토론하고 논쟁하고 실천적 대안을 도출하는 과정에서 사적인 것의 정치화 및 공론장의 여성화가 조화롭게 실현될 것이기 때문이다.

지금까지 검토한 공론장에 대한 사유를 바탕으로 공론장의 현안을 확인할 수 있다. 공론장에 내재한 젠더/인종/계급의 권력관계를 해체하는 것, 개인/사회/국가의 관계를 재구성하는 것, 공론장의 내부적 다양성과 외연적 확장의 가능성에 눈뜨는 일 등이 요청된다. 더욱이 개인주의가 강화되는 한편 구조적 통제가 더욱 정교해지는 현대 자본주의적 생체권력 사회에서는 사적인 것/공적인 것, 감정/이성, 개인/사회, 생활세계/권력체계, 욕망/이념, 생존/정치의 중층성에 관한 비판적 이해가 더욱 절실하게 요구된다(Boyte, 1992; Calhoun, 1992). 그런데 근대 부르주아 계급의 백인 남성 중심적이라는 전통적인 공론장의 오래된 문제점과 함께, 이후에 제안된 대안 접근들도 한계점을 지닌 것으로 생각된다. 예컨대 대안 공론장 개념은 규범적 공론장을 중심에 둔 채 '다른' 공론장의 모델을 대안으로 제시함으로써, 역설적이게도 규범적 공론장 모델을 준거로서 재강화하는 결과를 낳고 있다. 또한 지배적 공론장과 대항적 공론장이 항상 뚜렷하게 구분되는 것도 아니다. 이념적인 구분에도 불구하고 현실적으로 두 영역은 서로 타협하거나 모호하게 중첩되며 영향을 주고받는다. 그리고 역사적인 접근은 각 대안 공론장들이 지녔던 개별성과 특수성을 구체적으로 설명해준다는 이점은 있으나, 그 고유한 발견들을 인간과 사회에 대한 근본적인 천착으로 심화시키는 단계에는 이르지 못한 것으로 판단된다. 가령 주변화된 집단의 분노와 연민이 집합적인 행동과 사회적인 공론화의 수준으로까지 발전하는 일은 단지 언어 소통에 한정된 문제가 아니다. 그것은 다수 육체들이 함께 경험하여 공감하고, 그 느낌이 전이되어 집단의 담화로 뱉어지고 공동의 행동으로 발동하여 일어나는 현상으로, 이질적인 감각, 감정, 이성, 언어, 소통, 행동의 복합적인 관계와 작동의 산물이다. 따라서 보르흐의 표현을 빌리자면 "이성적인 개인과 비이성적인 군중"이라는 이분법을 넘어서, 이성, 정서, 욕망, 열정의 "반半의식적semiconscious" 상호작용

과정에서 구현되는 사회적 행위로 설명되어야 할 문제인 것이다(Borch, 2007).

이제 반의식적인 사회적 행위를 한국의 현실 속에서 설명하기 위한 시도로서 감성공론장을 구상하며, 이를 위한 경유로로서 감성과 집단성의 문제를 각각 살펴보기로 한다.

3. 감성: 감정, 정동, 느낌을 아우르며

"정동으로의 전환affective turn"은 20세기 후반 이래 지구적으로 구축된 후기 자본주의 체제의 두드러진 경향이다(Clough, 2007). 이성에 대한 감수성의 확장, 물질적 산업노동에 대한 비물질적 지식/감정/돌봄노동의 확장, 인식과 지식에 대한 몸과 감각의 확장 등 정치적·경제적·사회적·문화적 영역에서 정동affect에 대한 관심이 증대하고 있다(Hardt & Negri, 2005). 또한 삶의 환경의 변화 역시 정동에 대한 관심이 부활하도록 영향을 미쳤다. 스리프트의 해석에 따르면, 정동은 현대 도시 연구의 "문화적 데카르트주의cultural Cartesianism"의 전통으로부터 소외되어왔다(Thrift, 2004). 현대 도시의 효율을 떨어뜨리는 방해 요소쯤으로 취급되었던 것이다. 그러나 오늘날 현상적으로 커뮤니케이션의 시공간적 범위가 확장되고 사회 변동에 대한 실험과 우연의 영향력이 증가하며 시공간 질서의 과정성과 유연성이 확대되는 한편, 학문적으로도 생물학과 사회학의 밀착과 함께 자연주의와 과학주의의 소통 가능성이 급증하는 상황에서, 정동에 대한 인식은 더욱 중요하게 다가오고 있다.

감정, 정동, 느낌과 같이 유사하되 조금씩 다른 사용법과 어감을 지니고 때론 다소 파편적으로 진행되어온 연관 논의들에 대해, 나는 '감성'이라는 개념을 중심으로 이 모호한 영역의 논리를 재구성해보고자 한다. 이를 위해 감성을 구성하는 하위 차원으로서 감정, 정동, 느낌의 개념들을 차례로 검토하겠다.[2]

오늘날 감정, 정동과 같이 유사하게 사용되는 용어들은 라틴어 '아펙투스affectus'에서 파생되었다. 브레넌의 해석에 따르면, 감정의 문제가 철학적으로 설명된 것은 아리스토텔레스부터인데, 그는 『니코마코스 윤리학』에서 인간의 "정신" 속에 생기는 것은 "감정·능력·성품" 세 가지라고 설명한다. 감정은 "욕망·분노·공포·자신·질투·환희·사랑·증오·동경·경쟁심·연민" 등 쾌락이나 고통이 따르는 것들이고, 능력이란 우리가 감정을 느낄 수 있도록 하는 것, 예컨대 "노여워하거나 두려워하거나 불쌍히 여길 줄 아는 것"이고, 성품이란 "감정에 대해 잘 처신하거나 잘못 처신하게 해주는 것"이다(아리스토텔레스, 2007, p. 41). 이후 중세와 근대를 거치며 감정에 비해 이성과 합리성을 선호하는 방향으로 서구 역사는 전개되었다. 예컨대 데카르트는 감정emotion을 육체적 움직임에 대한 인간의 수동적인 반응으로 설명했고(Brennan, 2004),

---

2) 정동 또는 그와 유사한 개념들(감정, 느낌, 정서 등)은 비사유적인 것이라고 일반적으로 간주되었음에도 불구하고, 이에 대한 사유는 지식 분야의 한 영역으로 구성되어왔다(Thrift, 2004, p. 61). 스리프트의 해석에 따르면 사회적 상호작용과 해석학의 영역, 정신분석학, 스피노자로부터 들뢰즈로 이어지는 생기론, 다윈의 진화론이 관련 지식 분야다. 또한 라투르는 들뢰즈가 타르드를 인용했던 지점을 논하며, 이 글의 뒷부분에서 논의되는 타르드의 감정-소통-사회의 연계에 관한 해석을 자신의 네트워크 이론에 적용하고 있다(Latour, 2002). 이처럼 감정, 정서, 소통, 행위를 연결시켜 현대사회를 설명하려는 이론적 작업이 여러 분야에서 융합적으로 진행되고 있다. 이들을 상세히 살펴보는 것은 이 글의 범위를 넘어서지만, 근대 이후 현대에 이르기까지 상이한 이론 분야들에서 공통적으로 정동의 본질이 운동적 힘push으로 이해된다는 점은 강조되어 마땅하다.

다윈의 진화론적 사고에서 감정을 추스르지 못하는 것으로 판단되는 인간 집단 — 여성, 아동, 노동자, 이민족 — 은 이성적인 시민에 비해 열등한 종족으로 간주되었다. 또한 시대가 흐름에 따라 감정과 유사한 심리 작용일지라도 보다 합리적이고 과학적인 형태로 변형되면 인간의 고급한 능력으로 인정된 것을 알 수 있는데, 욕망은 자기 인지적인 심리 작용으로, 느낌feeling은 언어로 매개되는 감각으로 이해되어 정동으로부터 분리된 것이다. 반면 감정은 비이성적이고 충동적인, 따라서 야만적이고 통제되지 않은 생리학적 반응으로 축소되었다.

이러한 역사적 흐름에 대한 이해의 바탕 위에서 논자에 따라 조금씩 다르게 정의되는 연관 개념들을 구분해가며 각각의 의미를 정리해보도록 하자. 우선 감정은 주체와 세계의 감응 작용을 뜻한다. 의식이나 이성의 작용보다는 주로 몸을 통한 즉각적 인식 및 심정적 반응과 연관된다. 마치 뜨거운 대상을 만졌을 때 열을 느끼자마자 몸을 뒤로 당겨 데는 고통을 준 대상으로부터 거리 두기를 통해 분리를 시도하듯이, 감정은 세계를 느끼며 그와 관계 맺는 몸의 작용이다. 몸과 세계의 경계를 구분 짓고, 몸의 표면을 구성하며, 궁극적으로는 몸을 형성하고 행동을 낳는 역할을 한다. 아흐메드의 표현을 따르면 "감정은 육체적 변화에 대한 느낌feeling of bodily change"이다(Ahmed, 2004, p. 5).

한편 정동에 대한 현대적 관심의 부활은 근대 철학자 스피노자의 윤리학을 재해석하려는 시도와 맞물려 진행되었다. 스피노자는 『에티카』에서 정동을 "신체의 활동 능력을 증대시키거나 감소시키고, 촉진하거나 저해하는 신체의 변용인 동시에 그러한 변용에 대한 관념"으로 설명한다(스피노자, 2007, p. 153). 정동은 개인의 신체와 정신의 내외부적인 활동을 촉진하는 운동력이다. 그는 기쁨, 슬픔, 욕망을 정동의 기초적인 요소로 정의하면서, 이들이 서로 결합하거나 상충하면서 생겨나는 다양한 정동의 요소들(환희, 경멸, 후회, 호의, 분노, 만족, 동정 등)을 정의한다. 예를 들어 인간의 본질은 생명에 있고, 생명이 자기 유지의 노력을 정신적·신체적으로 벌이는 한 활동의 '기쁨'이 있으며, 그 기쁨의 활동을 의식하는 인간은 '욕망'을 지닌다. 활동하는 정신에 '슬픔'이 개입할 여지는 없다. 정동은 정신과 육체, 이성과 감정, 개인과 집단을 구분 짓는 경계를 꿰뚫고 넘나들면서 기쁨과 슬픔의 효과를 생성하는 힘이다. 생성적이고 운동적인 힘이기에, 정동은 분리된 육체들 사이에서도 움직이고 공유될 수 있다.

브레넌이 단언했듯이, 정동은 "전이transmission"된다(Brennan, 2004). 정동의 전이는 고유한 소통 양식을 통해 이루어진다. 이것은 종종 논리적 언어로 매개되기도 하지만, 이미지, 촉감, 냄새와 같이 감각 작용을 통해 즉각적이고 직감적으로 전달되는 경향이 강하다. 따라서 물리적·사회적 분위기에 민감하게 반응하는 피감응성suggestibility, 외부 영향을 받아서 주기가 변하는 '전환entrainment' 기능, 나와 타자의 간주관적 관계성, 타자의 모방 행위 등은 정동의 '전이'를, 나아가 '전염'을 촉진한다. 주지하다시피 이렇게 묘사되는 정동의 요소들은 이성 중심적인 근대적 관점에서 타율적이고 수동적인 인간의 속성으로 폄하되었다. 그러나 시각을 전환하여 이성주의 논리를 탈피한다면, 감정, 생각, 이념 등 다양한 정동적인 요소들은 투명하게 소통되어 집단적인 마음을 형성할 수 있도록 하는 긍정적 역능으로 평가될 수도 있다(Blackman, 2008). 정동의 소통 원리들 중 하나인 모방의 경우만 하더라도, 군중의 모방 행위는 때론 즉흥적이고 양가적이며 폭력적으로 나타날 수 있으나 "언제나 새로운" 것이다(Toews, 2003, p. 86). 그리고 모방이란 비록 자발적인 의지로부터 발동된 것은 아닐 수 있지만, "그 자체가 발명의 미디어로서 사회적인 것이다"(같은 글). 이처럼 정동에 대한 새로운 이해는 개인과 군중에 대한 새로운 시각을 열었다. 정동의 감응과 전이와 전염의 힘을 상기할 때, 개인은 단일한 모나드monad로 고립되어 존재하는 것이 아니다. 오히려 타인의 "기운을 느낄 능력을 갖춘" 개인이란 네트워크를 구성하는 일종의 "결절node"이다. 그에 의해 이질적인 생각·감각·언어·행동들이 집합적으로 교차되고 소통될 수 있기 때문이다(Blackman, 2008, p. 41).

이렇듯 정동이 개인의 육체적 표면 경계를 넘어 다른 사람들에게도 전이되어 확산될 수 있는 무엇이라면, 곧 사회적인 것이기도 하다. 우리가 일상적으로 사용할 뿐 아니라, 여러 논자들에 의해 다소 무심하게 언급된 개념인 '느낌'을 사회적 시각으로 확장한 이는 레이먼드 윌리엄스다. 그는 "느낌의 구조들structures of feeling"이라는 개념을 제안하며 느낌을 "사회적 존재social existence"로서 조망한다(Williams, 1977). 여기서 느낌은 미처 당대인들에게 인지되거나 언어로 매개되기 이전에, 살아얻게 된 경험에 의해 구성되는 '가치'와 '의미'를 뜻한다. 윌리엄스는 '세계관'이나 '이념'과 같이 형식적이고 체계적인 신념을 지시하는 개념들과 구별 짓는 한편, 현재진행성과 실질성을 강조하기 위해 의도적으로 '느낌'이라는 용어를 채택했다고 명시하고 있다. 그렇다고 해서 느낌이 본능적 반응이나 주관적 감정에 한정되지는 않는다. 느낌이 충동, 제약, 어조와 같은 정서적 특성을 강하게 지닌 것은 사실이지만, 사고와 분리되거나 대비되는 것은 아니다. "느껴지는 사고, 사고로서의 느낌"으로서, 감정과 이성은 항상 공존한다. 한편 "구조"는 "특정한 방식으로 서로 연동되고 긴장을 미치는 내적 관계를 지닌 세트"(같은 책, p. 132)를 의미한다. 따라서 느낌의 구조들이란 본질상 역사적이고 사회적인 차원에서 작동한다. 한 세대는 자신의 고유한 사회적 경험을 지니므로, 이에 관한 고유한 느낌의 구조를 형성하고 이들을 담아내는 독특한 언어 양식을 발명해낸다. 예를 들어 특정한 시대에 창출된 예술이나 문학작품은 (동결된 사회적 형식이나 관습의 산물이 아니라) 느낌의 구조들이 다양하게 접합하며 이루어진 '사회적 형성물'이다. 이리하여 사회적 변화는 커뮤니케이션과 문화의 변화와 연관되며, 이 변화에는 비가시적이되 사회의 저변에서 광범하게 작동하는 느낌의 구조들이 연동하고 있다.

지금까지 감성의 개념을 구축함에 있어 감정, 정동, 느낌의 세 가지 연관 개념들을 검토했다. 서로 절대적으로 분리되지는 않지만, 감정은 개인적 차원에서, 정동은 간주관적 관계에서, 느낌은 사회적 차원에서 해석되었다. 각 개념들이 우리에게 제공하는 함의는 이러하다. '감정'은 자아와 세계의 관계에 대한 것이다. 감각에 직결되며 육체와 세계를 구분하는 동시에 연결하므로, 감정은 개인의 육체를 형성하는 생성적 효과를 지닌다. '정동'은 정신과 신체의 활동성 및 그 활동을 스스로 인지하는 정신적 활동을 의미한다. 그것은 개인의 신체적 또는 정신적인 변화로 나타나고, 그 개인의 변화가 타인과의 관계 속에서 감응·전이·전염되어 운동과 확산의 효과를 낳는다. '느낌'은 감정과 정동이 사회적으로 구조화되는 과정 속에서 현존하며, 느낌의 구조는 언어적 매개를 통해 당대 고유의 커뮤니케이션 양식으로 구체화된다. 최종적으로 나의 '감성' 개념은 감정, 정동, 느낌을 아우른다. 따라서 감성은 개인적/간주관적/사회적 차원에 걸쳐 생성·소통·공유되며, 육체/정신, 감각/사고/상징의 요소들을 모두 내포한다. 그리고 개인과 집단과 사회의 관계 구성 및 상호작용에 명시적 혹은 암묵적으로 연동되며 생성 및 변화의 실질적 효과를 창출한다.

이렇게 감성의 사회적 작용에 의해 어떠한 연결성이 형성될 수 있다면, 그 연결의 산물로서의 집단은 어떠한 모습을 지니는가? 이 문제를 집단성의 논의로 계속 이어가기로 한다.

4. 집단성: 군중, 공중, 사회를 넘어서

19세기 말에 사회학은 도시에 등장한 인간 집단——문자 그대로 '사회'——의 성격을 고민하는 것으로부터 출발했다고 보아도 과언이 아니다. 이성적으로 보이던 개인이 여럿으로 뭉치는 순간 돌변하여 낯선 행태를 보이게 만드는 집단group · 군중crowd · 대중popular · 사회society의 마음mind과 심리psychology가 문제였던 것이다. 이 돌변에 대해 쉽게 두 가지 가설을 생각할 수 있다. 하나는 군중을 "개인들의 광적인 집결crowds as mad individuals"이라고 보는 것이고, 다른 하나는 개인들의 이성적인 집합crowds as rational individuals"이라고 보는 것이다(Brennan, 2004, pp. 53~63).

군중에 대한 사회심리학적 연구의 선구자인 르봉은 1895년에 프랑스에서 출간된 자신의 저서『군중심리La Psychologies des Foules』에서 군중을 비이성적이고 병리학적인 집단으로 진단했다. 르봉은 이성적이고 합리적인 '개인'일지라도 군중에 섞이는 순간, 자신의 생활양식, 직업, 인격, 지성의 요소들에 근거를 두어 만들어진 자기 완결성과 이성을 상실하고, 비이성적이고 감정적인 군중성에 휘말리게 된다고 설명한다(Le Bon, 2002). 군중의 집단적인 힘이 개인에게 완승을 거두며 감응과 전염의 경로를 통해 사회적 영향력을 확대하리라 우려한 그에 대해, 후대의 연구자들이 "군중에 대해 보수주의적 공포"를 지닌 학자라고 평하는 것도 무리는 아니다(Borch, 2006, p. 86).

한편 프로이트는 르봉, 맥두걸, 트로터가 제시한 군중 이론에 동의하면서, 그들의 사회학적 관찰 수준을 넘어 군중 심리를 유발하는 개인적·집단적인 무의식 작용을 심층적으로 이해할 것을 제안한다(프로이트, 2009). 프로이트의 집단 심리학에서도 개인이 집단으로 묶이면, 집단은 개인과 달리 "감정의 강화"와 "지성의 억제"의 양상을 보인다고 해석된다. 그리고 구성원들은 혼자라면 도저히 시도 못할 행위를 범하면서도 자신에 대한 안전감과 확신을 잃지 않는다는 것이다. 이러한 집단 현상이 나타나는 것은 개인과 집단 지도자, 또는 개인들 사이에 피암시성, 최면, 전염의 작용이 일어나기 때문이라고 설명된다. 요컨대 차이를 획득하는 역능인 개인의 "정신의 상부구조"가 집단 속에서는 제거되고, "모든 사람들이 공통적으로 갖고 있는 무의식적 토대가 겉으로 드러"난다. 그렇다면, 프로이트는 묻는다. "집단이란 무엇이며, 집단이 개인의 정신생활에 이토록 결정적인 영향력을 행사하는 것이 어떻게 가능하며, 집단이 '개인에게 강제하는 심리적 변화'의 본질은 무엇인가?"(같은 책, pp. 76~78). 프로이트는 집단의 속성과 능력과 효과를, 대중이 리비도를 집중하고 조직하는 '리비도적 결합' 작용으로 설명한다. 리비도란 사랑과 관련된 본능적 에너지이기에, 개인은 집단의 지도자 및 구성원들에게 애정을 투영하며, 그들과 자신이 품어왔던 이상적 자아로 함께 결합하기를 욕망하게 된다. 요컨대 집단이란 개인들의 무의식에서 리비도가 작동하여 만들어지는 최면과 동일시의 산물이다.

한편 군중을 개인의 이성적인 결합으로 해석하는 입장에서는 개인들이 집단화하면서 공동의 생존 및 유지를 위한 질서와 목표를 설정하고, 일정한 소통과 행동 양식을 고안하며 함께 진화해나간다고 설명한다. 브레넌의 해석에 의하면, 1960년대 이후 코치, 맥파일, 틸리 등이 주도한 사회학 연구들에서 주로 집단을 이성적인 개인들의 결합으로 설명하는 견해가 발전했다. 이들은 르봉의 이론이 지닌 계급적·인종적 편견, 그리고 집단을 수동적 반응체로 전형화하는 시각을 수정하고 군중에 대한 부정적 신화를 해체하고자 노력했다(Brennan, 2004). 여기서 집단은 한 개인의 한계를 뛰어넘는 지성, 독창적 행동력, 속도를 발휘할 수 있을 것으로 기대된다. 그러나 브레넌이 지적하듯, 집단을 이성적인 집합으로 보려는 이러한 시도들은 현대의 대중을 수동적이고 비이성적이며 감정적인 군중으로 몰아붙이는 거친 편견을 극복하는 데에는 기여했지만, 군중의 긍정성을 이성에서 찾음으로써 결국 이성 중심주의의 틀 안에 갇히고 만다. 이 문제점을 정확히 지적한 보르흐의 평가에 따르면, 미국 사회학 진영은 군중의 최면적이고 감응적인 속성을 규범적이고 이성적인 속성으로 전환시켜 설명하려는 오류를 반복했다(Borch, 2006).

이들의 대안으로서 보르흐는 군중에 대한 새로운 이해를 도모하며, 세 개의 요소로 구성된 "군중의 의미론semantics"을 제안한다. 하나는 집단화의 과정을 외적인 자극에 의한 결과(개인과 사회가 이러저러하기에 그 결과 특정한 집단이 만들어진다는 해석)가 아닌, 내적인 역동의 과정으로 이해하는 태도다. 그리고 주체의 '되어가기becoming'와 차이들의 존재성에 대한 인식이 요망된다. 마지막으로 사회학과 심리학의 결합적 사고가 필요하다. 근대 이후 군중에게 있어 계속 문제시되어온, 사회성과 비이성이 섞여 있는 '모호성'의 잠재적 긍정성을 인정하자는 것이다. 따

66

라서 개인 또는 집단을 이성적인지 여부 또는 이성적인 정도에 따라 긍정적 혹은 부정적으로 평가하는 대신, 이성만이 아닌 '다른' 것들까지도 매개하며 엮이고 행동하는 집단에 대한 새로운 이해가 요청된다. 현대사회에 대한 이념적 모델이 군중이 '추방'되는 방향으로 전개되어온 것이 사실이라면, 이제 "비이성적인 것을 묘사하는 사회학적 그림의 운명"을 고민해야 하는 상황에 직면하게 된다(같은 글).

이제 우리는 근대의 부르주아 공론장의 개념으로 포착되지 않는 다수 보통 사람들의 연결 및 집합의 모습을 보다 면밀히 살펴볼 필요를 느낀다. 이런 점에서 르봉과 거의 같은 시대에 군중, 공중, 사회, 그리고 그들의 '마음mind'의 문제를 르봉과는 전혀 다른 관점에서 탐구한 타르드의 논의를 살펴보기로 한다.[3] 그는 「공중과 군중」(1901)이라는 글에서 르봉이 당대를 '군중의 시대'라고 불렀던 것에 반대하며, 당시 사회적 집단성의 존재 양식이 군중에서 공중, 특히 정치적 공중(그는 정치적 공중을 궁정 시대와 근대에 존재하던 문예적, 철학적, 과학적 공중들과 대비한다)으로 비약하는 단계에 있다고 주장한다. 공중은 종교적, 경제적, 정치적, 자연적 요소들에 따라 나뉜 이형적 집단들을 대체할 최종적 집합의 형태로 예견된다. 그리고 정치적 공중은 각 집단들의 공통점을 보유하면서 차이도 모두 포괄할 수 있는, "최소공분모"와 같은 미래적 삶의 양식으로 이해된다. 정치적 공중은 언론에 의해 정보의 전달 범위가 확장되면서 "거리를 초월한 생각의 소통"이 가능해진 현대사회에 이르러서야 비로소 형성될 수 있게 된 집단 양식이다. 여기서 일

---

3) 이 글에 인용된 타르드의 글들은 영어판 선집인 *On Communication and Social Influence: Selected Papers*(1969)에 따른 것이다.

단 중시되는 것은 신문의 역할이다. 신문은 직업, 지역, 지위에 따라 사회적 집단이 차별적으로 결성되던 전통적 질서에 변동을 가하고 있다. 신문은 전통적인 사회 범주 대신 이론적 사고, 열망, 느낌에 따라 사람들이 집단으로 모이도록 이끈다. 타르드는 이것이 때론 위험할 수 있으나 궁극적으로는 다행스러운 일이 되리라고 말한다. 사회 집단들이 충돌할 때 "생각과 열정은 그들을 묶어 엮어낼 수 있으며 이해관계보다는 덜 화해 불가능"하기 때문이다(Tarde, 1901, p. 285).

군중과 공중을 구분하고 인간사회 진화의 최종 단계에 공중을 세우는 타르드의 논의에서 자못 흥미로운 점은, 그럼에도 불구하고 그가 사회적 진화의 두 극단적 형태인 공중과 군중의 공통점을 지적하고 있다는 점이다. 그 공통점이란 양자 모두 다양한 개인들을 결속시킨다는 것이다. 나아가 그 결속이 개인들의 다양성이나 전문성의 조화에 의해서가 아니라, "생각과 열정"의 유사성들을 "융합"하는 방식으로 이루어진다는 그의 주장은 특히 흥미롭고도 강력하다. 이로써 군중이든 공중이든 간에, 궁극적으로 현대사회는 개인들의 차이를 자유롭게 풀어놓는 단순하되 강력한 화합으로 구성될 것이다.

그렇다면 생각과 열정이 소통되어 "사회의 마음social mind"을 형성하는 일은 어떻게 가능한가? 타르드는 "사회의 마음"의 유형으로 전통, 이성, 의견을 제시한다. 기존의 두 가지(전통, 이성)에 이어 그들을 대체하듯 나타난 종국의 사회의 마음인 여론은, "신문을 매개로 하는 공중담론"에 의해 형성된다는 점에서 국가권력과 기존의 규범체계에 종속된 전통이나 식자층의 추상적인 작용인 이성과 구별된다(Tarde, 1898, p. 301). 개인의 작은 의견들opinions로부터 사회의 여론Opinion으로의 발전은, 신문과 책에서 읽은 정보를 촉매제로 하여 벌어지는 대화를 통해서 가능하다. 시공간적으로 파편화된 사람들이 공통된 주제를 가지고 대화함으로써 대화자들 간의 유사성은 더욱 증가할 것이다. 이처럼 타르드에게 있어 현대사회를 그 이전 사회로부터 구분 짓는 중요한 '변화'는, 바로 신문 독자로서의 대중이 구현하는 대화 문화이다. 대화는 사람들로 하여금 동시적으로 시선을 맞추고 상대방을 깊게 이해하고 말을 주고받는 과정 속에서, 마치 무의식 작용처럼 억누를 수 없게 커뮤니케이션을 하도록 이끈다. 요컨대 대화는 "모방, 감상의 선전, 행위의 양식으로서 가장 강력한 기제"인 것이다(같은 글, p. 308). 대화의 사회적 효과는 방대하다. 대화는 언어를 풍부하게 살찌우고, 서로 다른 종교적 입장 및 냉소주의가 대면하고 논쟁할 수 있도록 이끌며, 경제적으로 가치의 규모와 체계를 창출·특화하는 한편, 사회적으로 도덕적인 심성을 키우면서 공손함이라는 관계의 미학을 키운다.

신념과 욕망처럼 심리적이고 정신적인 작용이 현실적으로 실체화되고 작동할 수 있는 것 역시 대화를 통해서이다. 개인의 신념과 욕망은 대화를 통해 산포될 때만이 영향력을 발휘할 수 있다. 궁극적으로 "권력의 복잡다단한 흥망성쇠"는 정보와 지식 그 자체에 의해 결정되지 않고, 여기에 대중의 신념과 욕망이 가감되어 일어나는 사회심리학적 역동에 의존한다. 이 점을 강조하기 위해 타르드는 자신의 입장을 이렇게 분명히 밝히고 있다.

내가 저널리즘에 의해 사회 변화가 일어난다고 말했지만, 이것은 심지어 미국에서조차 사실이 아니다. 신문 독자들이 진정 공중이 되는 순간은 바로 그들이 신문이 유발한 **생각과 열정에 사로잡혔을 때**다. (Tarde, 1901, p. 288; 강조는 필자)

이리하여 개인의 심리 작용에서부터 사회적 행동과 권력 작용에 이르기까지, 개인/사회, 정신/육체, 감정/이성, 심리/행동의 구분은 해체되고 극복된다. 대신 타르드의 사회적 존재는, 그것이 공중이든 군중이든지 간에 "기대, 주목, 표현, 행동"의 행위 방식에 따라 네 단계로 구분된다. 군중과 공중은 각각의 본질적 속성에 따라 구분되지 않고, 구체적인 계기마다 형성되는 정서와 행위의 양상에 따라 다양한 성격의 집단으로 형성된다. "기대하는expectant 군중"은 감각적인 자극(축제, 이벤트)에 호기심을 지니고 흥분하는 집단이다. "주목하는attentive 군중"은 강연이나 극처럼 일정한 사건에 관심을 가지고 주위의 구성원과 분위기에 동화되는 집단이다. "표현하는demonstrating 군중"은 사랑, 증오, 기쁨, 슬픔의 정서를 확신과 열정을 가지고 제시하는 집단이다.[4] 마지막 단계인 "행동하는active 군중"은 어떠한 실천을 통해 생산과 창조의 효과를 창출하는 집단이다(같은 글, pp. 293~94).

타르드의 집단 구분은 군중의 속성과 양상의 다양성을 시사한다. 나아가 그 집합성이 젠더, 계급, 지역, 인종과 같은 외부 기준에 따라 부여되는 대신, 소통과 행위의 수행 방식에 따라 자발적으로 생성되고 변화해가는 특질로 설명된다는 점에서 이론적인 탄력성을 지닌다. 또한 그의 마음, 심리, 정신, 표현, 행동에 대한, (나의 용어로 바꾸어 표현한다면) '감성'의 소통과 효과에 대한 미세하고 관계론적인 사회심리학은 자율적인 개인들의 이성 작용과 합리적 관계를 전제로 하는 규범적 공론

---

4) 타르드는 표현의 집단을 여성성에 비유하는데, 매우 부족한 상상력과 과도한 표현적 상징주의가 그것이다. 표현의 집단의 여성성 문제는, 뒤의 온라인 여성 커뮤니티의 해석에서 타르드와는 다른 관점에서 다루게 될 것이다.

장 모델과는 차별적인 설명력을 지닌다. 그 설명력은 보르흐가 타르드를 현대적 관점에서 재해석하며 지적했듯이 대중의 "반半의식적인 모방 semiconscious process of imitation" 행위가 증가하고 편재하며 대중의 이성과 감정의 행동 양식들을 분별하기가 더 까다로워진 오늘날 소비자본주의 사회에서 더욱 유용하게 느껴진다(Borch, 2007). 이런 이유들에서 미국산 쇠고기 수입 문제를 둘러싸고 개진된 여성들의 집단화 및 그들이 벌인 사회적 활동에 대해 감성과 공론장 개념을 결합하여 접근하는 작업은 논리적으로나 현상적으로 적합성을 지닌다고 말할 수 있다.

5. 감성공론장의 이론화

지금까지의 이론적 검토를 바탕으로 하여, 감성공론장을 다음과 같이 정의할 수 있다. 첫째, 감성공론장은 감성을 주요 대상이자 작인으로 취한다. 기쁨, 슬픔, 욕망, 분노, 연민 등의 감성은 그 자체 발동하고 작용한다는 점에서 능동적이며, 여타 상징적이고 육체적인 행동을 연쇄적으로 유도한다는 점에서 창발적이다. 둘째, 감성공론장은 감성 고유의 소통 양식을 고안하고 창출한다. 그 소통 양식은 시각, 촉각, 청각, 후각, 미각이 다각적으로 동원되어 보다 광범위하고 유연한 성격을 보인다. 이러한 감각 활동은 때로는 자연언어를 통해 의식적으로 매개되기도 하지만, 상당 부분은 육체와 정신이 연동된 감응과 전이를 통해 모방, 확산되고 공유된다. 셋째, 감성공론장의 활동은 (제도화된 공적 담론보다는) 일상적 대화를 통해 신념, 열정, 사고, 의견을 교환하고 논쟁하는 누적적 과정을 통해 전개된다. 이 과정에서 공동의 문제가 형성되고 소통되며, 이것이 사회적 마음과 공공의 여론으로 성숙하는 가능성을 확보하게 된다. 넷째, 감성공론장은 개인과 집단이 각자 또는 서로 벌이는 '육체적 감각-언어적 표현-사회적 행위'의 다양한 양식의 소통을 통해 그 존재를 드러내게 된다. 호기심과 관찰 방식에서부터 미적인 표현과 사회적 행동에 이르기까지, 해당 사안과 정황의 구체적인 성격에 따라 감성공론장이 실체화하는 방식이 다기하다는 뜻이다. 다섯째, 감성공론장의 환경인 현대사회적 상황에서 사적/공적, 감정/이성, 욕망/신념의 구분은 모호하다. 단지 인식론적으로 구분이 어려울 뿐 아니라, 현실적으로 다양한 감성들이 기존 범주의 경계들을 넘나들며 변화의 활동을 복잡다단하게 전개하기 때문이다. 이 경향은 언론 제도를 통해 개인의 사적 경험이 사회적인 공공 담론으로 매개되는 근대적 소통구조에 비해, 개인의 즉발적인 발화가 동시다발적이며 직접적으로 표출되는 현재의 인터넷 환경에서 더욱 현저하게 나타난다. 이러한 경험적·담론적 차원에서의 역동적 접합성은 단지 감성공론장의 취약점이라기보다는 사회적 변화와 재구성을 유발하는 생성적이고 긍정적인 힘으로서 고려될 만한 가치를 지닌다.

감성공론장의 개념을 사회적으로 적용할 때, 여성의 사회 참여의 방식과 의미는 새로운 관점에서 해석될 수 있다. 역사적으로 여성은 근대 남성 중심적인 가부장적 사고체계 안에서, 사적인 공간에 한정된 감정적인 주체로 규정되어왔다. 그러나 감성공론장의 관점에서 볼 때, 여성들의 공유된 삶의 경험으로부터 고유한 인식, 소통, 행위의 양식이 고안될 수 있으리라 기대할 수 있다. 이러한 여성적 경험과 사고가 느껴지고 표현되고 교통되는 사회적 공간을 감성공론장이라고 부르고자 한다. 또한 이미 강조했듯이, 여기서 감성은 이성과 분리되거나 대척되는 요소가 아니다. 오히려 여성의 감성공론장은 근대 남성 중심적인 부르주아 질서에서 편협하게 구축된 합리성의 경계를 넘어서, 감정과 이성과 가치를 융합적으로 배태한다. 역사적으로 중심적 위치에 있던 언어의 매개에 '덧붙여져' 몸과 감각의 소통의 가치가, 추상화된 지식에 '덧붙여져' 경험적이고 실용적인 지혜가, 논리적 설득과 정치적 동의의 소통 양식에 '덧붙여져' 감응과 공감의 역능이 새로이 부각된다.

이처럼 감성공론장은 인간의 감정, 정동, 느낌, 사고, 의견이 다양한 육체적·상징적 소통 과정에서 감응, 확산, 공유되어 형성되는 사회의 마음, 사회적 관계, 사회 활동이다. 감성공론장은 대체로 일상적으로 상존하지만 특정한 계기나 사건에 의해 다소 돌발적으로, 독창적인 소통 문화와 행동 양식의 모습을 띠며 전면에 부상하기도 한다. 일상적으로나 돌발적으로, 암묵적으로나 명시적으로, 느리거나 신속하게, 그 어느 경우에 있어서나 감성공론장은 사회 변화와 문화 창출의 효과를 생성한다.

6. 감성공론장: 느끼고 말하고 행하기

여성 커뮤니티 참여자들과의 인터뷰를 통해 그들의 감성, 언어, 행동의 모습과 의미를 고찰했다. 앞서 서술한 감성공론장의 이론적 논의에 기대어, 감성공론장의 경험 유형을 감성-대화-행위의 경험으로 구분했는데, 이는 각각 개인의 내면 차원-대인적 관계 차원-사회적 차원이라는 소통의 범주에 상응한다. 또한 여성 커뮤니티의 영향력이 '사적 개인의 일상'으로부터 '조직적 행동,' 그리고 '사회적 참여'로 확장되는 과정으로도 이해될 수 있다. 그러나 유의할 점은 이러한 경험 유형, 소통 범위, 영향력과 의미의 성장 궤적이 진화의 기획으로 전개되는 것은 아니라는 사실이다. 대신 상황에 따라 새로운 요소와 관계가 창출되며 기존의 것과 섞이고 변화하는 역동의 과정으로 이해되어야 한다.

1) 여성 온라인 커뮤니티의 궤적

이 연구를 위해 하나 또는 여러 개의 여성 온라인 커뮤니티에서 활동 중인 20~40대 여성 열두 명을 심층인터뷰했다. 이들은 서울 혹은 수도권에 거주하며 대학생이거나 (전문)대졸 이상의 학력을 지녔고, 가구 월수입이 300~500만 원 수준인, 한국의 전형적인 중산층 여성들이다. 이들의 특징을 몇 가지 기준으로 나누어 설명하면 다음과 같다. 직업을 기준으로 할 경우, 취업 여성(회사원, 연구자, 이벤트 기획자, 작가, 인테리어 주문 제작업), 전업주부, 학생 집단(대학생 및 대학 졸업 후 취직 준비생)으로 구성된다. 현재 활동 중인 여성 온라인 커뮤니티의 성격으로 구분한다면, 일상/소비/취미를 중심으로 하는 카페[〈소울드레서〉(이하 〈소드〉), 〈쌍코〉 〈화장발〉 〈레몬테라스〉]와 정치 참여를 목적으로 하는 카페[〈세상을 바꾸는 여자들〉(이하 〈세바여〉), 〈대장부엉이〉 등]로 세분할 수 있다.[5] 커뮤니티 활동의 정도에 있어서도 다양한 입장의 여성들이 존재한다. 커뮤니티에서 오랫동안 일상적으로 적극적인 참여를 한다는 점에

---

5) 〈소울드레서〉는 패션, 〈화장발〉은 화장과 미용, 〈쌍코〉는 쌍꺼풀 수술과 코 수술을 포함한 미용, 〈레몬테라스〉는 인테리어, 〈세상을 바꾸는 여자들〉은 정치, 〈대장부엉이〉는 정치인 이해찬 팬클럽으로 대별된다. 그러나 이러한 명목에도 불구하고 대부분의 카페들에서는 여러 주제가 동시에 다뤄지고, 회원들 역시 여러 카페에 가입하여 활동하는 경우가 많다.

<표 1> 인터뷰 참여자 소개

이름(가명)	연령	직업	소속 온라인 카페
가	30대	시나리오 작가	〈대장부엉이〉〈쌍코〉〈화장발〉
나	30대	언론사 취업 준비생	〈대장부엉이〉〈소드〉〈쌍코〉〈화장발〉
다	20대	학생(입시 준비)	〈대장부엉이〉〈소드〉〈쌍코〉
라	20대	대학생	〈소드〉
마	20대	대학생	〈소드〉〈쌍코〉
바	20대	대학생	〈소드〉
사	40대	주부, 인테리어 가내 자영업	〈레몬테라스〉〈세바여〉
아	20대	대학생	〈소드〉
자	30대	회사원	〈레몬테라스〉〈세바여〉
차	20대	교사 준비생	〈대장부엉이〉〈소드〉〈쌍코〉
카	20대	대학원생	〈대장부엉이〉〈쌍코〉
타	30대	주부	〈세바여〉

서는 공통적이지만, 촛불 정국에서 광장에 직접 나가 핵심적 역할을 수
행한 여성들과 인터넷을 통해 읽는 등의 수용적인 입장에 있었던 여성
들이 섞여 있다.

이러한 정보를 바탕으로 하여, 여성들이 일상적으로나 촛불 정국과
같이 특정한 상황에서 감성을 소통하며 집단적인 정체성을 형성하고 사
회적 활동을 개진해나가는 방식과 과정에 인터뷰의 초점을 두었다. 구
체적으로 온라인 카페 가입 동기, 활동 내용, 카페 활동과 관련한 만족
과 불만족 사항, 촛불 정국의 경험 등을 조사했다.

인터뷰는 인터뷰 참여자가 선호하는 시간대와 장소에서 이루어졌으
며 각자의 편의에 따라 개인 인터뷰와 집단 인터뷰의 방식을 병행했다.

연구자가 카페에 회원 가입을 하고 쪽지를 보내는 식으로 첫 만남을 시도했고, 특정 카페의 오프라인 모임에 참여하는 방식으로 교류를 개시하여 인터뷰 승낙을 조금씩 얻을 수 있었다. 이후에는 인터뷰 참여자의 지인들을 소개받아 인터뷰의 범위를 확장하는 눈덩이 굴리기 방식을 활용했다. 각 인터뷰는 미디어 이용에 관한 서면 질문지와 반半구조화된 질문지에 기초한 질의-응답을 병용하는 식으로, 1~2시간 정도 진행되었다. 참여자들의 동의를 얻어 인터뷰 내용은 녹취되었고, 일정액의 인터뷰 사례비를 지급했다.

2) 여성의 생활세계와 감성의 생성

여성 온라인 커뮤니티는 어느 날 갑자기 진공 속에서 등장한 것이 아니다. 적어도 최근 수년 동안 수많은 이야기를 교환하고 함께 활동을 해나가는 경험의 누적을 통해 서서히 만들어졌다. 흔히 '삼국카페'라 불리는 〈소드〉〈쌍코〉〈화장발〉은 소비 정보나 교환하는 가벼운 곳으로 간주되지만, 이용자들에게는 생활세계로서 유의미하게 존재한다. 감정, 지식, 정보, 정치적 의견 등 다양한 담론이 오고가는 "장터"와 같은 곳 (조한혜정, 2000)으로서, 여성의 온라인 커뮤니티는 일상적 실천을 통해 "애정과 교우"(Rabinovitch, 2001)에 근거한 자생 문화를 갖추게 되었다.

대학에 갓 입학한 여성들이 사회인으로서 필요한 생활 정보를 얻고, 주부가 가사, 육아, 교육에 대한 정보를 얻고, 소규모 자영업을 하는 여성들이 소비 유행을 파악하고 광고를 내거나 주문 판매를 하고자 자연스럽게 온라인 카페를 찾아간다. 특히 〈소드〉나 〈쌍코〉의 주 이용자층은 1990년대 후반부터 2000년대 초반 대학에 입학한 현재 20~30대 여성들이다. 이들의 대학 생활은 계열별 모집에 따라 선후배 관계가 약화되고 졸업 후 취업 조건이 악화되는 상황에서 이루어졌다. 탈정치화 및 개인주의적 경쟁이 심화되는 대학 분위기 속에서 개인의 외로움과 소외감은 더욱 커졌다. 학업, 아르바이트, 취업 준비로 바쁜 현실 속에서 어떤 모임을 만들고 참여할 시간이나 여유조차 없는 이들에게 온라인 공간은 물리적 제약을 받지 않고 잠시 쉬어가듯 들를 수 있는 일상의 쉼터가 되었다. 특히 소개, 소문, 검색을 통해 들어가게 된 여성 커뮤니티는 모르는 사람들끼리 수다와 대화를 통해 정보와 지식에 대한 필요를 만족시키고, 애정, 지지, 응원을 얻기 위해 감정적으로 의존할 수 있는 "완전 생활 포털"로 자리 잡았다(인터뷰 참여자 '가').

자: 〈레몬테라스〉가 다른 여성 카페와 차별적인 게, 여기는 완전 친절해요. 서로 챙겨주고 걱정해주고. 애 낳아야 하면 전화해서 대신 119 불러줄 수 있는 사람들이에요. 그리고 거기 드림방이라는 게시판이 따로 있는데. 거기서는 원래 취지는 자기가 안 쓰는 물건을 주는 건데 나중에는 자기가 기분이 좋으니깐 "나 이거 쏠게요" 이러면서 귤 한 상자 쏘고. 근데 보내주면 저는 분명히 김치를 드림하였어요. 그런데 이분이 "김치 5킬로 그램 나눠 드릴게요" 하면 올 때는 김에다가 뭐에다가 진짜 친정엄마가 싸서 보낸 꾸러미처럼 와요.

여성 온라인 커뮤니티는 지속적인 대화 과정 속에서 수평적이고 상호 호혜적인 관계성을 형성해왔다. 발랄하고 솔직한 적극성은 이들을 응결시키는 중요한 감성적 요소이다. 커뮤니티 구성원 대부분이 커뮤니티 안에서 계급이나 학력에 따른 차이가 없다고 '느낀다'고 말하는 데에서 유추할 수 있듯이, 사회적 차이 범주는 커뮤니티 안에서 큰 의미를 지니지 못한다. 다양한 여성들의 공통성을 내포하면서 조금씩 다른 차이들을 모두 포괄하는 '최소공분모' 같은 공간이 되었다. 구체적인 상황마다 자신을 자랑하고 타인을 칭찬하고, 때로는 반성하고 꾸짖으며, 도움을 주고받는 대화 행위가 관계 형성의 주된 방식이 된다.

생활 정보, 연애, 연예인, 문화 리뷰 등 모든 것이 포함될 수 있으므로 "당연히 정치적인 글도 있고, 거기서 의견이 생기기 시작"한다. 그리고 이제 "의견이 생기기 시작하니까" 어떤 정치적 상황에서는 "행동을 해보자"는 대화가 나타난다(인터뷰 참여자 '다'). 타르드가 말했듯, 대화를 통해 개인의 작은 의견들이 교환되고, 사회의 마음의 한 방식으로 (전통도 이성도 아닌) '의견'이 형성되는 과정이다.

사: 원래 〈레몬테라스〉 게시판 자체가 그런 게시판이에요. 쓸데없는 잡담, 뭐 골라주세요도 있고, 뭐 낚시성 글들도 있고 해서 그냥 막 올라가는 덴데. 그날은 '촛불 정국 초기' 진짜 팍팍 올라가다가 거기서 이제 사람들이 관심을 많이 갖고 하다가, 그래서 처음에 촛불을 들자고 한 게 5월 2일, 혼자 나가기는 어색하잖아요. 그래서 카페에서 얘기하시던 분이 그러면 우리 거기 나가서 같이 움직이면 어떨까요.

연구자: 오프라인에서는 전혀 모르시던 분이……

사: 네, 전혀 모르시던 분이…… 그래서 그날 한 스무 명 넘게 처음으로 광화문에서 만나서 촛불집회를 나갔었는데, 처음에 나간 의도는 뭔가 의지를 알리려면 머릿수가 많아야 하는데 딱히 할 일은 없고 그냥 내 머릿수 늘린다는 식으로 나간 거예요. 그런데 이게 한번 터지니까 이거를 의

견을 보여주려면 오래 보여줘야 하지 않냐 하고 생각이 드니까. 이제 게시판에서, 뭐 내가 "나가요, 나가요" 하면서 강요를 했던 건 아니고 그냥 개개인 분들이 그런 생각이셨던 것 같아요. 뭔가 나서서 하지는 않지만 내가 머릿수 하나라도 채워주고 싶다는 생각으로 나가다 보니까, 그게 한 5월 한 2주 정도가 되니까 나갈 때 자주 얼굴이 익는 분들이 계시잖아요. 처음에 만났던 카페에 몇몇 분들이 계신 거예요.

이들의 정치 활동을 이끈 감성은 상황에 대한 분노와 희망 그리고 타인에 대한 관심, 연민, 배려다. 혼자 하기 '어색하니까' 함께하면 어떨까라는 제안, 머릿수 하나라도 채워주고 싶다는 소박한 참여 욕구, 옳고 그름에 대한 이성적 판단과 의지보다는 당연히 이렇게 되는 편이 옳지 않겠는가라는 식의 자연스런 도덕적 회원과 같은 것이다. 이러한 감성들은 정치적 강요나 논리적 설득에 의해서가 아니라, 감응과 전이를 통해 마치 전염되듯 확산된다. 감정적으로 자각한 후 서로 감각을 주고받고 생각을 모방하는 과정에서 비로소 육체들이 움직여 광장에서 뭉칠 수 있었다.

나: 노 대통령님 서거하고 나서 그 분노랑 그런 것들 때문에. 망설이고 뭐고 나가야겠다 이건 아니다…… 그분은 참, 그냥 지켜드리지 못했다는 것에 대한 불만. 정말 너무 충격적이었거든요. 아침에 일어나서 어김없이 〈소드〉를 들어갔는데…… 너무 황당한 거예요. 뭐지 내가 잘못 본 건가 하고 들어갔는데 난리가 난 거예요. 그때 받은 충격이 너무 커가지고, 가만히 있다가 울컥울컥 하는 거? 이거는 왠지 평생 갈 것 같아요.

여성 커뮤니티가 촛불 정국에서 '갑자기' 등장한 것이 아니라는 점은 일상을 통해 누적된 이들의 수년간의 과정적 경험이 보여준다. 애정과 교우의 '감성'이 '대화'를 통해 공명되어왔고, 이 바탕 위에서 미국산 쇠고기 수입 정책이 빚은 예외적인 사회적 정황 속에서 정치적 '의견'을 형성했다. 이 사건에 대처하는 방식 역시 여성들의 감성 활동에 의거한다. 함께 있고자 하는 배려, 연민, 애정, 지지의 감성이 마음으로 전해지고 몸으로 행해진 것이다. 물리적으로 분산되어 있을 뿐 아니라 서로 이름도 얼굴도 모르는 관계에서 대화를 통해 일어난 감성의 작용이 여성 온라인 커뮤니티 활동의 주요한 근거를 이루었음을 알 수 있다. 또한 이들의 활동 효과 역시 공식적 채널로 정리되고 기록되는 방식보다는 마음에 남는 것 자체로 유의미하다. 분노와 회한처럼, 감성이기에 갑작스럽게 발동되지만 해당 사안이 표면적으로 해소된 이후에도 완전히 사라지지 않고 심리의 저변에 일종의 반의식처럼 살아 있다. 그래서 그 느낌은 사회적으로 돌연 되살아나고 함께 기억된다. 이러한 감성 작용의 도발성과 지속력 때문에 감성공론장에서 여성들이 느끼고 말하고 행동하는 일은 잠재적으로 항상 가능하다.

3) 소통의 미학과 문화적 감수성

감성공론장은 자신들만의 고유한 언어 양식을 자발적으로 생성해낸다. 여기에서는 여성 커뮤니티의 활동을 거쳐 구성된 소통의 양식과 미학, 그리고 그 저변에 형성된 문화적 감수성을 읽어보기로 한다.

여성 온라인 커뮤니티들에서도 고유한 발화 양식들이 수많은 회원들의 일상적인 소통 과정 속에서 자연스럽게 생성되었다. 각 커뮤니티마다 '쌍코체'('~오' '~소'와 같은 고어체의 어감, 비장과 엄숙함을 표현), '긔체'('~지' '~니'의 서술형을 대신하는 어감), '닭체'('~다' 대신 '~닭'으로 끝나는 서술형으로 반말과 존댓말의 혼합형)와 같은 문체를 가지게 되었는데, 이들은 때로는 개별 커뮤니티 단독으로 때로는 커뮤니티들의 공용어로 사용된다. 특정한 언어 코드는 작게는 개별 커뮤니티, 크게는 여성 온라인 커뮤니티 전반의 정체성을 표현하고 독자성과 동질감을 표상하는 일종의 문화자본으로서, 그 자본의 획득 및 수행 여부에 따라 구성원과 외부인이 구별되곤 한다. 즉 이런 언어를 알지 못하면, 커뮤니티의 진정한 참여자로 인정받을 수 없다. 여성 커뮤니티의 소통 미학은 온라인과 오프라인을 교차하며 상호작용적으로 고안되고 활용되는 "멀티모드 담론multimodal discourse"(Kress & van Leeuwen, 2001)으로 매개되어 사회적으로 소통된다. 예를 들어 광화문 촛불집회에 등장한 핫핑크 닭 그림 깃발, 일간지에 실린 미국산 쇠고기 수입 반대 광고는 여성 디자이너들이 다수 참여하고 있는 〈소드〉에서 구성원들의 의견 수렴 및 공동 작업의 결과로 만들어질 수 있었다.[6]

여성 커뮤니티의 독특한 표현 양식은 그들 고유의 문화적 감수성 위에서 구성된 것이다. 문화적 감수성의 형성에는 젠더와 세대의 축이 중첩되어 있다. 젠더 관점에서 볼 때, 한 인터뷰 참여자는 남성 중심적 커뮤니티가 자신의 주장을 "으스대며" 내세우거나 대세를 잡기 위해 경쟁하는 성격이 강하다면, 여성의 커뮤니티는 평등하고 개방적인 대화의

---

6) 온라인상에서 설계되고 오프라인 광장에서 선보인 커뮤니티 언어와 상징의 일부 사례는 인터넷의 블로그, 카페 등을 통해 파생적으로 재매개, 재확산되었다.

성격이 강하다고 말한다(인터뷰 참여자 '가'). 이들은 현재 추구하는 (정치적) 활동이 성공하면 계속 잘하기 위한 길을, 주춤하면 새로운 방향성을 찾아나갈 수 있으리라고 "끈적거리지도 않고 경쾌하게 쿨하면서 깔끔하게" 생각한다고 밝힌다(인터뷰 참여자 '가'). 만약 이 관계 속에서 불편함을 느낀다면 떠나면 될 터이다. 이로써 으스대기 좋아하고 위계질서를 만들어 강제하거나 따라야 한다고 강요하는 '남성적' 조직과 구별되는, 자유롭되 강하고 느슨하지만 지속적인 관계가 여성 커뮤니티의 자기 정체성으로 인식되고 있음을 알 수 있다.

이어서 세대의 관점에서 보자면, 커뮤니티에 소속된 20, 30대 여성들이 자신을 386세대의 '운동권' 혹은 '어른' 세대와 구분 짓는 양상이 흥미롭다. '촌스러움'이 전 세대의 여성 운동권을 상징한다면 '세련성'은 당대의 여성 커뮤니티를 상징하는 코드로 작동하고 있었다. 여기서 세련성이란, 예컨대 프랑스식 아침 식사와 「섹스 앤 더 시티」에 나올 법한 뉴욕 생활을 "동경"하고(인터뷰 참여자 '가'), 예쁘고 공부 잘하는 "서울대 아이들"식의 "호기심과 욕심"이 호의적으로 수용되는 문화 감각과 가치관이다(인터뷰 참여자 '아').

아: 촛불집회 처음 할 때도 그런 분위기가 있었어요. 그러니까 애들이 386 운동권에 대한 좀 거부감이 있었던 거 같아. 그러니까 정치에 관심이 있는 사람들도 세련될 수 있다는 걸 보여주고 싶다고 그래서 그 거기에 나오는 복장이 하이힐을 예쁘게 꾸미고 올 것이었어요…… 머리 질끈 묶고 옆에 크로스백 하나 메고 청바지에 운동화 이런 거 우리가 생각하면 운동권 하면 떠올리는 여성상 있잖아요, 그런 거 하지 말고.

가: 장발[〈화장발〉] 같은 경우만 해도, 그러니까 제가 그냥 가게 점원으로 비교하면 '장발'은 백화점에서 명품 파는 백화점 여직원 같은 내숭이 있거든요. 얼굴은 이쁘지만 굉장히 우아한 듯한 느낌, 굉장히 내숭이고 그런 느낌인데, '쌍코'는 동대문 언니 같은 느낌이고, '소드'는 홍대에서 그냥 알바생 같은 느낌이 있거든요. 프리마켓에서 물건 팔고. 그러니까 문화도…… 소드는 패션뿐만 아니라 그거에 아우르는 전 세계 감수성을…… 그런 좀 하이어[higher]한 문화를 동경하다 보니까.

정치적, 경제적, 문화적 세련성에 대한 욕망이 왕성하다. 이 욕망은 '배운녀자'라는 재귀적 표현에서 솔직하게 드러난다. 여성 커뮤니티에서 창안된 단어인 '배운녀자'는 학력, 소비력, 외모, 사회적 인식 등 모든 영역에서 뛰어난 능력을 갖춘 여성을 의미한다. 일상의 현실에서 '영리'하고 행동이 '재빠르며' 시류에 반응하는 감각과 순발력의 우수함은 포스트 시대 젊은 주체의 이상적인 모습으로 묘사되곤 한다(Barfuss, 2008). 기성의 운동 조직에 구속되기보다는 자신이 관심을 두는 '이슈'에 따라 개인화된 네트워크를 이용하여 유연하고 협동적으로 참여하는 식의, 젊은 세대의 "대안적 행동주의alter-activism"(Juris & Pleyers, 2009)과도 연관되는 양상이다. 그러나 이렇게 활발하고 자유로운 정치 참여 문화의 잠재성을 인정하되, 이에 대한 비판적인 해석에도 귀 기울일 필요는 있다. 가령 바퍼스는 이렇듯 영리하고 순발력 강한 주체가 자본주의 체제의 주어진 생산과 소비 관계 '안'에서 '능동적'이지만 체제를 넘어서는 혁명적 급진성의 차원에서는 '수동적'임을 지적한다(Barfuss, 2008). 또한 일상 경험과 소비자 운동이 사회 참여로 확장되는 경향에 대해 긍정적인 평가도 가능하지만, 정치 참여 방식이 소비 스타일로 가

공되어 시장의 논리가 정치 영역을 잠식하는 양상에 대한 진지한 해석이 요청된다. 예컨대 알파걸에 대한 여성들의 동경은 페미니즘이 시장과 결합하여 젠더 고유의 문제의식이 희석되는 속류적 포스트 페미니즘(Brooks, 1997) 혹은 "상품 페미니즘적" 현상과도 맞물려 있다(권정민, 2008; McRobbie, 2004).

이러한 양가성은 여성 온라인 커뮤니티에서도 나타나고 있다. 똑똑하고 예쁠 뿐만 아니라 정치적 의식도 갖춘 여성을 일컫는 "배운녀자"(인터뷰 참여자 '마')란, 강화된 여성적 정체성의 힘찬 자기 선언이기도 하지만, 어쩌면 후기 자본주의사회의 중산층 이데올로기 체제가 낳은 여성들의 환상일 수도 있다. 그래서 '배운녀자'의 양가적 욕망이 정치에 적용될 경우, 비공정 무역으로 악명 높은 스타벅스 불매 캠페인에 동행하는 소비자 운동으로 전개될 수도 있는 반면(인터뷰 참여자 '나'), 문화적으로 세련되고 경제적으로 유복한 정치인이 곧 진보적이고 미래지향적인 정치의 상징으로 찬미되는 식(인터뷰 참여자 '가')의 판타지로 나타날 수도 있다.

가: 진보보다는 어차피 보수가 밥이랑 가깝잖아요. [……] 진보는 어차피 밥을 먹여줄 수 없기 때문에 문화적으로 세련된…… 그러니까 그냥 봐도 내가 30대 되면 저렇게 멋있게. 이 진보의 길을 따라가면 클린턴처럼 멋있는 중년이 될 수 있어. 이런 거를 주면 20대도 따라오기 쉽고 그럴 텐데 [윗세대 진보 정치인들은] 이해를 못해요(웃음). 진보적 사상도 섹시하면서 문화적으로도 훌륭한 표본이 나와야 된다고 그랬거든요 제가. 그러니까 예를 들어서 강남 좌파 같은 사람들이 좀 많이 나와야 한다고. 그런 사람들이 종부세 내면서 진보를 지지해야……

여성 커뮤니티에서 상충적인 정치와 소비의 욕망들이 공존하고 있음을 알 수 있다. 한편으로는 정치적 이슈에 민감하지만 다른 한편으로는 소비자본주의에 자발적이며 적극적으로 길들여지는 양상을 읽을 수 있다. 일상의 소비문화와 정치가 교합하는 지점에서, 소비의 선택은 정치적 지지와, 불매는 정치적 반대와 각각 동일시된다. 그 대상이 상품이든지 혹은 정치인의 이미지든지 간에, 일종의 소비문화로서 '정치적 행위'가 이루어지는 것이다. 즉 소비의 정치화와 정치의 소비화가 중첩된다. 나아가 정치의 행위 양식이 시장적 행위 양식으로 스타일화되고 있다.

소비문화의 논리로 스타일화된 정치 참여 양상에 대해 단정적인 평가를 내릴 수는 없다. 그러나 현재의 모습과 잠재성을 함께 고려한 다각적인 관점에서 입체적인 해석이 가능하리라 본다. 우선 일상과 정치의 구분이 점차 흐려지고 일상적인 행위로서 정치적 실천이 수행되는 정도가 커진 만큼, 보다 넓어진 정치 공간에 여성들이 자연스럽고 유연하며 편안하고 즐거운 방식으로 개입할 수 있는 가능성이 늘어났다. 이는 참여 가능성의 확대, 참여 방식의 일상화, 참여를 통한 즐거움의 효과를 의미한다. 정치를 자신의 "이야기들"(Benhabib, 1992)로 재창조하여 소통하며 즐기는, 많고 다양하고 작은 정치들의 탄생이다. 그러나 이 작은 정치들의 문화에 있어서, 체제 '안'에서의 발전에 대한 열정과 욕망은 뚜렷하게 나타나지만 그 체제를 의문시하거나 대안적인 시각을 창출하려는 비판적 성찰과 급진성을 찾아보기는 어렵다. 이 한계는 단지 개인적인 취약과 미성숙의 결과라기보다는 정치와 시장, 오락의 쾌락적 가치와 생활의 참여정치적 가치, 대중주의와 민주주의가 전략적으로 결합하여 "보통성demotic"(Turner, 2009)의 이데올로기를 촉진시키는 신자유주의적 사회구조의 영향을 받은 탓도 크다. 이처럼 작은 정치들의 문화란 새로운 정치 주체의 생성이라는 점에서 하나의 창발적 사건이다. 그러나 그것은 즉각적으로 사회 변동이라는 명시적 효과를 낳지는 않으며, 사회적 권력구조에 언제나 취약하게 노출되어 있다. 다만 작은 정치들이 어느 특정한 정황에서 사회적으로 연동될 때, 그 과정적 의미는 어느 제도적·정책적 효과보다 거대하고 예측 불가능한 모습으로 나타나며 때로는 급진적일 수 있다. 보다 까다롭고도 중요한 문제는 이 돌발적인 전환이 어떤 계기에, 어떻게 이루어지는가라는 점이다.

4) 정보 활용과 의견 표현

타르드의 구분에 기대어 볼 때 지금까지 여성 온라인 커뮤니티를 일종의 '기대'하고 '주목'하는 군중으로서 이해했다면, 이 절에서는 이들이 촛불 정국과 같은 예외적인 상황에서 표현적이고 활동적인 군중으로 활성화하는 모습을 살펴보기로 한다. 이는 커뮤니티의 미디어, 특히 뉴스 이용 문화에서 두드러지게 나타난다. 여성 온라인 커뮤니티의 뉴스 문화는 사적 개인으로서 신문 '보기,' 시민 독자로서 신문 '읽기,' 집단의 구성원으로서 신문을 통해 '대화하기,' 사회적 주체로서 의견을 '표현하기'의 영역으로 구성된다. 이를 뉴스 이용의 차원으로 구체화한다면, 각각 유통의 선별성, 뉴스 이용의 상호작용성, 뉴스 다양성의 네트워크화, 행동적 실천성으로 특징지을 수 있겠다.

사적 개인으로서 신문 '보기'에서 나타나는 선별성이란, 신문이 단지 '읽기'라는 해석의 대상이 아니라 자신의 입장을 표명하는 역할을 한다는 점이다. 우선 여성 커뮤니티 참여자들은 대체로 종이 신문을 읽지 않는 편이었다. 그러나 개인적 차원에서 촛불 정국 시기에 이전에는 보지 않던 신문을 읽게 되거나, 자신의 정치적 신념에 따라 가족(주로 남편이나 부모님)을 설득하여 구독 신문을 다른 것으로 바꾸는 사례가 종종 발견된다.

사: 『한겨레』 신문은 가판 같은 데서 사서 봤었어요. 그랬는데 작년 그때부터 정말 사실 『한겨레』 신문도 안 읽고 버리는 날도 많아요. 왜냐면 굳이 신문을 읽지 않아도 요즘은 인터넷만 봐도 너무 내가 필요한 기사들이 많으니까. 그리고 인터넷에서 『한겨레』 신문 걸 발췌해서 볼 수 있으니깐. 근데 정말 후원하는 차원에서. 어느 신문사라도 아직까지는 힘이 너무 턱도 없지만 대적할 만한 곳 하나는 만들어야 하지 않나 해서. 『한겨레』 신문이라고 맘에 드는 건 아니지만 아쉽지만 그래도 그나마 한 군데쯤은 커줘야 되지 않을까 그런 생각에서.

시민 독자로서 신문 '읽기'란, 온라인 커뮤니티의 '그녀'들이 스스로 알아야 할 것이라고 판단되는 뉴스를, '그녀'들이 옳다고 평가하는 관점에 맞추어 걸러서 유통하고 소비하는 측면을 가리킨다. 생활 정보에서 사회적 사안에 이르기까지 중요하고 유익한 정보가 실리므로, 커뮤니티의 게시판은 신문은 물론이고 일반 포털 사이트나 지식 검색 사이트보다 더 애용되기도 한다. 여기에는 시간 절약과 같은 실용성과 편의성도 중요하겠지만, 개인적인 적절성, 친근성, 유용성의 가치들이 보다 중시된다. 더욱 중요하게는, 커뮤니티의 걸러주는 기능과 권위—언론 전문용어로는 '게이트키핑'—에 대한 합의와 지지가 있기에, 일반적인 뉴스보다 커뮤니티 구성원들에 의해 걸러진 뉴스가 더욱 선호되고 신뢰성을 확보할 수 있다. 단일 신문 기사를 읽는 것과 달리 인터넷으로 뉴스를 볼 때 얻을 수 있는 이점 중 하나는 주류 신문에서 다루지 않는 주변화된 사안을 검색하여 찾아볼 수 있다는 점이다. 또한 한 가지 이슈에 대해 상이한 시각으로 구성된 다양한 기사들을 비교해가며 읽는 장점이 강조된다. 여기서 비교란 상이한 논조의 신문 기사들 간의 비교를 뜻하기도 하고, 댓글을 통해 나타나는 다수 사람들의 반응의 비교를 가리키기도 한다. 사실적인 정보 못지않게, 다른 사람은 어떻게 생각하는가라는 '사회적 의견'에 관심이 모이는 것이다. 따라서 여성 커뮤니티 안에서는 구성원들의 감성 "분위기"(Brennan, 2004)를 읽고 느끼고 인식하는 활동이 중시된다. 나와 같은 생각을 하는 사람들이 있는 것을 확인함으로써 심리적 확신과 안정감을 얻을 수 있다. 한편 나와 생각이 다른 사람들을 발견하게 되면, 왜 그렇게 생각할까라는 식으로 다른 관점에서 현상을 보는 시도를 하게 된다. 일방적으로 정보만 던져주는 신문 읽기와는 전혀 다른 방식으로 의견의 수평적 소통 및 공유의 활동이 벌어진다.

집단의 구성원으로서 신문을 통해 '대화하기'는 인터넷을 통한 상호 작용성, 특히 이용자들의 댓글과 답글의 활동을 통해 구현된다. 상당수의 인터뷰 참여자들은 신문의 본 기사도 중요하지만 사람들이 달아 놓은 댓글 혹은 답글을 읽기 위해서 커뮤니티 게시판을 본다고 답했다. 댓글이나 답글을 이용한 상호 호응성이 매우 높고 신속하게 이루어진다는 점도 특징적이다. 이 높은 호응성은 단지 필요한 정보를 빨리 얻을 수 있다는 충족감을 주는 것은 아니다. 그보다는 감정적인 가치가 더 큰 것으로 판단되는데, 다음의 인터뷰 내용에서 나타나듯, 자신이 필요로 하는 정보와 의견을 누군가가 전해주리라는 암묵적인 기대와 신뢰가 커뮤니티의 심리적 기반을 이루고 있기 때문이다. 일상적인 동감과 신뢰에 기반을 둔 대화적 관계성은 정치적 연대라고 하기에는 느슨하되 훨씬 섬세한 감성적 연대의 기초를 이룬다.

나: 왜냐하면 신문은 그냥 딱 읽으면 이 기사가 그냥 제가 받아들여야 하는 건데, 인터넷에서 기사를 읽으면 댓글 같은 것을 통해서 알 수가 있잖아요. 이 기사가 잘못된 부분이 있다면 댓글은 지적을 해주기도 하고. 그래서 뭔가 피드백이 된다고 해야 하나? 그래서 인터넷에서만 자꾸 보게되는 것 같아요. 제가 귀가 좀 얇아서(웃음). [……] 뭐 만약에 이 사람이 헛소리를 했다면 반박 자료가 바로 댓글에 달려요. 뭐 그런 식으로……그리고 거짓말 같은 것 잡아내는 것도 재미있는 것 같고.

이러한 정서적 연대감으로부터 커뮤니티에서 유통 또는 (재)생산된 정보와 여론에 대한 신뢰가 형성된다. 이 신뢰는 해석적 권위의 평등성과 상호 교환성에 바탕을 두고 있다.

마지막으로 사회적 주체로서 신문을 통한 '표현'과 '행동'의 실천이란, 커뮤니티 여성들이 자신의 생각을 표현할 수 있는 정치적 매체로서 종이 신문을 활용하는 현상을 뜻한다. 이들에게 있어 종이 신문의 용도가 보기, 읽기, 말하기의 매체로부터 행동의 매체로 변화하는 것이다. 예를 들어 촛불집회가 한창일 때 〈소드〉나 〈쌍코〉 등의 여성 커뮤니티가 한 신문에 미국산 쇠고기 수입 반대 광고를 낸 일화를 생각할 수 있다. 이들이 특정 신문을 골라 광고를 낸 이유들 중에는, 자신이 지지하는 논조의 신문을 경제적으로 후원하고자 하는 뜻도 담겨 있었다.

이렇게 뉴스 문화는 해석·담론·행동의 차원에서 공히 정치적 수행성을 획득하게 된다. 이에 따라 뉴스에 대한 '보기-읽기-표현하기-행하기'의 다각적인 실천 속에서 감성공론장의 정치적 효과가 다양하게 구현된다. 어떤 신문을 보는지에 관련된 '행위' 차원의 정치성, 어떻게 읽느냐에 관련된 '해석' 차원의 정치성, 누구와 함께 읽고 이야기하느냐에 관련된 '소통' 차원의 정치성, 그리고 어떻게 신문을 통해 자신의 의견을 표출하느냐에 관련된 '재현' 차원의 정치성이 그것이다.

5) 사회 참여와 정치 활동

많은 주부들이 미국산 쇠고기 수입 문제로 촛불집회에 참여하게 된 것은 '내 아이가, 내 가족이 먹을 것'이 위험하기 때문이라는, 일면 지극히 개인적인 안전주의에서 기인했다. 만약에 자신이 결혼하여 살림을 하고 아이를 키우는 사람이 아니었다면 미국산 쇠고기 문제에 대한 태도가 달랐을 것이라는 주부들의 입장(인터뷰 참여자 '타')은 어쩌면 매우 진부한 것으로 비칠 수 있다. 이러한 측면을 개인주의적 소비 주권주의 내지 가족 이기주의의 확장이라는 관점에서 부정적으로 평가할 수도 있다. 그러나 한편으로는 개인적인 문제가 사회적인 것으로 확장해 나가는 것으로 보는 긍정적인 평가도 가능하다. 개인적인 이해관계가 타인의 생각이나 열정과 접하면서 사회적인 의식으로 성장하는 외향화의 과정인 동시에, 사회의 추상적 문제가 개인 삶의 문제로 구체화되는 내향화의 과정으로 이해될 수 있기 때문이다. 요컨대 개인적인 것과 사회적인 것이 양방향으로 혼합되며 하나의 정치 문화가 싹튼다.

인테리어 전문 카페인 〈레몬테라스〉 회원인 '자'는 온라인 쪽지 돌리기를 통해 〈세상을 바꾸는 여자들〉이라는 카페를 만드는 데 참여했다.

전혀 모르는 여성들끼리 의견을 나누고 모금 활동을 벌였던 것인데, 미국산 쇠고기 반대를 주장하는 내용의 현수막을 만들게 되면서 두 시간 만에 카페 회원 수가 3천 명이 되는 현상에 스스로도 놀라움을 금할 수 없었다.

자: 처음에 한 일이 카페를 만들고 과천에서 광우병 현수막, "우리 집은 광우병 쇠고기 반대합니다" 그거 현수막을 한 단지가 다 걸었다는 뉴스가 나왔어요. 그래서 저희가 그거 디자인하신 분과 어떻게 연락이 돼서 "우리가 그 현수막 만들어도 되겠냐"고 했더니 "많이 걸수록 좋다, 만들어라" 해서 디자인 파일을 보내주셨어요. 문제는 "저희가 그 현수막을 제작할까요"라고 올렸는데, 그날 뉴스에 과천이 나오는 바람에 광우병 현수막 검색했는데 저희 카페가 나온 거예요. 분명히 퇴근하기 전에 카페 가입자가 1백 명이 안 됐는데 두 시간 후에 3천 명인 거예요. 이 일을 어째. 다들 아직 찍지도 않았는데 현수막 보내달라고. 그래서 현수막 찍고…… 그런 식으로 운영하다가 그 운영자님 하나랑 저랑 선거법 위반으로 걸리는 바람에 벌금 마련하느라고 김치 담그고 누구는 앞치마 만들어주시고 해서 저희가 바자회해서 팔고. 재판이 작년 말에 끝났어요. 한 6개월 했어요.

소통이 자주 오가면서 아이디의 주인공을 식별하는 식의 익명적인 친밀 관계가 형성되는 일도 흔하다. 이렇게 오랫동안 누적된 정서적 연대감이 사회적으로 위급한 사건이 생겼을 때 순식간에 일련의 집단 활동을 발동시키는 원동력으로 작용했다. 나아가 여성 커뮤니티는 커뮤니티 외부 조직들(다른 커뮤니티, 언론사 조직, 시민 개인, 시민단체와 이

익단체 등)과 네트워크하여 조직적 행동력을 발휘하는 정도로까지 발전하게 된다. 커뮤니티의 대내외적인 활동에 힘입어 여성들은 '사회적인 것' '정치적인 것'에 발을 내딛을 수 있었다. 나아가 사회에 대한 비판적 성찰성을 스스로 배양하는 모습을 보인다. 예를 들어 공권력의 횡포를 겪으면서 "내 일신을 마음대로 할 수 있는 것"(인터뷰 참여자 '자')으로서 국가의 생체권력biopower 체제를 비판적으로 이해하게 되는 식이다. 즉 원래 비판적이거나 행동적인 여성들이 커뮤니티에 존재했던 것이 아니라, 커뮤니티 활동을 통해서 자신도 모르게 공적 자아로 '되어간' 것이다.

자: 쇠고기 문제를 방송에서 잘 안 해주니깐 사람들이 몰라서 우리가 유난하게 군다라고 생각을 하는 거예요. 실제 위험을 전혀 인지하지 못하고. 그래서 어쩔 수 없이 KBS로 갔죠. '방송이 문제가 있구나' 해서. 그런 식으로 하다 보니깐 안 가는 데가 없게 됐어요. 나중에는 예전에 조계사에서 회칼 테러 사건이라고 아시나요? 조계사에서 광우병 수배자 분들이 있었는데 그쪽에 촛불 분들이 계시다가 그쪽 식당 주인에게 칼을 맞았어요. 근데 그게 의료보험 처리가 안 돼요. 나라 의료보험은 가해자가 있는 경우에는 처리를 못해줘요. 그게 수술비가 천만 원 넘게 나온 거예요. 돈이 없잖아요. 모금을 해도 두 분이신데 감당을 할 수가 없는 거예요. 상처가 커서 큰 수술이어서. 그래서 당시 입원한 병원에 보건노조 분들이 지불을 딜레이해주신 거예요. 그래서 퇴원을 해줄 수 있었어요. 근데 그렇게 되면 저희가 보건노조에 무슨 일이 있을 때마다 도와주러 가야 되잖아요. 그런 식으로 하다 보니깐 발을 뗄 수가 없게 됐어요.

이들이 정치권의 "전략적"인 권력 질서를 대하는 "전술"(de Certeau, 1984)은 일상에서 얻은 "실용적인 지혜"(Boyte, 1992)를 재빠르게 응용하여 협업하는 방식을 취한다. 인터뷰 참여자 '자'는 미국산 쇠고기 수입 반대 현수막을 공동 구매하여 회원들에게 공급하다가 검찰에서 수사를 받게 되었다. 아래에 기술된 그녀의 일화는, 폐쇄적인 공권력과 여성들의 상식 사이에 존재하는 간극과 함께, 결과적으로는 합법화된 권위의 무능력함을 노출시킴으로써 후자가 전자에 대해 승리를 거두는 과정을 상징적으로 보여준다.

> 자: 우리가 이거[현수막] 싸게 하기 위해서 공동 구매를 했다, 그랬더니 그 현수막을 누가 맞춰줬냐 해서 인쇄소에서 돈 주고 맞췄다(웃음), 그랬더니 그 사람이 이해하기를 우리가 딱 촛불집회에 나온 모든 현수막을 우리가 했다라고 그 사람이 그렇게 생각하는 거예요. 그래서 아니요 그게 아니고요 아저씨. 저희만 하는 게 아니라 '지마켓'하고 '옥션'에서도 팔아요. 그런데 '지마켓'하고 '옥션'의 단어 의미를 몰라요 그 아저씨가(웃음). 이게 검찰 수사관의 현실이었어요(웃음). 그래서 너무 어이가 없는 거예요. '지마켓' 모르세요? [……] 그분들[수사관들]이 인터넷 환경 자체를 이해를 못하는데 누가 선동을 했다고만 생각을 하고…… 심지어 질문조차 아고라가 '다음'에 있는 거냐고 그게 질문이었어요. [……] 그게 관공서, 그래서 저희가 몇 번 거기 다니다 보니까 '아 그들의 상식은 우리의 상식과는 다르구나'라는 걸 느꼈고.

온라인 커뮤니티의 정치 활동의 성격을 다음과 같이 기술할 수 있겠다. 첫째, 정치/비정치, 운동/일상은 분리될 수 없다. 오히려 사적인 것과 공적인 것이 교차 또는 충돌하는 "오염"(이상길, 2009)의 지점에서 새로운 정치적 정체성과 이야기와 행동과 상황이 매개되어 발현된다 (Landes, 1996).

> **카**: 각자 정말 아무 정치색이랑 관련이 없는, 정말 퓨어한(웃음) 데에서 관심이 있다고 하니까 이건 정말 맞는 말인 것 같아 오히려 더 작용할 수 있죠. 전문적인 데서 하면 왠지 나를 동원해서 어디 쓰려고 하는 것 같고 이런 생각이 들 수가 있는데, 오히려 뭐 성형 이건 아무 상관없는 데에서. "야 이렇게 성형에, 정말 아무 상관없는 여자애들조차 이렇게 생각을 하는구나" 하는, 그래서 오히려 정말 아무 이해관계가 되지 않은 순수한 판단이라는 신뢰가 좀 생길 수 있잖아요. 그런 면에서도 애들이 다른 데보다 여기의 판단에 관대하고 믿는 이유는 그것 때문인 것 같아요. 기존 정치 사이트에 대한 약간 불신도 있을 수 있고.

두번째 특징으로서 단지 주어진 조건으로서 사적인 것과 공적인 것의 해체가 아니라, 여성 스스로 양자를 능동적으로 전환하여 실천하는 적극적 전유성을 들 수 있다. 커뮤니티의 여성들은 (명목적으로) 공적이며 정치적이라 정의된 내용을 사적이고 공동체적인 문제로 전환하고 일상에서 실제 다룰 수 있는 현실 문제로 재가공한다. 그리고 이러한 전유성은 남성적 조직으로서의 "정당"과 대비되는, "공정"하고 평등한 여성 공동체의 특징으로 인식된다(인터뷰 참여자 '나').

> **나**: 남자는 애초부터 처음부터 조직이란 개념을 굉장히 좋아하고 여자들은 처음부터 공정이란 개념을 굉장히 좋아하기 때문에 거기서 오는 문화

적 차이가 좀 있는 것 같고. 그런 점에서 이 사람들이, 삼국에 있는 여성들이 정당정치를 하지 않고 그냥 서포터즈 같은 지지 문화, 팬카페 같은 그런 식의 상태를 선호하는 거 같아요. [······] 아저씨 문화가 위주인 데서 여성들이 정치에 참여할 수 있는 거는 그냥 같은 느낌 가지고 있는 삼국카페밖에 없어서 이런 정치 문화가 됐고. 제 생각에는 이게 결국 386식으로 가지 못했던 영혼들이 터져 나온 거거든요, 이렇게(웃음). [······] 그래서 새로운 문화를 제공할 수 있을 거라고 생각을 하고요. 이게 뭐 일시적인 현상은 아니고 세대교체에서 나오는 흐름이기 때문에 그렇게 받아들이지 않으면 안 될 거 같아요.

세번째는 여성적 정치 감성의 생성이다. 여성 커뮤니티에서는 전통적인 정치 규범과 달리 정의보다는 선이 정치적 선택의 중요 잣대로 선택된다. 호/불호, 호감/비호감과 같은 주관적 기준이 지지/반대라는 정치적 태도로 성장한다. 도덕과 정의의 규범적인 논리가 주관적 '미'의 범주로 융해되는 것을 볼 수 있다.

카: 물론 개네[여성 커뮤니티 참여자들]도 사회적 카테고리 안에서 완전히 자유로운 건 아니지만. 그냥 예쁜 것과 아닌 것을 봤을 때 구분할 수 있는 것 같은 잣대를 그냥 정치에도 바로 적용해서, 이 사람이 내 뭐니까 이렇게 깊은 상관관계를 읽으려고 하지 않고 그냥 바로, 어 이거 탄핵은 잘못된 건데, 어 촛불집회 저렇게 하는 건 잘못된 건데? 하고 그냥 판단한 대로 행동을 할 수 있는 게 원천이 아니었을까 하는 생각을 해봤어요.
연구자: 그 판단의 근거가 어떻게 형성이 된 걸까요?
카: 그러니까 뭐 예쁜 애는 예쁘고(웃음) 안 예쁜 애는 안 예쁜 거잖아요

(웃음). 안 예쁘면 고쳐야 되는 거고(웃음).

　마지막으로 여성의 정치 감성과 여성적 대중문화가 결합한, 새로운 형식의 정치 참여 문화가 나타난다. 여성 커뮤니티의 정치 팬덤이 대표적인 사례다. 이 현상은 여성 커뮤니티 고유의 수평적이고 상호 호혜적인 소통구조로부터 성장한 것이기도 하지만, 이에 못지않게 중요한 요소로서 커뮤니티 구성원들이 10대 시절부터 직간접적으로 체득한 팬덤 문화에 기반을 둔 것이기도 하다. 이 현상으로부터 젠더 문화와 세대 문화가 중첩된 사회적·역사적 구성물로서, 애정과 열정에 의해 촉발되는 새로운 "스타일"(Hebdige, 1981)의 정치적 하위문화를 관찰할 수 있다.

다: 맞아요. 그때 그랬었어요. 생각해보니까 삼국이 그때 활동했던 건 정말 팬클럽 문화 같았거든요. 그런데 그 대상이 좀 저쪽으로 간 것뿐이지. 『한겨레』랑『시사인』이런 데다가 수박 열 통씩 보내주고 그랬었거든요. 그리고 YTN 노조 분들한테도 보내주고. 지금 생각해보면 진짜 팬들이 하는 행동에서 대상만 그쪽으로 바뀐 것 같고, 그래서 다른 사람들은 〈소드〉의 그런 행동이 참신했나 봐요. 집회에서 뭐 김밥 같은 것도 날라주고. 다 보면 아이돌 팬들이 하는 행동인데.
연구자: 팬클럽 경험 있으세요?
다: 저는 없어요. 〔……〕〈대장부엉이〉도 진짜 팬클럽 같죠. 딱 총리님 오시면 우르르 몰려가가지고 "아 총리님" 이러면서 팔짱끼고 사진 찍고, 저번에도 총리님 딱 옆에 앉았는데 너무 좋아서 입이 찢어지는 거예요. 너무 웃어가지고 나중에는 안면근육이 떨렸는데. 정말 딱 팬클럽.
연구자: 첫 팬클럽 활동이네요(웃음).

다: 그렇네요. 근데 그게 정치인······(웃음) 거기 〈대장부엉이〉 님들 하시는 말씀이 내가 진짜 정치인 따라다닐 줄 몰랐다고. 이럴 줄 몰랐다고(웃음).

정치인 팬덤 문화가 여성의 일상적 정치 참여의 폭을 넓힌 것은 사실이지만, 전적으로 긍정적이지만은 않다. 새로운 세대의 정치 문화가 남성 지배적으로 젠더화된 전통적 정치 질서로부터 완전히 자유로워 보이지는 않기 때문이다. 새로운 스타일, 즉 개인적인 매력을 지녔고 젊은 세대의 사회적 의식과 문화적 취향에 적합한 스타일을 갖춘 유명 남성 정치인에 대해서는 여성의 팬덤이 활발하게 성장하는 반면, 여성 정치인은 여전히 공적이고 제도적이며 경직된 정치인 이미지라는 전통적 가치관 안에서 인정받는 것이 주된 현실이다. 대안적이거나 새로운 모습의 여성 정치인이란 미약하거나 존재하더라도 대중으로부터 도외시되거나 희화화될 뿐이다(Zoonen, 2006). 이런 관점에서 현재 생성 단계에 있는 정치 팬덤 문화의 향후 전개 방향은 계속 유의하여 살펴보아야 할 중요한 영역임이 분명하다. 제도정치를 벗어난 참여의 공간이 될 수 있는 반면, 일시적으로 향유되다가 유행처럼 지나갈 위험도 존재하기 때문이다.

7. 맺으며

감성공론장은 감정, 경험, 의견, 정보의 일상적인 교류와 누적적인 소통 활동을 통해 과정적으로 구성된다. 체계적인 조직성과 규범적인 토론 문화를 갖추지 않은 '다른' 방식으로도 하나의 정치 문화가 생성될 수 있음을, 촛불 정국의 여성 온라인 커뮤니티 활동에서 찾을 수 있었다. 이들은 온라인 커뮤니티 참여를 통해 느끼고 말하고 행동하기의 고유한 방식을 창출하고 일상적으로 실천함으로써 하나의 정치 문화를 생성하고 있었다.

물론 여성 온라인 커뮤니티가 지니는 문제점도 명백히 존재한다. 동질적 합의가 강조되다 보니 의견이 한쪽으로 쏠리거나, 다수가 소수의 다른 의견들은 매몰시켜버리는 일이 종종 발생한다. 또한 (감정의 지속적인 공유 및 소통의 가능성을 인정한다 하더라도) 구체적인 이슈가 발생했을 때는 순발력 있게 연대하여 활동하지만, 금세 개인의 일상으로 뿔뿔이 흩어져 돌아가는 성격이 강한 편이다. 지속적인 관심과 개입보다는 나와 내 가족, 나의 가계에 직접적으로 연관되는 문제에 관심을 집중하는 가족주의적 한계도 지적되어야 할 것이다. 그리고 여성 커뮤니티가 추구하는 가치와 미학이 자본주의적 소비문화와 소비적 정치 문화에 지나치게 민감하고 취약하다는 점도 상기되어야 한다. 이와 유사하게 여성 커뮤니티의 활동이 직접적이고 특수한 상황에 동화되어 나타나는 "공감의 태도"에 가깝다면, 이것이 보다 보편적이고 성숙한 입장에서 발휘되는 "연민의 정치"로 성장해나갈 수 있는 가능성과 조건 또한 진지하게 고민된다(Boltanski, 1999). 마지막으로 여성 온라인 커뮤니티가 가상공간으로 고립되는 상황에 대한 이해와 성찰이 필요하다. 이는 적어도 부분적으로는 인터넷 공간에서 활성화된 커뮤니티로서 가지게 되는 본질적 한계이기도 하지만, 동시에 이러한 커뮤니티가 사회적으로 활성화되기 어렵도록 유도하는 심리적·정치적·문화적 조건에 기인한 것이기도 하다. 여성 커뮤니티 참여자들은 커뮤니티 외부 사람들과는 아무리 가까운 친지일지라도 관련 정치 사안에 대해 말하지 않는 것이 암묵적인 규칙으로 간주될 정도로 사회적 소외 상태에 빠져 있다(인터뷰 참여자 '사'). 이는 정치 활동을 벌이는 자신에 대해 걱정하거나 불편해하는 친지의 심리를 생각하여 먼저 입을 다무는 식의 배려 행위이기도 하지만, 정치적 사안을 두고 논쟁할 때 충분히 예상되는 갈등을 예방하기 위한 자기 검열의 결과이기도 하다. 이러한 이유로 인터넷에서 열렬하게 논쟁하는 여성일지라도 현실의 일상에서는 대부분 침묵하게 된다.

이렇게 현실적으로 취약한 상황이기에 여성 커뮤니티가 구축한 감성공론장의 함의는 더욱 긴요하게 다가온다. 사적인 것/공적인 것, 감정/이성, 문화/정치는 단지 분리 불가능할 뿐 아니라, 오로지 양자의 거침없는 충돌과 교섭의 지점에서 '정치'가, 정치적인 감성과 대화와 활동이 생성되고 실천될 수 있음을 증명하기 때문이다. 그들은 일상적인 감성의 공유가 고유의 대화 양식과 소통의 미학을 창출하고, 모방·전이·전염의 경로로 현실화될 수 있는 가능성을 보여주었다. 이처럼 감성공론장의 미학과 운동성은 이성적 논리와 설득을 기반으로 하는 전통적인 공론장 규범과 다르지만, 결코 그보다 열등하지 않다. 연민, 환희, 분노, 희원을 기의로 하는 언어적·육체적 기표들이 대화적 관계 속에서 느껴지고 사고되고 말해지고 행해지는 과정에서, 새로운 정치 문화와 문화정치는 생성된다.

3장
불안: 그 느낌, 표정, 말들에 관하여

1. 왜 '불안'인가

이 글은 한국 사회와 한국어의 맥락에서 발현되는 '불안'한 언어의 특징과 그 언어가 창출하는 '불안'의 의미 작용을 탐구한다. 여기서 불안이란 한국 사회에 내포된 일종의 "느낌의 구조structure of feeling"로서 이해된다. 레이먼드 윌리엄스가 제안한 개념인 느낌의 구조는 흔히 개인의 심리 현상으로 이해되는 느낌과, 사회적 틀과 질서를 의미하는 구조의 개념을 결합했다는 점에서 매우 흥미롭다(Williams, 1977). 윌리엄스는 느낌을 구성원들이 의식적 혹은 무의식적으로 체험하고 공유하는 "가치"이며 "의미"라고, 그리고 구조를 "특정한 방식으로 연동되고 긴장을 미치는 내적 관계를 지닌 세트"라고 정의한다. 이처럼 느낌의 구조는 느낌을 사회적으로 구성되고 상호작용하는 틀로 격상시키고, 감성/이성, 개인/사회, 형식/내용의 구분을 아우르며 해체한다. 나아가 윌리엄스는 일정한 세대는 자신들의 고유한 감정의 구조를 표현할 수 있는 독특한 언어 양식을 고안한다고 주장한다. 즉 이 글의 주안점인 불안이 우리 시대의 주된 느낌이라고 할 수 있다면, 그것은 사회적으로 체험되고 공유되며 고유한 언어 양식으로 표현될 수 있어야 한다.

불안을 보편적인 느낌이 아니라 지금-여기의 우리가 체험하는 사회적 현실로 역사화한다면, 그 불안의 언어 역시 고유한 문화적 양식으로 역사화될 수 있다. 이 글에서 나는 그 양식적 이질성과 다양성을 폭넓게 보려는 의도를 가지고, 멀티미디어로 매개되는 문화 환경에서 무수히 번성하고 있는 불안의 언어들에 귀 기울일 것이다. 너무나도 빈약하고 허약해서 전통적인 기호학에서 추구했던 언어의 진실, 즉 언어 안에 몇 겹으로 숨어 내포되어 있다고 믿어진 기의가 도통 불가능한 지점에 천착한다. 그러한 언어를 납작하고 가벼운 말들이라고 부름으로써, 그것들이 표현해내는 불안의 문화를 해석하려 한다. 먼저 불안에 대해 이론적으로 검토한 후, 다양한 불안의 담론 양식을 관찰하며 한국 사회의 사회성이자 문화적 감수성으로서 불안의 문제를 탐구한다. 마지막으로 멀티모달리티multimodality의 분석 방법론이 현재의 문화 환경을 이해하는 데 지니는 유용성 및 제언을 덧붙일 것이다.

2. 불안에 관하여

기독교적 색채가 강하게 드리워진 실존주의의 시각에서 키르케고르는 불안을 "순진무구라는 정신의 규정"으로 설명한다(키르케고르, 2007). 불안은 원죄의 전제와 기원으로서 '무無'에 대해 인간의 정신이 맺는 관계로 정의된다.[1] 이 꿈꾸는 정신에 존재하되, 평화와 안식도 아니며 그렇다고 불화도 아닌 무엇, 그 "순진무구함 속에 놓여 있는" 것이 바로 불안이다. 무에 대한 인간의 관계이기에 불안은 양가성을 지닌다. "달콤한 불안"이라는 표현이 드러내듯이 "불안은 공감할 수 있는 반감이며 반감적인 공감"이다. 동시에 불안은 사랑의 대상이지만 도망의 대상이기도 하다. 불안을 사랑하기에 그로부터 달아날 수도 없지만, 그로부터 도망치기에 불안을 사랑할 수도 없다. "불안을 두려워하면서도 여전히 불안을 사랑하고 불안 속에 빠지기에" 인간은 죄를 짓게 되며, 따라서 불안은 죄를 생성하는 원천이다(즉 우리는 죄를 짓고 나서 불안해하는 것이 아니라 불안 속에 있기에 죄를 짓는다).

이러한 양가성 때문에 불안에 찬 인간은 가능과 현실 사이의 경계에서 있는 셈이다. 금지 명령은 금지가 내려지는 순간에 "(하면 안 된다는 것으로서) 할 수 있는 것"을 알려주고, 그로부터 인간의 무한한 가능성에 눈뜨게 한다. "아무것도 모르고 있는 그"에게 고차원적인 가능성이 접근할 때, 순진무구한 그는 불안을 안은 채 위험한 곳으로 향하게 되는 것이다. 그러나 불안을 정당성의 윤리나, 필연성 혹은 자유의 규정으로 오해해서는 곤란하다. 오히려 불안 안에서의 자유란 "속박된 것"으로서, 불안의 주체는 최종적으로는 자신에 종속되어 있다. 요컨대 '가능성'과 '현실성' 사이의 중간 규정이 불안이다. 따라서 불안이란 인간이 순수한 무와 맺는 모순된 관계들, 그래서 그 나아갈 운명이 결정

---

1) 키르케고르는 불안과 죄의 관계를 이렇게 설명한다. 최초의 인간 아담이 "선악과를 먹으면 너희는 죽을 것이다"라는 신의 음성을 들었을 때 그는 아직 선악과를 먹지 않았으므로 선악에 대한 지식을 미처 가지지 못했다. 따라서 불안은 이러한 신의 금지 명령이 무슨 뜻인지 전혀 이해하지 못한 채 그 대상과 대상에 대한 공포를 순진하게 꿈꾸는 상태와 같은 것이다.

되기 바로 직전에 위치한 변곡점과 같은 것이다.

불안을 형이상학의 문제로 정립한 하이데거에게 불안은 "무를 드러내는" 것이다(Heidegger, 1962, p. 103). '무의 드러냄'이라는 근원적 바탕 위에서만이, 인간은 단순한 존재이기를 넘어 자기 존재의 의미를 이해하고 획득한 존재, 즉 다자인Dasein으로 이행할 수 있다. 무가 아니라 존재이기 위해서는, 무를 대면하고 그를 넘어서는 초월을 성취해야 한다. 혐오스러운 무(엇)를 "직면한 후 뒤로 돌아 물러서며" 무와 결별하고 현존재의 빛으로 향하는 것이 곧 존재 자유의 발현이다. 이로써 다자인은 "무를 견디어내는 것"을 의미하게 된다. 불안은 무를 드러냄으로써 존재가 의미의 존재로서 열리도록 하는 그 "본질적 펼침"의 순간이다. 존재 혹은 무의 행로가 결정되기 직전의 지점인 불안은 대립적인 것들 사이에 발생하는 미결정의 순간이다. 그래서 여러 종류의 양가성이 혼용되어 있다. 대면과 도망, 사라짐과 포획, 떠오름과 떨어짐, 부재와 현존이 엇갈리는 지점에 불안이 웅크리고 있다. 존재가 무로 떨어지거나 가능한 존재로 드러날 수 있는지 여부도 불안 안에서 (미)결정된다. 또 불안은 낯익은 세계와 결별하고 낯선 것을 대면하게 되는 생경함이기도 하지만, 동시에 조용조용한 버석거림이 주는 안락한 즐거움이기도 하다. 불안은 "창조적인 열망의 활기와 상냥함"과 내밀히 연석하고 있다. 무를 무화함으로써 존재가 존재이도록 하는 빛나는 계기가 불안에 잠재한다. 따라서 "불안 없이는 자아도 자유도 없다."

무와의 대면, 한계의 절감, 부재의 승인과 같은 부정성의 인식은 근대적 실존의 본질로 이해될 수 있다. 김홍중이 읽어내듯이, 기술에 의해 식민화된 근대세계는 "다자인 고유의 결단성이 소거"되고 "세계 고유의 성격을 박탈당한 일종의 비非-세계"로서, "모든 다른 파토스들을 은폐시키는" 열정, 즉 "열정의 소멸에 대한 열정"을 "근본적 열정"으로 취했다. "마비를 가져오는 불편함, 무관심, 무심히 흐르는 시간의 압박감, 공허, 알 수 없는 무언가의 나타남"의 체험은 "느낌의 불가능, 열정의 불가능, 파토스의 불가능"이라는 "권태"의 정조를 형성한다(김홍중, 2009, pp. 221~22). 그러나 불능, 중지가 전적인 마비와 소멸을 의미하는 것이 아니라는 사실에 유의하자. "총체성은 소멸했고 모든 것이 잡다한 기호의 소용돌이지만 소멸한 총체성은 가능성의 범주로서 살아남"기 때문이다. 우울한 자들은 "죽고 소멸하고 사라진 모든 근원적 가치"들을 신앙하지 않고, 완벽하게 소멸했다고 믿지도 않기에, 대신 "그 중간에 머물"고 있다. 그리고 "소멸됨으로써 살아 있는 어떤 것"을 끝없이 추구한다(같은 책, p. 237). 이 가능과 소멸 사이의 중간적 주저, 회의, (그럼에도 진행되는) 끝없는 추구는 준거와 의미의 핵심적 축이 사라진 근대세계의 "문화적 상상력"으로 극대화할 수도 있다.

불안에 관한 철학적 사유는 어쩔 줄 모르는, 어찌할 수 없는, 그러나 어찌지도 못하되 끝없이 어떻게든 하고자 하는, 혹은 하고 싶어 하는 지금 우리의 삶의 느낌에 가까이 있다. 더불어 오늘날 후진적 위험사회라는 삶의 조건에서 불안은 한층 체계화된 방식으로 우리 삶의 정황에 긴밀하게 개입해 있다.

3. 사회적 구조로서의 불안

현대사회는 구조적으로 위험사회(Beck, 1986)이며, 이와 조응하여 체험적으로 불안의 사회이다. 비록 통일된 개념이나 용어로 취해지고 있지는 않지만, 흔들리는 사회를 체험하는 현대인의 정서와 주체성에 관한 사회학 이론들은 우리가 지금 '불안'이라는 문제틀로 접근하는 그 현상에 관한 유의미한 통찰을 전해준다.

찰스 테일러는 현대의 "불안감malaise"을 개인주의, 도구적 이성의 지배, (정치적) 자유 및 자결권의 상실에서 비롯된 것으로 설명한다 (Taylor, 1991). 테일러는 뒤의 두 가지 문제의 근원적 요인으로서의 첫 번째 논제, 즉 자기실현의 개인주의화의 요인을 집중적으로 논하고 있다. 여기서 개인주의란 현대인이 자기 초월적인 "지평"을 부정한 채 "자기 폐쇄"적인 주관주의에 갇힌 "무덤덤한" 주체로 형성되는 경향을 일컫는다. 개인성에 매몰된 주체는 사회적인 "도덕"과 단절된 채, 다분히 "자기중심적이고 자기도취적"인 성격의 욕구들을 마치 자기실현의 통로인 양 추구한다. 이렇듯 유아독존적인 개인성은 자기 진실성을 구현하는 대신 오히려 그것을 파괴하리라 우려된다.

앤서니 기든스는 불안의 사회학적 범주화를 시도한다. 불안은 1) 실존의 본질이자 정체성 형성의 대상으로서, 2) 유한한 인간이 성찰적 존재로 살아가도록 만드는 매개로서, 3) 개인이 타인을 경험하고 해석하는 방식으로서, 4) 영속적인 자아와 신체 속에서 사람됨의 느낌을 지속하기 위한 실존적 문제로서 작동한다(기든스, 2010, p. 114). 현대사회의 자아정체성의 역설은 바로 그것이 위험사회의 혼란을 불안으로 체험하며, 그 문제를 해석하고 대처하며 관리하는 과정 속에서 형성된다는 사실에 있다. 계속적인 변화 가능성과 유지 필요성이 위태로운 균형을 이루는 형태가 바로 현대적 자아인 것이다.

이렇게 설명한다고 해도 불안의 주체에 대한 질문은 여전히 답해지지 않은 채 남아 있다. 만약 개인이 자기 세계의 껍질 안으로 들어가버리고 말았다면, 이 자족적·자기애적 선택에도 불구하고 왜 우리의 마음은 편하게 안정될 수 없는가? 즉, 왜 이리도 나는 불안한가? 이 문제는 불안의 사회적 체계화 및 그에 의해 소외된 주체의 자기 형성이라는 고단한 기획과 맞물려 있다. 인간은 단독으로 존재할 수 없고, 항상 타인과 사회와의 상호주관적 인정 안에서만 생활할 수 있기 때문이다(Honneth, 1995). 호네트는 인정의 양식으로 사랑love, 권리right, 연대solidarity를 제시하며 각 요소가 자기 확신, 자기 존중, 자기 존엄의 기초를 이룬다고 설파한다. 현실적 문제는 이러한 인정의 질서가 불평등하게 배치된다는 사실에 있다. 그래서 프레이저는 인정recognition의 사회적 실천 논리가 경제적 자원의 배분redistribution의 논리와 연동되어 있다고 주장하며, 인정의 물적 구조가 이루어지지 않을 때, 인간은 소외와 억압의 상태에—혹은 나의 표현으로는 '불안'의 상태에—떨어질수 있다고 경고한다(Fraser, 2003). 또한 닉 콜드리는 호네트의 인정투쟁 테제를 발전적으로 받아들이며, 신자유주의적 "목소리"가 지배적인 정당성을 확보함에 반해 다양한 소수 "목소리들"은 자기 존엄성과 인정을 확보하지 못하는 소통의 비민주적 체제를 비판하고 있다(Couldry, 2010). 이러한 비판적 사유들은 공통적으로 현대사회에서 불안이 그 생성과 자유의 잠재력을 상실하고 있음을, 그래서 위험사회의 체제적 파생물로 변질되어버렸음을 시사한다.

이렇듯 불안은 단지 개인의 병리적인 심리 상태가 아니라, 사회적·경제적·정치적인 관계 속에서 구조화되고 강제되는 현실이다. 그렇기에 지속적으로 대면하고 투쟁해야 하는 조건이자 대상인 것이다. 불안의 구조에서 구성원들은 자본주의적 인간으로 진화하거나(Boltanski & Chiapello, 2007), 적어도 외양적으로는 적응을 잘하는 순발력 강한 체제의 구성원으로 계발되거나(Barfuss, 2008), 자의든 타의든 좀비족, 폐인, 백수와 같은 유사 족속들로 변신하며 공적 세계의 그늘인 지하 세계로 숨어 사라지는 운명을 걷게 된다.

오늘날 경제적 양극화가 심화되고 그에 조응하여 목소리에 대한 사회적 인정 체제가 비균등하게 차별적으로 구성된 한국 사회에서, 불안은 후기 자본주의의 객관화된 사회체계, 신자유주의의 지배적인 이념 구조, 인간의 실존적 경험의 '분위기'로서 현존한다. "분위기stimmung"란 장구하게 누적된 "문화적 감수성"이며 "공공"의 조건 안에 있는 "사회적"인 것이기도 하기에 상호 개인적으로 "공유되는" 것을 뜻한다(Dreyfus, 1991, p. 172). 따라서 불안이란 집단과 개인의 의식을 가로지르며 생성되고 느껴지는 감각이자 대상이자 배경이다. 그리고 불안은 현실의 '무'를 직면하여 그에 관해 인식하고 질문하며, 광폭한 체제적 운동에 중지를 요청하는 존재의 윤리성이다. 마지막으로 불안은 무를 넘어서 타자와 세계의 관계 속에 자신을 던지고, 그 마찰과 혼융의 과정에서 자기의 의미를 만들어내고자 하는 주체의 소통적 열망이기도 하다. 불안의 주체는 자신의 불안을 명료하게 인식하고 그것에 질문을 던지는 존재다. 그는 (불안에 떨고 있는) 매몰된 객체 혹은 (불안으로부터 스스로를 차단한) 맹목적 인간과는 구별되는바, 예민하고 단호한 인간인 것이다. 또한 체제권력에 효율적으로 단련되고 길들여진 순응적 몸docile body과도 구분된다. 그는 체제와 조용한 결전을 벌이고 있는 중이기 때문이다. 불안의 주체는 자본주의적 민주 체제에 우아하게 적응한 시민에 대한 토비 밀러의 비유인 "평균율 자아well-tempered self"(Miller, 1993)와도 다르다. 불안의 주체의 고요는 평균율 자아처럼 단련된 산물이 아니라, 일종의 숨죽임 상태에서의 도사림과 같은 것이다.

그는 숨 막히는 긴장과 고요에 눈뜨고 있다. 차라리 평균율 자아 내면에 지배적 질서에 의해 포획되지 않은 "미완성의 빈 공간"(같은 책)이 있다면, 그 미정의 빈틈이 불안의 주체에 가까울 것이다.

불안은 자유와 가능성이 잠재하는 윤리적 공간이다. 불안의 주체는 불안을 통해 자신의 존재성을 획득하기를 바란다. 그래서 그것을 위한 몸짓과 말을 벌이게 되는데, 이들이 어우러지며 불안의 언어가 만들어진다. 그리고 우리는 이 정황에서 나오는 소리와 호흡, 그 불안한 발화를 불안의 담론이라고 부를 수 있을 것이다.

4. 한국 사회의 불안의 정경

언어의 표준을 벗어남으로써 오히려 대상의 본질적 의미를 더 날카롭게 드러내는 기형의 언어들과 그들이 지닐 수 있는 정치적 힘에 대한 사고는 여러 논자들에 의해 포착되었다. 예컨대 피식민자가 일그러뜨리며 뱉어내는 깨진 영어broken english는 영국 제국주의의 가공된 권위를 훼손시키는 균열의 언어다. 폭탄을 숨긴 알제리 여인의 옷자락은 분노와 위장의 언어다. 펑크족과 고딕족의 뒤죽박죽 '스타일'의 옷차림은 세련과 교양을 자임하는 기성세대를 공격하기 위해 고안된 혐오와 적대의 언어다. 심지어 푸코는 끊임없이 말하라고 강요/유혹하는 권력에 대해 "침묵"을 급진적인 "문화적 코드"로 제안한 바 있다.[2]

---

2) 이러한 언어들의 의미에 관해서는 Bhabha(1994), Fanon(2008), Hebdige(1981), Foucault(1988) 등을 참고.

그렇다면 불안의 언어는 어떠한가? 하이데거에 따르면 "불안은 말을 앗아간다"(Heidegger, 1962). 왜냐하면 불안이란 인간의 실존에서 무가 드러나서 그것이 마침내 질문되어야 하는 사건을 일으키는 "근원적인 분위기"이기 때문이다. 진정 불안에 빠진 이라면, 그는 불안의 실체를 알 수 없을 뿐만 아니라 그것을 말로 설명하기는 더욱 어렵다. 입조차 떼기 어려우며 기껏해야 "무언가가 불안하다"라고 겨우 중얼거릴 수 있을 뿐이다. 그럼에도 "불안은 거기 있다. 단지 잠자고 있을 뿐이다." 잠의 숨결처럼 우아하고 성실하게. 존재의 "궁극적 위엄"을 전달하는 불안의 언어에 대해 하이데거는 "노곤한 말idle talk"이라고 이름 붙였다.

이러한 관심 속에서 문화적 분위기이자 주체의 윤리성으로서 불안이 우리 사회에서 어떠한 언어로 표출되고 있는지 살펴보기로 한다. 배수아는 「밤이 염세적이다」에서 수니라는 이름의 여성을 통해 이렇게 말한다.

내 **말**이 내 머릿속에서 뿌리를 내리고 자라는 게 느껴져요 **말**의 이파리가 두피를 뚫고 나온답니다 그럴 때 새우가 와서 내 **말**을 먹어버리죠. 두통이 있다면 아스피린도 있는데. 어떨 때는 두통이 **말**까지 퍼져요 **말**이 두통을 앓아요 그럴 때면 잠들지 못해요. 새우를 많이 먹어서 그런 거라면…… 하지만 새우는 혀가 없어서 **말**을 못하거든요. 그렇다면 새우는 어떻게 당신의 **그것**을 먹는가요? **말**을? 오직? 혀 없는 입으로? 그렇다면 입 없는 혀가 무엇을 할 수 있겠어요? **말**을. 오직 (배수아, 2010, p. 302)

이 분홍빛의 말랑말랑하고 귀여운 생물체, 그것이 지닌 조잘거림의 말. 그것은 너무나도 생생하고 통통해서 그 자체 단일 유닛으로 가뿐히

혀라는 생물종으로 탄생한다. 조그만 체구에 비하면 놀랄 정도로 왕성한 식욕을 지닌 새우는 혀가 없어 말을 못하지만, 타인의 말을 먹어치워서 오로지 말만을 할 수 있게 된다. 실재를 기호가 대체한다. 나아가 기호의 내적 차원에서도 기의가 산뜻하게 원천 차단된다. 그 의미의 깊이까지 미처 파고들어 가기도 전에 우리 앞에는 분홍색 새우라는 기표가 클로즈업의 이미지로 꽉 들어찼기 때문이다. 말의 기표, 즉 수다쟁이 새우가 혀와 등치되는 시각적 이미지가 '염세'의—혹은 우리의 표현을 지킨다면 '불안'의—언어를 대신한다. 종국적으로 몸(실재)이 말(기호)을 육화하지 못하는 대신, 혀(이미지)는 그 자체 말(기호)로써 몸(실재)을 대체한다.

이 새우라는 혀는, 저 시인이 그토록 고통스러워하던 「입 속의 검은 잎」(기형도, 1989)의 혀 없는 입의 세계와 명백하게 대비되는 시각과 청각과 운동감을 지녔다. 입 속의 검은 잎은 "검은 잎"과 "흰 연기"가 질질 끌려다니고 튀어나오며, "많은 사람들이 무더기로 없어졌고 놀란 자의 침묵 앞에 불쑥불쑥 나타"나는 죽음과 공포의 여름에 있다. 그 "거센 비바람"의 "장례식" 안에서 "나의 혀는 천천히 굳"는다. 입 속의 검은 잎은 어둡고 억눌린 "공포에 질려" 썩어가는 육체에 악착같이 매달리고, 차라리 말을 잊어가며 검게 죽어갔다. 그러나 침묵하는 내면과는 또 다르게, 그의 시선은 슬픔과 두려움으로 숨죽인 "벌판과 황혼"을 멀리 내다보고 있으며, 울음을 터뜨리는 아이들을 비추는 원경의 세계로 확장한다. 반면, 배수아의 입 없는 혀는 육체를 가볍게 소실하는 대신 자신의 두통까지도 먹어치우며 쉼 없이 말한다. 육체와 고통을 정벌한 말이 생명을 득하고, 마침내 너무나 당돌하게도 새우의 클로즈업이 등장하는 것이다. 입 속의 검은 잎은 혀를 죽이면서까지 현존하는 공포를 직시한다. 이에 반해 새우의 입 없는 혀는 몸을 무화함으로써 통증을 제거하고 생명을 유지한다. 새우의 클로즈업 안에서 몸은 사라지고 말이 살아남는 방식으로 존재와 말은 공생 관계를 맺을 수 있는데, 왜냐하면 무가 되어버린 몸을, 말이 말할 수 있기 때문이다. 요컨대 기형도의 「입 속의 검은 잎」이 '공포' 사회의 침묵의 정경을 암시한다면, 배수아의 「밤이 염세적이다」는 '불안' 사회의 언어 포화를 표상한다.[3]

이론적으로 진정한 불안의 주체는 차마 입을 열어 말할 수 없다. 불안은 침묵을 낳고 그 안에 살고 있거나 기껏해야 몇 개의 신음을 뱉어낼 뿐이다. 반면 현상적으로 지극히 불안한 요즘의 위험사회에서 불안한 주체들은 불안의 언어를 수다한 수다로 쏟아낸다. 그렇다면 불안과 언어는 어떤 관계에 있을까? 불안이 과연 언어로 소통되는 것이 가능할까? 그렇지 않다면 우리의 일상을 뒤덮고 있는 이 무수한 불안을 담은 언어는 대체 무엇일까? 물음의 핵심은 '불안이라는 경험이 담론으로 번역 가능한가?'이다. 앞의 비교에서 명백해졌듯이 불안은 역사화된 체험이다. 불안의 언어란 (순수 기호가 아니라) 누구 또는 어느 집단의 역사 안에 있고, 역사를 형성하고 역사에 의미를 발생시키는 것으로 이해되어야 할 것이다. 아니 애초부터 말해지고 의미를 얻을 때만 불안의 체험이 가능하다. 불안의 주체 역시 언어 안의 주체성이며, 언어 속에서만이 불안이라는 존재론적 체험을 얻을 수 있다. 불안의 윤리는 경험과 말 사이에 긴장되게 자리한 '간극,' 이 직전의 자리에서 기호의 세계로

---

3) 키르케고르에 의하면 공포와 불안은 대비되는 감정이다. 공포는 뚜렷하게 현존하고 인지된 대상에 대해 명백하게 취해지는 적대적 태도다. 반면 불안은 상술했듯이 불가지한 대상과 상황에 대한 주체의 모호하고 암묵적인 상태인 것이다. 이 차이는 1980년대의 군부독재라는 적대가 명백했던 '공포'의 시대와 2000년대 이후 위험 요소들이 복합적이고 모호하게 엉켜 있는 '불안'의 시대의 대비에도 적용할 수 있다.

떠오르는 저 언어 비약의 찰나에 그 주체의 결단에 의해 실천될 뿐이다.

5. 멀티모달리티 방법으로 '불안'을 읽기

앞의 절에서 공포의 세계와 불안의 세계가 대비되었다. 공포의 세계는 「입 속의 검은 잎」으로 상징되는바, 감각이 마비되며 언어는 굳고 단지 정신과 의식만이 곧추서는 세계다. 반면 불안의 세계는 「밤이 염세적이다」에서 드러난 것처럼, 무정형의 모호한 세계에 말이 넘쳐나고 기의를 먹어 삼킨 기표가 산재한다. 의식을 대체하는 기표가 다양한 양식(말, 이미지, 운동)으로 번성한다. 이렇게 기표의 다분화와 과잉을 해석하기 위한 방법으로 멀티모달리티 분석 방법론을 채택하기로 한다. 지금의 언어가 너무나 가볍고 납작해서 기의가 들어갈 틈이 없어 보이기에, 기표 안에 담긴 기의를 탐구하는 고전적인 기호학 방법론이 곤란하다는 사실이 분명해 보인다. 따라서 있는 그대로, 그 빈약하고 경박한 언어 자체를 보며 의미를 해석하는 방법이 더 유용하리라고 판단된다.

기호의 의미를 파고들어 가지 않는다면, 어떻게 우리가 기호의 이미지와 소리로부터 즉각적으로 의미를 알 수 있다는 것일까? 이 문제를 생각하기 위해서 존재와 말을 서로 닮음의 관계로 놓아보자. 육필로부터 글쓴이의 무의식이 숨겨 넣은 수수께끼 상들vexierbilder을 읽어내는 "필적 감정학graphologie"이 알려주듯이, 문자는 세계를 지각과 의식에 계시한다. 세계와 언어 사이에 신비롭게 작용하는 이 "비非감각적인 유사성"은 발터 벤야민의 미메시스론의 바탕을 이룬다. 이는 어떤 철자로 만들어진 텍스트가 "수수께끼 상"이 만들어질 수 있는 "토대"가 되고,

문장의 발음들의 "울림"에서 그 속에 숨어 있는 "의미 연관"이 "순간적으로 번득이며 나타"나는 원리이다. 학생이 가나다 책을 읽는 것과 점성가가 별들을 보고 미래를 읽는 것, 점술가가 이름을 보고 운명을 읽는 것은 모두 미메시스 안에서 가능한 의미 작용이다. 유사성의 울림이라는 관점에서 본다면, 언어란 애초부터 "사물의 전달 가능한 정신적 본질을 전달"하는 것이다. 벤야민이 거듭 강조하듯이 사물은 언어를 **통해** 전달되는 것이 아니라, 자신의 전달 가능한 본질이 언어 **속에서** 전달되는 것이다(벤야민, 2008a, pp. 74~78).[4]

논의를 정리한다면, 이 글의 목표는 불안을 표상하는 언어들을 멀티모달리티 분석 방법론을 취하여 설명하는 것이다. 멀티모달리티 분석 방법론은 고전적 기호학과 몇 가지 차이점을 지니는데(Chandler, 2007), 그중 하나는 텍스트를 중심으로 재현된 의미 작용에 집중하는 고전적 기호학과 달리, 사회적 의미 작용 전반을 고려한다는 점이다. 또한 기호의 사회적 기능에 주목하는바, 언어의 의미 전달에 관련되는 '관념적 메타 기능,' 소통의 사회적 관계를 고려하는 '대인적 메타 기능,' 의미 작용이 벌어지는 맥락 및 정황과 연관 맺는 '텍스트적 메타 기능'이 그 주요한 기능들이다. 마지막으로 음성 및 문자 언어가 지배적인 전통적 기호학의 지형을 확장하여, 이미지·소리·동작 등 다양한 양식들

---

4) 여기서 세계 내의 각 존재가 자신의 언어적 본질을 내비쳐 전하는 것이라면, 인간의 언어란 무엇인가? 유독 인간의 언어가 다른 사물이나 짐승의 언어와 달리 특권을 누릴 만한 정당한 이유가 있는가? 이에 대해 벤야민은 신과 인간과 사물이 위계적으로 배치된 창세기의 질서를 상기시키며, 신의 일반 언어, 인간의 이름 언어, 사물의 침묵하는 언어를 구별한다. 신의 언어가 "사물들을 이름을 통해 인식할 수 있도록" 하는 "최상"의 "말"이라면, 인간의 언어는 "인식에 따라 그 사물들을 명명"하는 "이름"이다. 사물들의 언어는 인간의 언어로 번역됨으로써 의미를 획득할 수 있기에 그렇지 못한 것은 침묵의 언어로 남아 슬픔에 잠길 뿐이다. 상세한 내용은 벤야민(2008b) 참조.

이 의미 작용을 하는 기호학적 자원들로 포괄되고 인정된다. 이렇게 의미 작용의 동기와 욕망을 사회적 관계 맥락 안에서 해석하고 그것이 진행되는 다양한 양식의 기호들에 주목한다는 점에서, 멀티모달리티 분석 방법론은 불안의 문제를 다루는 데 고유한 적합성을 지닌다. 앞서 이론적 논의에서 설명되었듯이, 불안은 텍스트에 담긴 관념이고 사회적 분위기이고 구성원들 간에 암묵적으로 공유되는 체험이어서, 자연 언어를 포함한 다양한 양식의 기호로 표출되기 때문이다.

멀티모달리티의 기본적 관심 영역과 아울러 디지털 미디어 환경이라는 요소를 중요하게 고려할 필요가 있다. 실재와 언어, 물질과 기호, 존재와 언술이 모두 0과 1이라는 전산적 수체계로 환원되고 통합 관리되는 언어들의 네트워크가 곧 디지털 기호 생태계다. 수많은 양식의 언어들이 서로 연결되고 상호 인용하고 상호 변형하는 기왕의 상호텍스트성의 관계를, 디지털 네트워크는 그 기술적 능력에 힘입어 구체적 실체로 가시화하고 있다. 하이퍼텍스트가 그것으로, 수많은 실명 또는 익명의 저자들이 자신의 말과 타인의 말을 뒤섞으며 말을 생산하고 흘려보내는 과정과 흔적이 하이퍼텍스트에서는 전면적으로 가시화된다. 이렇게 우리 주위에는 일종의 말로 이루어진 세계가 끊임없이 생성, 확장되고 있다. 이것을 말우주라고 부를 수 있다면, 말우주란 물질과 정신의 요소들, 각 요소의 형상과 위치, 각기 또는 서로 하는 운동들, 그 운동이 생성하는 궤적과 관계 들, 그들을 배치하고 조직하는 물적·상징적 장치들이 갖가지 기호들로 만들어지고 작동하는 세계다.

말우주는 누구나 말로써 조물주가 될 수 있을 듯한 세계다. 그것은 디지털 정보 체계에 힘입어 무한히 자기 증식하는 기괴한 생장력까지 갖춘 신생 바벨탑으로 갱생을 계속하고 있다. 디지털 말우주에서 개인은 명명할 수 있는 자유를 부여받는다. 누구든 로그인을 하는 순간, 자신을 중심으로 개설된 기호의 소우주를 열어젖히고 그 언어 속으로 빠져든다. 디지털 인간은 자신을 포함한 모든 실재 혹은 가상의 존재들의 이름을 만들어냄으로써 자신의 말우주를 부지런히 잣는 것을 책무로 삼게 되었다. 매일 우리가 로그인을 할 때, 새로운 계정을 만들고 네트워크 서비스 안에 파고들 때, 그 넘쳐나는 그물망에 외롭게 파고들며 인사를 나누고 정보를 채집하고 물건을 사고팔 때, 그러한 모든 순간마다 새로운 이름 짓기와 명부 만들기는 끊임없이 계속된다. 이로써 과거 어느 천상을 그린 그림과 말씀보다도 가깝고도 멀며, 내밀하고도 광범하게, 일상의 개인은 각기 다채로운 언어로 가득 찬 자신의 소우주를 생성하고 관리할 자유로 던져졌다. 오늘날 지구인들이 하는 대부분의 정치·경제·과학·사회 활동이 결국은 '말하기'라는 사실을 인정할 수 있다면(그것이 모든 것을 찾아내는 구글링이든, 똑똑하기 이를 데 없는 스마트폰이든, 트위터에서 조잘대기든, 온 세계에 얼굴을 들이미는 페이스북이든), 그 언어들은 끊임없이 텅 빈 세계를 채우며 거대한 말우주로 자기증식한다. 가상세계, 금융경제, 네트워크 사회, 사이버 정치와 같은 엄청난 용어들은 사실, 언어가 존재를 대변하게 된 '텅 빈 현실'——혹은 '현실의 증발'——에 대한 멋진 모사simulation의 수사들이다. 디지털 네트워크 말우주에 던져진 주체에게 가능한 성찰성이란 그야말로 '쉬지 않고 명명할 것!'이다.[5] 이 같은 디지털 상황에서 빚어진 (소멸의) 존재

---

5) 전적으로 해방적인 자유가 아닌, 부여받은 자유라는 역설에 갇혀 있기에, 디지털 주체는 한때 유행처럼 묘사되었던 기표들의 표면을 부유하는 '가벼운' 포스트모던 주체와는 다른 무게와 질곡을 지녔다. 실상 우리는 각자의 말우주 때문에 매우 진지하다. 때론 내가 어디에 있는지, 어디를 향해 가는지, 무엇이 문제이고(과연 문제가 있다고 생각하는 나는 제대로 된 것인지), 문제가 있다면 어디서 어떻게 대처해야 할지를 모르겠음을 고민하며, 실체 없음의 상황

와 (과잉의) 언어 사이의 부정합의 본질이, 바로 텅 빈 현실로부터 넘쳐 나는 언어 속에서, 있는 모습 그대로 '불안'의 언어로 드러나고 있다.

다양한 장소에 다양한 양식으로 끊임없이 변형하며 유동적으로 존재하는 가볍고 납작한 언어, 즉 현대 미디어 환경에서의 '불안'의 불안한 언어들이 무수히 명멸하고 있다. 이것들은 소설, 시, 노래, 만화를 아우르며 우리 시대의 개인적 감정, 집단적 분위기, 사회적 체험이자 문화적 감수성으로서 디지털 말우주에 모여 갖가지 채널을 통해 흘러다니며, 수많은 사람들에 의해 회자되는 산포, 유통, 변화의 과정을 걷는다. 이 재가공의 언어는 대부분 보통 사람들의 일상적인 담화를 통해 이루어지는 것으로, 기성의 세련된 언어에 비해 더 직접적이고 순진한 날것의 모양새를 지닌다.

이 글은 문학, 음악, 말과 말 없음, 농담, 유행어, 이미지를 폭넓게 아우르며 이들이 혼합되어 뒤죽박죽 섞여 있는 온라인/오프라인 장소들에 주목했다. 주요한 문학, 음악, 수필집들을 살펴보고, 인터넷의 익명적 담론들에 접근했다. 구체적으로 2007년 하반기부터 2010년 하반기까지 포스팅된 블로그 글과 동영상 중에서 20대, 불안 등을 주제로 쓰인 것들(약 7천 건)을 주로 살펴보았다. 이 시기를 특징짓는 사회적 맥락으로서 1) 우석훈·박권일, 『88만원 세대』 출간(2007. 8. 1)과 이어진 88만원 세대 담론 논쟁, 2) 촛불 정국(2008. 봄/여름)과 촛불 세대 담론 논쟁, 3) 미국 리먼브러더스 사태와 글로벌 금융위기 진행(2008. 가을/

을 공허, 막연, 허무라는 명목으로 바꾸어 생각하곤 한다. 끊임없이 문제를 안고 있고, 문제를 안고 있는 자신을 문제시하며, 자신을 문제시하는 스스로가 또 다른 문젯거리가 된다. 아닌 게 아니라 기든스는 바로 이 자유로운 혹은 혼돈스런 세계적 특성을 '현대성'으로, 이 혼란을 살아낼 수 있도록 자신의 심신을 달래며 어떠한 형태로든 일구어나가는 인간의 노력을 현대적 자아의 '성찰성'으로 승인한 바 있다(기든스, 2010).

겨울), 4) 장기하 밴드를 비롯한 인디 문화와 청년 문화, 그리고 실업률, 특히 청년 실업률 급상승(2008. 가을/겨울~2009. 봄)과 청년 백수 담론, 5) 노무현 대통령 서거(2009. 봄)와 노제, 6) 김예슬의 대학 거부 선언 (2010. 봄) 등의 사건들이 고려되었다. 먼저 저자가 이름으로 존재하며 제도화된 미디어 채널을 통해 생산되고 유통되는 담론 영역(문학, 음악 등)과 익명의 대중들이 개인 미디어와 소셜 네트워크를 통해 산포시키는 담론 영역(인터넷, 블로그 등)을 나누어 차례로 살펴보고, 이를 통해 사회적 분위기, 문화적 감수성, 인간 주체성으로서 불안이 담론화되는 방식과 의미를 해석해보고자 한다.

6. 문학과 음악에서의 불안: '성찰적 고통'으로부터 '순진무구의 불안'으로

문화적 감수성으로서의 불안은 현재라는 고유한 시간성과 밀착되어 있다. 불안의 현재적 역사성을 이해하기 위한 시도로서 이인성의 『낯선 시간 속으로』를 뒤돌아본다면, 군사독재 체제 아래 청년의 내면은 "축 축하고 질펀하고 무거운 고통"으로 묘사되고 있다(이인성, 1997, p. 66). "물먹은 온몸을 몽둥이로 내려치는 듯한 연속적인 충격이 열과 아픔을 몰아치며 그를 들쑤시기 시작했다. 걷잡을 수 없는 통증이 그를 휘몰아 쳤다. 수천만 개의 바늘이 된 통증이 온몸을 찌르고, 거기에 다시 묵직한 충격이 덮쳐오고, 아픔은 피가 되어 온몸을 돌다가 뼛속으로 스미고……," 이리하여 청년은 신음조차 발하지 못할 정도의 격심한 통증에 괴로워한다. 그의 몸은 스스로를 바늘로 찌르는 듯한 고민과 갈등으로 자학적인 고통을 겪는다. 그런데 놀라운 것은 그의 강한 의식이다. "삶의 저 끝에 번득이는 아픔의 뿌리를 끌어내는 듯한 소용돌이" 때문에 "수억만 개의 세포들이 소리 없는 비명에 몸부림"치다가 "저릿저릿한 신경을 더 이상 감당할 수 없는 아득한 의식의 나락 속으로 떨어"지는 중에도, 그는 "졸도할 것 같은 막바지 순간"을 붙들고 "마지막 생각에 매어달"리고자 한다. 몸을 훼손할 정도로 치열한 의식만이, 역설적이게도 자신의 존재근거로 남아 있다. 마침내 그는 "몸을 움직일 수 없는 겉의 고요 속에서, 그러나 제 안을 휩쓰는 고통의 폭풍을 꼼짝없이 당하"는 상황에 빠져든다. 무기력한 육체와 분리되어, 오히려 그 고통을 발생시키고 느끼는 것으로 생존을 의식하는 자아. 그는 "공포와 체념의 기묘한 갈등 사이"에서 "아픔의 나른함"을 담지하는 고통의 성찰적 주체로서 자신을 지키고 있다(같은 책, p. 66).

이에 비해 21세기 청년은 '별일 없음'의 표정을 띤 얼굴을 천연덕스럽게 드러낸다. 인디밴드 '장기하와 얼굴들'의 '별일 없음'은 사건이 벌어지지 않기에 느끼는 무사안일의 별일 없음이 아니다. 오히려 무수한 사건들을 별일 아닌 것으로 때우고 마는, 혹은 아예 느끼지 않기로 결단을 내린 후 만들어진, 순수한 무감각으로서의 별일 없음이다. 그들의 노래 「별일 없이 산다」의 가사에 묘사된 '나'는 마치 도마뱀이 통각 기능을 스스로 마비시킨 후 꼬리를 자르고 도망치는 식으로 공포스런 자극으로부터 자기를 보호하기에, 쾌활하고 유치하고 그렇기 때문에 단단하다. 그러나 이 단단함은 자극을 견뎌내는 강함이 아니라 자극을 모르고 튕겨내는 강함이다. 이 별일 없음은 외부세계의 차단을 통해 유아독존적으로 확보된 몸이 느끼는 '걱정 없음'이고 '고민 없음'이며, '즐거움'과 '신남'이다. 동시에 '너'는 '들으면 깜짝 놀라'다 못해 '불쾌'해질 수 있는 비밀스런 불온함이기도 하다. 이 단절적 안위감은 한없이 위태롭기에 감미롭고, 그 소통 불가능성 때문에 아늑하고 절대적이다.

풋풋한 청년 보컬리스트 장기하가 부르는 노래 가사가 이렇게 유아독존적으로 흥을 부리며 도전을 범하는 성격의 것이라면, 그 주위에서 장기하 밴드의 실질적인 '얼굴' 역할을 하는 두 명의 여성 백댄서이자 코러스인 '미미 시스터즈'는 전혀 다른 분위기를 풍긴다.[6] 이 여성들은 한국인이라면 누구라도(그가 실제로 1960년대를 살았는지와 무관하게) 어렴풋이 상상해낼 수 있을 '1960년대 영자 씨'를 연상시키는 모습이다. 예컨대 짙은 화장에 빨간색 립스틱, 그리고 빨강 베레모와 노랑 블라우스, 녹색 또는 파란색 플레어스커트를 맞춰 입고 반짝이는 큐빅이 달린 커다란 테로 과장되게 디자인된 검은색 선글라스를 쓴 이 아가씨들은 영락없이 대책 없는 1960년대 날라리(혹은 어쩌면 1980년대 디스코 걸) 이다(그러나 시대는 어차피 중요하지 않다. 이미지의 전형이란 역사적 시간을 초월하여 한 집단의 기억에 항상적으로 공존하는 것이어야 하기 때문이다). 수줍고 가진 것 없는 청년의 냉소적이고 불우한 자의식이 노래 가사라는 언어에 숨어 있다면, 여성들의 이미지는 내면이라는 것 자체를 조롱하는 듯 싸구려 물질로 팽배한 키치 미학을 발산한다. 이처럼 언어와 이미지 사이에 극단의 부조화가 빚어지며, 쾌와 불쾌의 기묘한 균형

---

6) '장기하와 얼굴들' 밴드에서 '미미 시스터즈'가 실질적인 역할을 하는 얼굴이라면, 원래 얼굴들이란 누구를 가리키는 것일까? 그것은 밴드에서 드럼과 기타를 맡고 있는 연주자들로서, 이들의 얼굴은 사실 그리 드러나지 않는다. 더욱 흥미롭게도 미미 시스터즈는 한 인터뷰에서 자신들이 "아이돌도 아닌데 테크닉을 구사할 수도 없고, 게다가 우린 말을 못하니까 몸으로 음악을 표현하려고 한 것일 뿐인데"라고 말한다("[A to Z 인터뷰] 미미시스터즈 '장기하와 합의 이혼'", 『서울신문』, 2011. 3. 11). 코러스는 말을 못하니까 몸으로 음악을 하고, 보이지 않는 얼굴을 '얼굴'이라고 부르는 명명 방식은 장기하와 얼굴들의 역설 코드를 명쾌하게 드러낸다.

이 창출된다. 이렇듯 모순된 상태의 공존, 그 경계가 바로 불안이다. 외부세계의 자극으로부터 밀봉 처리된 듯한, 그래서 도저히 무슨 일이든 벌어지려야 벌어질 수가 없는, '별일 없음'이라는 나만의 세계는 불안의 내면에 다름 아닌 것이다.

'장기하와 얼굴들'의 별일 없음이라는 나만의 세계가 박민규의 소설 「카스테라」에서는 냉장고에 대한 찬미로 나타난다. 대학 신입생인 주인공은 지독하게 외로운 시간을 보내다가 마침내 자신의 원룸 자취방에서 공생하는 냉장고와 사랑에 빠지고 만다. 냉장고의 존재에 눈뜨게 되면서 "불쾌할 정도"의 "외로움"을 벗어나는 감동 어린 순간을, 그는 이렇게 기술한다.

> 정말, 아무렇지 않았다.//오히려 독신인 나로서는 그 굉장한 소음이 있어 외롭지 않을 수 있었다. 라고 말할 수 있을 정도이다. 〔……〕 나는 늘 불쾌할 정도로 외로웠다.//즉 그런 연유로 냉장고와 나는 친구가 되었다. 그런 느낌이다. 다시 말하지만, 그 굉장한 소음이 있어 나는 외롭지 않을 수 있었던 것이다. 아무도 찾지 않는 그 '언덕 위 원룸'에서, 단 둘이서 말이다. 세상의 여느 친구들처럼—냉장고도 알고 보니 좋은 놈이었다. 알고 보면 세상에 나쁜 인간은 없다. (박민규, 2005, pp. 15~17)

마치 냉장고가 프레온 가스로 공기를 냉각시켜 어떤 세균도 서식 불가능한 환경을 만들어서 부패라는 자연의 작용을 위험으로 설정하고 그로부터 음식을 보존해주는 무사안일의 인위적 공간을 창출하듯이, 청년의 공간은 차갑고 밝고 항균되어 별일이 일어날 수 없는 공간으로 재건설된다. 청년의 세계가 고독한 빛을 발하는 순간, 외부세계는 포기되며 용서의 대상이 된다. 이념적인 승인이나 도덕적인 용서가 아닌, 이별과 망각을 통해 불쾌한 세상과의 타협적 공생이 이루어지는 것이다.

밝고 차가우며 깨끗한 방부의 공간에 반해버린 청년의 세계란, 수억 개의 바늘이 세포를 내리찍는 듯한 고통을 온몸으로 견디며 의식의 불을 밝히는 청년의 열에 들뜬 세계와 얼마나 판이한가. 불쾌, 불편, 무사와 같이 '부정성'의 단어들은 오늘날 청년의 내면을 대변하는 불안의 수사학으로 발휘되고 있다.

7. 대중의 블로그: 불안의 말우주

수많은 이들이 인터넷에서 말한다. 인터넷이 언어세계 일반이라면, 인터넷의 개인 계정은 주관적인 소우주를 이룬다. 로그인, 나의 말우주 빅뱅, 로그아웃, 말우주 멸망, 새로운 반복! 그러고 보면 정확히 말해 인터넷은 익명적이지 않다. 한국어라는 탯줄을 스스로 끊은 고아들이 멋대로 자기를 명명하는, 언어의 자기 발생 공간이 인터넷이다. 어원이 없으므로 이 근본 없는 이름들이 스스로 작명(계정 만들기), 변신(아이디 갱신), 생식(새 계정 만들기)을 하고 무수히 증식한다. 인터넷에서 조잘대는 파롤parole들은 민족·국가·역사의 이데올로기의 무게로부터 일탈했기에 기의를 숨겨 가질 깊이와 폭이 본래부터 없다. 고아의 천연덕스러운 표정을 띤 언어로서, 오로지 그 표면에서 드러난 그 모습 그대로 자신의 세계를 표상한다.

디지털 말우주에서 역사와 이념의 무게로부터 풀려난 아이들은 새롭게 재편된 언어의 자판 위에서 장난스럽게 버스럭댄다. 이 말들은 뜻이 없는 말이 아니라, 뜻이 없음을 뜻하는 말이다. 의미의 부정성이 침묵에 머물지 않고 언어 속에서 표명되도록 만드는 이 말들은 상징의 가능과 불가능의 경계에 서 있다. 이렇듯 가능과 불가능의 중간 지점에 서 있는 이 언어를, 불안의 언어로서 이해할 수 있다.

불안의 언어는 몇 가지 미학적인 특성을 지닌다. 우선 언어 형식의 차원에서 기의 전달이라는 언어 본연의 임무를 일탈한 언어들이 천진난만하게 쏟아져 나온다. 기표와 기의의 관계를 비틀거나 어긋나게 하며, 언어의 구조를 불안하게 만드는 언어들이다. 가령 '냉무'는 내용 없음을 천연덕스럽게 선언하는 행위를 거리낌 없이 행한다. '열폭'은 열등감 폭발을 의미하는데, 일반적으로 열등감이 저하된 감정 상태로 이해되는데 반해 열폭에서는 그것이 폭발이라는 괴력을 발휘하는 반어적 관계로 표현된다. 또한 대비되는 의미를 한 몸에 안고 있는 암수동체적인 언어들이 번성한다. '쩐다'라는 어휘는 너무나도 좋거나 지극히 싫어서 어쩔 줄 모르는 상태를 가리킨다. 대상에 대해 '쩐다'라고 말할 경우, 이것이 긍정적인 의미인지 부정적인 의미인지는 전적으로 문맥에 의존하여 짐작하는 수밖에 없다. 수동과 능동을 구분하는 문법의 태mode의 기준이 화자 제멋대로 전용된다. '멍때리다'는 '멍하다'라는 행동 부재의 상태를 나타내는 형용사가 '때리다'라는 공격적인 동사와 결합하여 생겨난 변형체로서, 아무것도 하지 않아 비난의 대상이 되는 '멍한' 주체를 '때리기'를 행하는 능동적 행위자로 격상시킨다.

두번째는 언어 내용의 차원에서 주제 없음의 코드가 관찰된다. 세계의 무를 발견하는 담론이 있다. '막연히' '이유 없이' 불안함을 중얼거리는 무수한 담화들은 세계의 무의미성을 인식한 주체의 발화다. 이들의 불안은 사회적 구조화의 산물이다. 블로그에 자주 등장하듯이, IMF 때

실직한 아버지에 대한 기억이 미래 없음의 불안을 낳고, 취업 못한 선배나 친구의 모습이 갈 길 없음의 불안을 유발한다. 더불어 무의미한 세계에 대하여 뜨겁게 분노하는 대신 무심하고 순진무구한 얼굴로 대하는, 일종의 거리 두기의 태도가 드러난다.

　세번째는 언어 내용 차원의 또 다른 영역으로서 불안의 현실적인 경험을 특정한 주제로 구체화하는 유형이 있다. 이는 세 개의 상반된 하위 유형으로 나누어 살펴볼 수 있다. 하나는 '슬픔과 절망의 코드'이다. 예를 들어 대학에는 학점과 알바의 쳇바퀴와 취업의 무한 경쟁만이 기다리고 있을 뿐, 자유와 사랑과 같은 이상적 가치는 부재함을 토로하는 담화가 해당된다. 이는 자기 자신의 무, 비어 있는 자아의 모습을 인정하는 좌절의 주체와 연결된다. 이에 비해 '도전의 코드'는 "하면 된다" "열심히 노력하자"라는 식으로 체제 내에 조율된, 계발적 자아의 어조를 띤다. "도전은 언제나 불안하다. 하지만 그러한 도전 없이는 발전도 없다"는 식으로, 도전하기를 욕망하는 주체는 불안을 도전의 수단으로 도구화한다. 처세와 스펙 관리에 대한 적극성이 강조되고 도전과 목표의 방향 설정 또한 자본주의적 가치에 순응적이다. 한편 '낭만화의 코드'는 불안을 세대적 특성으로 인정하고 향유하는 입장이다. "20대는 누구나 불안하다" "화려하고자 하는 욕망" "희생할 각오" "몸으로 부딪히기" 등의 전형화된 젊음의 기호로 불안을 물신화한다. 아울러 요즘 유행처럼 등장하고 있는 '청춘'의 담론들은 이러한 코드들을 대변한다. 저자들은 청춘에게 "화내라"(우석훈·박권일, 『88만원 세대』), "안심하라"(김난도, 『아프니까 청춘이다』), "기죽지 마라"(엄기호, 『이것은 왜 청춘이 아니란 말인가』), "진정해라"(코이케 류노스케, 『생각 버리기 연습』) "좀 제대로 하라"(황농문, 『몰입』)라고 가르치며, 불안을 진단하여 조정하려 한다.

마지막으로 이미지로 표현되는 세계상에 주목할 수 있다. 셀카 이미지로 표상되는 '뽀샵'(포토샵 처리)된 자기 이미지는 '찌질한' 자기의 위장적 이미지다. 셀카 이미지는 기껏해야 자신의 팔 길이를 넘지 않는 초점거리를 취한다. 이러한 초근경 이미지는 마치 배수아의 새우같이 자아를 먹어치우는 이미지와 유사하다. 기의를 넘어서 기표가 압도하는 현대적 자아를 표상하는 것이다. 반면 자아 경계 바깥의 '세계'는 광고에서 퍼온 멋진 상품들, 스타의 모습들, 다른 블로그나 웹사이트에서 퍼온 근사한 이국적 풍경들로 구성된다. 무가 되어버린 세계는 스스로 체험해본 적 없는, 자기와 무관한, 자기가 탈락된 이미지들로 채워질 수밖에 없는 것이다. 이처럼 생활세계는 자기소외적인 초원경의 이미지로 구성된다. 자기 위장적인 초근경 이미지와 자기소외적인 초원경 이미지는 불안의 스펙터클을 구성하는 왜상의 시각구조다.

이러한 언어들은 그 표정과 느낌 그대로 지금 우리가 몸담고 있는 사회적 정황을 있는 그대로 보여준다. 이 노곤한 말들은 세계의 무를 직시하고 그것을 뛰어넘기 위해, 그 비약을 향한 응전의 태세로서 몸을 웅크리며 내뱉게 되는 불안의 언어다. 불안의 주체는 불안의 언어를 창안하면서 무의 세계를 무의 담화로 번역하며 의미화한다. 세계가 무에 절대적으로 침잠하지 않거나 무의 세계에서 자아가 소멸하지 않고 무의 의미를 전유하게 되는 것 역시 불안의 언어화를 통해서다. 불안의 언어는 단순하고 모호하며 양가적인, 한마디로 말이 되지 않는 표현들로써 세계의 비세계성을 드러낸다. 그것은 무를 신화화하는 마법들, 가장 강력하게는 '언제 어디서 누구나'(즉 구별 없음이라는 '무'의 신화)라며 기술적 진보를 맹신하는 테크놀로지 마법과, 무한 도전과 무한 질주(즉 한계

없음이라는 '무'의 신화)를 종용하며 경쟁적 개인주의를 가치화하는 신자유주의의 이념적 마법을 대면하고, 그 마법의 무의미성과 부조리함을 고발한다. 이렇게 발휘되는 불안의 언어의 수행적 효과는, "임금님은 벌거벗었다"라고 외치며 권위의 허구성을 고발하는 순진무구한 아이의 무서운 웃음의 효과와 같다. 그 긴장과 통쾌함 속에서 이전까지 잊혀 있던 기억과 미래가 일시에 호출되는 급진적인 마법이 탄생할 수도 있다.

방랑아, 거지 소년, 탕아와 같이 혈족을 알 수 없는 고아, 그리고 아마도 한국 사회의 키워드로 떠오른 '청춘'이라는 존재는 집단의 무의식 속에 항상 잠재해왔다. 그들이 내뱉는 방언, 노래, 춤과 동작이 공동체라는 신화를 위협하리라는 불온한 환상과 함께. 언어의 마법은 세상의 현란한 껍데기를 들춰내고, 그것의 본질이 '무' ── 무의미, 무질서, 몰가치성 ── 에 지나지 않음을 고발한다. 그리고 이러한 광폭한 질서에서 잊힌 기억과 의미를 되살려내려 한다. 지금 한국 땅에 펼쳐진 디지털 말우주, 그 바벨탑에서 왁자지껄 유쾌하게 기생하는 고아의 언어들은 어떤 마법을 부리고 있는 걸까? 그 가능성과 불가능성에 대한 상상이란, 한없이 위험하고 감미로운 불안을 낳으며 우리도 모르게 그 마법에 이끌려가도록 한다.

8. 신화적 언어로부터 표정적 언어로

이 글은 한국 사회의 분위기이자 주체의 내면을 이루는 요소로서 불안의 의미와 형태를 이해하고자 문학, 음악, 블로그의 다양한 양식들에서 생산된 텍스트에 접근했다. 이를 위해 멀티모달리티 방법론의 장점을 활용하여, 여러 양식의 기호들이 벌이는 의미 작용 및 이들의 관계를 폭넓게 조망하고 기호를 유발하고 소비하는 사회적 동기 및 욕망을 포용함으로써, 단지 텍스트 내적인 의미뿐 아니라 사회적 관계와 맥락까지도 포괄하고자 했다.

구체적인 분석은 외적인 멀티모달리티와 내적인 멀티모달리티를 교차적으로 접하는 경로를 취했다. 외적 멀티모달리티에 있어서 우리 문화 환경에는 글, 노래, 이미지, 그리고 대중의 디지털 언어로서의 블로그를 포함하여, 불안이라는 정조를 직간접적으로 표현하고 있는 텍스트들이 산재한다. 더불어 이들이 서로 연결되어 공존하는 지점도 종종 찾을 수 있다. 대중의 블로그가 그러한 텍스트의 집결지로 중요한데, 이곳에서 대중은 이미 생산된 문학작품이나 비평문, 노래, 이미지를 빌려다가 자신을 표현하는 도구로 활용하고 있었다. 이러한 의미 작용들이 텍스트들 간의 광대한 네트워크로 이어지고 확장하면서, 일종의 하이퍼텍스트 네트워크로서 불안이 구조화되어 있었다.

내적 멀티모달리티는 한 텍스트 안에 공존하는 이질적인 양식들 간의 관계 및 의미 작용 효과에 관한 것이다. 엄밀하게 보아 단일한 양식의 언어로만 이루어진 순수 모노모달리티mono-modality란 없다고 말할 수 있을 정도로, 하나의 텍스트는 여러 양식의 기호들로 구성된다. 외면상 자연언어로만 이루어진 문학작품이라 할지라도 그러하다. 이처럼 현시대의 문학, 음악, 디지털 언어 들에서는 언어, 이미지, 운동감이 서로 이질적인 모드들로 부딪치며 불안의 정서가 표출된다.

우리의 미디어 문화 환경에서 불안을 재현하는 기호들의 특징은 이렇게 정리될 수 있을 것이다. 첫째, 기의를 품을 깊이가 없다. 마치 기의를 부정하려는 듯이 납작하고 가볍다. 또한 불안은 정련된 언어 텍스트를 통해 안정되게 표현되기보다는 가지각색의 말, 글, 소리, 몸짓과 같이 서로 다른 언어 양식들 사이의 틈을 비집고 드러내거나 텍스트의 안정성을 깨뜨리며 제멋대로 터져 나온다. 문자 그대로 멀티모달리티를 이루는 각개 모달리티들의 사이에서 불안은 불안정하고도 모호하게 누출되는 것이다. 그리하여 '장기하와 얼굴들'에서는 유아독존적인 노래 가사와 키치적 이미지 '사이'에서, 대중의 블로그들에서는 소심한 독백적 언어와 화려한 도시 이미지 '사이'에서, 이처럼 이질적인 양식과 분위기 틈에서 불안이 나타나고 있었다. 요컨대 불안의 멀티모달리티란, 서로 다른 모달리티 사이에서 일종의 불협화음같이 누설된다. 마지막으로 이 언어들은 그 개체가 헐겁고 느슨해서 분리성과 운동성이 뛰어나고 다른 언어, 양식, 장르와의 (재)접합성이 강하다. 디지털 네트워크 안에서 퍼나르기나 짜깁기를 통해 혼종과 변형을 자유롭게 겪는다. 이러한 운동과 변형의 성격 때문에 나타나는 특질로서, 이 기호는 또한 맥락성과 적응력이 뛰어나다. 그래서 기호 자체의 본질적 의미를 고집하기보다는 분위기와 관계에 따라 즉흥적인 응용력을 발휘하고, 이질적이고 상충되는 형식과 의미까지도 반어나 조롱을 통해 너끈히 표현해낸다.

이러한 기호는 고전적 기호학의 언어, 바르트의 표현을 따른다면 20세기 자본주의사회에서 지배적이었던 신화적 언어와는 매우 다르다. 신화적 언어는 의미 중심적이고, 외연-내연-이념으로 심화되는 다층적 의미구조를 내포하며, 구조와 권력에 종속된 언어다. 반면 우리가 지금까지 살펴본 디지털 말우주의 언어들은 표층적이고 가변적이며 운동성과 맥락성이 강하다. 이 언어는 신화라는 거대서사를 가볍게 튕겨내고 능청맞게 웃으며 유쾌한 지껄임을 계속한다. 그렇다고 해서 이들이 포스트모던 조건에서 주목된 떠다니는 기표들과 동류는 아니다. 이들을 그저 의미 없는 기표들의 놀이라고 보기에는 현실적 질곡의 그림자가 짙게 드리워져 있기 때문이다. 기호의 경쾌한 표면에 현실의 고통스런 이미지가 기입되어 흐르며 부조화가 일어난다. 이 미끄러운 이미지의 표면과 주체의 무거운 체험 사이에서, 역시 불협화음처럼 '불안'의 성찰성이 배어나온다.

이 불안의 기호를 우리 시대의 '표정'이라고 부를 수 있을까? 표정은 얼굴에 담겨 있다. 얼굴은 주체와 세계가 만나는 장소다. 그렇다면 표정은 주체와 세계 사이의 최초이자 최후의 인터페이스인 얼굴에서 주체에 의해 행해지는 표명 활동이다. 얼굴이 눈, 코, 입, 귀, 피부의 감각기관으로 구성되는 기하학적 구조라면, 표정은 보기-맡기-말하기-듣기-닿기와 같은 감각 행위들이 연동적으로 수행하는 화행이다. 주체의 '즉각적'이며 '직접적'이고 '투명'한 발화이기에, 표정은 가장 원천적인 멀티모드의 기호다. 그리고 이러한 즉각성, 직접성, 투명성을 띤 기호를 표정적 언어라고 부를 수 있을 것이다. 외부의 자극에 대해, 이것이 지각된 후 마음과 두뇌를 거쳐 발성언어로 만들어지는 것이 자연언어라면, 표정적 언어는 말이 나오기 이전에 (그 물질성의 표면 자체에서) 이미 그 의미를 발하고 있다. 그래서 표정적 언어에는 (바르트의) 이념과 신화가 깊이 파고들 여지가 좁다. 이렇듯 다층적 기의가 수직적으로 건설되기 어려운 '표층적'인 언어가 표정적 언어다. 마지막으로 표정적 언어는 어느 언어보다도 자발적이며 본연적이다. 자신의 감정, 의식, 태도를 미세하고 복잡한 근육들을 전면적으로 작동시켜 발현하는 것이 표정이기 때문이다. 자신이 짊어지고 가는 삶의 경험과 의미를 몸으로 짜내는 것이 곧 표정이기에, 표정적 언어는 단순하고 순진하지만 동시에 엄정한 진정성을 지녔다. 이리하여 표정적 언어는 즉각적이고 직접적이며 자발적인 기호로서 진실성을 획득한다. 로고스의 신이 얼굴이 없고 목소리로만 말한다면 자연계의 생물은 얼굴만 지녔을 뿐 목소리는 없어서, 둘 다 표정을 가지지 못한다. 신과 동물 사이의 인간만이 얼굴과 목소리를 모두 가졌기에, 얼굴과 목소리의 유기적 총합으로서 표정을 지닌다. 따라서 표정적 언어는 인간의 고유한 현실언어로 작동할 수 있다. 디지털 말우주의 언어는 주체가 사회에 대해 지니는 표정이며, 동시에 그 사회 전체의 표정이기도 하다. 그것은 즉각적이고 직접적이며 투명한 어감으로 우리 현실사회의 진실을 말해준다. 어느 강력한 전략이나 세련된 기표도 형언할 수 없을 모호하고 복잡한 의미들을 전면으로 끌어내 표현한다. 이런 연유에서 지금-여기의 표정적 언어들은 우리가 처한 위기사회의 불안에 대해 그 진실을 말하고 있는 것이다.

부연한다면, 불안의 의미 작용이 멀티모달리티의 불협화음으로 나타난 것은 멀티모달리티 의미 작용의 본연적 속성이라기보다는 불안이라는 고유한 주제에서 기인한 특징으로 이해하는 편이 옳다. 전략적으로 기획된 홍보나 상업용 메시지에서는 의도한 의미 전달이라는 목표 아래에서 이질적인 양식들이 보다 통합적이고 효율적으로 기능할 가능성이 크다. 예컨대 환경보호 캠페인의 사례를 생각해보면, 기업, 정부, 공공기관 등 메시지 생산자가 각기 다른데도 불구하고 이미지, 노래, 문자 텍스트가 거의 천편일률적으로 획일화되어 있음을 알 수 있다. 그러나 그것이 일관된 조화든 불협화음이든 간에, 의미 작용은 사회적으로 파생되는 여러 모달리티들 간의 상호 관계와 상호작용을 통해서 이루어진다는 사실은 중요한 공통점으로 고려되어야 한다.

따라서 의미 작용이 진행되는 구체적인 주제와 목표에 따라 멀티모달리티가 구성되고 작동하는 방식의 특징을 차별적으로 설명하는 일이 중요하다. 또한 크로스미디어, 트랜스미디어와 같은 용어들이 대변하듯이 미디어의 교차 및 재매개가 더욱 활발해지는 상황에서, 기호 양식들의 변이 및 혼종은 갈수록 활발해지며 멀티모달리티의 문화 역시 더욱 활성화되고 있다. 이 글에서는 블로그를 통해 비교적 단순하게 파악했지만, 소셜 미디어가 확대되는 지금에는 동일한 텍스트라 할지라도 그것이 유통되는 지점과 경로의 공간성에 따라 상이한 사회정치적 의미가 지속적으로 첨삭된다. 가령 단일한 콘텐츠라도 그것이 누구의 페이스북에 있고 어떠한 맥락의 트위터 네트워크를 통해 어디로 옮겨가느냐에 따라 그 사회적 기능이 완전히 달라질 수 있다. 이렇게 나날이 복잡해져가는 미디어 환경에서 다양한 양식의 기호 및 기호 결합체들이 상호 연관적으로 창출, 유통, 소비되는 방식과, 그들을 둘러싼 사회문화적 맥락 및 함의는 한층 더 역동과 복합성을 띠게 될 것이다.

제2부 　미디어 장치와 주체의 윤리

4장
디지털 사회, 소통의 문화

1. 미디어로 사회를 읽기

특정 사회의 역사적 특수성을 당대 미디어 체제를 기준으로 설명하는 방식이 그리 새로운 것은 아니다. 보다 구체적으로 지금 우리가 살고 있는 사회적 현실로 논의를 집중할 때, 디지털 정보 테크놀로지에 의해 "생산/소비, 경험, 권력 영역의 체험적이고 상징적인 차원"에서 "네트워크화"가 진행되리라는 전망은 이제 일반적으로 받아들여지고 있는 듯하다(Castells, 2000). 한편 한국 사회의 경우에도 미디어와의 관계에 따라 사회적 변화를 설명하는 견해가 디지털 미디어와 세대를 연계시키는 방식으로 현저하게 나타났다. 1970년대 청년 문화가 젊음을 상징하는 문화적 기호(통기타, 청바지, 장발 등)로, 1990년대 신세대가 소비문화의 취향과 라이프스타일을 상징하는 문화상품(오렌지족, 홍대 앞 등)으로 담론화되었던 양상과 비교할 때, 새로운 밀레니엄을 넘기며 등장한 일련의 "부족들(P족, N족, W족)"은 인터넷, 모바일 등 디지털 미디어 체제의 맥락에서 그들의 디지털 미디어 실천 방식에 의존해 사회적으로 인지·명명된 특징이 있다(이동연, 2003). 사회의 구조와 역학 관계 형성에 개입하는 동시에 그 관계의 산물이라는 점에서(Hall, 1997), 미디어는 그 존재 양식 자체가 사회적 현실을 재현하고 매개하며 형성한다.

이 글은 디지털 미디어를 중심으로, 오늘날 우리 사회를 디지털 사회라고 규정하고 그 커뮤니케이션 문화적 특성을 살펴보고자 한다. 디지털 커뮤니케이션 테크놀로지의 사회적 수용은 "개인화된 네트워크" (Wellman, 2001)의 개념을 중심으로 이루어지고 있다. 이미 널리 알려진 이 개념은, 그러나 개인화와 네트워크화라는 복합적이고 때로는 상충되는 가치들을 모호하게 포괄하고 있다. 개인화가 해체와 다양화를 의미하는 반면, 네트워크화는 집합과 연결을 의미한다. 그렇다면 문제는 우리가 해체와 재형성이라는 모순적 상황을 어떠한 방식으로 살아가고 있는가 하는 점에 있다. 그 중요한 예로, 한국 사회에서 우리는 개인이 사회에 급속히 부상하는 동시에 사라지는 현상을 경험하고 있다. 디지털화된 익명의 목소리가 우리의 가상적인 사회공간을 "난장"으로 만들고 있지만(이기형, 2004), 현실 제도정치 영역에 대한 대중의 관심과 참여는 감소하고 있다. 예컨대 이동연은 촛불시위와 대통령 선거에서 보여준 디지털 시민의 정치적 역동은 보다 성숙하고 숙의적인 민주 사회의 도래를 예기하는 듯했지만, 이후 진행된 사회적 보수화 및 개인주의와 소비주의 팽배 현상은 젊은 세대의 탈정치화 경향을 보여준다고 지적한다(이동연, 2003). "감성적 연대 의식"의 발로에 지나지 않는 것이었기에, 청년 세대의 연대적 역량은 현실적 위기를 겪고 있다는 것이다. 이러한 디지털 세대의 퇴행 현상은 개인성과 집단성의 가치가 정치, 경제, 문화 영역들에서 불균등하게 성장한 결과라고 지적된다(홍성민, 2003). 1980년대를 지배했던 계급적 집단성이 문화적 개인성으로 해체되고 있을 뿐 아니라, 신자유주의가 진전됨에 따라 우리 사회는 "강한 국가, 약한 시민사회" 상태로부터 "강한 시장, 약한 시민사회"의 상태로 이행하고 있다는 진단이 내려지기도 한다(김호기, 2002). 이제 한국 사회를 경제적 자본 관계에 의거한 계급적 관점에서만 이해하는 것이 더 이상 불가능하고 적절치도 않으며, 문화적 정체성과 문화자본의 배분 관계에 천착하는 것이 필요하다고 논자들은 주장한다.

이 비판적 견해들을 관통하는 공통적인 문제의식은 우리의 디지털 생활세계에서 '문화 영역-정치 영역' '소비사회-시민사회' 그리고 '개인성-사회적 집합성' 간의 관계가 급속하게 변화하고 있다는 점에 있다. 그리고 이러한 변화에 직면해 개인과 공동체, 사적 영역과 공적 영역, 문화와 정치와 시장의 관계에 대한 새로운 이해가 요청된다. 이러한 문제의식에 동감하며, 이 글에서는 디지털 미디어 테크놀로지가 오늘날 우리 사회에서 커뮤니케이션의 구조로 형성되고, 문화로 경험되며, 인간의 상호소통 작용을 통해 실천되고 재현되는 방식을 살펴보고자 한다. 간단히 말해 디지털 미디어 테크놀로지를 현실사회의 관계 속에 "역사화"하려는 것이다(Uricchio, 2004).

이 문제에 체계적으로 접근하기 위해 갓베드의 "사이버 사회의 실재" 모델을 활용하고자 한다. 그는 "사회적 현실"을 "구조-문화-상호작용"의 삼각형 모델로 개념화한 부드로와 뉴먼의 이론을 적용한 사이버 사회의 "구조-문화-상호작용"의 삼각형 모델을 설명하고 있다(Gotved, 2006). 여기서 '구조'는 사회적 현실이 안정적으로 조직된 질서를 가리킨다. '문화'는 사회적 현실에서 형성되는 가치, 감정, 의미를 가리킨다.

〈그림 1〉 디지털 사회적 실재의 삼각형

문화

구조

디지털 사회의
실재

상호작용

문화는 구조에 비해 유동적이고 암묵적인 지속성을 지니며, 서로 다른 문화들끼리 충돌하는 속성이 있다. 사회적 '상호작용'은 사람들의 밀고 당기는 관계와 작용의 흐름이라고 할 수 있다. 이는 사회적 구조와 문화를 유발하고 변화시키는 직접적인 행위 요소다(같은 글). 한편 갓베드가 사용한 '사이버'라는 개념은 본래적으로 컴퓨터로 매개된 상징 활동을 통해 구성된 "정보의 공간"(Featherstone & Burrows, 1995, pp. 2~3)이 자 "텍스트 중심적"인 공간(Holmes, 1997, p. 234)을 지칭한다. 이에 비해 이 글의 목적은 디지털이 '구조'적으로 형성되고 인간의 사회적 '상호작용'을 통해 '문화'적인 형태로 경험·공유되는 방식과 그 의미를 이해하는 것에 있는 만큼, '사이버' 사회적 실재 모델을 '디지털' 사회적 실재 모델로 확대해 사용하고자 한다(〈그림 1〉 참조). 이후의 절들에서는 디지털 구조의 형성, 즉 '구조화,' 디지털 '문화,' 그리고 디지털 '상호작용' 의 문제를 각각 논의하겠다.

2. 디지털의 사회적 구조화

장대한 미디어 역사에 비하면 디지털 테크놀로지는 지극히 신생 미디어다. 그렇기 때문에 디지털 미디어가 구조화되는 과정을 역사적인 관점에서 이해하려는 노력이 더욱 유의미할 수 있다. 디지털 미디어의 구조화 문제는 미디어 영역의 내적 관계와 외적 관계로 나누어 검토할 수 있다.

우선 미디어 내적 관계의 관점에서 볼 때, 미디어 테크놀로지로서 디지털이 결코 갑자기 단독적인 발명품으로 등장한 것이 아니라는 사실은 이미 볼터와 그루신의 재매개 이론을 통해서 명쾌하게 설명된 바 있다. 이들이 제시한 미디어 계보학인 재매개 이론에 따르면, 하나의 미디엄은 다른 미디엄들과의 중첩을 통해 미디어 역사로의 등장과 소멸을 거듭한다. 미디어는 "지속적으로 서로에 대해 이야기하고 서로를 재생산하고 서로를 대체"한다. 미디어가 미디어가 되고 미디어로서 기능하기 위해선 "서로를 필요로 한다"(Bolter & Grusin, 1999). 이러한 재매개 이론에 비추어 볼 때, 디지털 미디어 역시 기존의 각종 미디어와 텍스트를 인용·변형·혼합하는 과정에서 자신의 미디어적 정체성을 구축한다. 에버렛은 디지털 체계에서 진행되는 재매개적 속성을 "디지텍스트성digitextuality"이라고 부른다(Everett, 2003). 디지텍스트성은 기존의 텔레비전, 영화 등 전자 영상 매체들이 각각 지니고 있던 감각(텔레비전의 경우 '흘끗 보기,' 영화의 경우 '응시')과 육체적 행위(텔레비전의 경우 리모콘으로 지핑zipping 또는 재핑zapping하기, 영화의 경우 육체는 극장 환경 내에 고착시키고 시선은 스크린에 고정시키기)가 컴퓨터 모니터 '보기'와 마우스 '클릭'의 행위로 통합되어 나타난 상호텍스트적 산물이다. 그리고 디지털 미디어의 혼종적 관계 속에서는 단지 현실의 재현이 아니라 '과잉현실overreal'의 창출이 일어난다.

한편 기술적으로 동일한 미디엄들이라 할지라도, 그것들이 반드시 동일한 사회적 정체성을 확보하게 되는 것은 아니다. 미디어의 실질적 정체성은 특정한 사회적·역사적·문화적 관계와 담론의 질서 속에서 고유하며 구체적으로 형성되는 것이다. 푸코의 고고학적 방법론의 영향을 다분히 받은 "(다양한 미디어라는 의미에서의) 멀티-미디어의 고고학"은 "멀티-미디어와 지식, 멀티-미디어와 권력" 간의 관계에 대해 질문하고, 형성·기록·보관·확산·소멸되는 미디어 실천 역사 및 진행 상황을 관찰하며, 그 역학을 담론적으로 구성하는 것을 목적으로 한다(Chun, 2006). 이는 미디어의 역사성 자체를 지식과 권력의 '네트워크' 속에서 구성한다(Elsaesser, 2006). 이러한 고고학적 접근은 다양한 미디엄들의 탄생과 소멸을 물질적/담론적, 기술적/정치적, 산업적/문화적 권력구조와 실천 관계 속에서 파악함으로써, 이 중 어느 한 차원에 편향되었을 때 발생할 수 있는 단순화의 오류를 극복할 수 있도록 돕는다. 예를 들어 시각을 기계로 매개한 사진 테크놀로지의 등장으로부터 20세기 영화와 방송의 발전, 그리고 디지털 테크놀로지에 이르기까지, 시각 미디어의 역사는 현대성의 형성이라는 역사적 맥락 속에서 해석될 수 있다.

이러한 현대 영상 미디어들은 도시화, 산업화, 세계대전과 같은 현대적 "위기"와 "몰락"의 경험을 생생하게 지각하고, 이미지로 재현하고, 의미를 부여하려는 사회적 필요와 욕구로부터 탄생한 것으로 볼 수 있다(Doane, 2002). 예를 들어 사진 테크놀로지는 파편적이지만 매혹적인 근대적 세계의 이미지를 '포착'하려는 사회적 욕망으로부터 기인했다. 영화는 사진의 한계, 즉 이미지의 즉시성과 단편성의 문제를 편집 기술 개발을 통해 해결할 수 있었다. 편집에 의해 단편적인 이미지들이 연속적으로 연결되고 연동됨으로써 통합된 내러티브 구조로 조직될 수 있었다. 영화에 이어 등장한 텔레비전은 각종 시청각적 정보를 '흐름'으로 배열하는 기술, 즉 편성의 효과를 활용한다. 편성은 극도로 파편화된 현대사회의 이미지들을 일관된 흐름의 질서로 배열·결합해 통합된 세계상을 그려내기를 꿈꾸는 기술이다. 파편화된 세계에 의미를 부여하고자 하는 욕구는 디지털 미디어 환경에서 더욱 강렬하게 일어나고 있다. 인터넷과 모바일 커뮤니케이션의 궁극적 지향점이라 할 수 있는 '현실real'에 대한 집착(실시간real time을 추구하는 광고 슬로건들!)은, 과거 어느 시대보다도 변화무쌍한 디지털의 시공간 질서를 생생하고 직접적으로 경험하고 그 의미를 공유하고자 하는 우리의 본질적인 커뮤니케이션 욕망을 드러낸다.

이처럼 디지털 구조화란 미디어 테크놀로지의 계보학, 담론적이고 물질적인 사회적 실천들, 그리고 개인-집단-사회의 경험, 사고, 느낌을 아우르는 문화적 실천들과의 관계 속에서 이루어진다. 한국 사회의 경우 인터넷을 중심으로 한 가상세계는 이 파편화된 생활세계를 모사simulation의 형태로 체험할 수 있는 공간으로 기능했다. 박승관은 한국 사회가 식민화와 정치적 억압 체제를 겪으면서 개인적이고 집단적인 커뮤니케이션 효능과 감수성이 상실·왜곡되는 "사회적 커뮤니케이션 세계의 기형화" 상황에 있음을 적시한 바 있다(박승관, 1994, pp. 169~77). 공적인 영역이 지나치게 팽배했으되 정당한 권위를 확보하지 못했기에, 개인은 사회의 공론장으로부터 소외되는 동시에 그에 대해 냉소적이거나 적대적인 태도를 지니게 된다. 이러한 해석에 의거할 때, 1990년대 사회의 민주화와 더불어 급진전된 디지털화는 과거에 하지 못했던 사회적 경험을 동시다발적으로 실험, 수행할 수 있는 "모사"의 공간(Baudrillard, 1981)을 창출했다. 인터넷 토론방은 공론장의 '모사'로서, 인터넷 동호회는 근대적 공동체의 '모사'로서, 한국 사회에 부재했던 사회적 근대화의 경험을 사이버 형태로 재매개하고 있다. 한편 2000년대 초반 20대를 중심으로 불어닥친 싸이월드 열풍은 카페와 동호회 같은 가상적 공동체를 개인 단위의 네트워크로 재구성했다(권상희·우지수, 2005; 김경희·배진아, 2006). 싸이월드의 미니홈피와 블로그 같은 개인 미디어는 복잡한 사회관계 속에 다중적으로 절합된 탈근대적 개인의 모사라고 할 수 있다. 개인 미디어의 유행 현상은 현실적인 인간관계를 회복하고 강화하려는 공동체적 희구가 자기중심적인 네트워크를 재현하는 행위로 우회되어 추구되고 있음을 알려준다(김영주, 2006; 김예란, 2004). 이때 친밀성은 한국 사회에 결핍되거나 왜곡된 시민사회적 덕목—합리적이고 비판적인 시민성—을 보완하거나 대리 수행하는 사회 소통의 원리로 작동하고 있다.

이처럼 하나의 미디엄은 기술 내적인 역사와 사회적인 관계를 구조화하며, 그 과정에서 특수한 역사적 정체성을 획득하게 된다. 이것을 미디어의 '사회적' 재매개라 할 수 있을 것이다. 그 기술적 차원과 함께 보다 중요하게는 그 사회적 차원을 감안할 때만이, 미디어의 재매개가 역사에 현존했던 실재적인 요소들은 물론 사회가 결핍하고 상실했던 가치적 요소들까지도 상상적 혹은 가상적으로 구성하고 재현한다는 역설적인 사실을 이해할 수 있다.

3. 디지털 '문화'

디지털 문화에 대한 이해는 공적 세계/일상생활, 생산/소비, 노동/여가, 공공 영역/사적 영역, 이성/감정, 비판적 논리/쾌락 등의 근대적인 이분법적 구조가 해체되는 사회적 변화와 연관된다(Convoy, 2007). 이러한 사회적 변화에 대한 시각을 적어도 두 가지 입장으로 나누어 살펴볼 수 있다. 그 논쟁의 축은 '주권국가 시민성의 약화/소비문화의 지구적 파급, 공론장의 붕괴/틈새시장의 번성, 저널리즘의 대중적 발전/인포테인먼트infortainment의 성장, 능동적 이용자의 활성화/탈정치적 대중의 양산'으로 요약되는데, 각 쌍에서 전자를 지지하는 시각은 낙관론에, 후자를 지지하는 시각은 비관론에 가깝다.

낙관론의 전제는 아날로그 문화 조건에서 '사물화된' 문화상품이 '소비'의 대상이었다면, 디지털 문화 조건에서는 '흐름'으로서 정보가 '이용'된다는 점이다. 즉 매스미디어 체제에서 인위적으로 부여되었던 생산과 소비, 대상과 체험의 구분이 디지털 체제에서 해체되고 있다는 것이다. 포스터에 의하면 이 변화는 상품의 생산 및 노동 질서 중심으로 형성된 "모더니티"로부터 상품 소비의 다양화와 일상화가 진행된 "포스트모더니티"를 거쳐, 마침내 소비자가 생산자가 되는 "포스트 포스트 모더니티"로 이행하고 있음을 의미한다(Poster, 2004). "포스트 포스트 모던 사회"의 주체는 창의적인 정보 이용자들이다. 포스터는 이들이 과거 소수의 저자들이 지녔던 권력 및 이를 지원해주는 방식으로 작동했던 산업적·제도적·법적 장치에 대해 유의미한 도전력을 발휘하게 될 것이라고 예측한다.[1]

한편 디지털 문화 조건에 대해 비판적인 시각에서는, 첫째로 대중의 능력에 지나친 기대를 거는 낙관론은 자유주의의 오류를 낳을 수 있으며, 둘째로 외면적으로 평등하고 민주적인 디지털 질서가 오히려 사회적 차이를 유지 혹은 심화한다고 주장한다. 우선 자유주의의 오류란, 개인 소비자의 역할과 능력이 강조되는 나머지, 사회 공공 영역에서 추진되어야 할 정보 문화의 복지 수준은 오히려 퇴행할 수 있다는 사실이다. 개인의 자유로운 참여와 실천 능력에 따라 알아서 행동하고 행동한 만큼 챙겨가는 "DIY 추수주의"에선 "공론장"은 사라지고 "틈새시장"만 번성하리라는 경고도 주어진다(Aufderheide, 1998). 차이에 대한 인식은 디지털 격차가 기술에의 접근-해석-평가-재생산의 전 차원에서 악화되고 있다는 점에 근거한다. 그럼에도 불구하고 신자유주의에 근거한 시장주의적 접근은 시민의 커뮤니케이션 가능성을 민주적으로 향상시키기보다는 개인의 역량과 의지에 맡겨버리는 오류를 범한다. 이런 점에서 디지털 미디어 환경에서 문화적 시민성 계발과 정보 자원의 민주적 분배를 위한 공공 교육 및 사회적 책임은 더욱 중요해진다(Livingstone, 2004).

나는 낙관론과 비관론의 이분법적 대립의 틀을 벗어나서, 디지털 실천과 규율의 관계를 문화적 관계의 관점에서 이해하고자 한다. 정치적이고 경제적인 모순 관계가 사회적으로 정당화되는 것은, 그 모순이 문화적인 가치로서 환원되어 개인들로 하여금 자발적으로 수용·수행하도록 "상징권력"이 작동하기 때문이다(Bourdieu, 1991). 디지털 문화의 구별구조와 관련된 인식은 디지털 문화 질서가 기성의 경제적·사회적·

---

1) 예를 들어 광고를 피하기 위해 텔레비전 채널을 재핑하는 행위, 편성 질서로부터 이탈하기 위한 프로그램 녹화 및 감상 행위, 그리고 포스터가 언급하지는 않았지만 오늘날 인터넷에서 활발하게 진행되는 P2P 및 콘텐츠 다운로드 행위도 이에 속할 것이다.

문화자본의 분배 질서로부터 완전히 자유롭지 않다는 점을 전제로 한다. 부르디외의 '장 이론'의 관점에서 이루어진 디지털 소비 양식에 대한 경험적 연구들은 디지털 문화자본의 사회적 분배 및 소비 양식이 이미 존재하는 계급 및 젠더 질서에 상응하는 방식으로 현실화되고 있음을 시사한다(이호영·박현주·음수연, 2005; 장미혜, 2002). 특히 '경제적 자본의 문화자본으로의 전화'가 급속하게 진행되는 한국 사회에서 '디지털 아비투스'의 계급적 성격에 대한 이해는 보다 면밀한 분석과 해석을 필요로 한다.[2] 오늘날 후기 자본주의적 소비문화가 전 지구적으로 팽창하는 상황에서 부르디외의 이론이 여전히 유효한지에 대해서는 논쟁이 계속되고 있지만(Hesmondhalgh, 2006; van Eijck & Oosterhout, 2005), 이상길이 지적했듯 "'대량 배포 권력'이 빚어내는 수용의 대량화와 문화적 위계의 — 무화까지는 아니더라도 — 완화 내지 다양화"에 직면한 상황에서, "관계 중심주의 방법론"으로서 부르디외의 장 이론은 분명히 "수용의 분화와 복잡성"을 이해할 수 있는 중요한 시각을 제공한다(이상길, 2006, pp. 95~96). 여기에 나의 의견을 덧붙인다면, 단지 수용의 분화뿐 아니라 생산부터 유통, 수용, 재생산에 이르기까지 대중의 다방향적 참여가 촉진되는 디지털 문화 환경에서, 개인의 소비뿐 아니라 자발적인 생산과 발화의 형식으로 구현되는 취향의 질서를 비판적으로 이해하기 위해서는 '관계 중심주의 방법론'으로서 부르디외의 장 이론이 여전히 더욱 중요한 적합성을 지니리라 생각된다.

디지털 문화의 장에서 개인 이용자의 참여 행위와 문화적 구별 질서

---

2) 나는 "디지털 아비투스=장(현실의 경제적·사회적·문화적 자본)+인간의 디지털 미디어 수행"으로 정의한 바 있다. 자세한 논의는 김예란(2005) 참조.

〈표 1〉 디지털 개인 미디어의 이용 유형

개인 미디어에 대한 태도 \ 유형	전문가적 글쓰기	대중적 글쓰기
정보 이용 측면	공유	사적 소유
사회적 측면	집합적 지식 추구 및 사회적 발언	개인적 네트워크를 통한 친교 활동
매체 기술적 측면	기술에 대한 전문 지식과 미학적 인식을 갖춤	서비스의 상품적 가치와 장식적 차원에 관심
문화산업적 측면	전문 블로그	주류 포털 사이트나 미니홈피 서비스
가치	독창적 저자	재미와 오락의 제공
정체성	전문적 생비자 prosumer: professional producer and consumer	대중적 생비자 prosumer: popular producer and consumer

의 관계를 인터넷 글쓰기 사례를 통해 검토해본다. 특히 개인 미디어인 블로그와 미니홈피에 주목해, 대중 저자들의 재현 스타일과 가치체계를 〈표 1〉과 같이 구분할 수 있다. 〈표 1〉에서 '전문가적 글쓰기'와 '대중적 글쓰기'라는 유형은 개인이 자신의 인터넷 글쓰기에 대해 스스로 서술한 내용을 바탕으로 구분한 것이다. 이 글쓰기 유형의 비교는 단순화의 위험은 있으나, 인터넷이라는 동일한 기술적 조건에서 글쓰기의 실천을 통해 수행되는 문화적 구별 체계의 단면을 보여준다.

　우선 매체 기술적 차원에서 볼 때 전문가적 글쓰기 유형은 주로 전문적 블로그 브랜드를 이용하거나 독립적으로 개척한다. 기술에 대해 전문적인 지식을 가지고 있는 경우가 많고, 첨단 기술에 대한 공학적 관심까지는 아닐지라도 형식적 차원으로서 블로그 미디어의 미학적인 가치를 이해하고 새로운 기술적 가능성을 자율적으로 탐색하는 경향을 보인다. 사회적 목표에 있어서, 개인적 친교를 추구하는 대신 적극적으로 정보를 구하거나 전달하고, 비평·논설 등의 글쓰기를 통해 사회적 발언을 하고자 한다. 정보 이용 차원에서는 인터넷의 상업화에 비판적이기 때문에, 글쓴이의 지적소유권을 중시하되 비상업적인 형태로 공개하는 방식을 선택하는 등 공유주의적 가치를 존중한다.

이에 비해 대중적 글쓰기 유형은 친교적 가치를 중시한다. 따라서 이미 네트워크가 대규모로 구성되어 광범위한 접속과 이용이 편리한 주류 포털 사이트나 싸이월드와 같은 대중적 미디어 서비스를 선호한다. 또한 미디어 자체에 대한 미학적 관심보다는 개별 사이트의 외양에서 드러나는 장식적 가치를 중시한다. 이들은 대중적 인기를 중요시하기 때문에 인기 검색어, 인기 동영상 등의 콘텐츠를 자신의 블로그나 미니홈피에 옮겨 담거나 반대로 누군가 자신의 것을 퍼가도록 하여 사람들로부터 주목받게 되는 것을 환영한다. 이러한 대중성을 선호하는 태도는 공유의 가치에 대한 존중심보다는 콘텐츠의 사적 소유 욕구 및 자신의 홍보 욕망으로부터 기인하는 듯하다. 예를 들어 가장 대중적인 개인 미디어 형태라 할 수 있는 싸이월드에서 '퍼감'의 문화가 성행했는데, 이것은 원저자의 허락을 받은 것일 수도 있지만 그에 못지않게 익명의 모방과 복사의 행위인 경우가 허다했다.

반면 전문적 생비자, 예컨대 유명 블로거는 자신이 직접 작성한 텍스트를 올리는 것을 원칙으로 한다. 타인의 것을 소개할 경우 트랙백 등의 방식을 통해 원저자를 밝히는 경우가 대부분이다. 자신이 제공하는 정보와 주장에 대해 투명하고 믿을 만한 근거를 함께 제시함으로써 커뮤니케이션 윤리를 스스로 지키고자 한다(Singer, 2007). 전문가적 유형에서는 저자의 독창성이 중시되지만, 대중적 유형에서는 낯익은 것에 대한 편안한 즐거움이 환영받는다. 요약하자면 커뮤니케이션 관점에서 볼 때 전문가적 유형에서는 저자의 지적 자율성, 의미의 진정성, 메시지의 정보성, 메시지 형식의 미학적 가치가 중시된다. 한편 대중적 유형에서는 수용자의 반응과 태도 및 커뮤니케이션의 친교적 기능이 중시된다. 결론적으로 누구나 인터넷 공간에서 생산자와 소비자가 될 수 있지만, 전문적 생비자prosumer의 위치와 대중적 생비자의 위치가 주체의 자발적인 실천과 사회적 잣대에 의해 구별된다.[3]

인터넷 글쓰기에서 나타나는 전문가적 유형과 대중적 유형의 차이는 마치 고급예술적 가치와 대중 미학적 가치의 그것과 유사하다(Bourdieu, 1984). 대중 미학에서는 일상생활의 차원과 예술의 차원이 구분되지 않은 채 대상의 수용이 즉각적인 쾌락과 만족을 낳고, 이것이 현실적이고 실용적인 가치로 연결된다. 한편 고급예술적 취향에서는 미적 향유를 위한 거리 두기가 유지된다. 숙고와 사색을 통해 도달하는 초월적 숭고미가 중시된다.

이러한 위계적 미적 질서가 대중의 디지털 실천 과정에서 자발적으로 구현된다는 사실은 매우 흥미롭다. 이는 개인이 현실사회에서 의식적 혹은 무의식적으로 체득한 아비투스가 디지털 환경으로 연장되고 있

---

3) 이와 유사한 해석이 트라멜과 케슐라슈빌리에 의해 시사되었다(Trammell & Keshelashvili, 2005). A급 블로거들의 특성을 분별해낸 이들의 연구는 일반 대중들에게 인정받는 유명 블로거일수록 전문적인 지식을 효과적으로 드러내고, 커뮤니케이션 윤리를 충실히 지키며, 멀티미디어적인 시각적 장치보다는 내용과 의미 중심적인 텍스트 구성에 노력을 기울인다는 점을 보여주었다.

음을 시사한다. 더욱이 부르디외가 일상의 문화적 논리에서 주목한 (종종 비의도적이고 자연화된) '체득'의 원리가 디지털 글쓰기의 공간에서는 개인의 주체적이고 의식적인 상징 활동으로서 실천되고 표현되고 있다. 아비투스가 소비뿐 아니라 생산-유통-소비 영역을 아우르는 디지털 문화적 취향의 구별 질서로서 실천되고 실재하는 것이다. 이렇게 본다면 인터넷은 현실사회의 경제적·상징적 자본 분배의 질서로부터 상대적인 자율성을 지니지만, 동시에 기성의 상징권력으로부터 완전히 자유롭지는 않다. 아날로그적 상징권력은 디지털 상징권력으로 재매개·재생산되고 있다.

4. 디지털 사회의 '상호작용'

'소비자'의 '이용자적' 역할, 나아가 '생산자적' 역할을 강조하는 수용자의 능동성 담론이 비단 디지털 시대에 시작된 것은 아니다. 이미 책의 독자는 저자에 대해 도전적이고 위협적인 의미 해석자, 나아가 의미 창출가로서 인식되었다. 바르트에 따르면 텍스트란 "작품"과 달리 애초부터 혼자서는 온전하게 존재할 수 없다(바르트, 1997). 텍스트는 본질적으로 독자와의 관계 속에서 존재하는 것이다. 그리고 그 관계는 격렬한 "전쟁"에 비유된다. 독자는 텍스트를 조각내고 뒤튼다. 그리고 이데올로기적 상투어들로 구성된 언어의 세계는 독자에 의해 읽히는 동안 파열된다(같은 책, pp. 31~35). 독자와 텍스트 간의 전쟁이 책 읽기의 환희를 낳고, 이 과정에서 의미는 우리에게 돌발적으로 "단번에" 다가온다(같은 책, p. 57). 한편 드 세르토에게 있어 소비란 곧 "행하는 것"이다(de

Certeau, 1984). 주어진 것을 '이용'하는 것은, 전략적으로 조직된 권력을 획책하고 조롱하는 행위로서, 약한 소비자들이 힘센 생산자에 대응하기 위해 벌이는 '일상'의 '전술'이다. 그렇다면 '읽기'는 '쓰기'의 형식으로 작동하는 상징적 권력 질서에 대한 독자의 대응 '행위'다. 독자는 읽기를 통해 텍스트를 앞서거나 그로부터 숨으면서, 또 공격하거나 장난치면서 텍스트가 의도하지 않은 다른 길들을 열어나간다. 눈동자의 지면 위 움직임을 통해 독자의 육체가 어느덧 텍스트-권력으로부터 해방되고, 마침내 텍스트가 지정하지 않은 다른 어떤 곳으로 옮겨가는, "대담한 오류"가 일어나는 것이다. 독자는 텍스트가 애초에 설정했던 공간 질서를 훼손하는 이탈적 읽기 행위를 통해 텍스트가 의도하지 않은 "무언가를 발명해"낸다(같은 책). 여기서 독자의 능동성은 권력의 담지체인 텍스트에 대해 이탈적 혹은 해체적 변화를 일으키는 의미적 행위에서 찾아진다.

바르트의 텍스트 이론과 드 세르토의 일상의 실천 이론은 문화연구의 수용자 연구 분야에 적극 도입되었다. 문화연구 관점에서의 많은 수용자 연구들은 스튜어트 홀의 "인코딩encoding-디코딩decoding 모델"(Hall, 1980)에 기초하되, 자본주의 체제 내의 매스미디어 기업과 그 산물의 이데올로기적 기능을 전제로 하고, 이에 능동적으로 대응하는 의미 해독가로서의 수용자의 역할에 주목했다. 여기서 수용자의 능동성은 텍스트에 내재된 지배 이데올로기에 대해 선호적, 교섭적, 대립적인 의미를 생성해내는 다의적 해석의 가능성으로 평가된다. 몰리는 "우리가 읽는 과정을 통해서 비로소 그 텍스트는 의미에 도달한다"(Morley, 1992, p. 27)고 말한다.

한편 오늘날 디지털 미디어 담론에서 능동성의 축은 '수용자'의 의미 '해독적' 기능으로부터 '이용자'의 '생산과 창출' 기능으로 옮겨가는 경향을 보인다. 이러한 변화를 '내러티브론narratology'으로부터 '놀이론 ludology'으로의 이행에서 볼 수 있다. 내러티브론의 수용자가 의미 해독과 의미 생성의 주체로 이해된다면, 놀이론의 이용자는 게임 공간에서 정보처리 과정을 통해 규칙을 습득하고 활용해서 마침내 새로운 세계를 구성하는 '형성적configurative' 주체로 간주된다. 놀이론의 입장에서 올셋은 저자 혹은 대리적 저자를 중심으로 하는 "내러티브 문학의 시학" 개념을 폐기 처분하고, 컴퓨터의 조합과 모사의 잠재력을 도구로 활용하는 컴퓨터-생성적인 문학 장르 개념으로서 "에르고딕 문학 ergodic literature" 개념을 채택할 것을 제안한다(Aarseth, 1997). 에르고딕 문학은 "텍스트를 가로질러 의미의 궤적들을 만들어나가는 노동"을 독자에게 요구하는 텍스트다. 항상 생성 과정 중이므로, 에르고딕 문학에는 저자 혹은 대리적 저자 개념이 아예 적용되지 않는다. 대신 이용자들의 "즉흥과 자유로운 놀이를 통한 대화적 형식"이 존재할 뿐이다(같은 책, p. 141). 에르고딕 문학은 컴퓨터를 문학의 생성 도구로 활용하면서 본격적으로 발전했지만, (우리가 이미 바르트의 논의에서 확인했듯) 근본적으로는 모든 텍스트 읽기는 독자와 상호작용적이라는 점에서 올셋의 에르고딕 문학 개념에 포함된다. 예를 들어 에르고딕 문학의 특징을 가장 잘 보여주는 하위 범주는 "사이버 텍스트"다. 사이버 텍스트는 다양한 표현과 의미를 창출하는 "기계"로서, "역동적 텍스트"의 커뮤니케이션적 전략에 가깝다. "닫힌 텍스트"의 독자가 축구 경기에서 응원하는 관중과 같다면(관중은 관람과 응원을 통해 경기의 분위기에 개입할 수 있지만, 경기 자체에 직접 영향을 줄 수는 없다), 사이버 텍스트의 독자는 의미적 성찰보다는 "내러티브 통제"에 관심을 둔다. "나는 이 텍스트가 나의 이야기를 하길 원해. 이 텍스트는 나 없이는 존재할 수 없어"라고 믿으며 그 텍스트에 대해 "무엇인가 하는" 독자인 것이다. 이로써 "사이버 텍스트의 독자는 놀이꾼, 도박꾼이고 사이버 텍스트는 게임-세계 또는 세계-게임"이다(같은 책, p. 4).

내러티브론과 놀이론에 대한 정교한 검토는 이 글의 범위를 벗어난다. 그러나 텍스트와 독자/이용자는 늘 상호작용을 하며 그 정도와 방식은 미디어마다 다양하다는 점, 그리고 디지털 미디어에서는 의미 차원의 해독보다 행위 차원의 형성적 효과가 더욱 강조되고 있다는 점을 이해할 수 있다. 더불어 우리는 디지털 텍스트와의 형성적 상호작용이 반드시 이용자의 자유와 성공을 보증하지는 않으며(예를 들어 하이퍼텍스트에서 길을 잃은 경우에 겪게 되는 피곤과 절망을 상기해보자), 반드시 보다 밝은 지식의 상태로 이끌지는 않는다는(무지한 이용자들이 잘못된 정보를 교환하며 우왕좌왕하는 것보다 전문적인 저자가 준비해준 이정표를 따라가는 것이 보다 정확하고 효율적일 수 있다) 비판적 지적 역시 무시할 수 없다. 결론적으로 디지털 상호작용에 대한 논쟁의 중심은 독자=이용자가 (텍스트로부터 주어진 길을 벗어나거나 가로지르며) 새로운 '의미'의 궤적을 만들어나가는 '행위'가 어떠한 사회적 결과와 함의를 만들어내는가라는 문제의식에 있다. 그렇다면 의미와 행위, 읽기와 이용, 내러티브와 놀이, 텍스트와 공간은 결코 서로 분리될 수 없다. 요컨대 '읽기'를 통해 생성된 '의미'의 현실 '형성적' 역할, 그리고 '놀이'라는 '행위'가 지니는 사회적 '의미'는 유기적으로 상호 접합되어 있다.

이렇듯 의미/행위, 내러티브/놀이의 유기적인 관계 속에서 새로운 놀이자의 위치 및 역할이 상정될 수 있다. 내러티브론의 관점에서 지배 이데올로기에 대립적인 의미를 해독/생산하는 독창적(저항적)인 독자가 정의되었던 것과 마찬가지로, 놀이론 관점에서는 텍스트의 수행 과정에서 대립적인 행위를 수행해 지배적 사회질서에 비판적인 의미를 창출하는 독창적(저항적) 놀이꾼을 상정할 수 있다. 특히 현실의 게임화와 게임의 현실화가 중첩적으로 진행되는 상황에서 현실을 게임처럼 즐기는 경험이 가능한 것처럼, 게임의 놀이를 통해 현실을 비판적으로 (가상)체험하는 일이 가능하다. 몰스럽에 따르면, 전쟁, 도시 설계, 국가 건설을 소재로 하는 시뮬레이션 게임은 놀이자들로 하여금 현실의 지배적 권력구조를 실제로 체험할 수 있는 기회를 제공한다(Moulthrop, 2004). 따라서 현실의 위장성과 게임의 현실성이 교차·역전된다. 매스미디어가 현실의 지배적인 질서를 게임 못지않게 화려한 스펙터클의 기표 속에 은밀히 숨기며 투명성을 가장하는 것과 반대로, 게임은 현실의 질서와 규칙을 적나라하게 드러낼 뿐 아니라 사람들이 직접 그 규칙을 집행해볼 수 있는 기회를 부여한다. 우선 놀이자는 규칙 수행 및 활용을 통해 새로운 세계를 만들어나가는 즐거움을 얻을 것이다. 나아가 이 게임의 즐거움이 현 사회질서에 대한 저항적인 즐거움으로 발전할 수도 있다. 놀이자가 게임 과정에서 게임의 소재가 되는 현실적 문제들(전쟁, 노동, 복지, 여가, 소비 등)을 진지하게 숙고하면서, 보통 때는 당연시했던 현실사회의 질서와 규칙을 비판적으로 성찰하고 대안적인 규칙과 실천의 가능성을 상상할 수 있기 때문이다. 이때 게임의 가상공간은 현실사회에서 자연화된 권력의 구조와 질서를 비판적으로 경험하고 대안적인 실천을 시도하는, 지극히 현실 정치적인 공간으로 변용될 수 있다.

그렇다면 디지털 이용 행위가 현실 비판적인 의미를 지니고 수행되는 것이 가능한가? 적어도 이론적인 차원에서는, 다의적 읽기를 중심으로 하는 해독 모델을 "다가치적인 하기polyvalent doing"의 행위 모델로 발전

<표 2> 통제 알레고리의 비교

	깊은 알레고리	통제 알레고리
상징적 미디어	영화	비디오게임
정치적 표현	계급투쟁	정보적 통제
해석	읽기	프로세싱
대응 행위	타자적 말하기	타자적 행동하기

출처: Galloway(2006), p. 106.

시킬 수 있다(Galloway, 2006). 갤러웨이는 20세기 매스미디어 체제의
지배적인 재현 장치(영화)와 21세기 정보 테크놀로지 체제의 지배적인
행위 프로그램(비디오게임)의 비교를 통해, 통제와 저항의 형식이 〈표
2〉와 같이 나타난다고 설명한다. 즉 깊은 알레고리deep allegory에서 자본
주의 지배 이데올로기의 재현 체제에 대한 상징적 저항이 가능하다면,
통제 알레고리control allegory에서는 정보 통제권력에 대한 행위적 저항이
가능하다. '타자적 말하기Other-speak'와 '타자적 행동하기Other-act'가 그
에 해당한다.

　디지털 놀이가 비판적 문화 실천으로 성장할 수 있는 가능성을 여전
히 열어두면서도, 현재 디지털 이용자에 관한 지배적인 담론이 지니는
문제점을 지적할 수 있겠다. 첫째는 의미 차원과 분리된 행위 중심적 논
리, 보다 정확히 말하자면 기술산업적으로 구성되고 조직된 행위 논리
에 의존한다는 점이다. 아울러 텍스트에 대한 교전적 상호성보다는 소
비적 활용성이 강조된다. 해독 모델이 의미적 저항성을 독자의 능동성
으로 간주하는 것에 비해, 디지털 놀이 문화에서 능동성이란 주어진
조건에 잘 적응하고 질서를 응용하여 그 체제를 보다 풍부하게 구성하

는 산물을 생산하는 기술로서 중시되는 것이 일반적이다. 또한 대중의 문화 실천이 (드 세르토의 의미에서) '일상'에서 체득된 자연스러운 '전술'로서 강조되었다면, 디지털 이용은 주어진 자원에 적극적으로 투자하고 효율적으로 운영하기 위한 의도적 '전략'에 가깝다. 더불어 자신의 기술을 대중에게 적절한 방식으로 알리고 인정받기 위한 일련의 전시 및 홍보 기술까지도 겸비한다면 더욱 환영받을 것이다.

둘째, 디지털 소비자 혹은 생비자 담론은 대체로 시장 모델에 근거한다. 김성기는 십여 년 전 문화연구의 대중과 수용자에 대한 지나친 강조가 자칫 대중의 소비 역량을 찬미하는 포퓰리즘으로 오도될 위험이 있음을 지적한 바 있다(김성기, 1997). 그의 논지를 오늘날의 상황에 적용한다면, 오락 추구에 적극적인 대중의 과도한 능동성을 무조건적으로 환영하는 태도는 디지털 포퓰리즘에 빠질 위험이 있다. 문제의 핵심은 문화 시장/문화정치, 생산적 소비자/산만한 시민dispersed citizen 사이의 간극에 있다(Couldry, 2004). 이 간극을 좁히기 위해 소비적 능동성에 치중하는 디지털 소비 시장 모델을 넘어서 사회 구성원들이 공존·공유하는 삶의 공간에 대한 대안적 전망이 요청된다.

5. 디지털과 정체성 형성

지금까지 살펴본 것처럼 디지털 사회의 실재를 검토함으로써 던질 수 있는 마지막 질문은 이것이다. 이러한 디지털 구조와 문화, 인간의 사회적 상호작용을 통해 형성되는 디지털 주체란 누구인가? 디지털 주체의 문제는 느슨하게 나누어보더라도, 물적 차원에서 미디어 소유 및 이

용의 사사화私事化(김신동, 2001), 사회적 차원에서 개인 중심의 정서적·
기능적 네트워크 형성, 정치적 차원에서 자율적 주체와 규범권력의 관
계(Katz & Aakhus, 2002; Myerson, 2001), 문화적 차원에서 모바일 테
크놀로지의 주관적·공동체적 전유(이동후·김예란, 2006; Sterne, 2006;
Ito 외, 2005)의 문제들과 관련되어 있다. 그리고 이와 관련된 무수한 논
의들의 핵심에는 과연 사람들은 디지털 사회를 어떻게 살아가고 있는
가, 그녀/그가 디지털의 일상에서 어떠한 인간으로 스스로를 형성하고
또 형성되고 있는가에 대한, 즉 주체성에 관한 인식이 자리 잡고 있다.

　흥미로운 점은 오늘날 디지털 대중이 이렇듯 복잡한 관계와 작동의
상당 부분을 극히 개인적인 미디어인 휴대폰을 통해 일상에서 자연스
럽게 실천하고 있다는 것이다. 이렇게 본다면 디지털 모바일 기기는 단
지 소통의 도구만이 아니다. 개별적 차원에서 볼 때 개인은 모바일 기기
를 통해 자신에 대한 정보와 지식을 기록/삭제, 소통/침묵, 공개/비밀,
회상/망각하는 기술을 발휘함으로써 개인의 삶을 구성하고 개인의 역
사를 기억하며 재현한다. 이로써 우리는 디지털 모바일의 개인 내러티
브를 구성한다. 주체의 자아의 기술로서 글쓰기가 고전적인 양식이었
다면(Foucault, 1988), 이 또한 디지털로 재매개되는 과정에 있다. 또한
사회적 차원에서 볼 때 이렇게 무수한 시공간에서 다양하게 구성된 개
인 내러티브들이 디지털 커뮤니케이션 채널을 통해 사회적으로 접합하
고 매개된다. 이들이 씨실과 날실로 직조되어 당대 디지털 미디어의 일
상사의 중요한 부분을 형성하고 있다. 디지털 체제에서 개인이 새로운
방식으로 자기 기록을 직접 작성하고 남기고 표현하고 소통하게 되면서
현대 일상사의 적극적인 구성자로 활동할 수 있는 조건이 형성된 것이
다. 이로써 개인이 자기 역사 내러티브와 사회적 역사 내러티브의 저자

로서 활동할 수 있는 가능성이 대폭 확대된다.

디지털을 통한 대중의 자아 형성 작업을 보여주는 대표적인 사례로서 '셀카' 문화를 들 수 있다. 셀카란 자기 얼굴을 카메라로 찍어 이미지로 구성하는 행위를 가리키는 셀프카메라self-camera의 약자인데, 주지하다시피 이미 일상적인 용어로 대중화되었다. 셀카는 개인이 스스로를 이미지 생산·소비·보관의 주체이자 대상으로 만드는 주관적 영상 이벤트다. 셀카를 우연적으로 결합된 시공간에서 개인이 스스로를 시각적으로 대상화하고, 이미지로 변형하고 공정하여, 보관 또는 전시하는 일련의 영상적 실천 과정으로 정의하고, 그 특징을 미디어 역사의 내적 관점과 사회적 관점에서 살펴보겠다.

우선 미디어 역사의 내적 관점에서 살펴보면, 셀카는 기존의 자기 반영적 이미지 형태와 여러 의미에서 차별적이다(김예란, 2006). 모니터에 비친 이미지를 통해 자신을 인지한다는 점에서 라캉의 거울단계 경험과 흡사하지만, 거울단계 경험이 통합적이고 완벽한 자신의 이미지를 상상하는 것이라면, 셀카는 분열된 육체의 파편화된 모습(대체로 얼굴)을 경험한다(자신을 향해 카메라 렌즈를 들이대기 위해 뻗친 팔과 휘어진 손의 실체는, 웃고 있는 얼굴의 클로즈업 이미지와 탈구되고 분리된다). 셀카를 초상화나 인물 사진 관습과 비교할 때 인물의 모습을 재현한다는 점에서는 공통적이지만, 초상화나 인물 사진 대부분이 다른 사람의 손을 부분적으로라도 거치며 완성되는 것에 비해 셀카의 제작·소유 작업 대부분은 개인 단독적으로 진행된다는 점이 다르다. 매스미디어를 통해 제시된 배우 이미지와 자신을 동일시하는 체험과도 차이가 있다. 미디어 이벤트는 대규모 조직에 의해 객관적이고 보편적으로 '제공'되는 것이지만, 셀카 이벤트는 개인이 '지금-여기'에서 주관적으로 벌이

는 이벤트다. 한편 셀카는 "몰입, 감정이입, 행위주체성, 변형"을 구성
요소로 하는 디지털 가상체험virtual reality과도 비교된다(박명진·이범준,
2004). 자신을 가상적 관계로 대상화한다는 점은 같지만, 복잡한 첨단
기술 장비를 필요로 하므로 일상과 분리된 특별한 공간에서 행해지는
가상체험과 달리, 셀카는 지극히 일상적인 시공간에서 순간적으로 벌
어지는 이벤트다. 사람들의 접촉과 시선에 적나라하게 노출되는 현실의
한복판에서 셀카 이벤트는 일어나는 것이다.

　　통합적인 자아에 대한 이상과 분열된 육체, 객관적 시공간 질서와 주
관적 우발성의 충돌, 현실감각과 몰입이 서로 침투하고 융합한다는 점
에서, 셀카는 현실/가상, 육체/이미지, 주체/시공간의 상호 관통 체험
이다(Hansen, 2003). 셀카의 행위자는 주체이자 객체가 된다. 셀카 실
천은 이런 점에서, 현실의 시공간을 자기중심적으로 재구축하고 현실
과 가상의 경계를 이동할 수 있는 모바일 주체의 자기 정체성 형성-분
투 과정이다.

　　다음으로 사회적 관점에서 볼 때, 셀카 행위의 주체와 대상은 자기
반영적인 관계에 있다. 셀카 이벤트의 주체는 휴대폰 모니터에 잡힌 자
기 이미지에 몰입하게 된다. '몰입immersion'은 감각적이고 육체적인 체험
이라는 점에서 다의적인 텍스트와 교섭하는 '상호interactive'작용과 구별
된다. 몰입은 자기 동일시나 투사를 통해 주어진 가상세계에 선택의 여
지 없이 즉각적으로 빠져드는 행위다(Ryan, 2001). 또한 셀카의 시공간
성과 관련하여, 주체는 이벤트의 시공간과 우발적이고 즉흥적인 관계
를 지닌다. 우연적으로 결합된 시공간에서 즉흥적으로 자신의 이미지
를 포착하고 제작하기 때문이다. 나아가 우연적인 시공간성을 일시적이
지만 자기중심적으로 구성하는 실험이 벌어진다. 셀카 텍스트와 관련

하여, 셀카 이미지 생산-제작-전시-소유는 자기 순환적 과정 속에서 이루어진다. 즉, 셀카의 주체는 자신의 이미지를 보철물인 휴대폰에 투입하고 보존한다. 셀카 이미지는 이벤트가 완료된 후 적절한 보정 작업을 거쳐 컴퓨터의 디지털 앨범에 저장되거나, 미니홈피나 블로그 등의 웹사이트에 업로드되거나, 인화되어 종이 앨범에 보관됨으로써, 개인의 자기 내러티브의 아카이브로 남게 된다. 각 단계의 개인적 선택과 결정에는 물론 의도적이든 습관적이든 사회적으로 형성되고 작동하는 미적·윤리적 가치가 개입한다.

이처럼 개인이 자신과 맺는 관계, 자신의 육체와 이미지의 관계, 자신의 이미지의 사회적 존재 및 재현 양식을 통제하고 실천함으로써 자신의 진실을 추구하는 일인, 셀카의 실천은 푸코의 의미에서 "자아의 기술technologies of the self"이라고 할 수 있다(Foucault, 1988). 자아의 기술의 실천 양식이 디지털의 멀티 감각과 멀티미디어의 방식으로 재매개된 것이다. 일련의 셀카 과정을 통해 개인은 이미지의 창출 주체, 대상, 소유자, 관리자로서 주체성을 형성한다. 셀카는 디지털 생활세계의 파편화된 (그리고 파편화된 부분들이 중첩적으로 접합하며 복합성이 더해지는) 시공간에서 통합적 자아를 추구하는 디지털 주체의 욕망과 실천의 양태를 표상한다.

그러나 주체/시공간, 현실/가상, 육체/이미지의 상호 관통이 개인의 자유의지에 따라 자연스럽고 편하게 진행되는 것만은 아니다. 우선 개인의 주관적 시공간이 미디어 산업 중심적으로 재편된다. 예를 들어 소통의 시대에 접속되지 않은 시간은 개인적 고립과 지루함의 표상이 된다(Adorno, 1991). 디지털 미디어 체제에서 프로그램이 작동하는 시간은 "좋은 시간"이지만 멈추어 있는 시간은 "죽은 시간"이다(Juul, 2004).

타인과 소통하지 않는 개인 시간은 "틈새시장"으로 규정되며 산업적 개발 대상 자원으로 활용되고 있다(이재현, 2004). 우리가 흔히 말하는 "시간 죽이기" 행위가 구체적인 모바일 프로그램 상품과 서비스의 형태로 개발되어 제공되고 있다(김예란, 2006). 우리는 디지털 모바일 기기를 이용하여 가능한 한 편리하고 재미있게 시간을 '죽이기' 위한 기술을 습득하고 애용한다. 이 과정에서 속도와 즉시성이 누적과 회생의 흐름으로서의 시간성을 대신하고, 기기에 대한 접촉의 감각이 사회적 소통의 가치를 대신하며, 미디어의 첨단성이 소통의 질과 깊이의 가치를 대체하는 결과가 빚어진다. 에버렛이 포착하듯이, 오늘날 첨단 휴대폰의 미학이 "클릭"으로 상징되고 "터치"로 묘사되는 것처럼, 과잉의 육체적 감각이 사회적 소통의 "원격물신telefetish"으로 발동된다(Everett, 2003; Hillis, 2006).

이렇게 디지털 모바일 테크놀로지의 발전에 힘입어 대중이 일상적으로 생산해낸 무수한 이미지들이 인터넷을 통해 엄청난 양과 속도로 전시·유통되고 있다. 미니홈피나 블로그에 자신의 사진을 올리거나, 자신이 제작한 영상물을 인터넷에 올려 유통시키는 이용자 제작 콘텐츠 User-Created-Content(이하 UCC)가 대표적인 예다.[4] UCC는 보통 사람들이 일상에서 제작하고 전시하는 "놀이-노동" 문화로 간주된다(이희은, 2007). UCC의 놀이-노동은 대중의 디지털 문화 생산 및 향유의 감수성과 역량을 계발시킬 수 있는 잠재력을 지니지만, 동시에 주류 인터넷

---

4) 지금껏 대중들이 인터넷에 '올린' 수많은 콘텐츠(댓글, 덧글, 토론방의 논쟁들)가 모두 UCC 라고 할 수 있다. 그 의미를 충분히 인지하되, 여기서는 UCC를 주요 인터넷 기업이 산업적으로 주도하여 마치 새로운 현상인 양 엄청난 양과 속도로 확산되고 있는 동영상 UCC 현상으로 한정하여 사용했다.

미디어 산업의 "전략"에 따라 문화산업 질서로 편입되고 있다(임정수, 2007). 따라서 육체적이고 즉발적인 재미 요소가 두드러지는 '대중문화적' 속성과, 그것을 일정한 산업적 질서로 선택·조직·전시하는 대중문화의 '산업적' 속성이 교묘하게 결합되어 UCC 문화의 양면성을 이루고 있다.

우선 대중문화적 양상으로서 UCC의 내용은 마치 초기 영화가 그러했듯(Ellis, 1985) '볼거리'로서의 영상이 주류를 차지한다. 복잡한 내러티브나 심오한 의미보다는 개인의 육체적 퍼포먼스를 스펙터클화한다. 문자 중심적인 엘리트 문화와 달리 육체적 감각과 기교의 미학이 중시된다. 또한 기술적 형식에 있어 UCC에서 주로 사용되는 변형, 패러디, 혼합의 양식은 윌리엄 미첼이 디지털 영상의 특징으로 꼽았던, 디지털 영상의 재생산과 조작 가능성을 이용한 "전자적 브리콜라주"의 일종이다(Mitchell, 1992). 마지막으로 UCC는 생산자와 수용자의 관계를 대중생산자의 입장에서 새롭게 재구축한다. 화이트는 인터넷을 매개로 하는 대중적 시각 문화에서는 기성 매스미디어 체제와 달리, 개인 생산자가 이미지의 재현과 전시에 대한 통제권을 가진다고 주장한다(White, 2006). 매스미디어의 주류적 영상물이 위장된 리얼리즘 미학을 전시하여 관객들의 이데올로기적인 통합을 추구한다면, 웹을 통해 이루어지는 미디어 아트는 의도적인 "결함의 미학aesthetics of failure"을 표출함으로써 (생산자의) 재현 행위와 (관객의) 응시 사이에 분열과 각축이 드러나는 관계를 구성한다는 것이다. 따라서 UCC는 매스미디어에 의해 획일적으로 관리되는 생산자와 관객의 관계를 극복하고, 역동적이고 민주적인 생산과 향유의 쌍방적 경험을 가능하게 한다.

한편으로 대중문화산업의 관점에서 볼 때, UCC의 대부분은 새로운 영상 언어를 실험하고 독창적인 영상 미학을 시도하기보다는 아마추어적인 대중문화 취향을 재생산하는 경향이 크다. 많은 UCC의 영상 논리가 상업 텔레비전의 오락 프로그램 포맷을 모방하고 있다. 관객 앞의 무대에서 쇼를 벌이는 식의 공간구조, 특정한 방향으로 해석을 유도하고 웃음을 자아내기 위해 오락 프로그램의 자막 넣기 수법을 그대로 따라 하는 양식, 인기 개그쇼를 모방한 토크쇼 형식 등, 상업 방송의 포맷이 대중의 생산물인 UCC에서 모사된다. UCC 작품들이 선택·조직·전시되는 방식 역시 기성의 대규모 문화산업 논리로부터 자유롭지 않다. 스타 만들기 전략, 클릭 수에 의거한 순위 매기기 방식은 매스미디어 산업의 산술화된 평가 원리와 유사하다. 이렇게 본다면 대중이 생산하고 참여하는 인터넷 디지털 영상문화란, 20세기를 지배했던 전자적 매스미디어 중심으로 펼쳐지는 이미지 세계인 "비디오스페르videosphere"의 연장으로 볼 수도 있다(Debray, 1995).

마지막으로 이용자의 자발적인 참여를 찬미하는 담론이 폭증하는 상황에서 'UCC'의 사회적 소통 가능성에 대해 근본적인 질문을 던질 수 있다. 과연 각 개인이 만들어 올리는 이 콘텐츠를 과연 누군가 보고 "듣고는 있는가?"(Potter, 2006) UCC란 개인들 간의 "상호작용interactivity"이 아니라 단지 개인이 각자 벌이는, "상호 대응의 모양새를 띠는 개별 행위interactive-style action"에 불과한 것은 아닌가?(Stallabrass, 2003). 대중의 문화 생산에 대한 열정과 수고가 사회적으로 소통되는 대신 인터넷 포털 사이트의 빈구석을 메우고 산업적 욕구를 충족시키는 부속품으로 활용·악용되고 있는 것은 아닌가? 개인적 능동성이 자기 순환적인 회로에 머물거나 대중문화산업 질서에 편입되지 않고 사회적 능동성으로 연결되어 실천될 수 있을까?

요컨대 디지털 인터랙티브 테크놀로지의 발전에 힘입어 대중이 문화 생산에 참여하고 대중 미학이 활성화될 수 있는 가능성은 대폭 확장되었다. 그러나 이에 못지않게 기성의 문화산업 질서가 디지털의 형태로 재매개되어 한층 강화된다. 오늘날 디지털 주체 형성이란 보다 발전한 물적 조건과 보다 정교해지는 정보 관리 체계 속에서 주체 자율적인 미학적 성찰성을 발휘하고, 나아가 타인이나 사회와 조화롭게 소통할 수 있는 언어, 채널, 미디어를 계발해야 하는, 매우 힘든 실천적 노력을 필요조건으로 하고 있다.

6. 개인적 단절인가, 사회적 소통인가

지금까지 디지털 재매개 환경에서 개인과 사회, 문화와 정치, 시민과 소비자의 경계가 재구성되는 상황에서, 자유주의적이고 시장 중심적인 디지털 체제를 넘어서 새로운 양식의 디지털 사회적 '실재'를 모색하고자 했다. 디지털 구조화에 있어서 디지털의 역사화, 디지털 문화에 있어서 생산, 유통, 소비를 아우르며 대중에 의해 자발적으로 실천되는 문화적 구별 질서의 문제, 디지털 상호작용과 관련하여 의미 해독과 놀이적 행위가 비판적인 문화 실천으로 구현될 수 있는 가능성을 모색했다. 마지막으로 이러한 디지털 사회에서, 디지털 미디어가 자아의 기술로의 매개적 도구로서 접합되는 방식과 의미를 검토했다.

현재 개인주의적 소비문화가 과잉 발전하고 있으며, 이는 주로 문화산업 권력을 통해 조직되고 있다. 이처럼 개인과 시장의 결합이 강화되는 상황에서 '공론 영역'은 공동화空洞化되고 있다. 여기서 공론 영역은 제도정치적인 영역에 한정되지 않는다. 공론 영역을 원형 탁자에 비유한 아렌트는 "공적"이란 "세계가 우리 모두에게 공동의 것"임을 의미한다고 말한다(아렌트, 1996). 공론 영역은 사람들 "사이"에 존재하면서 ──"모든 사이in-between"가 그러하듯이 ── 서로를 분리하고 보호하며 "우리"로 연결하는 역할을 한다. 개인의 "활동적 삶vita activa"이 정치적 의미를 획득하기 위해서는, 개인의 활동이 사적 영역에서 향유될 수 있을 뿐 아니라 공론의 영역에서 공유될 수 있어야 한다. 이런 점에서 활동의 "정치적 의미"는 활동적 삶의 활동 중에서 어떤 것은 공론 영역에 드러나고 어떤 것은 사적 영역에 숨겨져야 하는가를 결정하는 판단 기준과 연관되어 있다(같은 책, pp. 131~32).

개인의 행위성을 강조하는 디지털 환경에서, 우리가 상실하고 있는 것은 아렌트적 의미에서의 '공론 영역'과 거기서 벌어질 수 있는 개인의 '활동'에 대한 정치적 전망이다. 오늘날 지배적인 디지털 산업 질서는 사회 공유적인 소통의 채널을 결핍한 채, 상업적인 원리에 따른 개인성과 대중성의 거친 결합으로 나타나기 때문이다. 공론 영역이 취약하기에 개인은 "활동" 대신 생산과 소비의 "노동"에 매몰된다(같은 책). 사적인 영역에서 개인성을 과도하게 창출하고 전시하지만, 공공의 영역에서는 보편적이고 획일적인 문화산업 질서에 몸을 맡기는 이중적 질서를 살아간다. 개인은 사회와 지속적으로 접속되어 있는 듯하지만 고립과 통합, 개별화와 획일화의 모순적 관계를 동시에 체험하고 있다. 오늘날 디지털 미디어는 나와 너, 개인과 집단, 우리와 그들, 즉 동일성과 차이가 "적절한 거리proper distance"로 만날 수 있는 사회적 "인터페이스"를 구성하는 데 그리 성공적이지 못한 듯하다(Silverstone, 2004).

정치와 일상, 제도와 문화, 정보와 오락, 시민사회와 시장의 경계가 광범하게 동요되고 해체되는 상황에서, 공공의 공간을 전통적인 의미에서의 정치적 공론장과 시민사회의 영역으로 한정시키는 것은 더 이상 적절하지 않다. 전통적인 정치 이론이 "이성/감정, 분석/경험, 지식/쾌락, 정보/오락"의 이분법을 전제로 했던 것에 반해, 탈근대 시대의 시민성 혹은 "시민성 하기doing citizenship"란 문화적으로 "형성"되는 것이므로(Dahlgren, 2006). 또한 다양한 지점에서 다양한 방식으로 형성된 "시민성의 문화"의 사회적 실천이 사회적 커뮤니케이션의 궁극적인 지향이라면, 디지털 미디어는 이러한 "공공의 연결"의 형성에 중요한 매개적 도구가 될 수 있고, 또 그렇게 되어야 한다는 것이다(Couldry, 2006; Couldry, Livingstone & Markham, 2007). 이 제안에 동의한다면, 디지털 상호작용을 생산과 소비의 경제 논리로 환원시키는 "생비 prosumption" 모델을 넘어서 사회적·문화적 능동성을 아우르는 "참여 participation"와 "개입engagement"에 대한 전망으로 전환할 수 있겠다. 개인과 사회가 디지털 미디어를 통해 참여와 개입의 관계로 '연결'될 때, 비로소 개인과 사회의 디지털 정체성이 성숙될 수 있다.

이에 개인의 소비적 행위의 모델을 사회의 소통적 활동의 모델로 전환할 필요가 있다. 서두에 제시했던 디지털 사회의 실재 모델과 연관지어 말한다면, 개인의 소통 활동이 자유롭게 발현되는 '구조'가 사회적으로 보장되고, 인간의 자유로운 '상호작용'을 통해 '문화'로서 공유·수행되고, 이러한 실천이 다시 사회적 소통과 '공공의 연결'로서 구조화되는 식의 유기적인 순환이 활성화되어야 할 것이다.

5장
'스마트'에 대한 성찰:
장치를 넘어 주체의 윤리학으로

1. 문화로서의 '스마트'

이 글은 '스마트smart'라는 용어로 지칭되는 오늘날의 미디어 환경과 체험을 이론화하려는 관심에서 출발했다. 나와 동시대인이 다양한 방식으로 살아가고 있는 '스마트'라고 명명된 "사회적 세계"(Schutz, 1967), 그리고 그 안에서의 우리의 체험에 대한 이해를 도모한다. 지구적으로 급성장하는 디지털-네트워크-컨버전스 환경에 대해 다양한 견해와 평가가 제시되었고, 그들의 입장을 정리하려는 시도도 다각도로 이루어졌다. 대략 그 유형을 크게 구분해본다면 "기술의 결정력/사회적 구성력, 구조의 조건성/대중의 실천력, 산업자본주의의 종말과 새로운 발전/자본주의 질서의 연속과 모순의 심화"에 대해 논쟁이 성립하며, 이에 대해 긍정론과 비판론의 입장들이 노정되어왔다(Fuchs, 2011; Hamilton & Heflin, 2011).[1]

그런데 이러한 이론적 유형화가 지니는 간결성과 명료성의 미덕에 동의하면서도, 뚜렷하게 도식화된 이론들로는 답하기 어려운 문제 영역이 있음을 발견하게 된다. 그것은 입장들의 사분면 사이에 존재하는 경계, 중첩, 교차의 영역이다. 예를 들어 소수 대기업이 주도하는 디지털 자본주의의 구조적 모순을 몸소 체험하면서도 그 기업이 제작 판매하는 디지털 상품에 열광하는 소비자, 사이버 활동에 대한 통제와 감시의 권력을 알면서도 해당 서비스를 스스럼없이 이용하는 시민, 초국적 기업이 상품 서비스로 제공한 네트워크를 활용하여 급진적 정치 변동을 이끌어내고자 하는 시민운동 행위들은 사분면으로 깔끔하게 구별되는 이론들의 지형에서는 설명되기 어렵다. 정치와 자본의 권력 작용, 대중의 소비 욕망, 시민의 정치의식과 사회 참여라는 상충적 요인들이 복합적으로 교차하고 연동하는 사회적 복잡성을 어떻게 이해해야 할까? 이러한 물음들에 바탕을 두어, 이 글은 '스마트'라는 이름으로 작동하고 있는 기술-자본-담론의 구조적 특성을 분석하고, 그 조건에서 추진되는 '스마트 주체'의 형성 논리와 의미를 문화적 관점에서 탐구한다.

그런데 상품 광고나 미래지향적인 담론의 풍부함과는 달리, 실상 우리 삶의 방식으로 완전히 들어와 무르익었다고는 하기 어려운 '첨단' 기술 상품인 '스마트'를 체험의 문화로서 연구한다는 것이 가능한 일일까? 더군다나 그 정확한 의미, 즉 "삶의 방식"으로서의 문화(Williams, 1978)라는 의미에서 볼 때, 스마트는 아직 문화로서 무르익지 않은 것으로 판단되는 상황에서 말이다. 따라서 이 글은 스마트 체제smart

---

1) 예를 들어 해밀턴과 헤플린은 디지털 네트워크 문화에 대한 기존 이론들의 입장을 1) 기술결정론, 2) 사회구성론, 3) 문화적 대중주의, 4) 진보적 비판론으로 구분하고 있다(Hamilton & Heflin, 2011).

regime에 관해 일종의 "징후적"(Caldwell, 2004) 독해를 시도한다. 즉 실질적인 삶의 방식으로 체화되었다고 말하긴 이르지만, 그리고 그 실현 여부나 방식에 대해서도 예견하기 어렵지만, 당대인의 사회적 상상으로서 현존하고 나아가 그 상상을 실현하기 위한 자본, 기술, 지식의 복잡한 권력 작용들이 동원되고 발동하여 사회적 효과를 창출하는 관계와 상호작용의 과정으로 스마트 체제를 해석한다. 즉 '스마트'에 대한 징후적 독해란 스마트 체제를 실증적으로 분석하는 대신, 그 힘의 관계 속에서 형성되는 현상 및 그 의미를 밝히는 작업이다. 이때 '스마트'란 경험적 대상이 아니라 현실 구축과 미래적 상상을 추동하는 형성적 힘과 실천으로서 유의미하다.

새로운 미디어 환경을 이론화하기 위해, 스마트라는 개념을 물질적 혹은 담론적으로 구성하는 가장 넓은 범위의 개념으로서 제시한 '스마트 체제'는 최근 '스마트'라는 이름으로 형성된 정책적·제도적·산업적·기술적·문화적 요소 및 그들의 관계, 그리고 이들이 실행되는 작동 방식 및 그 효과를 아우르는 전체를 의미한다. 어원적으로 14세기 이래 '영리하고 민첩하며 능동적임'을 뜻하는 단어였던 '스마트'에 '지능에 의해 조정되어 작동하는 기구'(예를 들어 '스마트 폭탄')라는 의미가 덧붙은 것은 1972년경으로 알려져 있다.[2] 이후 휴대폰의 발전 과정에서 '스마트'의 흔적들을 찾아볼 수 있지만, 무엇이 최초의 스마트폰이었는가에 대해서는 합의가 이루어진 바 없다. 혹자는 IBM이 제작한 거대하고 값비싼 기계인 '사이먼 퍼스널 커뮤니케이터Simon Personal Communicator'를

---

2) "Online Etymology Dictionary"를 참고(http://www.etymonline.com/index.php?allowed_in_frame=0&search=smart&searchmode=none; 2012. 2. 12 접속).

첫 스마트폰이라고 보는가 하면, 누군가는 2002년 출시됐던 이메일 기능이 부가된 블랙베리를 스마트폰의 전신으로 보기도 한다. 스마트폰이 본격화한 것은 주지하다시피 2007년 아이폰의 탄생을 기점으로 한다. 2007년 1월 맥월드 컨퍼런스에서 지금은 고인이 된 스티브 잡스가 "아이팟, 휴대폰, PDA"가 합쳐져 "마술처럼 작동하는" 새로운 전화인 아이폰의 탄생을 발표했고, 그 직후부터 마니아들에 의해 "구세주의 폰Jesus Phone"이라는 신격화된 별칭이 붙을 정도로 기존의 디지털 환경에 '스마트'가 도입되도록 하는 전격적인 변화를 낳았다(Campbell & La Pastina, 2010). 이후 애플리케이션과 인터넷 접속이 가능한 휴대폰이라는 의미의 '스마트폰'은 기술 발전과 상품 혁신에 대한 자본주의적 열망, 대중의 호기심과 소비 욕망, 마니아들의 정열과 팬덤, 광고와 홍보의 담론적 효과 등의 사회적 요소들과 효율적으로 접합하며, 거의 모든 기술 상품에 상징적으로 또한 실질적으로 덧붙여졌다. 주지하다시피 오늘날 디지털 관련 기술력과 경제력을 둘러싼 경쟁은 때로는 국가주의의 신념을 좇아, 때로는 지구적 협력이라는 슬로건 아래, 스마트 시장을 주도하거나 적어도 그로부터 뒤처지지 않기 위한 노력으로 점점 치열해지고 있다.

보다 구체적으로 스마트TV는 이러한 스마트의 물결이 20세기를 대표하는 매스미디어인 텔레비전과 만나 만들어진 산물이라고 말할 수 있다. 스마트TV의 기원은 2008년 등장한 야후Yahoo의 위젯TVWidget TV로 추정되며, 2009년 1월 소비가전제품쇼Consumer Electronics Show: CES에서 삼성, 소니 등이 위젯TV를 선보이면서 그 영역이 점차 부상했다. 애플리케이션과 인터넷의 기능이 탑재된 이 새로운 성격의 텔레비전에 대해 관심과 투자가 본격화된 것은 구글이 2010년 5월 20일 '구글 개발자 회의'에서 소니, 인텔 등의 주요 미디어 및 서비스 업체와 협력하여 '구글 TV'의 탄생을 예고하면서부터다(강홍렬 외, 2011). 이후 "70년 텔레비전 역사의 변혁을 꿈꾼다"(Robert, 2011)라는 식의 다소 과장된 표현이 나올 정도로, 구글TV의 등장은 기존의 텔레비전 산업 지형에 커다란 영향을 미치게 된다. 국가와 기업의 이해관계에 따라 커넥티드TVConnected TV, 스마트TV 등 다양한 명칭을 단 상품들이 경쟁적으로 개발되면서, 오늘날 우리가 목도하고 있듯이 새로운 텔레비전들의 만화경이 화려하게 펼쳐지고 있다. 신자유주의적 지구화 체제에서 물적 자본과 기술, 그리고 진보와 혁신에 대한 욕망과 필요가 융합 또는 파열하며 현재의 스마트 체제가 구성 중이다.

이 글은 스마트 기술의 역사를 기술하는 것을 의도하지 않는다. 대신 '스마트'라는 기술적 표현이 사회적 실재로 현실화되고, 사회적 풍경을 이루며, 인간의 몸과 정신에 투입되어 주체성으로 구성되는 논리를 해명하고자 한다. 이런 점에서 스마트 체제는 여느 체제에 대한 사회학적 이해가 일반적으로 그러하듯이 '구조' 차원과 그것을 구체적으로 발현하는 인간의 '실천' 차원으로 구분하여 접근할 수 있다. 나는 '스마트 구조'의 차원을 살아 있는 존재 혹은 삶에 대해 물리적이거나 상징적인 효과를 창출해내는 힘으로서 '장치'의 관점에서 해석하고, 이어 그에 대한 인간의 체험인 '스마트 실천'의 차원을 '자기에의 배려'라는 윤리의 관점에서 탐문할 것이다.

광범위한 스마트 체제가 현실적으로 진행되는 방식은 스마트를 구성하는 하위 영역마다 다르게 나타난다. 상이한 구조로 행위자와 자본의 배치가 이루어지고, 이질적인 방식으로 그 힘들이 작용하기 때문이다. 따라서 스마트 체제의 한 구조적 단면에 대한 실질적인 이해를 위해서는 구체적인 분석 대상을 획정하는 작업이 불가피하다. 이런 점에서 이 글은 스마트 체제를 대별하는 "문화적 형식cultural form"(Williams, 1974)으로서 스마트TV 영역을 구체적인 분석 대상으로 취한다. 스마트 기기 중에서 가장 광범한 영향력을 지니는 것은 물론 스마트폰이다. 그럼에도 스마트TV에 주목하는 이유는, 우선 기술적·산업적으로 다수의 스마트 기기들 중에서도 스마트TV는 20세기 전자미디어(대표적으로 전통적인 텔레비전 미디어)로부터 발전해온 영상 스크린과 21세기 디지털 미디어 환경에서 새롭게 등장한 인터넷이 "재매개"(Bolter & Grusin, 1999)된 대표적 실체이기 때문이다. 또한 사회적으로 볼 때 스마트TV는 20세기 가족 단위의 전자미디어 전통과 21세기 개인화된 디지털 네트워크 문화라는 대별적인 큰 축들이 융합된 대표적 미디어다. 이리하여 스마트폰이 대인 커뮤니케이션의 전통이 재매개된 성격을 지닌다면, 스마트TV는 방송이라는 매스미디어 전통이 재매개된 최신 혼종물이라고 볼 수 있다. 스마트TV 영역은 전통적인 대인 커뮤니케이션 영역이 포괄하지 않는 흐름, 즉 콘텐츠 제작, 유통, 소비와 관련한 미디어 산업 변동의 흐름과 직접적으로 연관된다. 따라서 20세기의 매스미디어 산업이 스마트 체제와 어떠한 충돌 또는 융합의 관계를 맺어가는지와 같은 거시적 물음을 다루기 위해서는, 스마트TV가 유용하며 적절한 분석 대상으로 판단된다.

또한 이렇듯 스마트 체제에 관하여 스마트TV를 구체적인 대상으로 특정화하는 논의 방식을 취함으로써, 두 가지 상호 연관된 이론적 효과를 기대할 수 있다. 한편으로는 '스마트'라는 용어가 명시하듯이, 현재 가속화되는 미디어 환경의 변화를 고려함으로써 신생 미디어 문화에 대한 현실적 이해를 도모한다는 점이다. 다른 한편으로는 전통적인 전자미디어인 '텔레비전'이 상징하듯이, 영상 스크린의 역사를 중요하게 고려함으로써 나날이 탄생하는 뉴미디어와 그에 대한 신조어 유행이 자칫 빠지기 쉬운 탈맥락화의 오류를 극복할 수 있다. 이처럼 스마트TV라는 구체적 대상에 중심을 두어 자본과 기술의 속성과 작동 방식에 대한 구조적 이해를 도모한 후, 이어지는 후반부에서는 스마트 사회의 문제가 다루어진다. 스마트 환경에서 생성되거나 변화하는 인간의 모습과 주체성을 설명하기 위해, 논의의 폭을 스마트 체제 전반으로 확장할 것이다.

스마트 체제를 1) 구조적 차원에서의 장치와 2) 실천적 차원에서의 주체의 윤리학이라는 두 가지 관점에서 상호 연관적으로 접근하기 위해, 이 글은 다음과 같이 구성된다. 우선 장치와 자기에의 배려의 윤리학에 관해 이론적으로 탐색한다. 이어 장치로서 스마트TV의 1) 산업적·기술적 계보학, 2) 미학적·문화적 계보학을 분석한다. 그리고 스마트TV의 경험, 특히 감각적 체험을 주목하는 사회적·문화적 해석을 통해 스마트 주체의 문제를 탐구할 것이다.

2. 이론적 방법론: 장치와 주체의 윤리학

1) 장치로서의 스마트

미디어가 인간에게 일정한 이념적·훈육적 효과를 미친다는 생각은 전혀 새로운 것이 아니다. 비판이론가인 아도르노는 텔레비전이 시청자들로 하여금 현실 안위주의에 젖게 하는 심리적 효과를 창출한다고 주장했다(Adorno, 1991). 반대로 매클루언은 미디어가 의미적("미디어는 메시지다"; McLuhan, 1964), 감각적("미디어는 마사지다"; McLuhan & Fiore, 1967)으로 인간을 확장하는 효과를 발휘한다고 설파했다. 미디어가 수용자에게 미치는 영향력을 측정하려는 미디어 효과 연구 분야에서의 치열한 열정과 노력의 전통이 실증하듯이(강남준·김은미, 2011), 그 방향과 정도에 대한 입장은 다양하지만, 미디어를 인간의 감각, 몸, 정신에 영향을 가하는 힘으로서 이해하는 견해는 어느 정도 일반화되어 있다.

미디어가 인간에게 미치는 힘에 대한 다양한 입장들이 있었지만, 이 글은 미디어를 '장치dispositif'로 개념화함으로써, 그것의 담론적·물질적 권력 작용이 인간 주체 및 그의 생life과 맺는 상호적 관계와 작용을 이해하고자 한다. 미디어를 장치로 설명하는 접근은 구조주의적 시각에서 이미 오래전부터 있어왔다. 알튀세르는 그의 유명한 "이데올로기적 국가 기구" 개념에 미디어를 포함시킴으로써, 그것이 단지 현실을 사실적으로 반영하는 것이 아니라 적극적인 이념 작용과 주체 형성의 권력을 발휘한다고 설명했다(Althusser, 1970). 메츠와 그의 후속 연구자들은 "영화 장치cinematic apparatus" 혹은 "시각적 체제scope regime"라는 개념을 통해 이념 효과를 야기하는 자본주의적 기구로서 영화를 설명해 왔다(Stam, Burgoyne & Flitterman-Lewis, 1992). 이 이론들은 미디어가 서구 자본주의의 지배적인 장치(기제, 기구)[3]로서, 사회 구성원들을 자본주의적 주체로 형성하는 강력한 힘을 발휘한다고 본다.

---

3) 프랑스어로 'dispositif,' 영어로는 'apparatus'인 이 용어는 보통 '기제, 기구'라고 번역되어왔는데, 최근 푸코와 아감벤의 이론이 소개되면서 그들의 이론적 맥락에서 '장치'로 번역되는 경향을 보인다.

1980년대 이후 등장한 '장치' 개념은 미디어라는 개별 영역을 넘어서, 사회의 전면에서 복잡하게 작동하는 담론적·물질적 힘의 작용을 포괄적으로 통찰한다. 또한 지배권력이 인간 정신에 작동하는 이념적 효과를 다소 일방적이고 결정론적으로 단언하는 이데올로기론을 경계하며, 대신 현실세계에서 갈등적이고 복합적으로 작동하는 권력들 간의 상호작용과 네트워크에 주목한다. 푸코는 "담론, 제도, 건축 형태, 규제 결정, 법, 행정 조치, 과학적 진술, 철학, 도덕, 박애의 명제들로 이루어진 철저하게 이질적인 집합"을 "장치"라고 규정했다(Foucault, 1980). 장치는 역사적 순간에 전략적 기능을 행하므로 "항상 권력 작용 안에 개입하고, 그것을 일으키는 지식의 경계들에 연관되며 그만큼 그것을 조건"짓는다. 장치는 "지식의 일정한 유형을 지지하고 동시에 그것을 지지하는 전략들의 집합"인 것이다. 이어 아감벤은 『장치란 무엇인가』에서 푸코의 장치 개념을 확장한다(Agamben, 2009). 아감벤에게 "장치란 살아 있는 존재의 몸짓, 행위, 의견, 담론을 어떠한 방식으로든 포획, 정향, 결정, 개입, 모델화, 통제, 안전화하는 역능"이다. 푸코가 감옥, 파놉티콘, 정신병원과 같은 제도적 장치 및 그 폐쇄적인 공간성에 집중했다면, 아감벤은 펜, 휴대폰, 컴퓨터, 내비게이터, 최종적으로는 언어 그 자체에 이르기까지, 모든 물질적·비물질적 능력, 도구, 작동들을 모두 장치라고 본다. 이 관점에서 장치와 연관되는 세 요소가 도출되는데, 첫번째는 살아 있는 존재(또는 물질), 두번째는 장치, 세번째가 이들 사이에 존재하는 주체다. 주체는 살아 있는 존재와 장치 사이의 관계, 그들 간에 끊임없이 벌어지는 쟁투 과정에서 형성된다(같은 책, p. 14).

아감벤은 장치 개념의 확대와 더불어 그 효과에 있어서도 푸코의 이론을 확장시킨다. 아감벤에게 장치는 인간화humanization의 과정을 통제하는 것이다. 즉 장치의 개입과 작동 방식 및 그 효과에 따라 무엇인가가 동물로 남거나 인간으로 승격되는 것이다. 동물은 '~이기being'에 속한다면, 인간은 '~하기doing'를 행하는 존재다. '~이기'의 동물은 수동적인 존재로서 '권태'의 상태에 머물지만, '~하기'의 인간은 지각적 존재로서 세계 형성에 뛰어들 수 있는 가능성을 지닌 '열린' 존재다. 그렇다면 장치는 한 존재가 1) 동물로서 생존하기 혹은 2) 인간으로 행하기의 범주들 중에서 어느 곳에 위치할 것인가를 획정함으로써, 존재의 '주체화subjectification(인간)' 또는 '탈주체화desubjectification(동물)'의 가능성을 결정짓는다. 요컨대 장치는 인간 존재의 행복이라는 윤리적 기획에 개입하고 그 운명을 통제하는 것이다.

아감벤의 장치 이론에서는 권력 작용 역시 역동적이고 복합적으로 발휘된다. 주체의 자발적이고 적극적인 전유와 실천을 통해서, 즉 그 주체의 행위를 통해서 비로소 장치가 발동하고 권력의 효과가 발현되기 때문이다. 이런 점에서 장치의 효과는 억압으로서의 이데올로기 작용이나 훈육 작용과는 구분된다. 이와 유사하게 들뢰즈는 자신의 의지에 따라 자유롭게 활동하며 자신의 욕망을 추구하는 동적인 주체를 생성, 관리, 촉진하는 권력을 "통제"라고 규정한다(Deleuze, 1995). 통제는 주체의 자유와 역동을 촉진하고 유연하게 관리함으로써 그 효과를 발휘하므로, 허위적인 이념권력이나 강압적인 훈육권력과는 상이한 논리를 띤다. 그 주요 사례가 금융, 정보공학이라는 점에서도 알 수 있듯이, 통제는 권능화된 주체를 양성하고 관리하는 일련의 프로그램이다.

'스마트'라는 물질적·담론적 요소를 작동시키고 일정한 효과를 발휘하는 힘들의 집합을 (이데올로기나 훈육보다는) 스마트 '장치'로 보는 입장은 '스마트'라는 이름으로 행해지는 기술, 자본, 정치의 작동들이 적극적·능동적·참여적인 소비자를 구축하고 자극하며 지원하고 있다는 현실적 관찰에 근거한다. 개인주의와 자유경쟁의 원리를 근간으로 삼는 신자유주의 체제에서 '스마트'는 인간의 자유, 진보, 행복이라는 윤리적 가치와 등치된다. 그리하여 개인과 집단, 나아가 한 사회로 하여금 자발적으로 '스마트'를 취득하고 실행하도록 유도하고 요청하는 엄청난 통제력이 작동하게 된다.

2) 스마트 주체의 윤리학

장치와 주체화/탈주체화, 통제 개념은 오늘날 스마트 체제를 이해하는 데 중요한 통찰을 제공한다. 우리가 처한 네트워크 사회에서는 '접속한다, 고로 존재한다'가 의심할 여지 없는 진리로서 신봉되는 듯하다. 접속하지 않은 존재는 그저 주어진 채로 있을 뿐 행하지 않는 동물로 간주된다. 계속 네트워크에 나서고, 검색하고, 정보를 끌어모으는 식으로 자신을 표명할 때만이 '행하는' 인간으로 인정받는다. 이 논리는 콘텐츠 소비 방식의 변화와도 연관된다. 과거 텔레비전 시청자는 주어진 프로그램을 앉아서 받아 보는 게으르고 어리석은 자, 예컨대 '카우치 포테이토'에 비유되었다. 이 동물(혹은 심지어 감자라는 식물!)의 상태는 권태롭고 수동적이다. 스마트 체제에서 우리는 이 상태를 벗어나 능동적으로 행하기를 요구받는다. 원하는 프로그램을 검색하고, 다운로드받고, 또 자신이 좋아하는 콘텐츠를 업로드하고 서로 교환한다. 소셜 미디어를 통해 쉴 새 없이 이야기하고, 타인에게 추천하며, 때로는 자신이 만든 콘텐츠를 네트워크에 띄우기도 한다. 이것이 우리가 찬미하는 능동적으로 행하는 '인간'으로서 이용자의 모습이다. 이런 일에 부지런하고 능숙해야 바람직한 스마트 인간으로 주체화될 수 있다. 반면 이 주체화의 이면에는 통제에 따른 탈주체화의 과정이 자리 잡고 있다. 나의 일거수일투족, 가상 혹은 현실 공간 안에서의 이동 경로, 심지어 내가 좋아하고 싫어하는 것에 관한 문화적 취향이 데이터로 집적되어 디지털 소비자본주의를 운영하는 정보 자원으로 활용된다. 이것은 스마트 인간이 탈주체화되는 단지 하나의 사례에 불과하다. 스마트 체제에서 내가 모든 것을 편리하고 이음새 없이 완벽하게 통제할 수 있다는 것은, 곧 나의 모든 행동이 네트워크에 의해 통제되고 있음을 의미하기 때문이다.

그렇다면 우리는 왜 이렇게 위험한 줄타기, 그 주체화와 탈주체화를 둘러싼 권력 작동에 기꺼이 투신하는 것일까? 더군다나 어느 정도의 양식을 지닌 현대인이라면, 자신이 편리하게 사용하는 네트워크가 국가권력 및 다국적 미디어 기업의 시장 전략에 의해 통제되며, 이용자의 개인 정보가 통치를 위한 도구나 수익 창출을 위한 데이터로 관리·감시되고 상품으로 활용된다는 사실을 알고 있다(이광석, 2012; Cohen, 2008; Fuchs, 2011). 이러한 현실을 고려할 때, 사람들이 네트워크 통제 체제에 시민 또는 소비자로서 자발적으로 참여하는 이유가——마치 미래의 디스토피아를 그린 SF 영화의 불행한 로봇인간들이 그러하듯——개인의 무지의 결과라거나, 훈육권력을 내면화했기 때문이라는 설명은 충분하지 않다. 그것은 모든 위험과 대가를 감수하고서라도 통제 체제에 투신하려는 자기 동기가 없다면 실행될 수 없는 시도이기 때문이다.

이런 점에서 스마트 장치가 자아 형성의 기술로서 수용, 전유되고 실천되는 원리와 의미를 탐문하게 된다. 푸코는 주체의 자아 형성을 위한 실천 층위를 네 가지 기술 유형으로 설명한다(Foucault, 1988). 1) '생산의 기술technologies of product'은 사물을 생산, 변형, 조작하는 것을 가능케 한다. 2) '기호 시스템의 기술technologies of sign systems'은 기호, 의미, 상징 작용을 가능케 한다. 3) '권력의 기술technologies of power'은 개인의 행위를 결정짓고 특정한 목표와 지배에 종속시킴으로써 주체를 대상화한다. 4) '자아의 기술technologies of the self'은 주체가 스스로 혹은 다른 사람의 도움을 받아 자신의 몸, 영혼, 생각, 행동, 존재 방식에 대해 실천하는 것으로서 일정한 수준의 행복, 순결성, 지혜, 완벽 혹은 불멸과 같은 목표에 도달할 수 있도록 스스로를 변형시키는 과정으로 나타난다. 자아의 기술은 주체의 윤리학의 방법론에 해당한다. 주체의 윤리학은 '자기에의 배려epimelēsthai sautou'라는 에토스로부터 생성되는 것으로, 자신과 관계를 맺고 자신의 진실과 가치를 추구하는 자기 형성의 원리를 이룬다. 푸코에게 자기에의 배려는 자아 성찰, 심신의 노동과 실행, 자신의 육체와 정념에 대한 지속적인 관찰과 이해, 자기 지식의 지속적인 궁구와 같은, 주체의 삶에 대한 기예art of living적 실행으로 구체화된다(Foucault, 1986).

자아의 기술의 실천 및 자기에의 배려라는 윤리적 가치는, 우리가 스마트 주체라고 부를 인간형을 설명할 수 있는 중요한 통찰을 제공한다. 스마트 장치의 독특성은 앞의 세 가지 유형의 기술(생산의 기술, 기호 시스템의 기술, 권력의 기술)이 융합된 집합이라는 점이다. 예컨대 물질적 노동 및 비물질적 노동 영역이 스마트 기술의 수용을 통해 산업구조의 정보화 및 미디어화 과정을 추진하고 있고(생산의 기술), 스마트 기술이 우리의 소통과 담론 영역에 미치는 엄청난 영향력을 일상에서 매순간 체감하며(기호 시스템의 기술), 인터넷과 소셜 미디어가 개인 및 집단의 사회적 소통과 네트워크에 활용되면서 거대한 정치적 효과를 발휘하는 (권력의 기술) 현실을 상기하는 것만으로도, 스마트 장치의 생산적·상징적·권력적 효과를 충분히 확인할 수 있다. 이제 마지막 남은 단계는 생산, 기호, 권력의 층위에서 작동하는 스마트 기술을 자아의 기술과 연계하는 일이다. 오늘날 개인은 생산, 기호, 권력의 층위에서 객관적인 장치로서 현존하고 작동하는 스마트 기술을 자기 형성의 기술로서 전유하도록 유도, 요청 혹은 (암묵적으로) 강제되며, 또한 자기 형성이라는 윤리적 기획을 실천하기 위해 그것을 욕망하고 필요로 하게 된다. 현대인이 자신을 통제하고 궁극적으로는 그 속의 한 요소로서 탈주체화시키는 네트워크에 자발적으로 참여하게 되는 것은, 그가 무지해서만은 아니다. 그 권력 작용의 위험을 아는데도 불구하고, 주체할 수 없을 정도로 맹목적인 소비 쾌락을 추구하기 때문만도 아닐 것이다. 그것은 그가 스마트 체제, 즉 스마트라는 담론적-비담론적 권력, 지식, 쾌락이 결합하여 자기에의 배려라는 윤리적 목표로 수렴될 수 있으리라고 믿기 때문이다. 스마트 이용자는 스마트 기술을 물질적 생산 행위, 기호와 상징 작용, 사회 참여 및 정치 활동을 통한 권력의 기술로 활용하여, 궁극적으로는 자아의 기술을 구현하고자 한다. 스마트 체제에서 그는 자신의 인격을 드러내고, 적극성을 발휘하여 자신의 상징적 자산과 지식을 증강할 수 있기를 욕망하며, 그것을 실천하기 위해 심신의 정성을 다한다. 객관적 체제로서의 스마트라는 생산, 기호, 권력의 기술들이 종국적으로는 자아의 기술로 전유되어 자기 형성의 윤리적 기획으로서 실천되는 것이다.

논의를 정리하면, 스마트 체제는 역동적이고 독립적인 주체를 자극, 촉발, 관리, 조정하는 식으로 작동하는 '통제'권력이며, 다양하고 구체적인 형식의 주체의 윤리학이 생성될 수 있는 조건이다. 스마트 장치는 푸코가 제시한 네 가지 기술 층위(생산, 기호, 권력, 자아의 기술)를, 지금껏 등장한 어느 것보다도 탁월하게 융합하여 활성화시킬 수 있는 기술들의 집합이다. 개인마다 여러 방향과 수준에서, 또 다양한 목표와 희원을 위해 스마트 기술(생산, 기호, 권력)을 수용하고 실천하는 과정에서 특정한 유형의 스마트 주체가 형성된다. 스마트 주체는 자신이 주관적으로 전유하는 스마트 기술들을 실행함으로써, 자기 진실을 구현하고 행복에 도달하기를 욕망하고 추구한다(만일 누군가가 스마트 기술을 받아들이기 거부한다면, 그는 다름 아닌 거부라는 형식으로 현재 스마트 체제에서 자신이 선택할 수 있는 최선의 자아 형성의 방식을 취하는 것이다).

이렇듯 스마트 장치와 스마트 주체는 상호 형성적이다. 그러나 스마트 장치는 주체화만큼이나 탈주체화의 효과를 발휘한다. 스마트 소비자로 포획됨으로써, 지구적 스마트 체제에서 전면적으로 가동되는 국가 통치권력과 자본의 힘에 의해 도구화되고 상품화되는 운명을 피할 수 없기 때문이다. 이렇듯 통제와 자유가 서로 얽어매고 있는 모순적인 상황이 곧 스마트 체제라면, 통제권력으로부터 자유로운 동시에 자아의 기술과 급진적 미학을 창안하고 자기에의 배려의 윤리를 비판적으로 상상할 수 있는, 진정한 의미에서의 '스마트 주체'——아감벤의 표현을 빌려온다면 스마트를 '행위'하는 '인간'——에 대한 급진적 성찰이 요청된다. 이어지는 절에서는 스마트 체제, 보다 구체적으로는 스마트TV의 기술·산업 및 미학·문화 차원에서 장치적 특징과 통제의 작동 원리, 그리고 자아의 기술로서 실천의 논리를 분석해본다.

3. 스마트TV의 계보학: 기술·산업 및 미학·문화의 차원에서

앞에서 구성한 스마트 체제 개념의 바탕 위에서, 장치로서의 스마트 TV가 가지고 있는 구체적인 기술적·산업적, 미학적·문화적 속성을 검토한다. 이를 위해 구체적으로 '멀티-미디어 고고학'의 논리를 원용한다. 이는 푸코의 담론과 지식에 관한 연구 방법론인 고고학을 따르는 시각으로, "멀티-미디어와 지식, 멀티-미디어와 권력"의 관계를 탐구하고, 미디어의 변화와 실천의 역사가 형성, 기록, 보관, 확산되는 흐름과 단절을 담론적으로 구성하는 방법이다(Chun, 2006). 이렇게 역사적이고 사회적으로 맥락화된 해석 방법을 취함으로써, 담론-자본-기술의 연동 속에서 형성되고 작동하는 스마트 '장치'의 구조적 속성을 효과적으로 규명할 수 있기를 기대한다.

1) 스마트TV의 기술적·산업적 계보학

여러 유형의 '포스트TV' 담론들을 살펴봄으로써 스마트 장치를 구성하고 추동하는 이념, 가치, 권력관계를 '징후적'으로 읽어낼 수 있다(Bøgelund & Rasmussen, 2001; Caldwell, 2004; Gripsrud, 2010; IDATE, 2011; Orgad, 2009). 우선 스마트TV 담론에서는 기술과 자본의 지구적 확장 및 신자유주의적인 경쟁의 논리가 도드라진다. 매스미디어인 텔레비전이 디지털-스마트-인터넷 미디어 환경에 적극적으로 참여하는 한편, 인터넷 역시 기존의 방송 영역이 지배하고 있던 오락 기능을 강화함으로써 영상문화산업과 콘텐츠 산업에 대한 경쟁이 심화하고 있다. 미디어의 "인터넷화"와 인터넷의 "미디어화"라는 병행적 흐름들이 융합하는 지점에서 스마트TV가 개발되고 있다(Fortunati, 2005).

둘째, 이용자의 감각적 체험에 있어 산만성이 나타나며 나아가 그것을 유기적으로 조율하고 통합하려는 시도가 두드러진다. '기대어 보기 lean back/앞으로 당겨 보기push forward, 힐끗 보기glance/쥐고 놀기grab, 시청자/이용자, 수동성/능동성, 흐름/네트워크, 일방향성/양방향성'과 같은 오래된 이분법적 구분이 흐려지며 접합하고 있다. 주지하다시피 각 짝패의 전자가 20세기 전자미디어 체제를 대표하는 용어라면, 후자는 21세기 인터넷 체제를 대변하는 용어다. 전자가 일방적으로 전해지는 프로그램을 수동적으로 바라보는 형식이라면, 후자는 쌍방향적이며 참여적인 능동적 자세에서 행하는 형식이다. 스마트TV에서 텔레비전 콘텐츠 시청은 몰입에 가깝지만, 소셜 네트워크를 통한 대화는 상호작용에 가깝다(Aarseth, 1997). 이렇듯 상이한 체험 방식들 간의 전환이 빠르게 혹은 종종 동시적으로 일어나야 할 때(예를 들어 프로그램을 보면서 소셜 미디어로 채팅하는 경우), 그 경험은 분명히 매우 혼란스러울 것이다. "산만과 집중"의 길항 관계는 복잡한 스크린을 동원하는 첨단의 포스트TV가 이용자를 유인하기 위해 풀어내야 할 관건이다(Dawson, 2007). 동시에 스마트한 이용자란, 그 혼란과 부조화를 능숙하게 통제하고 활용할 줄 알아야 한다는 규범이 설정된다.[4] 이와 관련하여 스마트TV 혹은 커넥티드TV에서 "통제"와 "연결"이 핵심어로 등

---

4) 이 문제는 LG 스마트TV 광고에서 역설적으로 활용되고 있다. 드라마 「시크릿가든」을 재연한 광고 장면에서 스타 현빈은 텔레비전을 보면서 능숙하게 SNS를 활용하는 멋진 CEO로 등장하지만, 그의 비서로 등장하는 김성오는 현빈의 스마트한 텔레비전 활용 방식을 이해하지 못할뿐더러 스마트TV 자체에 대해 알지도 못하는 얼간이로 등장한다.

장하는 현상에 유념해야 할 것이다(Shin 외, 2011).

셋째, 현대사회의 친밀성 구조의 재편성에 스마트TV 담론이 개입되어 있다. 전통적으로 텔레비전은 가족의 미디어로 자리매김되어왔다(Morley, 1992). 이후 방마다 텔레비전을 설치하는 수준에서 개인용 컴퓨터나 모바일 같은 다양한 플랫폼으로 텔레비전 시청이 분화되는 현 단계에 이르기까지, 미디어 환경의 변화에 발맞추어 텔레비전 시청의 개인화가 촉진되었다. 이어 오늘날의 스마트TV는 개인화된 미디어 이용을 가정의 텔레비전 중심으로 연결시켜 가족 관계를 재집결하고 가족 공동체 문화를 회복시킬 수 있는 스마트홈smart home의 허브로 기대되고 있다. 스마트홈이란 20세기 전반기에서 오늘날 빌 게이츠의 상상에 이르기까지 현대사회에 꾸준히 존재해온 가정 판타지다(Allon, 2004; Spigel, 2005). 스마트홈은 중산층의 소비문화와 계급적 이상을 재현한다. 이제, 가정 내부의 인간과 사물이 정보 시스템으로 통합되고 상호작용하는 "포스트휴먼 가정성"(Spigel, 2005)을 구현할 수 있는 도구로서 스마트TV에 대한 기대가 상승하고 있다(가령 광고에 자주 등장하는 이미지인 스마트 기기로 손자의 사진을 함께 돌려보며 기뻐하는 조부모의 모습).

이어 스마트 체제의 개인성과 집합성이 문제시된다. 스마트TV의 이용에 있어서는 방송의 질서를 조각내어 네트워크로 재구성하는 개인화 및 맞춤화 기능이 강화된다. 시청자들에 의해 방송 네트워크를 개인적으로 전유하는 "네트워크적 개인주의"(Wellman, 2001)가 문화적으로 강화된다고도 볼 수 있다. 개인성과 집합성의 문제는 사회적 사사성/공공성 질서와 연관된다. 현대사회에서 텔레비전은 "이동적 사사화mobile privatization"(Williams, 1974)의 운명에 빠진 도시인들을 상징적으로 묶어주고 공론장에 참여시키는 기능을 수행해왔다. 반면 스마트TV는 개인적 선택과 접근에 의존한 콘텐츠 시청을 유도한다. 이때 시민성civility이 사교성sociality으로 대체되면서 일정한 연대를 구성하는데, 여기에서 연대란 정치적 이념이나 계급적 동질 의식을 매개로 하기보다는 취향이나 라이프스타일 등의 문화 및 사회 자본의 동질성에 의거한 것이기 쉽다. 방송의 '브로드캐스팅broadcasting'이 미시적인 '마이크로캐스팅microcasting'으로 변모하며, 포스트모던 시각에서 중시되는 문화적 부족들cultural tribe(Maffesoli, 1996)이 스마트TV의 방송-네트워크 공간에서 활성화할 것으로 예기된다(Parks, 2004).

요약한다면, 징후적 독해를 통해 나타난 장치로서의 스마트TV란 전통적 전자미디어인 텔레비전이 인터넷과 결합하면서 스마트 환경으로 재매개됨을 의미한다. 이는 전자미디어, 인터넷, 모바일, 스마트 기술의 통합을 뜻하는 것이기도 하다. 그에 따라 20세기 전자 매스미디어(전통적 텔레비전 등)의 주요 질서였던 "생산→유통→소비"의 수직적 일방 흐름이 해체되며, 수평적 교류와 다방향(소비↔유통↔생산)의 문화 활동으로 다각화된다. 이와 함께 생산자, 매개자, 소비자의 역할에 변화가 일어나고 있다. 전통적 매스미디어 콘텐츠 이용이 방송에 의해 통제되고 수용자는 그것을 수동적으로 받아들이는 모양새를 띠었다면, 오늘날 스마트 체제가 유도하는 콘텐츠 이용 방식은 젠킨스가 자신의 "컨버전스 문화" 개념으로 설파했듯이(Jenkins, 2008), 이용자가 객관적으로 주어진 콘텐츠 제작 및 유통 질서를 해체, 이탈하며 생산과 유통 차원에 적극적으로 개입하는 것으로 전망된다. 여기서는 자신이 원하는 것을 부지런히 찾아보는 소비자 — 혹은 '생비자' — 의 적극성과 능동성이 강조된다.

이러한 긍정론과 더불어, 스마트TV에 대한 비판적 해석도 중요하게 고려된다. 스마트TV는 신자유주의적 지구화 체제에서 경합적으로 추진되는 자본주의 전략이다. 스마트 장치는 이용자 참여를 유도하는 상품과 서비스 판매를 통해 능동적이고 자유로운 소비자를 계발한다. 개인 소비자의 역능 강화는 스마트 가족, 스마트 집단, 스마트 사회 건설이라는 상상으로 연계된다. 그러나 '스마트'가 추진되는 현실과 상상 사이의 간극과 모순이 지금 우리 사회에서 명백히 드러나고 있다. 예를 들어 2012년 2월 10일 KT는 삼성 스마트TV에 대해 인터넷을 차단하겠다고 선언했다. 그 이유로 "트래픽 과부하를 유발하는 스마트TV로부터 일반 인터넷 이용자를 보호하기 위한 조치"라고 밝혔다. 그러나 이것이 "스마트TV 제조업체들을 망 사용료 협상 테이블로 끌어내기 위한 전략으로 풀이"되는 가운데, 삼성과 방송통신위원회가 거세게 반대하고 나섰다(박태희, 2012. 2. 10). 동시에 같은 날 주요 일간 신문에는 삼성 스마트TV의 전면 광고가 실렸다. 세계적인 유명 마술사인 데이비드 카퍼필드를 모델로 한 이 광고는 "당신이 오래전 SF 영화에서나 보았을 법한 미래" "The Future of Smart TV, Now"라는 슬로건 아래, "스마트 인터랙션: 당신의 음성, 행동, 얼굴을 인식하고 반응하는 놀라운 컨트롤" "스마트 콘텐츠: 가족과 함께 공유하고 교감하고 소통하는 놀라운 콘텐츠" "스마트 에볼루션: KIT만 꽂으면 최신의 새로운 TV가 되는 놀라운 능력"을 "스마트TV의 놀라운 능력"으로 제시하고 있다. 현실에서는 "스마트TV '바보TV'되나"라는 현안이 대두하고 있지만(박태희, 2012. 2. 10), 상품 광고의 공간에서는 통제, 혁신, 가족, 공유와 교감, 진화, 경이와 같은 스마트의 상상이 번성하고 있다. 이렇듯 스마트TV는 개인적 선택과 적극성을 찬미하고 그 실행을 촉발·지지하는 방식으로, 신자유

주의적 지구화 차원에서 통제력을 발휘하는 소비자본주의 통치의 전위
적 '장치'다.

2) 스마트TV의 미학적·문화적 계보학

텔레비전은 이미 1970년대에 레이먼드 윌리엄스에 의해 "문화적 형
식"으로 규정되었다(Williams, 1974). 문화적 형식이란 텔레비전이라는
미디어가 단지 기술적 산물이 아니라, 당대의 제도적·산업적·문화적
요소들이 접합하여 형성되는 역사적 산물임을 의미한다. 기술에 의해
'결정'되는 것이 아니라 사회적으로 '구성'되는 만큼, 텔레비전에는 정치
질서, 미디어 조직과 문화산업 구조, 대중의 정서와 체험과 같은 다양
한 요소들이 결합되어 있다. 이러한 논리를 스마트TV에 응용함으로써,
오늘날 지배적인 디지털 콘텐츠의 미학과 그것이 발휘하는 문화적 통제
의 힘을 탐구하겠다.

포스트TV 시대의 콘텐츠 미학

텔레비전을 둘러싼 기술과 환경의 변화는 당연히 텔레비전 미학의 변
형과 맞물려 진행된다. 이런 점에서 콜드웰은 이질적인 요소들이 혼합
되어 재구축된 현대의 텔레비전을 "컨버전스 텔레비전"이라고 명명하
며, 가장 최근의, 가장 광범한 규모의 컨버전스로 텔레비전과 인터넷의
결합을 손꼽는다(Caldwell, 2004; 그리고 우리는 여기서 스마트TV를 쉽
게 연상할 수 있다). 컨버전스 방송 시대를 앞두고 방송사들은 자신의 막
강한 콘텐츠 제작 및 유통 능력에 기반을 둔 시장 우위를 확고히 다지
기 위한 전략을 다양한 방식의 수직적–수평적 합병을 통해 추진해왔

다. 이러한 물적 기반 위에서 텔레비전 방송 '프로그램'은 상이한 플랫폼과 채널 서비스에서 유연하게 소비될 수 있는 '콘텐츠'로 변모·진화해왔다.

이에 멀티플랫포밍multi-platforming과 멀티플렉싱multi-plexing 조건에 적합한 컨버전스TV 콘텐츠만의 고유한 미학이 요구된다. 컨버전스TV의 콘텐츠 미학 역시 어느 날 갑자기 우연히 발명된 것이 아니다. 대신 경제적 수익을 극대화하기 위한 전략 속에서 텔레비전 미디어의 자기 갱신 및 실험을 거쳐 치밀하게, 누적적으로 진행되었다. 문화산업의 불안정성에 대응하고, 다변화한 제작 문화 상황에 적절하게 대응하기 위해, 기존의 프로그램이 새로운 형태로 '재목적화repurposing'된 것이다. 새로운 미디어 환경에서 강조되는 콘텐츠의 주요 요건은 다수로 분화된 플랫폼과 채널을 넘나들며 유연하게 '유통'될 수 있는 상품이어야 한다는 사실이다. 이를 위해 내용의 캐릭터가 살아 있고, 캐릭터를 내러티브화하며, 텍스트의 '배경 스토리backstory'를 보강하고, '메타비평적 텍스트'를 강화하며, 기술적 증강 효과를 도모하고, 상품화를 촉진하는 등, 이 여섯 요소를 적정 배합한 성격의 콘텐츠가 각광받는다.

엄청난 볼거리와 그것을 응용한 변주적 요소가 강화된 콘텐츠, 그리고 멀티플랫폼을 통해 그들을 적극적으로 향유하려는 소비문화는 궁극적으로 거대 미디어 산업의 새로운 수익 모델에 통합적으로 활용된다. 예를 들어 소비자의 메타브라우징5) 양태에 대응하기 위한(즉 여러 플랫폼을 넘나드는 소비자들을 잃어버리지 않기 위한) 이용자 집적 방식,

---

5) '메타브라우징Metabrowsing'은 개별 웹페이지의 단일 범위에 한정되지 않고, 그 경계를 넘어 여러 웹페이지들을 통합적으로 검색·처리할 수 있는 높은 수준의 브라우징 방법을 지칭한다.

클릭 수에 기반한 광고업자들의 데이터 마이닝data mining, 텔레비전과 닷컴을 총괄하는 마케팅 전략 등이 과거에 형식적으로나마 존재했던 본 프로그램과 광고의 경계를 과감하게 무너뜨리면서 적극적으로 개진된다.

콜드웰이 약 10년 전에 관찰한 디지털 방송 미학의 특징은 오늘날에도 그대로 적용되는 듯하다. 우리가 일상적으로 체험하듯이, 한 드라마에 인기 스타가 등장하고(캐릭터화), 그 스타의 개인사가 웹사이트에 제시되며(내러티브화), 시청자와 팬 들은 인터넷으로 그들을 클릭하고 만난다(배경 스토리 구축). 실시간으로 스타와 웹 채팅을 하거나 그를 관음적으로 향유할 수 있는 온라인 기회를 마련하여(메타비평적 텍스트) 시청자들의 적극적인 참여가 유도된다. 단지 프로그램 한 편이 아니라, 멀티플랫폼으로 진행되는 콘텐츠 집합이 특정한 '브랜드'로 공정되어 방송 채널과 인터넷은 물론, 극장, 엔터테인먼트 쇼핑몰, 식당과 제과점에 이르기까지 거대한 문화산업 공간을 포화시킨다. 또한 리얼리티 프로그램에서 방송-인터넷-모바일 등의 멀티플랫폼을 넘나들며 다양한 형식의 시청자 참여가 자발적인 즐거움을 위해 마치 동원과 노동처럼 추동되는 현상(Andrejevic, 2004; Murray & Ouellette, 2008), 한 국가의 방송 콘텐츠가 인터넷을 통해 전 세계로 확산되며 자막의 추가 및 내용의 패러디를 거치는 현상은 이제 흔한 일이 되었다(홍석경, 2012; Lee, 2011). 이들은 이용자가 콘텐츠의 생산, 유통, 소비 과정에 적극적으로 참여하며, 내용과 형식에 변화를 가할 수 있는 여지가 넓은 디지털 콘텐츠의 미학적 특성을 예시한다. 이러한 콘텐츠 미학은 텔레비전과 인터넷이 결합한 스마트TV에서 더욱 강화될 것이라 예측할 수 있다. 이렇듯 '장치'로서의 스마트TV는 방송과 인터넷, 그리고 문화산업 전 영역에서 특정한 콘텐츠 미학을 창출하며 그에 대한 취향 및 향유의 습관과 소비의 욕망을 자연스럽게 유도하고 형성하는 '통제력'을 발휘한다.

'문화적 형식'으로서의 스마트TV: '통제'와 이용자 '능동성'의 역설

텔레비전은 모호하고 비균질적이며 불확정적인 시간성들이 혼존하는 "헤테로크로니아heterochronia"의 "문화적 형식"이다(Uricchio, 2010). 헤테로크로니아는 두 가지 차원에서 지적될 수 있다. 하나는 텔레비전의 매개 기능으로부터 필연적으로 기인하는 자연 시공간 질서로부터의 탈구 현상이다. 다른 하나는 유통과 소비의 개인화 방식이 제도적으로 규정된 편성의 시간 질서를 교란하고 해체하는 효과다. 즉 미디어로서 텔레비전이 창출한 인위적인 시공간성으로서 헤테로크로니아와, 이용자들이 이탈적으로 만들어낸 소비의 시공간성으로서의 헤테로크로니아가 있다. 장치로서의 텔레비전의 역사는 전자의 헤테로크로니아를 창출하기 위한 기술적 의미에서의 통제성과 후자의 헤테로크로니아를 규율하기 위한 문화적 의미에서의 통제성을 개척하고 제도화하는 이중의 전개 과정이라고 말해도 과언이 아닐 것이다.

이러한 "통제"의 관점에서 우리치오는 "텔레비전의 디지털화"의 세대적 계보학을 구성한다(Uricchio, 2004). 방송 편성 시대에는 '흐름flow'이 텔레비전의 통제 전략으로 활용되었다. 텔레비전의 사회적 구성성에 관해 가장 중요한 표현이 된 '흐름'은 영국의 좌파 문화이론가 윌리엄스가 잠시 미국을 방문했을 때 그가 묵었던 마이애미의 한 호텔방에서 지켜본 미국의 상업 텔레비전 방송으로부터 도출한 개념이다(Williams, 1974). 파편화된 프로그램들이 쉴 새 없이, 그리고 빈틈없이 등장하는 것이 흐름으로서의 텔레비전 스크린이었다. 나아가 흐름은 무수한 상품과 정보가 대량생산·대량소비되는 미국 자본주의 사회질서의 표상이 기도 했다. 한편 흐름의 편성 방식으로 장치화된 텔레비전 통제력에 대해 시청자들은 리모컨으로 지핑zipping 또는 재핑zapping 을 하며 텔레비전의 시공간 질서를 교란시켰다.

이어 기술의 진화에 따라 텔레비전 이용의 탈맥락성은 갈수록 심화되었고, 그것을 통제하는 기술 역시 더욱 발전했다. 예컨대 개인화된 녹화와 재생 기능을 지원하는 티보Tivo의 경우도 필립스가 개발한 '더블 에이전트'라는 프로그램으로 통제 작용이 이루어진다. 더블 에이전트는 이용자들의 이용 습관을 '관찰'하여 그들의 프로그램 취향과 선호도를 학습한다. 이에 기초하여 각 개인 시청자의 취향을 예측하고, 그가 좋아할 만한 프로그램을 추천한다. 한편 이용자들은 독자적으로 검색엔진을 통해 메타데이터 및 필터링 기능에 접속하여, 자신이 원하는 것을 '능동적'으로 구해 시청한다. 이 상황에서 통제권은 방송 편성에도, 리모컨을 쥔 시청자들에게도 있지 않다. 프로그램 시청을 통제하는 장치는 '응용 메타데이터 프로토콜 조합combination of applied metadata protocols' (일정한 방식으로 프로그램을 코드화하는 것)과 '필터filter'(메타데이터에 선별적으로 응답하는 검색엔진이나 조정 기능)다. 물론 이 요소들 중 어느 하나도 중립적이지 않다. 메타데이터 프로토콜은 그것의 결정 주체, 프로그램 형식의 개념화·범주화·결합 방법, 정보 및 접근의 구조화 방식에 따라, 그리고 필터링은 특정 프로그램의 범주 내 위치화 방식과 이용자의 편성 유형에 대한 이해 능력에 따라, 어느 프로그램이 어느 집단에 의해 어떻게 선택되고 소비되는지를 유도 또는 결정할 것이기 때문이다(Uricchio, 2004, pp. 176~79). 프로그램 선택 및 추천 서비스에서 확인되는바, 텔레비전과 웹 컨버전스의 성과로서 개인적 취향이 저절로 자연스럽게 형성된다고 믿는 그 현상은, 실상 미디어 장치의 "담론적 통제"(같은 글, p. 179)에 의해 유도·형성·실행되는 것이다.

이제 스마트TV에서는 기존의 메타데이터 프로토콜 조합과 필터의 원리뿐 아니라, 소셜 네트워크의 효과까지도 활용된다. 인기 검색어, 순위와 평가제, 추천제에서 알 수 있듯이 익명의 다수가 의도적 또는 비의도적으로 창출하는 추상적 파급력(Shirky, 2011)과 동질성을 전제로 한 커뮤니티들의 보다 긴밀한 상호작용(Fernback, 2007)이 개인의 콘텐츠 선택에 직간접적인 영향을 미친다.

윌리엄스의 흐름 개념이 단지 프로그램 편성의 전략에 머무는 것이 아니라, 자본·상품·정보의 자유로운 유통이라는 자본주의적 가치를 표상하고 정당화하는 이념적 기제라는 점은 앞서 서술한 바와 같다. 그렇다면 흐름의 편성 질서를 넘어서, 객관화된 정보 통제 체제와 개인적 통제성이 강화된 오늘날의 텔레비전 체제가 보여주는 지금-여기 우리 현실의 모습은 어떠한가? 이용자가 자발적이고 능동적으로 콘텐츠를 선택하고 시청 방식을 통제한다는 점을 강조함으로써, 스마트TV 장치는 스스로 민주성과 소비자의 능동성을 실현한다고 주장할 수 있게 되었다. 구조가 개방적이고 유연하며 행위자의 자발과 자유를 허용할 뿐 아니라 오히려 자극하고 지원하는 식으로 체제의 효과적 운영을 꾀한다는 점에서, 스마트TV의 작동 원리는 들뢰즈의 통제권력의 그것과 매우 흡사하다. 주체 없는 권력이 소비의 자유를 자극하고 활성화하면서 더욱 정교하고 치밀하게 그들을 감시하고 관리하는 것이다. 그리고 우리는 이렇듯 행위자의 자발적 능동성과 자유를 촉발하는 장치에 대면한 주체의 문제를 고민하게 된다.

4. 감각의 사회학

이제 스마트TV 체험의 차원에서, 장치로서의 '스마트' 기술이 주체에 의해 '자아의 기술'로 전유되고 자기 형성의 윤리학으로 실행되는 방식을 논하려 한다. 이 논제는 약간의 까다로운 문제를 안고 있다. 푸코가 제안한 주체의 윤리학은 자아를 대면하여 관찰하고 통찰함으로써 문제화하고, 그것을 탐문하는 과정에서 자기 지식을 형성하고 담론화하며, 그 가치와 원리를 심신을 통괄하여 실행하여, 자기의 진실을 지속적으로 궁구하고 실천하는 과정으로서 자기 형성의 기획이다(Foucault, 1988). 한편 지금까지 살펴본 것처럼 스마트TV가 유도하는 영상 소비문화는 지극히 감각적이다. 실행에 있어 멈춤과 고찰을 요하지 않고, 오히려 그러한 성찰적 요소는 해소되어야 할 장애물로 간주된다. 언제 어디서든 빠르고 편리하게, 클릭 한 번으로 해결되어야 하는 속도감과 리듬이 강조되는 것이다. 이런 체험을 자기에의 배려라는 윤리의 관점에서 해석하는 것은 타당한 일일까?

이 문제를 숙고하기 위해서는 우선 감각에 대한 이해가 필요하리라 생각된다. 주체 형성의 층위로서 감각을 의미화하고, 그러한 이론적 바탕 위에서 스마트 기술에 대한 감각적 체험이 어떻게 주체 형성의 원리로 실행될 수 있는지 살펴본다.

1) 근대적 공간과 감각 질서의 형성

감각은 개인의 의식 지평의 아래에서, 반半의식적semi-conscious이고 모호하지만 정교하게 즉시적으로 행해진다. 감각은 주체가 세계에 대면하는 최초의 단계다. 감각의 순간마다 특정한 모습과 몸짓으로 육체가 형성되며, 외부세계로부터 구분되는 단위로서 주체가 구체화된다. 짐멜은 감각에 사회학적 의미를 부여한 "감각의 사회학"을 제안한다(짐멜, 2005). 그는 감각의 사회학을 "일거에 모든 상태와 변화들을 결정짓는 대격변이나 광범위하고 통일적인 힘 대신에 매우 다양하면서도 개별적으로는 거의 인지할 수 없는 영향들의 점진적인 총합을 실제적인 발전의 원인으로 파악하려는 시도"(같은 책, p. 174)라고 설명한다. 이 전제에 기대어, 자신의 감각 사회학이 "감각 기관을 통해서 우리가 서로를 인지하고 서로에게 영향을 미치는 과정이 인간들의 공동체 삶, 다시 말해 그들 사이의 공존 관계, 협력 관계 및 적대 관계에 대해서 어떤 의미들을 가지는지를 다루고자 한다"(같은 책, p. 155)는 점을 명확히 하고 있다. 우리의 상호작용 관계는 감각적인 체험과 영향을 주고받는 것에서 출발한다. 따라서 객관적인 구조가 설명하지 못하는, 그러나 "사람들 사이에서 구체적이고 생동적으로 진행되는 사회화의 조건들을 구성하는 지층"(같은 책, p. 174)에 대해 감각의 사회학의 관점에서 접근하기를 짐멜은 제안한다.

짐멜에게 있어 현대인의 병리는 보기와 듣기의 감각을 탈구적으로 체험한다는 점에 기인한다. 도시의 수많은 사람들은 익명의 관계에서 서로 말 없이 멍하니 쳐다보며 스쳐 지나간다. 이 부조리한 체험은 사람들의 얼굴에 표출된다. "얼굴은 모든 인식들이 일어나는 기하학적 장소이며, 개인이 자신의 삶의 전제 조건으로서 지금까지 축적해온 모든 것의 상징이다"(같은 책, p. 160). 사회학자라면, 도시의 거리를 오가는 사람들의 얼굴 표정에 주목해야 할 터이다. 왜냐하면 얼굴은 손발과 달리 행위하지 않으면서도 인간의 내적·외적 행위와 사람 사이에 형성되는 섬세하고 보이지 않는 관계들을 "이야기해"주기 때문이다(같은 책, p. 161). 지금의 초기 단계에서 스마트 장치가 인간의 (인식과 행동의 차원은 차치하고서라도) 감각적 차원에 영향을 미치며 확산되고 있다고 본다면, 인지할 수 없을 정도로 미세하고 점진적이지만 광범하고 구체적으로 진행되는 스마트 감각의 사회적 변화상을 읽어내는 일은, 스마트 주체와 사회를 이해하기 위한 유용한 접근 방법이 될 수 있다.

감각이 생물학적, 자연적, 본능적 반응이 아니라 사회적으로 형성되고 작동한다는 통찰은 대중사회 형성 및 산업화, 도시화가 본격적으로 진행된 20세기 초 당대의 이론가들의 사유에서 나타난다. 발터 벤야민은 19세기 말 파리의 시인이었던 보들레르에 관한 비평집 『근대적 삶의 작가』에서 자본주의 세계에 매몰된 근대인의 삶을 묘사하고 있다(Benjamin, 2006). 여기에서는 특히 그가 짐멜을 인용하며 현대 도시에서의 감각의 문제를 논하는 부분에 주목하기로 한다.

1789년 혁명을 기점으로 프랑스에는 민주주의 제도가 마련되고 부르주아 계급 질서가 구축된다.[6] 그즈음 나타난 변화들 중 하나는 노동/여가, 공공성/사사성의 구분이 일터/집이라는 공간적 구분으로 표면화되었다는 점이다. "처음으로 사적 개인과 거주 공간이 일터와 대립하는 현상이 나타났다"(같은 책, p. 38). 이제 동일한 인간이라도 그가 처한 공간에 따라 상이한 정체성을 지니게 된다. 사무실에서는 실무를 다루는 사람일지라도, 가정이라는 사적 공간에 들어서면 자신의 주관적인 환영illusion에 탐닉하고자 한다. 공적인 현실 인식과 사적인 환영을 함

---

6) 여기서 제시된 벤야민의 도시 분석은 Benjamin(2006), pp. 38~41을 주로 참고한 것이다.

께 보장하기 위한 방법은 사적/공적, 집/거리 공간을 판타스마고리아 phantasmagoria, 즉 환등으로 꾸미는 것이다. 개인에게 판타스마고리아란 "우주세계를 표상"한다. 판타스마고리아로서의 집은 현실을 벗어난 모든 환상을 자신의 집 안에 수집하고 전시하는 행위로 구현된다. "멀리 있는 것"과 "오래된 것"이 빼곡히 장식된 그의 응접실은 "세계라는 극장 안에 놓인 상자"와 같다.[7] 집은 비실재적irreal 장소로 변모한다. 비현실적인 수집품으로 과잉되게 장식된 집은 소외된 자아의 물신과도 같아진다. 집이 비실재적인 환영 공간으로 변모하는 경향과 맞물려서, 거리에도 역시 변화가 생긴다. 집과 유사하게 상상적인 장식물이 가득 들어찬 거리 공간은 아케이드다. 유리로 만들어진 건물이지만 동시에 사람들이 그 사이를 뚫고 들어가 보행하므로 거리의 기능을 겸하며, 진열창에 상품들을 늘어놓아 전시장의 기능까지도 하는 아케이드는 실내와 실외의 구분이 사라진 "모호성의 공간"이다. 도시가 하나의 거대한 판타스마고리아로 변모하고, 개인은 공중 안에서 "피난처"를 찾는다. 군중의 얼굴은 무표정하고 획일적이지만, 자동적으로 "웃는 표정을 유지"하는 듯하다. 무엇이 이렇듯 거리와 군중의 풍경, 움직임, 표정을 집단적인 유사성으로 구성해내는가? 물신으로서의 상품 이미지가 집과 거리를 포화시킬 때, 그것을 추동하는 정념은 "새로움"이다. 상품 자본주의에서 "죽음"의 목적지는 "새로움"으로 설정된다. 유행의 빠른 리듬 안에서, 한 유행의 죽음은 다른 새로운 유행의 탄생을 의미하기 때문이

---

7) 벤야민의 시각에서 볼 때 당시 부르주아 가정의 건축 양식으로 유행했던 유겐트 양식은 개인의 "내면에 저장되어 있는 모든 것을 발동"시키려는 부르주아들의 계급적 욕망을 적나라하게 표출한다. 유겐트 양식의 주요한 요소인 철재 곡선들은 일종의 '미디어적 언어'로서, 기술로 식민화된 세계에 직면한 근대인의 무력함, 두려움, 소외감을 벌거벗은 식물의 이미지로 표현한다.

다. 유행은 지치지 않고 끊임없이 바뀌는 것을 본질로 한다. 새로움은 상품의 이용가치와는 무관한 질로서, 유행의 본질을 이룬다.

판타스마고리아를 체험하는 인간의 감각과 행위에 관하여, 벤야민은 기술이 "인간의 감각체계"를 "복잡한 훈련 유형"에 종속시킨다고 보았다(같은 책, pp. 190~92). 예를 들어 교통이 분주한 도심의 거리를 걸을 때 보행자들은 계속 충격과 혼란에 빠진다. 군중이 일으키는 일련의 빠른 움직임 속에서 발생하는 위험스런 교차와 충돌, 그 신경질적인 충동이 만보객에게로, 마치 배터리에서 에너지가 발산되듯 그에게로 흘러들어온다. "충격에 의해 조건 지어지는 지각"이란, 근대 기술 문명을 관통하는 요소다. 영화라는 형식이 그러하고, 컨베이어 벨트에서 일렬로 움직이는 생산 질서가 그러하다. 충격에 대해 '훈련'된 감각에 기대어, 근대의 도시인은 그 불안정하고 혼란한 시공간을 살아나가고 있다.

중요한 사실은 감각의 '훈련training'과 '실천practice'이 구분되어야 한다는 점이다. 실천은 장인적 요소라서 경험을 통해 체득되며 아주 서서히, 흐름과 과정을 밟듯 오랫동안 성숙되어야 하는 것이다. 반면 훈련에서는 단순화된 기능이 강조된다. 훈련은 주체의 경험세계로부터 분리되어 진행된다. 주체가 소외된 대량생산 및 대량소비의 회로 안에서 반복적 수행을 통해 기계적으로 획득하는 것이 '훈련'된 감각이다. 도시의 노동자들은 공장에서든 놀이동산에서든 그들 자신을 기계에 적응시키고 자동적으로 자신을 표현할 수 있는 것처럼 보인다. 그러나 그들의 지각 및 인지 행위는 충격에 대한 반응적 감각의 '훈련' 결과일 따름이다.

2) 자아의 기술로서의 '스마트'

짐멜의 감각의 사회학과 벤야민의 감각의 철학은 오늘날 스마트 체제에서 실행되는 감각의 실체와 의미를 탐구할 수 있는 통찰을 제공한다. 짐멜과 벤야민이 묘사한 근대 도시와 도시인의 모습은 오늘날 우리의 삶의 모습과 신기할 정도로 닮아 있다. 동시에 차이점도 발견되는데, 이는 산업사회와 후기 자본주의사회, 아날로그 문명과 디지털 문명과 같은 객관적 조건의 차이에서 기인하기도 하지만, 그 조건을 실천하는 인간에 접근하는 관점의 차이에서 나타나는 것이기도 하다. 즉 이전의 저술들에서는 근대의 도시인들이 기술에 감각적으로, 정서적으로, 이념적으로 길들여지거나 식민화된 결과, 자기소외적인 주체로 대상화되고 있다.

한편 이 글은 기술과 자본에 의해 점철된 사회의 풍경을 배경으로 삼되, 그 사회를 살아가는 인간의 내면에 보다 깊숙이 접근하고자 한다. 스마트 기술의 감각적 훈련 또는 실천 행위를 자아의 기술로서 적극적으로 전유하는 스마트 주체의 윤리학이 강조되는 것이다. 다시 확인하자면, 푸코는 주체 형성의 기획을 실천하기 위한 기술의 층위를 생산의 기술, 기호 시스템의 기술, 권력의 기술, 그리고 자아의 기술로 구성했다. 아울러 앞서 지적했듯이, 스마트 장치는 생산과 기호와 정치의 기술을 융합하여, 궁극적으로 주체에게 자아의 기술을 발휘할 수 있는 자원, 도구, 조건으로 전유된다. 그렇다면 이제 주체가 권력의 통제 장치를 자발적이며 적극적으로 수용하고 활용하는 논리와 방식이 문제로 제기된다. 그 전유와 실체의 논리를 스마트TV, 나아가 스마트 체제의 맥락에서 해석할 수 있다.

첫째, 생산의 기술에 관련하여 '새로움'의 정념이 기기 및 콘텐츠의 생산, 유통, 소비를 추동하는 동력으로 작동한다. 스마트 체제는 새로움의 가치에 의해 전개된다. 새로운 모델이 탄생하는 순간을 위해 온 지구인이 다 함께 카운트다운에 동참한다(예컨대 아이폰이나 아이패드의 탄생 순간은 온 지구인이 함께 예정하고 지켜보았다). 한 모델의 생애는 갈수록 짧아지고 있으며, 새로운 모델이 태어나기 위해서 이전 모델은 빨리 멸종되어야 한다. 죽음과 새로움의 신속한 교차 메커니즘은 기술 발전과 새 모델 개발이라는 이름으로 미화되고 찬미된다. 아울러 소비자는 새로운 상품을 적극적으로 탐색하여 콘텐츠를 향유할 뿐 아니라, 직접 콘텐츠를 생산하고 유통하면서 혁신과 진보라는 가치를 성취하고자 한다.

둘째, 기호 시스템의 차원에서 스마트한 소통을 행하기 위한 감각의 훈련이 장치 차원에서 요청되며, 주체로부터 자발적인 노력이 경주된다. 인간 감각과 행위의 분절화와 산만성은 현대 도시 문화에서 최근의 모바일 문화에 이르기까지 일관되게 점증하는 현상이다(김예란·권정민, 2008). 한편 스마트 체제의 차별성은, 디지털 모바일 기기가 유발하는 산만하고 분산된 감각을 유연하게 통제하고 연결하기 위한 강력한 장치라는 사실에 있다. 우선 스마트TV 및 그와 연동하는 다른 디지털 기기 사이에서는, 짐멜이 주목한 감각의 탈구 현상이 더욱 심화된다. 이것은 텔레비전의 '보기' 양식과 인터넷의 '하기' 양식이 결합된 기술적 요인에 기인한다. 주어진 콘텐츠를 보는 순간 내 눈은 수용의 태도를 취한다. 반면 스마트TV에서 그 프로그램을 보는 동시에 소셜 네트워크로 채팅을 할 때, 나는 대화를 하고 있(는 듯하)다. 하지만 말로 대화하는 것은 아니다. 목소리는 침묵하고, 키보드 위에서 손을 움직이거나 스마트TV 화면에 떠오른 가상 키보드를 리모컨으로 클릭하고 있을 뿐이다. 나의 눈이 수용하는 시각적 대상(다른 스크린의 이미지)과 나의 손이 작동하는 행위적 대상은 서로 분리되어 있다. 기술이 더욱 발달된 환경에서는 키보드 사용 대신 목소리나 제스처로 소통을 매개하는 텔레비전이 개발될 수 있다. 그러나 어느 경우에 있어서나 기이한 체험이 될 터이다. 나의 눈이 다른 이미지 대상(텔레비전 스크린)을 향한 채, 가상의 상대방에게 목소리를 내거나 팬터마임 하듯이 몸짓을 함으로써 대화를 이어가는 식이 될 것이기 때문이다.

그러나 감각의 분절화가 스마트 체제의 한 측면이라면, 다른 측면에서는 분절을 통합하고 부드럽게 연동하려는 욕망이 추구된다. 장치의 감각 질서가 분절화될수록, 이용자에게는 그것을 부드럽게 통제할 수 있는 복잡한 감각 훈련이 더욱 요구된다.[8] 역사적으로 영화 장치에서 자연스럽게 발생할 수밖에 없는 이음매의 흔적을 제거하는 편집 방식은 영화 리얼리즘을 확보하기 위한 가장 중요한 기술로 다뤄져왔다 (Stam, Burgoyne & Flitterman-Lewis, 1992). 영상과 내러티브에 끊긴

---

8) 앞서 구글TV에서 설명되었듯이, 스마트TV를 중심으로 하는 N스크린을 떠다니는 이용자 궤적에 의해 미디어 플랫폼들을 연결하는 가상의 공간이 만들어진다. 스마트TV를 통해 콘텐츠를 소비할 때, 가장 중요한 기술적 요건은 이용자가 원한다면 한 단말기에서 보다가 중지한 경우 다른 단말기에서 바로 그 지점부터 정확하게 볼 수 있도록 하는 기능이다. 이것은 자연적인 시간 흐름과는 무관하게, 콘텐츠의 시간성을 이용자가 주관적으로 중지했다가 다시 시작할 수 있는 시간 통제력을 확보했다는 것을 의미한다. 한 스크린에서 다른 스크린으로 옮겨가는 경우 물리적인 시간은 단속적이지만, 콘텐츠 내러티브의 흐름은 겹치거나 건너뛰는 부분 없이 일관되고 부드럽게 하나의 흐름으로 이어져야 하는 것이다. 예컨대 텔레비전 스크린을 보면서 태블릿PC로 메타 정보를 검색하는 경우, 물리적으로 분리된 미디어 공간들을 넘나드는 이용자의 이동 행위에 의해 텔레비전 스크린과 태블릿PC 공간들이 서로 하나의 의미 공간으로 연결된다. 그리고 내러티브의 허구적 시간은 현실 시간과 분리되어 자체 내의 연속성을 유지해야 한다.

흔적이나 이은 흔적이 없고 매끄럽게 연결될수록 관객은 그 텍스트를 자연스럽다고 느끼며 완벽한 현실로 받아들이고 스스로를 그 허구의 세계에 봉합한다. 그리고 마침내 그 상상적 가치와 이상이 완벽한 현실이자 진실이라고 믿게 되는 이념 효과가 성취되는 것이다. 영화적 리얼리즘이 개별 텍스트 내부의 인위적 이음새를 제거한 매끄러움의 '편집' 전략을 추구했다면, 스마트TV와 그를 중심으로 한 다수 스크린의 연결망(N스크린)에서는 멀티플랫폼과 크로스미디어 간에 콘텐츠의 이음과 끊김의 흔적을 제거한, 매끄러움의 '융합' 전략이 도모된다. 이렇듯 현실 시공간의 분절 또는 콘텐츠의 단속적 흐름과는 독립적으로, 기기 간 결합으로 성취된 스크린 연속성 안에서 스마트 리얼리즘이 구축된다. 스마트 리얼리즘은 이용자로 하여금 인위적으로 구축된 스마트 체제의 가상성을 부정하고 그 모호한 시공간성을 완벽한 현실로 받아들이도록 유도한다.

셋째, 권력의 기술에 있어서도 스마트 장치는 유용한 효과를 발휘한다. 근대인이 물질적 대상을 자신의 응접실에 보관하고 전시하는 것으로 소외된 욕망을 달랬다면, 오늘날 스마트 체제에서 이용자는 가상의 콘텐츠를 저장, 전시, 유통시키는 것으로 문화권력을 확보하려 한다(서우석·이호영, 2010). 오늘날 자산이 현물이나 현금보다는 주식의 시세, 환율과 같이 가상의 형태를 띠게 되는 것과 유사하게, 데이터베이스와 그에 실린 콘텐츠는 모두 가상의 저수지 및 가상의 저장물이다. 많이 클릭되고 소비될수록 그 콘텐츠의 상품 가치는 높아진다. 유비쿼터스 접근의 편리성 및 검색과 이용의 빈도수에 따라 데이터베이스 서비스 및 콘텐츠의 가치가 평가된다는 점에서, 이것은 투자 및 축적의 정도 그리고 거래량에 따라 부의 가치가 평가되는 현대 금융자본주의의 방식과 흡사하다.

"테크놀러주아지"[9]라는 신조어가 나올 정도로, 스마트 주체는 그 테크놀로지 활용 능력의 우수성, 문화적 감수성의 탁월함, 정치적 창조성을 찬미받으며, 근대 시민혁명의 주체였던 부르주아지에 비유되곤 한다. 아름답게 장식된 근대 도시인의 응접실은 오늘날 현대인의 매혹적인 모습의 스마트 기기와 유사하다. 근대 도시인이 수집품을 담아두기 위한 도구로 강박적으로 모아들였던 함, 상자, 서랍과 같은 가구들은 오늘날 스마트 주체가 가상적으로 소유하는 외장 하드, 웹 드라이브나 클라우드cloud와 같다. 또한 근대 도시인이 실내 장식을 통해 자신의 개인성을 표현했다면, 오늘날 스마트 주체는 자신이 수집한 콘텐츠를 네트워크로 유통시키고 전시하고 교환함으로써 자기 지식과 정체성을 표현하고자 한다. 그의 개인화된 데이터베이스는 스마트 주체의 판타스마고리아며 피난처다.

마지막으로 자아의 기술로서 스마트 장치의 체험 영역이 존재한다. 개인은 사적 공간에서 가상의 네트워크와 접속하며 가상의 외부세계를 추구한다. 한편 공적 공간에서도 그는 가상의 네트워크에 접속하면서 자신의 인간관계를 역시 가상적으로 추구한다. 결과적으로 사적 공간이나 공적 공간 어디에서나 그가 향하는 것은 가상적으로 존재하는 자신의 네트워크다. 근대의 도시인이 거리에서 서로 멀뚱멀뚱 바라보면서 말을 하지 않은 채 스쳐 지나갔다면, 현대 도시인은 고개를 숙인 채 눈

---

9) '테크놀러주아지technologeoisie'는 테크놀로지와 부르주아지의 합성어다. 이 단어를 창안한 이근 교수는 테크놀러주아지를 고도의 테크놀로지를 장난감처럼 활용하면서 문화적인 감수성이 강하고, 기성의 보수와 진보를 넘어서서 창조성, 합리성, 새로움을 강조하는 거대한 무당파 세력이라고 설명한다(안수찬, 2012. 1. 9).

은 스크린에, 귀는 이어폰에 고정시키고 있다. 물리적으로 현존하는 사람들끼리는 서로 말하지도 바라보지도 듣지도 않는다. 우리는 거리에서 서로의 얼굴을 잃고 잊었다. 대신 가상의 네트워크 공간에서 자신의 얼굴 계좌(페이스북)를 관리하기에 열중한다. 그 공간에서는 자동적으로 웃는 표정을 유지하는 듯하다(페이스북에서 습관적으로 클릭하게 되는 '좋아요').

스마트 장치가 제공하는 소셜 네트워크의 본질은 자신을 중심으로 하며 스스로 엮고 관리하는 '개인화'된 네트워크다. 네트워크를 구성하는 수많은 타인들은 궁극적으로 네트워크의 중심에 자리 잡은 주인공을 만들어주는 이미지의 겹들로서 유의미하다. 유의할 점은 다수의 타인들의 이미지가 네트워크 주인공을 둘러싼 헛된 이미지에 그치지 않는다는 사실이다. 그들은 '나'에게 세상의 이야기를 전해주고 '나'의 이야기를 들어주며 친구로서 존재함을 가시화함으로써, '나'의 사회적 존재성을 확인해주는 자아 구성의 실질적인 역할을 한다. 타인과 연결되고 소통되는 관계망과 언어들을 통해 비로소 내가 존재할 수 있고 재현될 수 있는 것이다. 네트워크의 주체는 타자들이 만든 상호주관적 네트워크라는 준거를 통해 자신의 모습을 대면하게 된다. 타인들의 이미지로 구성된 자신의 모습을 바라보고, 타인들의 언어로 매개된 자신과 대화하는 셈이다. 개인화된 네트워크가 타인들의 이미지와 언어로 촘촘히 만들어지지만, 그것이 궁극적으로 향하는 것은 네트워크의 중심으로서 '나 자신'이다. 나와 그들 간의 관계를 통해 나와 자신과의 관계, 즉 주체성을 정의하고 스스로를 이해하며 자신의 진실과 가치를 형성한다. 가상화된 타자와의 네트워크 실행을 거쳐 궁극적으로 자신을 성찰하고 자신의 진실을 구축하는 자기 지향적 자아가 곧 스마트 주체인 것이다.

그는 소셜 네트워크를 통해 자아를 향하며, 자아의 진실을 추구하고 자신을 사랑하게 (혹은 적어도 사랑하기를 절실히 원하게) 된다. 생산, 기호, 권력을 수반한 스마트 기술이 종국에는 자기에의 배려라는 윤리적 기술로서 전유되는 것이다.

5. 스마트 장치의 전유를 위해

지금까지 우리 시대에 어느 순간 등장해서 사회적 세계를 포화시키고 있는 '스마트'가 하나의 장치로서 구축되고, 주체에 의해 자기 형성의 기술로 실행됨으로써 스마트 체제가 구축되는 원리를 살펴봤다. 스마트에 관련한 장치와 주체의 윤리학의 영역을 살펴봄으로써, 구조/인간, 기술/의미, 자본/문화 같은 식으로 양분되어왔던 기존의 사고의 한계를 극복하고자 했다. 스마트라는 이름의 특정한 '장치'는 지구적으로 전개되는 신자유주의적 디지털 자본주의의 산물이자 동력이다. 그것은 자유로운 주체의 자발적인 욕망과 의지를 추동함으로써 관리와 통치의 원리인 '통제'의 권력을 발휘하는 것으로 설명되었다. 그렇기에 자발성과 능동성을 강조하는 신자유주의적 소비자본주의의 구성원들에게 적극 수용될 수 있었던 것이다. '스마트'의 정념과 자원과 기능은 스마트 주체의 자기 형성의 기술로 전유된다. 스마트가 상징하는 혁신, 만능의 통제력, 자유와 같은 가치가 행복이라는 윤리적 가치와 등치되기 때문이다. 이를 통해 스마트의 물적 구조인 지구적 자본주의의 속성에 천착한 비판론과 인간 주체의 역능에 기대를 거는 낙관론 간의 간극을 좁히고, 두 영역의 경계, 중첩, 교차 지대에 현존하는 스마트 주체의 성격을 조명했다.

이 연구가 주력한 다른 하나의 문제는 스마트 장치와 주체 형성이 가능하도록 만드는 실재적 요인이다. 이를 위해 스마트TV라는 구체적 분석 대상을 설정하고, 이것이 하나의 장치로서 구축될 수 있도록 이끈 기술적·산업적·미학적·문화적 계보학을 추적했다. 스마트TV는 지구적 디지털 자본주의의 환경에서, 20세기 이후 발달한 전자미디어 체계와 21세기의 지배적인 양식인 디지털 인터넷 체계가 융합한 산물이다. 그것은 첨단의 스마트 기술들을 동원한 경제적·정치적·문화적 통제 장치이며, 사람들의 감각을 훈련시키면서 통제성과 연결성에 대한 권능을 선사한다. 그러나 이러한 힘의 작용이 억압 대신 상품과 서비스의 형태로 보급되기 때문에, 개인의 적극성과 자발성을 자극하고 유도함으로써 주체로 하여금 혁신과 자유의 가능성을 제공하며 행복의 가치를 취득할 수 있는 기술로 전유된다. 이로써 스마트 기술은 생산, 기호, 권력, 자아의 기술들을 융합하며 주체의 윤리학의 현실적인 방법론으로 선택된다.

간단히 말한다면 이 글은 "어떻게 '스마트'라는 단어가 온 세상을 뒤덮게 되었으며 사람들은 어찌하여 그토록 순식간에 스마트 기술에 쏠려가고 있는가"라는 물음에 대한 답을 찾고자 했다. 지난 수십 년간 진행되어온 미디어 산업의 변화 과정을 기술적·미학적·문화적 관점에서 추적함으로써, 스마트라는 것이 어느 날 갑자기 등장한 것이 아니라 잠재적으로든 명시적으로든 스마트 체제의 형성은 누적적으로 진행되어온 것임을 확인할 수 있었다. 그리고 다양한 활동들이 '스마트'라는 언어로 표명되고 구체화되었다는 점을 확인함으로써, 스마트 체제의 담론적 구축에 관해 설명할 수 있었다. 스마트 체제는 감각이라는 직접적인 체험 양식을 통해 인간의 심신에도 투과되었다. 스마트가 사회의 목표로 설정되고 개인의 윤리적 가치로 정립된 방식은 스마트 주체의 형성 원리를 설명해준다. 즉 스마트 주체는 (기존의 비판론이 주장하듯) 단지 유행을 좇는 맹목적 소비자 혹은 (이용과 충족 이론이 설명하듯) 자신의 필요와 만족을 기능적으로 예측하고 실행하는 합리적 소비자만이 아니며, '스마트'가 상징하는 적극성, 능동성, 효율성, 편리성, 경쟁과 혁신, 쿨한 매력과 세련성과 같은 가치들이 우리 사회의 규범으로 정립되었으므로, 자신의 행복과 자아실현을 위해 그것을 수용하고 획득하기를 원하지 않을 수 없는 것이다. 이로써 스마트라는 기술이 윤리적 가치로 전환되고, 그 규범에 의한 정상화가 추진된다.

그렇지만 스마트 기술의 체험적 감각을 자기 형성의 윤리적 실천으로 해석함에 있어 주의해야 할 중요한 사안이 남아 있다. 그것은 첫째로 스마트 감각의 실행이 '훈련'인가 '실천'인가 하는 문제와, 이러한 외양으로 나타나는 자아의 기술이 도구적 성찰성을 넘어 비판적 성찰성과 주체의 자유라는 윤리적 가치를 배태하고 있는가 하는 문제다. 스마트 기술을 적극적이고 능동적으로 취하는 이용자가 단지 장치가 제공하는 감각을 순응적으로 부지런히 '훈련'하는 것이고, 그가 획득한 능력 역시 도구적인 것에 불과하다면, 그는 결국 스마트 장치에 의해 길들여진 '동물'(아감벤의 의미에서)에 지나지 않는다. 반면 그가 객관적으로 현존하는 장치에 대해 비판적으로 해석하며 주체적인 준거와 가치관을 형성하기 위한 자아의 기술로서 '실천'한다면, 그는 스마트 체제의 '인간'(역시 아감벤의 의미에서)으로 자리매김될 수 있다. 이는 스마트 장치가 수용되고 실행되는 구체적인 방식들을 관찰해야만 비로소 답할 수 있는 문제다. 이용자들의 특정한 인식과 가치, 그리고 이용 방식에 따라 동일한 장치에 대해 상이한 효과가 발생할 수 있다. 예컨대 장치와 조건에 대해 순응적·타협적·대립적·비판적·조작적 수용의 가능성이 존재하며(de Peuter & Dyer-Witheford, 2005; Fuchs, 2011), 이러한 미시적 행위들이 문화적 창발성과 정치적 급진성을 발현할 잠재성은 항존한다.

　다소 단편적이지만, 스마트 체제에서 행해지는 대안적 실천 방식에 있어 주목할 만한 경향이 관찰된다. 그것은 지난 세기에 지향해온 '위대한 거부'나 '급진적인 변혁' 대신, '전유'와 '변용'의 전술이 취해지고 있다는 점이다. 예를 들어 오늘날 인터넷과 소셜 미디어를 통해 활성화된 반세계화와 신자유주의 반대 운동을 보자면, 막상 현 자본주의적 세계화 체제에서 가장 지배적인 실체들 중의 하나인 미디어 혹은 서비스 기업의 상품을 애초부터 거부하면서 운동을 전개하는 일은 상상조차 하기 어렵다. 즉 객관적인 물적 구조를 원천적으로 부정하기보다는 현존하는 체제 안에서 주어진 기술과 자원을 수용한 후, 그 실행 방향과 방법을 변화시키는 식으로 구체적 실천 방안이 모색되는 것이다. 스마트의 대안적 실천이란 구조적으로 제공되는 기술을 자기 윤리학의 기술로 수용하되, 그 실행의 방식과 가치를 "다르게" "전환"(Foucault, 2011)하는 전유의 방식으로 실행되고 있다. 이런 정황을 고려할 때, 훈련과 실천 혹은 종속과 저항의 요소들을 이분법적으로 대립시키기보다는, 주어진 체제 안에서 이질적인 가치가 혼용되고 변화하며 일어나는 복잡하고 다양한 효과들을 면밀히 살펴보는 일이 중요하리라 생각된다.

6장
빅데이터에 관한 작고 열린 생각들:
디지털 생명정치와 가상 인구의 탄생

"생명정치 권력은 살도록 만들거나 죽도록 내버려두는 권력이다."
— 미셸 푸코

"빅데이터는 생명을 구한다."
— 쇤버거·쿠키어

1. 빅데이터에 관한 질문들

우선 질문을 던져본다. 빅데이터big data와 문화라는 말의 결합이 가능할까? 레이먼드 윌리엄스의 유명한 정의에 따르면 문화란 "삶의 방식"이다. 따라서 빅데이터와 문화의 병렬적 결합이 가능하려면 빅데이터의 영역에 삶의 문제를 개입시킬 수 있어야 한다. 빅데이터라는 설정 안에서 고유한 삶의 개념화, 담론화, 역사화가 진행되고 그것에 관련한 인간의 체험과 재현이 일어날 수 있을 때, 우리가 빅데이터를 문화라는 틀로서 고려하는 일이 가능해진다.

이러한 문화의 관점에서 보면 빅데이터 개념은 삶과는 무관한, 매우 피상적인 것으로 느껴진다. 주로 정책 연구서와 시장 분석 자료에서 (다소 흥분한 어조로) 제시된 바에 따르면, 빅데이터는 데이터의 3V, 즉 양volume, 속도velocity, 다양성variety이라는 기본 요소로 정의되며, 종종 네

번째 요소로 가치value가 추가되기도 한다. 미학적인 모양새를 고려한 듯 알파벳 V 서너 개의 연속체로 꾸며진 이 용어에 대해, 가트너는 "향상된 시사점과 더 나은 의사 결정을 위해 사용되는 비용 효율이 높고, 혁신적이며 대용량, 고속 및 다양성의 특성을 가진 정보 자산"이라고 정의했고, 맥킨지에서는 "일반적 데이터베이스 SW가 저장, 관리, 분석할 수 있는 범위를 초과하는 규모의 데이터"로 설명했으며, IDCInternational Data Corporation에서는 "다양한 종류의 대규모 데이터로부터 저렴한 비용으로 가치를 추출하고 데이터의 초고속 수집, 발굴, 분석을 지원하도록 고안된 차세대 기술 및 아키텍처"로 규정했다(Gartner, 2012; IDC, 2011; MGI, 2011: 배동민·박현수·오기환, 2013, p. 40에서 재인용).

이러한 정의들은 오늘날 빅데이터에 관련한 사회적 인식과 태도를 드러낸다. 빅데이터는 인간 일반의 지각 및 인식 능력을 초월한다고 말해진다. 아울러 그 활용 가치 역시 인간이 상상할 수 있는 범위를 월등히 넘어서는 것으로 그려진다. 바로 그 초월성과 불가지성이 빅데이터의 본질로서 정의되는 것이다. 하지만 그러한 가치가 시장화의 방향으로 집중되어 있다는 점도 주의해야 할 것이다. 21세기의 금맥 또는 원유에 빗대어지는 흔한 비유들에서, 빅데이터에 대한 인류의 상상은 또렷하게 나타난다. 요컨대 빅데이터는 인간 주체의 인지와 사고 능력을 넘어서기에 인식 불가능한, 그렇기에 무한한 가치가 있다고 상상되는 무언가로 예시되고 추구된다. 이런 점에서 빅데이터는 우리의 체험적 삶의 영역 밖에 있다. 그러나 역설적이게도 빅데이터는 우리 삶에 내재하는 것으로서 우리의 몸과 마음과 행위들에 치밀하고 정교하게 개입하고 통제하는 것이기도 하다. 상황이 이러하기에 빅데이터 현상과 담론에 전적으로 압도되거나 일방적으로 매료되는 대신, 비판적인 질문과 성찰이 더욱 필요하리라 생각한다.

보이드와 크로퍼드는 「빅데이터에 대한 비판적 질문들」이라는 논문에서, 빅데이터 현상을 "문화, 기술, 학문"의 차원으로 나누어볼 수 있다고 제안한다(Boyd & Crawford, 2012). 저자들의 시각에서 빅데이터 현상은 "기술, 분석, 신화"의 상호작용 속에서 만들어진 것이다. 거대한 데이터 세트를 수집, 분석, 연결, 비교하기 위한 전산 능력과 알고리즘의 정확성이 '기술'의 측면이라면, 그러한 데이터로부터 경제적·사회적·기술적·법적 주장들을 만들기 위해 일정한 패턴들을 분별하는 일이 '분석' 차원에 해당한다. 마지막으로 '신화'의 차원은 빅데이터가 진실성, 객관성, 정확성과 같은 지식의 아우라와 함께 이전에는 불가능했던 통찰을 제공할 수 있는 보다 향상된 지식의 형태라는 맹신이다. 그러나 저자들이 보기에 이러한 상식화된 믿음은 적잖은 오류를 지니고 있다. 실상 빅데이터는 객관성을 담보하지 않는다. 데이터 수집과 처리, 분석에 이르는 전 과정에서 분석가의 주관이 개입할 가능성을 배제할 수 없기 때문이다. 데이터가 어떠한 것이든지 간에, 그에 대한 해석 작업은 근본적으로 분석가의 주관적인 통찰에 의해 진행되는 것이다. 또한 빅데이터는 그것이 아무리 클지라도 전체 데이터whole data가 아니다. 가지고 있는 데이터가 얼마나 크거나 작은지의 양적인 차이는 있을지언정, 빅데이터가 곧 데이터 전체일 수는 없다. 아무리 클지라도 빅데이터란 전체 데이터의 한 부분을 이루는 샘플이라는 사실을 부정할 수 없다. 여기서 저자들이 샘플은 전체보다 항상 열등하다고 주장하려는 것은 아닐 것이다. '크다big'와 '전체whole'를 자연스럽게 등치시키는 혼란이 문제인 것이다. 나아가 타당성 문제에 있어서도 '빅'데이터가 반드시 항상 좋은 것은 아니다. 연구 주제에 따라 '스몰small' 데이터가 더 좋은 답을 가져다줄 수 있다. 또한 빅데이터는 탈맥락화된 정보다. 해당 데이터가 인간관계 네트워크에 대한 것이든 행위 네트워크에 대한 것이든, 미디어로 매개된 네트워크로부터 형성된 빅데이터가 해당되는 인물이나 현상의 전체를 말해주지는 못한다. 빅데이터에 포함된 데이터 역시 단지 실제 현상의 일부분에 해당하는 정보일 따름이다(예를 들어 페이스북이 발달된 사회적 네트워크의 미디어라고 할지라도, 온라인과 오프라인을 관통하며 형성되는 널따랗고 모호하며 가변적인 인간사회의 모습 전체를 포괄하지 못한다). 빅데이터는 미디어로 매개된 인간사회의 모습, 그중에서도 특정한 한 모습만을 가상적으로 보여줄 뿐 현실세계를 이루는 네트워크 전체를 구성할 수도 재현할 수도 없다는 뜻이다. 이런 점에서 "맥락으로부터 떨어져 나온 빅데이터란 무의미하다"(같은 글, p. 670). 또한 사회윤리학적인 차원에서 볼 때 빅데이터에 대한 접근 및 활용 가능성이 제한적이고 차별적으로 구조화되어 있다는 점에서, 빅데이터 현상은 새로운 양상의 디지털 격차를 야기할 우려가 있다.

주로 기술-지식의 위상에서 질문을 제기한 보이드와 크로퍼드의 접근의 범위를 조금 더 확장하여, 이 글은 빅데이터의 사회문화적인 의미와 가치의 문제를 비판적으로 탐구하고자 한다. 빅데이터는 인간의 몸, 정신, 언어를 관통하고 결합하는 기술권력 체제, 즉 클로프의 표현을 따른다면 "정동 테크놀로지"의 지배적인 형태이다(Clough, 2007). 이런 점에서 빅데이터를 인간과 언어, 즉 커뮤니케이션의 관점에서 논하는 작업이 가능하다. 정동 테크놀로지로서 빅데이터 현상을 이해하기 위해, 우선 담론 분석을 통해 오늘날 빅데이터에 대해 진행되는 논의의 주된 흐름을 파악한다. 이어 도출된 빅데이터 담론의 속성에 바탕을 두어, 그 성격을 커뮤니케이션의 근본 차원이라 할 수 있는 '언어, 주체,

사회'의 차원에서 해석할 것이다. 이 논의에 지식과 담론 구성, 주체 형성, 그리고 인구 구축과 통치의 문제에 관한 미셸 푸코 및 후속 연구자들의 생명정치biopolitics 이론이 활용된다. 얼핏 반복적으로 읽힐 수 있는 이 글의 흐름이 의도하는 바는, 표면적으로 유통되는 빅데이터 담론을 추적하고 검토하는 일을 일차적으로 행한 후에, 그 결과를 바탕으로 통치 체제로서 빅데이터에 관한 비판적 이론화를 꾀하는 것이다. 이러한 시도는 빅데이터로 상징되는 정보화 상황에서 인간의 감성, 가치, 기억, 역사, 즉 생生에 작동하는 통치권력과 인간의 자유에 관한 문화정치의 핵심적 문제에 접근하기 위한 걸음으로서 유의미하리라 생각된다 (Karatzogianni, 2012).

2. 빅데이터란 무엇인가

빅데이터의 등장에는 "빅데이터 혁명"이라는 다분히 센세이셔널한, 그러나 때론 진부한 구호가 덧붙여지곤 한다. 빅데이터 영역은 기술적 인프라, 공공 정책, 경제 산업적 활용, 민간의 이용을 모두 포함하는 거대한 것으로서 "데이터 생태계data ecosystem"의 공간으로 불리기도 한다. 이와 유사한 관점에서 강정수는 "1) 전례 없이 빠른 속도로 급팽창하는 데이터의 양, 2) 이를 저장, 분석, 해석하는 전통 기술 시스템의 한계, 3) 대용량 데이터에 대한 진화된 저장 기술, 분석 기술과 시각화 기술, 그리고 4) 대용량 데이터를 기반으로 컴퓨터과학과 사회과학에서 진행되는 새로운 연구 방법 등과 관련된 현상을 미디어, 산업계, 학술 영역에서 총칭하는 개념"이라고 빅데이터를 정의한다(강정수, 2013, pp.

131~32). 이러한 논의들은 공통적으로 빅데이터에 개입하는 힘과 그 효과가 정치, 정책, 경제, 산업, 마케팅, 문화, 학문의 전 영역으로 파급되고 확대되고 있음을 시사한다.

빅데이터는 "모든 것의 데이터화"다(쉰버거·쿠키어, 2013). 디지털 네트워크 이용자의 "활동"은 물론이고 그 "존재" 자체가 데이터로 남겨지며, 이것이 기록, 보존, 분석되면서 빅데이터로 활용된다. 빅데이터 환경에서 세상의 모든 것을 수량화하려는 욕망은 매우 첨예하다(같은 책, p. 155). 특히나 빅데이터에서 데이터화를 노리는 "신개척지"는 이전의 데이터화 기술이 미처 접근하지 못했던 "좀더 개인적인 영역"이다. 즉 "인간관계, 경험, 기분"처럼 무척이나 비밀스럽게 지켜져야 한다고 여겨졌던 사적인 요소들, 아니 때로는 개인 스스로도 파악하거나 이해하는 것이 불가능했던 은밀한 요소들이다(같은 책, p. 170). 예를 들어 페이스북은 인간관계를 데이터화하고, 트위터는 사람들의 생각, 기분, 소통을 데이터화하며, 헤지펀드 회사를 비롯한 다수의 기업들은 소비자 반응을 수집하거나 마케팅 전략의 효과를 판단하기 위해 인간의 우울함, 희망, 기쁨, 공포, 분노와 같은 정서적 상태를 분석하는 정서 분석sentiment analysis의 방법을 즐겨 사용한다(같은 책, pp. 170~76). 정형적인 것(로그 데이터log data, 구매 기록 등)과 비정형적인 것(소셜 미디어, 위치, 센서 등), 정신적인 것(생각, 감정, 취향 등)과 물질적인 것(육체, 행동 등)을 포함해 인간의 전소 존재가 데이터화한다.

둘째, 빅데이터는 단지 과학기술적인 영역에 한정되지 않는다. 빅데이터는 데이터를 '사회화'한다. 맥킨지 글로벌 연구소는 빅데이터의 적용 영역을 "의료, 소매, 제조, 개인 위치 정보, 공공"으로 제시한 바 있다(MGI, 2011: 정용찬, 2012, p. 9에서 재인용). 이 항목들에는 개인적인 것/집합적인 것, 사적인 것/공적인 것, 정치적인 것/경제적인 것의 경계가 흐려지고 혼합되어 있다. 매우 큰 데이터가 정치, 경제, 사회, 문화의 전 영역에서 철저하게 추적되고 수집되며, 역시 전면적으로 파급, 관리, 활용되고 있음을 알 수 있다. 빅데이터는 목적에 따라 무한히 새로운 얼굴의 데이터 세트로 (재)생성, (재)조합될 수 있는 거대한 사회적 자원이다. 때로는 국민의 안전을 위한 공공 정책으로, 때로는 경제적 차원에서 거대한 수익을 창출할 수 있는 시장 재화로, 때로는 정치적 차원에서 개인들의 의견과 태도를 여론화할 수 있는 민주주의의 도구로, 때로는 개인 정보를 획책하고 파괴하는 범죄 수단으로, 때로는 대중문화를 이해하고 확산하기 위한 문화적 관심에서 활용된다. 이처럼 목적과 논리에 따라 빅데이터의 위상과 목표는 정부–공공–민간의 영역을 자유로이 관통하고 포괄하며 변모·조정될 수 있다.

셋째, 빅데이터의 목적으로서 이러한 '모든 것의 데이터화'와 '데이터의 사회화'는 수익 창출이라는 유일무이한 목표를 향해 돌진한다. 실제로 빅데이터는 모든 것의 데이터화를 통해 유통, 금융, 제조, 의료, 교통 등 사회 전 분야에서의 데이터 폭증을 예견케 한다(정용찬, 2012, p. 5). 이런 점에서 빅데이터는 2012년 다보스 포럼에서 "위기에 처한 자본주의를 구하기 위해" 제시된 "사회 기술 모델"의 강력한 해결 도구로 부상했다(같은 글, p. 6).

넷째, 빅데이터는 과거/현재/미래의 시간성을 관통하며 의도하고 있는 특수한 목적에 따라 새로운 시간성을 창출한다. 데이터화의 추구 목표에 따라 과거 시간으로 새롭게 회귀하여 반복할 수 있는가 하면, 아직 오지 않은 미래를 예측하여 특정한 방향으로 유도하거나 아예 새로운 모습의 미래를 만들어내기도 한다. 예컨대 인터넷 쇼핑몰 아마존은 고객들의 구매 내역과 같은 과거의 일들을 모두 데이터베이스화하여 이용자의 소비 패턴을 분석한 후, 구매 시 관련 상품을 추천하는 서비스에 활용하는 식으로 특정한 성격의 소비 미래를 유도하고 발생시킨다. 기존의 인터넷 상황에서 주로 실시간 데이터가 정보로서 가치를 지녔다면, 빅데이터는 현재 생산되는 데이터는 물론 과거 데이터의 잔해와 흔적—'발자국'이라고 불리는—까지도 철저하게 재활용한다. 과거의 데이터가 새롭게 재조합되고 재분석되어 특정한 방식의 현재와 미래를 창출해낼 것으로 예기되기 때문이다. 이처럼 빅데이터의 시간적 논리는 과거의 흔적과 실시간의 상황 데이터 간의 '순수한 상관성'에 기대어 미래로 향하는, 아니 미래 그 자체를 창조하는 식으로 구성된다. 가치 창출이라는 유일한 목표를 향해 미래를 예측하고 대처하며, 나아가 특정한 미래를 발명하는 것이 빅데이터의 미래지향적인 시간성이다.

다섯째, '빅'이 두드러지게 강조되는 현상에서 느낄 수 있듯이, 개인의 데이터는 거대한 집합적인 수준에서 의미를 획득한다. 이런 점에서 빅데이터는 개별적인 인간과 집단의 모든 것이 거대하게 수량화, 측정, 집결, 분석, 체계화, 관리되는 '장치'다. 아감벤의 의미에서 '장치'란 살아 있는 존재를 포획, 정향, 결정, 개입, 모델화, 통제할 수 있는 담론적·물질적 권력체계다(Agamben, 2009). 특히 아감벤은 현대 네트워크 상황에서 장치는 주체화 못지않게 탈주체화의 방식으로 작용한다는 점을 강조한다. 혹은 주체화와 탈주체화의 경계를 조정하고 통제하는 것 그 자체가 장치의 권력 효과일 것이다. 주체화가 주체를 호명하고 형성하는 경로를 취한다면, 탈주체화는 주체의 흔적을 지우고 모호한 덩어리로 집단화하는 방식이다. 모든 것을 거대 데이터화하는 빅데이터 장치에서, 이용자들의 개체성이라는 존재 양식, 개별적인 인식이나 태도

등은 중요하게 고려되지 않는다. 대신 이용자들이 거대 데이터의 형태로 전환되어 커다랗게 뭉친 현상──예를 들어 '구름cloud' 또는 '무리crowd'의 논리──이 중시된다. 따라서 빅데이터에서는 아감벤이 설명하는 주체화를 통한 지배 대신 탈주체화를 통한 통제가 일어난다고 볼 수 있다. 나아가 빅데이터 장치가 인구를 다루는 방식은 단지 이미 존재하는 인구를 '사후' 기술하는 역할에 멈추지 않는다. 빅데이터의 미래지향적인 시간성에서 드러났듯이, 아직 존재하지 않는 인구의 성격을 미리 예측하고 설정함으로써 새로운 인구 집단을 '발명'한다. 개인들을 탈주체화하고 집단화하여 데이터의 형태로 환원하고 나아가 새로운 성격의 인구를 생성하는 것, 이것이 빅데이터 장치가 인구 차원에서 행사하는 통제력이다.

여섯째, 빅데이터는 데이터화를 통해 발휘되는 새로운 통치성governmentality의 주요한 한 부분을 이룬다. 근대국가들에 있어 인구, 보건, 노동, 세금에 관한 거대 규모의 데이터 세트는 통치의 필수적인 자원이었다. 이러한 목표는 빅데이터 환경에서도 유지될 뿐 아니라 더욱 정교해지고 광대해진다. 빅데이터의 영역에 정부 통치력은 매우 거대하면서도 치밀하게 침투해 있다. 각국 정부가 적극적으로 추구하고 있는 빅데이터의 공공적 영역은 공공 정보 개방, 공공서비스 플랫폼·기술 기준 등의 연구개발R&D, 빅데이터 분석 전문 인력 양성 등의 진흥 정책과 개인 정보 보호·보안 등 법제도적 개선 정책 등에 걸쳐 광범하게 펼쳐져 있다(배동민·박현수·오기환, 2013, p. 53). 우리나라에서도 2012년이 빅데이터 원년으로 선언되었다. 같은 해에 '빅데이터 마스터플랜'의 공표를 통해 빅데이터는 국가 정책의 핵심 부분으로 자리 잡았다(같은 글, p. 41).

이처럼 개인과 집단의 모든 것이 데이터화된 빅데이터에 국가와 자본의 이해관계가 긴밀하게 연동하여 광범한 통치 기술을 행사한다. 가상 네트워크로 연결된 인구의 통치를 위한 모든 '앎'에의 의지, 욕망, 쾌락이 집결된 것이 빅데이터다(Foucault, 1997). 빅데이터 통치의 원리는 한편으로는 흔히 언급되는 '빅브라더'식 감시의 성격도 지니지만, 더욱 중요한 다른 한편으로는 발명과 창출의 효과를 낳는다. 우선 첫번째 단계로 빅데이터는 빅브라더 은유에 상응하는 감시 기능을 갖췄다(홍성태, 2013). 이것은 지금 국제적으로 논쟁이 격화되고 있는 미국 국가안보국 Nation Security Agency(이하 NSA)의 빅브라더 감시체계에 대한 사안이 증명한다. 그러나 빅데이터의 영역에서 통치력의 위상과 성격은 단순한 감시권력 이상의 복잡하고 모호한 성격을 지닌다. 왜냐하면 우선 소셜 미디어에서 생산되는 데이터 중에서 무엇이 개인적인 것으로 보장되어야 하고 무엇이 공공 데이터로 개방되어 마땅한지에 관한, 즉 빅데이터에서 공적인 것과 사적인 것을 구분할 기준이 모호하다는 원론적인 문제가 미해결로 남아 있다(Boyd & Crawford, 2012). 나아가 빅데이터 통치권력의 특수한 본성을 생각해볼 수 있다. 빅브라더 감시체계가 은폐와 억압을 기초로 하는 어두운 감시였다면, 빅데이터는 투명성과 공개성을 명시적으로 주장하고 자임한다. 미국 정부가 2012년에 발표한 「빅데이터 연구개발 계획Big Date R&D Initiative」에 따르면, 정부는 공공 정보를 개방하고 빅데이터를 활용하여 공공서비스를 개혁할 것을 목표로 하며, 이를 위해 "투명하고 효율적이며 혁신적인 정부서비스를 제공"할 것을 약속하고 있다. 예컨대 '오픈 데이터 포털 사이트'라는 이름의 공공기관 전용 통합 데이터 공개 사이트는 정형·비정형 데이터를 이용하기 쉬운 형태로 개방할 것을 의도한다(배동민·박현수·오기환, 2013, p. 54).

여기서 중요한 점은 폐쇄적인 권력체계의 비밀성과 대립되는 빅데이터의 강조점, 즉 공개성에 있다. 빅데이터에서 공공 부문의 데이터는 금융, 유통, 의료 정보 등 다양한 영역의 민간 정보와 융합되어 공개적 활용을 추구하게 된다. 민간 데이터와 공공 부문 데이터의 공개적인 융합을 통해 "정보의 가치와 활용성은 더욱 향상될 수 있다"고 주장된다(같은 글, p. 67). 이처럼 '음험한' 감시권력으로 숨어 있는 대신 정보의 투명성과 개방성과 공유성의 원칙에 의거함으로써, 데이터 수집 및 분석과 활용의 전권을 소유한 주체로서 빅데이터 통치성은 도덕적 정당성과 지적 합의에 기반을 둔 헤게모니를 구축할 수 있게 된다.

일곱째, 빅데이터는 새로운 통치성 수립을 위한 지식-권력체계다. 빅데이터와 관련하여 새로운 "미디어 데이터 생산 패러다임의 전환"을 위한 지식 생산 및 적용의 방법론들이 적극적으로 모색되고 있다. "인터넷 공간에 쌓이는 데이터"를 "정부승인통계official statistics"로 활용할 가치가 충분하기에, 각 정부와 국가기구는 미디어 관련 데이터 통계 생산 체계의 재검토와 설계 작업에 주력하고 있다(정용찬, 2012, p. 13). 예를 들어 OECD는 통계의 원천이 인터넷 영역으로 전환되고 있음을 주목하여 인터넷 기반 통계에 대한 타당성 연구를 추진 중이고, 한국의 통계청 역시 "고용보험, 국민연금, 건강보험, 산재보험 등 기존 정보를 활용한 임금근로 일자리 통계 개발을 계획 중이며, 센서스, 경제 총조사도 행정 자료로 대체할 계획"인 것으로 알려져 있다(같은 글, p. 14). 어원적으로 연결된다는 사실로도 확인할 수 있듯이, '통계statistics'는 '국가state' 통치를 위한 인구 산정 기술로부터 기인했다. 통계는 근대국가의 인구와 영토를 체계적으로 조사, 분석, 지배하기 위한 통치적 목적에서 개발된 방법론이다. 이제 빅데이터가 도입되는 상황에서 전통적인 통계 방식은 한계를 드러냈고, 방대한 양의 다양한 정보 '트렌드'를 실시간으로 측정하기 위한 새로운 통계 방법론이 모색되고 있다. 이런 점에서 빅데이터는 새로운 통치성 수립을 위한 첨단의 지식 창출 방법론으로 발전해가고 있다.

그런데 빅데이터 지식체계는 국가 중심적인 근대 통계학적 원리와 차별화되는 특징을 지니고 있다. 그것은 '총합성'과 '네트워크성'이다. 빅데이터를 효과적으로 활용하기 위해 메타데이터metadata 등을 포함하여 데이터에 관한 정보가 집약된 종합 정보로서 "데이터웨어dataware"의 구축이 필요(같은 글, p. 16)하다는 식의 주장은, 빅데이터에서 지식의 총합성이 추구되는 경향을 보여준다. 또한 "소통과 협업에 기초한 지식 창출 기반"으로서 "크라우드소싱crowdsourcing" 전략을 강조하는 경향은 네트워크성의 특징을 나타낸다. 특히 일반 시민의 개입과 참여가 빅데이터 생산의 핵심을 이룬다고 강조된다. 예를 들어 스마트폰을 비롯한 모바일 기기의 대중적 활성화는 원격 감시 기술, 소프트웨어 로그, 카메라, 마이크, RFID 리더 등을 이용한 비정형 데이터 수집과 그에 따른 데이터의 증가를 가능케 했다. 또한 클라우드 서비스는 개인과 조직의 데이터가 한곳으로 축적되어 분석·활용될 수 있도록 이끌었다. 마지막으로 소셜 미디어 활용의 일상화는 커뮤니케이션과 정보의 상호작용과 일상화된 데이터 유통 및 소비를 이끌었다(유지연, 2012). 이와 같이 첨단 미디어를 매개로 한 대중 참여적 데이터의 증가는 빅데이터 지식의 네트워크화를 강화할 것으로 전망된다. 전 인구의 '총합적인 참여'와 '네트워크 연결성'이 필수적으로 동반되는 네트워크형의 지식이라는 점에서, 빅데이터는 근대의 폐쇄적이고 일방적인 국가 주도형 통계체계와 구별되는 새로운 형태의 지식권력체계이다.

마지막으로 빅데이터의 사회적 효력은 새로운 주체 형성에 있다. 이는 앞서 지적한 모든 것의 데이터화와 집합화, 즉 이용자 일반을 탈주체화하는 현상과 대비적으로 공존하는 현상이다. 이용자 집단의 탈주체화 경향에 반해, 빅데이터를 처리하고 분석하는 인력에 있어서는 전략적이고 적극적인 주체화 작업이 투여된다. 빅데이터 담론에서 빅데이터를 다룰 수 있는 "정확하고 실용적인 데이터 마이닝과 분석"의 기술과 능력을 갖춘 "인적 자본"에 대한 강조가 두드러지는 현상은 놀랍지 않다(같은 글, p. 59). 데이터를 생산하는 일반인에게 빅데이터 장치는 일종의 블랙박스처럼 불가지의 대상이기에, 이들은 빅데이터 체계에 대해 무관심해진다. 반면 빅데이터의 가치를 발견하고 현실화할 수 있는 인력은 빅데이터 생태계의 발전에 필수적인 유형의 '인적 자본'이다. 이들은 "사회 전반의 생산성 향상과 가치 창출"(같은 글, p. 56)이라는 목표를 위해 전략적으로 육성되고 투자되어야 할 존재로서 중시된다. 푸코의 생명정치 이론에 따르면 "인적 자본"은 신자유주의의 미국적 발현의 한 특유한 양상인 "무정부적 자유주의"에서 강조된 개념이다(Foucault, 2008). 자유로운 경제적 주체를 합리적으로 통치하기 위한 권력체계를 신자유주의라고 말할 수 있다면, 그러한 사회체계 내에서 양성되는 자율적이고 개인주의적이며 자기 투자에 집중함으로써 미래적 생산성과 경쟁력의 창출을 추구하는 '기업가적 주체'가 바로 인적 자본의 전형이다. 이런 점에서 빅데이터 환경에서 강조되는 인적 자본이란 빅데이터 처리와 분석에 전문적인 능력을 투신함으로써 최대의 행복과 만족, 그리고 최고의 생산성을 지향하는 인간형의 표상이다.

이리하여 빅데이터 환경에서 주체화와 탈주체화의 양면적인 현상들이 상호 보완적으로 연동된다. 한편에서는 빅데이터 생산 주체인 대다수의 일반 이용자들이 데이터의 접근 및 가치 실현의 과정으로부터 소외되는 탈주체화 현상이 진행되는 반면에, 다른 한편에서는 빅데이터 전문의 인적 자본이 적극적으로 양성되는 주체화 작용이 촉진되기 때문이다. 예를 들어 우리가 일상적으로 즐겨 사용하는 페이스북은 거대한 개인 정보들을 수집하고 추적하며 관리하지만, 막상 이것의 사용자인 보통 사람들은 자신의 정보가 어떻게 추적되고 수집되며 보존, 저장되고 활용되는지에 관해 거의 아는 바가 없다. 이것은 데이터 생산자이자 서비스 이용자인 보통 사람들의 개인적인 무지에서 나오는 결과라기보다는, 대중적 생산 영역과 전문적 관리 영역이 철저하게 분리된 빅데이터 구조가 낳은 탈주체화의 불가피한 결과다.

이렇게 빅데이터는 소외된 데이터 주체와, 투자 및 육성의 대상으로서의 인적 자본이라는 상반된 유형을 차별적으로 양산하고 있다. 이로써 경제와 과학의 협력체제 안에서 데이터를 둘러싼 세 범주의 집단들이 차별적으로 구성된다. 마노비치의 구분에 의하면, 1) (의식적으로든 혹은 비의도적으로 디지털 발자국을 남기는 식으로든) 데이터를 생성하는 자, 2) 데이터를 수집할 수단을 가진 자, 3) 데이터를 분석할 수 있는 전문성을 가진 자가 그것이다. 첫 범주에는 웹/모바일을 이용하는 다수 대중이 포함되고, 두번째 범주는 그보다 적은 수의 집단이며, 세번째 범주는 가장 소수의 전문가들로 형성된다. 이렇게 피라미드형으로 차별화된 집단들이 "빅데이터 사회big data society"의 "데이터 계급data-classes"을 구성한다(Manovich, 2011).

지금까지 빅데이터 담론의 특징들을 데이터화, 데이터의 사회화, 데이터의 시장화, 데이터의 미래지향적 시간성, 데이터의 집합화 및 탈주체화된 인구 발명, 데이터화의 통치술, 데이터의 지식-권력화, 주체 형성의 여덟 가지로 구별했다. 이 특성들 중에서 앞의 네 가지가 빅데이터 산업과 경제의 영역에 속한다면, 뒤의 네 가지는 통치성과 주체의 문제를 중심으로 하는 빅데이터 정치 영역을 이룬다. 이 글이 주로 살펴볼 영역은 뒤의 네 가지를 아우르는 빅데이터 정치 영역이다. 특히 "장치"(Agamben, 2009)로서의 빅데이터가 개인 및 인구 집단을 통치 가능한 대상으로서 주체화하는 동시에 탈주체화하는 측면이 주목된다.[1] 지금까지의 담론 분석에서 도출된 빅데이터 정치의 특성은, 그것이 폐쇄적, 기술적descriptive, 국가 중심적으로 행해졌던 근대 데이터 체계와는 구분되는 새롭고 강력한 지식 데이터 체계라는 점이다. 국가가 중심이 되어 통계학적인 지식체계를 수행하는 것이 과거 통치권력의 특징이라면, 빅데이터는 데이터의 공개화, 개방성을 강조함으로써 데이터의 사회화를 추구한다. 주체를 틀 짓는 폐쇄성 대신 대중 전체의 적극적인 참여와 능동적인 연결성이 강조된다. 그리고 통치 방식에 있어서 일방성 대신 주체 하나하나를 끌어들이고 활동하도록 함으로써 새로운 집합성을 창출하는 생성적이고 창발적인 권력 효과가 발휘된다. 그리고 사회 전 영역에서 산출되고 활용되는 데이터의 궁극 목표는 경제적 가치 창출의 극대화라는 자본주의의 논리를 강화하는 방향으로 수렴된다.

이처럼 빅데이터 환경에서는 일방적이고 강제적인 근대 규율 질서와는 차별화된, 운동적이고 자발적이며 자유로운 주체에 대해 개입·자극·연결·운영하는 힘이 작동한다(Deleuze, 1992). 이 현상은 들뢰즈가 제시한 "통제사회"의 모습과 매우 유사하다. 이 통제사회에서 인간은 연

---

1) 빅데이터에 대한 시민의 실천과 저항이라는 빅데이터 정치의 또 다른 중요한 측면은 이 글에서 다루지 않는다. 이 문제는 별도의 연구에서 본격적으로 논의되어야 할 중요 과제로 남겨두기로 한다.

속적인 네트워크 안에서 계량화된 '코드'로 존재한다. 인간은 더 이상 자율적인 개인으로 살아가는 것이 아니라 "대량, 샘플, 데이터, 시장, 또는 '은행'"(같은 글, p. 5)이라는 기업적 자본주의의 구성 요소로 활용되는 것이다. 규율사회가 폐쇄적이고 고정적이라면 통제사회는 "조정적 modulation"이고 운동적이다(같은 글; Lippold, 2011). 그러하다면 빅데이터란 바로 통제사회의 핵심적인 매개·운영 논리다.

이와 같은 통제사회의 정보 논리로서 빅데이터의 정치적 특징을 제시하면서, 그 논리의 구체적인 성격을 1) 지식 실천을 통한 2) 주체 형성과 3) 인구 집단에 관한 통치라는 문제 영역으로 나누어 상술하겠다.

3. 지식 실천으로서의 빅데이터

애초에 데이터란 무엇인가? 왜 어느 순간 갑자기 인류가 기호, 언어, 담론에 대해 지녀왔던 오래된 진지한 관심을 버리고 데이터라는 단어에 매혹되고 있는가? 데이터의 정의는 학문 분야에 따라 상당한 차이를 보이는데, 우선 어원적으로 보면 라틴어 데이텀datum의 복수인 데이터data라는 용어는 1640년대에 '주어진 것'이라는 의미로 사용되었다고 알려져 있다. 전송 및 축적 가능한 컴퓨터 정보라는 의미는 1946년에 나타났고, 데이터 프로세싱이라는 단어는 1954년부터 사용되었다고 한다.[2] 한편 쇤버거와 쿠키어는 데이터를 "주어진 것으로서 사실"이라고 정의

---

2) 이는 "Online Etymology Dictionary"의 정의에 따른 것이다(http://www.etymonline. com/index.php?allowed_in_frame=0&search=data&searchmode=none).

내리고 있다. 유클리드 기하학에서 "알려진 것 혹은 알려졌다고 증명된 것"의 의미로 이해되었던 사실로부터 추측할 수 있듯이, 데이터는 기록·분석·재정리될 수 있는 무엇이다(쇤버거·쿠키어, 2013, p. 147). 이들의 정의에서 두드러지는 빅데이터의 핵심은 실증성에 있다. '주어진 것' 또는 '사실'이라는 정의에 의거할 때, 오늘날 데이터 혹은 빅데이터란 직관적으로나 추론적으로 알 수 없는 존재 또는 존재들 간의 상관관계를 데이터의 기록, 조절, 저장, 분석, 통합, 데이터 스토리텔링 및 시각화를 통해 실증해내는 지식체계로 이해할 수 있다.

그러나 실상 존재와 체험 같은 경험적 영역을 상징화하는 역할을 비단 데이터만이 할 수 있는 것은 아니다. 오히려 주지하다시피, 인간 커뮤니케이션 역사는 경험을 상징화하는 흐름에 다름 아니었다. 그리고 각 시대는 자신의 경험적 사실을 개념화하고 설명하기 위한 고유한 지식체계들을 개발해왔다. 그렇다면 현대의 지식체계는 어떠한 특징을 보이는가? 스콧 래시는 오늘날 "탈헤게모니post-hegemony" 시대에 권력은 구조적인 지배를 강화하는 대신 점차 인간의 존재와 삶에 직접적으로 개입하는 "존재론적인 것"이 되었다고 주장한다(Lash, 2007). 권력은 억압하고 강제하는 결정력potestas 대신 생성하는 힘potentia으로 작동함으로써 '사실'을 발생시키고 실증한다. 또한 형이상학적이고 추상적인 진리 대신 물질적이고 경험적인 사물들에 작용한다. 이와 유사하게 테라노바는 탈근대 정보 테크놀로지 환경에서 창출되는 "정보로서의 지식"은 성찰적이고 숙고적인 전통적 지식과 달리 수행적이고 실용적인 성격을 지닌다고 해석한다(Terranova, 2006, p. 287). 여기서 우리는 앞서 살펴본 통제사회에서 빅데이터의 능동적이며 자발적이고 창발적인 특징을 상기하게 된다! 즉 빅데이터는 우리 시대에 운동적이고 능동적인 대중에 작용하는 지식-권력의 본성을 명시적으로 체현하는 수행적이고 실용적인 지식체계인 것이다.

이렇듯 지식-권력의 고유한 역사성에 대한 인식은 오늘날의 지배적인 지식체계로서 빅데이터의 특성을 이해하기 위한 주요 바탕을 이룬다. 스콧 래시의 논의를 응용한다면, 빅데이터란 디지털 정보 테크놀로지 환경에서 우리 몸과 마음의 세세한 경험들을 정밀하게 추적하여 데이터화함으로써 정보화된 형식으로 재창출하는 새로운 '존재론'으로 이해할 수 있다. 그렇다면 지식의 역사적 특수성에 대한 인식에 기대어, 기존의 상징화와 구별되는 지식체계로서의 빅데이터의 특성을 살펴보기로 한다. 구체적으로 지식의 형식적 차원에서 아카이브와의 비교가, 지식의 내용적·의미적 차원에서 담론과의 비교가 가능하리라 생각된다.

우선 형식적 차원에서 빅데이터를 아카이브와 비교할 수 있다. 빅데이터 논의가 본격화되기 이전에 마이크 페더스톤이 쓴 짤막한 글「아카이브」는 기록화archiving의 역사적 변화 과정에 대해 흥미로운 생각을 들려준다(Featherstone, 2006). 페더스톤의 시각에서 볼 때 아카이브는 집단적 기억의 저장소다. 18세기에 국가의 규율권력은 인구의 변화 상황을 관찰, 기록하고 분석할 자료로서 아카이브를 필요로 했다. 이후 아카이브는 국가적 기억을 형성하고 역사를 구축하는 장소로 기능해왔다. 그리고 오늘날 "기록에의 의지는 현대 문화의 강력한 충동으로 작동하고 있다"(같은 글, p. 595). 새로운 정보 테크놀로지는 무엇이든 기록할 수 있도록 우리의 능력을 확장시켰을 뿐만 아니라 기록의 새로운 형식을 창출했다. 가령 현대의 아카이브는 하이퍼텍스트와 네트워크 노드로 구성된 디지털 데이터베이스의 형태로 발달하고 있다. 우리의 관심 대상인 빅데이터도 디지털 데이터베이스의 한 형태라고 볼 수 있다.

데이터베이스에서는 물리적 형태의 아카이브 기록 대신, 즉각적인 저장과 전송이 가능한 가상적 사이트에서의 아카이브 형태가 중심이 된다. 데이터베이스 형태의 아카이브는 탈중심적이고 다수적이라는 점에서 과거의 파놉티콘 형식으로 행사되는 관료적 통제와 감시의 방식과 상반되며, 통합적 단일 구조로부터 벗어나 불안정성과 우연성, 비중심성으로 특징화되는 구조로 이행하는 경향을 보인다. 탈중심적이고 다수화된 네트워크로서 아카이브는 이산적이고 이주적인 아카이브들이 형성된다(같은 글).

그렇다면 이렇듯 "유동적, 과정적, 역동적"(같은 글, p. 596)인 가상아카이브는 그 탈중심성과 다수성에 힘입어, 많은 작은 이야기들의 탄생과 회생, 그리고 활성화를 가능토록 할 것인가? 과거의 중심화되고 통합적인 아카이브에서 단일화된 역사가 지배적으로 구축되어왔던 것과 달리, 빅데이터 상황에서는 소수의 기억과 이야기 들이 활발하고 자유롭게 회복되고 발화될 수 있는 것일까? 나는 빅데이터 지식체계에서 독점적 질서가 지배적임을 밝힘으로써, 이러한 바람이 지나치게 순진하고 낙관적인 것이라고 주장하고자 한다. 이제 '의미'의 차원에서 빅데이터의 개념을 담론의 그것과 비교함으로써, 빅데이터의 지식체계로서의 특징을 비판적으로 검토하겠다.

빅데이터와 대비되는 담론의 개념을 이해함에 있어 푸코의 『지식의 고고학』은 그에 준거하여 빅데이터를 비판할 수 있는 풍부한 자양분을 제공한다(Foucault, 1972). 푸코에게서 '데이텀'이란 순수하고 투명한 '사실'로서 당연시되지 않는다. 대신 데이텀은 말해지는 순간 이미 사회적인 것이 된다. 이는 데이터에 이미 객관적인 본질이 선재하여 의미가 투명하게 반영될 수 있거나 혹은 반대로 뜻이 완전히 비어 있어 새로운 의미들이 무한정 형성될 수 있지 않고, 사회적인 규범과 언어적인 질서 안에서 소통됨으로써 비로소 의미가 구성됨을 뜻한다. 이때 언표의 사건은 중대한 계기를 이룬다. 언표되는 순간 즉각적으로 데이터는 문장으로 확장되고 복합적인 지시와 연계의 관계망 속에 자리하게 됨으로써 사회적 의미를 구성하기 때문이다. 즉 언표된 데이텀은 특정한 발화 조건 안에서만 의미 작용을 할 수 있다(같은 책, pp. 111~12). 그 조건 안에서는 무한한 자율성을 띠는 대신 상위 질서인 언어, 나아가 사회적 규범과 규칙으로부터 제약과 통제를 받게 된다. 이렇듯 특정한 지식-권력의 조건과 질서 안에 연계되고 배치된 데이터는 진술로서 의미 작용을 개시하고 끊임없이 재형성·변화하는 담론화 과정을 밟아나간다. 그 역동적인 과정에서 발화 주체의 위치를 생성하며, 특정한 개념화와 의미화의 전략적 효과들을 수행하게 된다.

지식의 고고학은 담론의 수용과 배제의 방향과 속도, 그 역사적 배치, 조건, 효과를 상호적 관점에서 실증적으로 제시하는 것을 임무로 삼는다. 지식의 고고학은 담론들의 유사성과 차이를 추적한다. 담론 형성의 규칙들의 층위에서 나타나는 유사성과 차이의 특수한 관계들을 다양한 담론적 형성 과정 및 조건 속에서 발견하는 것이다(같은 책, p. 160). 이렇게 볼 때 담론의 실증성이란 언어 외부적 형식이 언어에 투영됨으로써 구현되는 본질적 의식이나 객관적 실재를 의미하지 않는다. 담론의 연계, 연속, 모순, 변환의 실천 과정 속에서 구성되는 유사 혹은 차이의 관계들, 그리고 그에 대한 해석이 곧 담론 연구의 실증성을 이룬다.

푸코가 『지식의 고고학』에서 서술한 담론의 개념과 빅데이터론자들이 주장하는 데이터의 개념은 여러 관점에서 대비된다. 우선 데이터의 성격을 고려할 수 있겠다. 앞서 논했듯이, 지식의 고고학에서 데이터는 발화되는 순간 이미 사회적인 것이고, 상위의 담론적 질서 안에서만 의미가 구성된다고 이해된다. 반면 빅데이터의 세계에서 데이터는 애초부터 주어진 것으로서, 그 자체로 객관적이며 투명한 '사실'로서 전제된다. 또한 지식의 고고학에서는 데이터가 의미화되는 과정 및 그것에 작동하는 지식-권력의 구성적formative 작용과 효과를 중요하게 고려한다. 그러기에 담론에서는 형성 과정의 복잡성과 역동성, 그 연속과 단절, 해체와 결합의 변주가 중시된다. 담론의 실증성이란 이미 완결적으로 만들어져 주어지는 것이 아니다. 특정한 발화가 지식으로 구축되는 담론 실천의 과정 속에서, 유사성과 차이의 관계와 상호작용 속에서 '형성'된다. 그래서 담론의 의미는 항상 일정한 지식-권력의 체계 안에서 만들어지는 '되어짐'의 과정 속에 있다.

이처럼 지식의 고고학에서는 담론의 발생, 수행, 효과에 이르는 과정성과 실천성이 중시되는 데 비해 빅데이터 현상에서는 '순수 상관성'이 강조된다. 그러한 상관성을 객관적으로 수집, 분석, 기술함으로써 진실을 발견할 수 있다는 것이다. 특정한 데이터 현상의 원인과 그것이 개념화되고 지식화되는 담론적 상호 과정에 대한 비판적인 물음은 제기되지 않는다. 그러한 담론화의 과정이란 알 수도, 알 필요도 없는 문제일 따름이다. 이런 점에서 빅데이터론자들에게 고전적인 이론화 작업이 몰두하던 인과성의 문제는 원시적이며 비효율적인 유산으로 치부된다. 그들의 관심사는 두 요인들 간의 연결 고리를 상관성의 관점에서 기술함으로써, 원인에는 무관심한 채 결과를 획득하는 일이다. 이들의 전형적인 어조는 데이터로부터 도출된 상관성에 의거하여 "우리는 여러분이 내일 뭘 하게 될지 압니다"(쇤버거·쿠키어, 2013, p. 107)라고 자신 있게 단언하는 식이다. 『와이어드』의 편집장 크리스 앤더슨이 빅데이터의 등장을 환영하면서 "데이터의 홍수로 과학적 방식은 구식이 됐다"라고 외치며 "이론의 종말"을 선언했을 정도로, 빅데이터에 있어서 상관성 및 그에 의거한 결과의 활용이라는 논리는 강력한 힘을 지니고 있다. 이제 세상을 이해하고 설명하는 데 이론은 불필요한 것으로 치부된다. "그냥 데이터를 살피면 되기 때문이다"(같은 책, pp. 132~33).

물론 쇤버거와 쿠키어같이 보다 영리한 연구자들은 빅데이터에 관한 앤더슨의 단순한 초기 주장을 조금 더 세련화했다. 예를 들어 그들은 "빅데이터 그 자체도 이론 위에 세워져 있다"고 말한다. 그럼에도 쇤버거와 쿠키어 역시 빅데이터의 근본 원리인 '순수한 상관성'의 논리를 부정하지 않는다. 오히려 그 효과는 더욱 강화되고 있는데, 왜냐하면 그들의 입장에서는 상관성을 발견할 도구로서 이론을 마음껏 선택할 자유가 전제되고 있기 때문이다. 이러한 이론 선택의 자유를 주장하는 학문적 편의주의가 지식의 고고학 안에서의 담론과 비교되는 빅데이터의 세 번째 특성이다. 지식의 고고학에서 지식은 권력의 체제로부터 자유롭지 못한 것으로 설명되었다. 즉 그 생성에서부터 유통과 활용에 이르기까지 권력의 장과 연동하는 지식은 권력의 상호 관계 및 전략적 질서 안에서 배치되고 연결됨으로써 작용할 수 있다. 반면 빅데이터에서는 이론 선택 및 적용에 있어 연구자의 무한정한 자유가 전제된다. 그 자유란 연구자가 데이터를 선택하고 분석하는 방법에 이르기까지, "처음부터 끝까지 자리를 지키면서 다른 모든 결과를 이끄는" 이론을 선택하고 활용할 자유를 말한다. 예를 들어 구글은 검색어 분석을 통해서 독감 확산의 향방을 예측할 수 있었고, FBI는 4만 5,400명의 범죄자 DNA를 기록한 DNA 색인 시스템CODIS을 이용하여 사건 발생 한 시간 안에 범인을 색출하는 식으로 강력범죄에 대응하고 있다(배동민·박현수·오기환, 2013). 인터넷 이용자들의 언어든 인간 집단의 DNA든, 이 모든 것을 데이터화하여 특정한 상관성을 도출하고 결론을 구성하기 위한 도구적 관점에서 이론은 선택되고 활용된다. 주체적 관점과 문제의식이 상실된 정보의 상관성들이 객관적 과학의 진실로서 환영받는다. 이때 지식의 사회적 책임성이나 윤리의 문제는 고민되지 않는다. 한 현상의 원인과 결과, 그리고 그 진행 방식과 의미에 대해 비판적 통찰이 결여된 기술들이 '실증성'의 이름으로 과거 이론의 역할을 대체하게 된다. 이와 같은 지식—권력체계에 대한 몰이해 속에서 순진하고 무비판적인 정보가 진실의 권위를 획득한다.

마지막으로 지식의 고고학에서는 담론 실천의 주체 형성이라는 문제가 중요하게 다루어진다. 즉 초월적이거나 근원적인 존재로 분리되지 않으며, 오로지 주어진 사회적 조건과 관계 속에서 담론을 발화하고 수행하는 주체의 위치가 주목된다. 반면 빅데이터에서 데이터 생산 주체의 존재는 탈각되고 배제된다. 앞서 차등화된 '데이터 계급'의 문제로 논의했듯이, 대다수의 데이터 생산자들은 단지 분석될 만한 가치가 있는 존재로서 대상화될 따름이다. 혹은 이용자가 행위 주체로 개입할 수 있다 하더라도, 그것은 '빅'데이터의 차원에서는 불가하다. 그는 개인화된 서비스의 방식으로 개별화되고 세분화된 차원에서 제공된 데이터를 소비하는 것에 만족해야 할 것이다. 이용자 개인이 정보 주체로서 빅데이터를 가지고 자신에 대한 이해를 심화하거나 자기 재현을 할 수 있는 가능성은 거의 없다. 대신 빅데이터 분석과 이에 기초하여 특정한 이론을 발화할 수 있는 권리는 거대 지식—자본—권력을 지닌 정보 테크놀로지 미디어 기업과 소수 전문가들에 의해 독점된다.

이처럼 빅데이터 분야에서는 지식과 담론의 권력적 효과가 부인된다. 대신 이미 사실로서 주어진 데이터와 순수한 상관성의 논리에 근거하여 과학적 진실성, 객관성, 실증성을 거의 만능적으로 획득할 수 있다고 확신된다. 데이터 수집, 분석, 지식화에 수반되고 연동되는 자본과 권력의 영향력은 침묵된다. 실상 이 부인과 위장의 전략 위에서 빅데이터의 논리는 더욱 강력한 힘을 확보하게 된다. 이용자 참여적인 데이터가 거대 미디어 기업 자본이 주도하는 시장에서 비밀스럽게, 그러나 거대하게 정보 상품으로 처리·활용되는 실제 과정이 효율적으로 가려지거나 정당화될 수 있기 때문이다.

이렇게 해서 객관적이고 투명한 지식체계로 둔갑한 데이터는 다시 사회에서 유통되고 활용되는 "사회적 삶"을 누리게 된다(Beer & Burrows, 2013). 빅데이터가 겉으로는 부인되나, 실상은 매우 강력한 사회적 힘을 행사한다고 볼 수 있는 이유도 여기에 있다. 이에 따라 사회화된 데이터가 인간의 개체적·집합적 삶에 미치는 효과가 중요해진다. 이러한 빅데이터의 사회문화적인 효과를 비판하기 위해, 다음 절에서는 빅데이터의 효과로서 1) 개체성의 차원에서의 주체성과 2) 집합적 차원에서의 인구문제를 살펴본다.

4. 주체 차원: 정동 테크놀로지로서 빅데이터

앞서 서술했듯이 빅데이터 기술은, 주체의 의식적이거나 무의식적인 생각, 의견, 취향, 감정, 태도를 감지하고 측정하고 계산하며 자본화한다. 반복한다면 빅데이터는 모든 것을 데이터화한다! 자본의 외부에 있던 모든 것——감정, 인식, 지식, 몸짓, 단순한 행동, 그야말로 존재와 행동 그 자체——을 자본화하는 것이 오늘날 지구화된 정보자본주의의 속성이다. 오늘날 디지털 네트워크 사회에서 사람들이 일상적으로 스마트, 소셜 미디어, 인터넷에서 뿜어내는 지식, 생각, 감정과 같은 요소들——테라노바의 표현을 빌려온다면 "집합적인 마음"(Terranova, 2000)——은 치밀하고 정교하게 측정·평가·활용된다(Pasquinelli, 2013). 그렇다면 빅데이터란 발달된 디지털 네트워크 환경에서 집합적 마음이 거대한 데이터베이스로 전환된 것에 다름 아니다.

빅데이터가 주체의 삶에 어떻게 개입하고 어떠한 통제의 효과를 미치는가라는 문제는 정동의 문제와 긴밀히 연관된다. 정동은 인간의 '존재'와 '행동'을 낳는 잠재력이다(들뢰즈, 2005).[3] 즉 우리의 존재 능력과 행동 능력의 영속적인 변이, 그것이 증대되는 기쁨 또는 감소되는 슬픔이 정동이다. 정동은 한 개인 또는 개인의 의식이라는 단위보다 낮으면서, 개인들의 합보다 크다. 정동은 전前개체적이거나pre-individual, 그것을 넘어선다post-individual.[4] 앞에서 분석한 빅데이터 담론에 대한 논의에 바탕을 두어 나의 결론부터 말한다면, 빅데이터는 우리의 존재 양식과 행

---

3) 정동affectus과 대립되는 용어로 정서affectio가 있다. 정동이 능동적이고 확장적이며 개방적인 '잠재력'이라면, 정서는 하나의 신체가 다른 신체에 생산하는 효과 혹은 결과로서 나타난 신체의 '현실적' 상태이다(들뢰즈, 2005).

4) 개인보다 낮고 작으면서, 개인의 단위를 넘어 집합적으로 뭉쳐지는 힘들, 그것을 정동이라고 말할 수 있다. 누군가의 죽음은 그를 추모하는 사람의 말로 표현할 수 없는 슬픔을 낳는다. 반대로 누군가의 탄생은 그를 환영하는 사람들에게 극도의 기쁨을 안겨준다. 슬픔과 기쁨으로 인해 개인의 마음은 산산이 부서지며 개인이라는 단위는 북받치는 슬픔과 기쁨의 힘으로 파열되고 만다. 동시에 이러한 슬픔과 기쁨의 정념은 집합적으로 감응되고 공유될 수 있는 무엇이 된다. 이때 개인들의 합이 이루어지면서 감정의 공동체라는 집합이 형성된다. 이처럼 슬픔과 기쁨이라는 정동의 작용은 개인보다 미세하고 그에 대해 해체적이지만 동시에 집합적 거대를 이룬다.

동 양식, 즉 정동을 일정한 방식으로 추적·기록·관리하고, 이 과정 속에서 특정한 형태와 방향을 유도해냄으로써 주체의 존재를 하나의 미래적인 인구 형식으로 생성·전환·산출·통제한다. 이러한 주체의 정동에 대한 빅데이터 권력에 대한 논의를, 1) 존재의 데이터화의 차원과 2) 행동의 데이터화의 차원으로 구분하여 제시하겠다.

1) 존재의 데이터화

커뮤니케이션 테크놀로지는 당대 사람들의 마음과 몸의 힘들, 즉 정동을 매개한다. 이런 점에서 커뮤니케이션 테크놀로지는 정동에 대한 통치력을 행사한다(Clough, 2012, p. 24). 클로프의 관점에서 정동의 통치란 주체의 정동적 삶, 역사와 언어를 조정하고 관리, 생성하는 작용인데, 새로운 디지털 정보 테크놀로지는 특히 이 방면에 매우 강력한 효력을 지닌다고 설명된다. 이런 연유에서 언어, 기술, 주체의 관계를 매개하고 접합하는 디지털 테크놀로지는 "정동 테크놀로지"라 부를 수 있다(같은 글). 디지털 테크놀로지는 인간의 생각과 감정을 기호화하여 표현하고 사회적으로 매개, 유통시키기 때문이다. 이처럼 주체의 존재 능력과 행동 능력에 개입하고, 그것을 매개·관리한다는 점에서, 디지털 테크놀로지는 현대인의 생生의 영역에 내재적으로 작동하고 있다.

존재의 생은 기호화되고 사회적으로 매개되기에 정치적 권력관계에 연계된다. 푸코의 이론에서 "생명정치"는 주체의 마음, 인식, 가치, 취향, 좋은 삶에 대한 의지와 열망을 생성하고 정향화하며 관리하는 권력 체계다(Foucault, 1972; 2008). 생명정치는 인간의 존재론과 권력 사이에 새로운 관계와 긴장을 파생시킨다(Parisi, 2009, p. 157). 생명정치적 통치biopolitical governance는 자유가 발현될 수 있는 자원을 제공하고 조건과 맥락을 구성해주는 방식으로 주체를 구성하고 관리한다. 이런 점에서 생명정치의 권력은 주체를 침묵토록 하고 억압하는 규율권력과 대비된다. 생명정치는 말하게 하고, 활동하도록 자극하며, 참여와 경쟁을 촉발한다. 주체의 존재와 담론적 활동을 적극적으로 촉발하고 결합시킨다는 점에서 "정보학, 권력, 지식"은 현대 생명정치적 통치에 내재적이며 핵심적이다(같은 곳). 정보학, 권력, 지식이 결합한 "새로운 권력 장치"인 생명정치 안에서 주체의 "자기 조직적인 에너지가 질서의 개연성들, 즉 유용한 정보들의 세트들로 환원"되기 때문이다(같은 곳). 따라서 파리시가 지적하듯, 현대의 생명정치는 첨단 정보 테크놀로지에 대해 의존하는 정도가 매우 크다.

예컨대 첨단 바이오 디지털 테크놀로지는 생을 정보로 변형하는 식으로 우리의 몸과 정신을 통치한다(같은 글, p. 158). 개인의 "흔적"이 제도화된 통계 프로파일의 데이터베이스로 저장, 분석, 관리, 활용되는 식이다(Clough, 2012, pp. 27~28). 이제 개인, 가정, 사회 집단은 데이터를 생산하고 그에 따라 관리·활용되는 대상으로서 유의미해진다. 인간이 데이터화·코드화된다는 점에서, 우리는 들뢰즈가 제시한 통제사회의 현실을 확인할 수 있다.

디지털 테크놀로지의 생명정치적 작용에 대한 인식을 바탕으로 할 때, 본질적으로 측정 불가능한 역능인 정동(같은 글, p. 29)을 치열하고 철저하게 추적, 예측, 관리, 활용하는 기술로서 빅데이터를 이해할 수 있다. 정보화된 자본주의는 다수 사람들의 정동을 거대 데이터화하고 자본화하여 활용함으로써 인구를 통치한다. 또한 가시화되지 않은 정동의 작용을 면밀히 추적, 측정, 기록화, 범주화함으로써 정동의 미래를 예측한다. 정동의 측정은 특정한 방식으로 과거의 기억을 배치·조직화하고, 잠재하는 것을 현재화하고, 그것을 장차 실현한다는 점에서 과거-현재-미래를 관통하는 "시간-기억" 통제 기술이다(같은 글; Stiegler, 2010).

2) 행동의 데이터화

상업적인 감시 시스템이 빅데이터 현상에 강력하게 작동하는 상황에서, 디지털 이용 행위는 디지털 자본주의의 잉여가치를 창출하는 자원이자 노동력으로 환원·포섭된다. 자본에 의해 주체의 행위가 가치를 창출하며 동시에 포획되고 착취되는 "비물질 노동"이 활성화되는 것이다. 라차라토에 의하면, 비물질 노동이란 한편으로 "정보적 내용물"과 다른 한편으로 "문화적 내용물"이라는 두 가지 유형으로 구분된다. 정보적 내용물이란 노동자의 노동 과정에서 일어나는 변화를 의미하는데, 노동이 점차 사이버네틱스나 컴퓨터의 통제를 받게 됨을 가리킨다. 두번째 유형인 문화적 내용물은 일반적으로 일로 간주되지 않는 형식의 행위들을 통해 만들어지는 상품을 의미한다. 예를 들어 문화적 또는 예술적 가치, 양식, 취향, 소비자 규범, 그리고 보다 전략적인 것으로서 공적인 여론을 정의하고 고정시키는 작동들이 포함된다(Lazzarato, 1997). 이러한 관점에서 볼 때, 빅데이터란 일반 이용자들의 비물질 노동이 산출한 정보적 내용물과 문화적 내용물을 데이터화한 산물이다.

빅데이터 통제의 효과로 사람들의 네트워크 이용 행위가 가치 창출을 위한 비물질 노동으로 활용된다. 이는 빅데이터가 우리의 행동 능력을 어떻게 통제하는가라는 질문과 연관되는 측면이다. 테라노바가 디지털 네트워크 상황에서 "무불 노동free labour"이라고 명했듯이(Terranova, 2004), 문화적인 측면에서 이용자의 자발적이고 자유로운 참여 활동은 정치경제학적인 관점에서 본다면 인터넷 경제에서 무료로 가치를 생산하는 노동 행위에 해당한다. 더군다나 이용자가 그 노동에 대한 대가를 전혀 받지 못하고, 자신이 생산한 정보에 대한 접근권과 통제력을 전혀 확보하지 못한다는 점에서(Andrejevic, 2013), 네트워크 조건에서 이용자들의 무불 노동은 자기소외적이며 피착취적이다(Terranova, 2004). 이와 함께 사회는 전 영역에서 구성원들이 의식적 혹은 무의식적으로 빅데이터를 생산하는 공장과 같아진다. 휴식, 노동, 가정과 일터, 인간의 활동과 노동의 구분이 흐려지며 공장이 사회화되고 사회가 공장화되는 "사회적 공장"이 확장된다(같은 책).

빅데이터 환경은 누구나 데이터의 주인이 되는 유토피아라기보다는, 누구나 데이터 상품의 생산에 의식적 혹은 무의식적으로 참여하게 되는 거대한 사회적 공장이다. 또한 다수의 네트워크 이용자들은 그 생산물에 대한 접근과 활용에서 소외된 채, 즐겁게 혹은 맹렬하게 데이터 자원을 생산하고 유통하는 자발적인 비물질 노동자로 길들여진다.

5. 집합적 차원: 빅데이터 환경에서의 인구 발명

미셸 푸코는 『안전, 영토, 인구』에서, 18세기 유럽에서의 인구 생성의 방식에 대해 논하고 있다(Foucault, 2007). 인간 종족에서부터 시민에 이르기까지, 즉 인간의 생물학적 차원의 집합성에서부터 사회화된 차원의 집합성에 이르기까지, 이렇게 서로 다른 측면을 결합하여 전자로부터 후자로 전환하는 개념으로서 '인구'가 형성되었고, 근대 서구 국가는 인구에 관한 국가 지배의 관계 속에서 구축될 수 있었다. 인구는 단지 한 영토에 거주하는 생물학적인 요소가 아니다. 국가 통치를 위해 발명, 개념화, 관리, 조정된 대상이다.

　푸코는 인구의 속성을 세 가지 관점에서 설명한다. 첫째, 인구는 국가의 모든 복잡한 자원 및 가능성을 변수로 하여 계산, 분석, 사유되고 그 적용의 효과가 산출되어 나타난 산물이다. 국가의 통치력은 이러한 기준에 따라 구성된 인구를 조직화하고 합리화한다. 둘째, 인구는 자율적인 사적 욕망들의 집합이다. 국가는 경제 주체로서 개인의 사적 욕망들이 자발적으로 발산될 수 있도록 하면서도, 이들이 자연스럽게 사회적인 조화를 이룰 수 있도록 조정·조율한다. 이는 억압적이고 통합적인 지배체제와 달리 개인의 이해관계, 욕망, 선호가 자연스럽고 자유롭게 표출되고 충족될 수 있도록 하는 방식으로 사회질서가 운용됨을 의미한다. 마지막으로 사적 개인의 자유와 이해관계를 보장한다고 하더라도, 이것이 인구의 개별 욕망과 활동이 무한정하게 산포되도록 내버려두는 식이 되어서는 곤란하다. 다수의 이질적인 인구 집단 속에서 끊임없이 변화와 유동을 낳는 가변적인 변수가 작동함에도 불구하고, 그 안에서도 일관성과 정규성이 획득될 수 있어야 한다. 이는 갖가지 사고와 사건 속에서 온갖 변인들이 작용하지만, 만인의 수혜를 규칙적이고 정규적으로 창출하는 규정성과 항상성이 마치 보편적 욕망처럼 확보되어야 함을 뜻한다. 인구의 출생률이나 사망률과 같은 통계는 개별자들의 변칙성을 일관되게 관통하는 경향성과 규칙성을 수립하려는 대표적인 사례다. 푸코는 이러한 인구의 생성이 바로 "자연이 권력 기술의 영역으로 포섭"됨을 보여주는 중요한 현상이라고 지적한다(같은 책, pp.

70~75).

　이제 통치에 있어 인간의 법적 의무와 권리를 지배하는 군주권력의 억압적 지배의 형태가 아니라, 자유롭고 능동적이며 자율적인 주체들의 변화를 유도하고 욕망을 구현하는 생生을 다루는 권력이 중요해진다. 나아가 이처럼 자율적 주체들의 힘을 보편적이고 정규적인 질서로 생성, 관리, 조율하는 기술이 더욱 긴요해진다. 요컨대 개인의 욕망과 이해관계를 국가의 통합적인 질서와 접합하는 통치술이 요청되는 것이다. 이제 사회 구성원은 단지 사법적인 공민으로서 일률적으로 다루어질 수 없다. 대신 개별적인 욕망을 가진 경제적 인간homo oeconomicus으로서 고려되고 통치된다. 이는 푸코가 "인간의 경제화"라고 이름 붙인 현상, 즉 군주권력의 신민이 자유로운 경제적 주체로서 "통치 가능하도록" 변환·접합되는 과정에서 그 의미를 이해할 수 있다(Foucault, 2008, p. 254). 경제적 인간은 그의 기업가적 역량에 따라 판단되고 관리되는 인간형이다(McNay, 2009). 그는 자기계발에 열중하고 경쟁적인 사회질서에 기꺼이 투신한다. 기업적인 것으로의 전회는 "모든 사회적인 분야의 경제화, 그리고 경제가 모든 사회적인 분야로 확장되는 것"을 뜻한다.

　개인과 사회의 경제화는 생명정치의 본격화를 가리킨다. 푸코의 해석에서,[5] 생명정치는 사회의 기초적인 단위들이 기업적 형태로 조직됨을 의미한다. 생명정치에서는 주권국가의 경제가 중심에 있지 않다. 오히려 각개 인구들의 차원으로 "가능한 한 분산시키고 다수화함으로써

---

5) 푸코가 인용하는 뤼스토우Alexander Rüstow의 정의를 따르면 생명정책Vitalpolitik은 노동시간 축소나 소득 증대와 같이 거시적인 영역에 개입하는 전통적인 사회정책과 달리, 아침부터 밤까지 매일 이루어지는 사회 구성원의 현실적이고 구체적인 삶의 조건과 상황에 관여하는 정치다(Foucault, 2008, p. 157).

진행되는 '기업' 형태의 일반화"가 중요하다(Foucault, 2008, p. 148). 인간 종족을 인구화하는 사회적 과정에서 사법적인 강제와 규율적인 권력 작용은 더 이상 그 이전만큼 중요하게 여겨지지 않는다. 대신 개체의 창발적인 진화와 자본주의적 공생이 본질적인 원리로서 부각된다. 동시에 이렇듯 분산되고 다수화한 현상은 통계학적인 항상성의 원리로 개념화되고 설명될 수 있어야 한다. 또한 경제화와 정상화의 통계학적 설명을 통해 집합적인 수준에서의 항수가 도출될 수 있어야 한다. 생명정치에서는 하나의 균형에서부터 새로운 균형으로 지속적으로 변화해가면서도 동시에 이러한 변화가 조직될 수 있도록 하는 집합적 정규성과 경향성이 추구된다.

생명정치에 대한 인식은 빅데이터의 상황을 이해하는 데에 중요한 함의를 지닌다. 권력이 "생적인" 것이 될수록 생은 "매개화"된다(Lash, 2007). 디지털 정보 테크놀로지가 관여하는 정도가 커질수록, 인간의 생은 정보화되고 기술화되며 데이터화된다. 그렇다면 첫째, 빅데이터는 생명정치 권력의 디지털화된 형태이다. 빅데이터는 가상 공동체 혹은 가상 사회 구성원들을 데이터화하고 네트워크로 매개함으로써 자연스럽게 응집되거나 산포되어 있던 디지털 이용자들을 "가상 인구virtual population"로 "발명"한다. 이 과정에서 디지털 자연인들은 디지털 네트워크 구성 요소로서 체계적으로 포섭된다. 또한 둘째, 푸코의 생명정치에 대한 논의, "살아 있는 존재로서의 인간man-as-living-being"이란 단순한 다수 생물체의 집단으로서의 인구가 아니라, 인구의 정동의 측면을 염두에 둔 것이다. 단순한 다수 집단이 대량mass으로서 규율권력의 성격이 강한 대상이라면, 정동적 인구는——인구의 정동화된 형태로서의 시민public의 논의가 시사하듯이[6]——정동을 가하고 정동을 받아들이는 능력이 추가된 사회적이고 문화적인 존재들이다(Anderson, 2010, p. 165). 특히 빅데이터는 인구의 감정, 생각, 의견, 지식을 체계적으로 수집·분석하기에 정동화된 인구 집단에 대한 통치 기술로서 유용하다. 셋째, 푸코가 말한 생명정치와 빅데이터 상황에는 큰 차이점이 있는데, 그것은 후자의 빅데이터 생명정치가 가상적 네트워크와 데이터를 기반으로 한다는 점이다. 따라서 이 글 초반의 빅데이터 담론 분석에서 밝혀졌듯이, 빅데이터 생명정치는 이전에 비해 더욱 대중의 자발적이며 능동적인 참여와 다방향적으로 생산-유통-소비되는 네트워크의 총체성을 동원하게 된다. 앞의 내용과의 관련 속에서, 넷째로 빅데이터에 의해 형성된 가상 인구는 들뢰즈가 말한 "통제사회"의 권력구조 안에 있다(Deleuze, 1992). 빅데이터의 인구는 폐쇄적이고 종속적인 집단으로 억압되지 않는다. 그들은 자발적으로 참여하고 적극적으로 활동함으로써, 마치 스스로 협력의 사회적 관계와 커뮤니케이션을 생성해내는 자유롭고 능동적인 존재들처럼 여겨진다(Hardt & Negri, 2005, p. 339). 이 통계 과정 속에서 네트워크의 구성원들은 디지털 자본주의에 의해 통치 가능한 존재들로 조정되는 것이다. 마지막으로 빅데이터가 발명한 가상 인구의 주체들은 네트워크 경제화의 산물이다. 빅데이터로 매개된 네트워크에서 데이터 주체들은 그들이 산출한 데이터의 가치에 따라 평가, 측정, 활용된다. 그러나 푸코가 분석한 경제적 인간에 비교할 때, 빅데이터의 경제적 인간으로서 데이터 주체들은 한층 더 소외된 위치에 던져지는 것을 알 수 있다. 왜냐하면 자유주의의 분위기 안에서 배양된

---

6) 푸코에게 시민이란 의견을 지닌 인구이다. 무언가를 하는 방식, 즉 행위, 관습, 공포, 편견, 요청 등의 형태라는 관점에서 이해되는 인구가 시민인 것이다(Foucault, 2007, p. 250).

기업가적 주체와 달리, 빅데이터라는 가상화된 '사회적 공장'에서 일반인은 그 작은 일부를 생산하는 '비물질 노동자'로 기능할 뿐 자신의 이해관계와 욕망을 주장하거나 추구할 수 있는 도구와 방법을, 적어도 지금까지는 획득하지 못하고 있기 때문이다.

6. 통제사회와 문화적 상상력

빅데이터는 통제사회의 통치 기술로서 발달하고 있다. 푸코는 생명정치 분석에서, 인구로 구성된 살아 있는 사람들의 총체에 고유한 현상들(건강, 위생, 출생률, 수명, 인종 등)을 통해 통치 실천에 제기되어온 문제가 합리화되는 과정을 설명하고 있다(Foucault, 2008). 그렇다면 빅데이터 현상은 가상의 네트워크를 매개로 발달한 통제사회에서 인구 구성을 통한 생명정치의 현상이라고 말할 수 있을 것이다.

우리는 디지털 환경에서의 데이터 성격, 통제사회, 생명정치의 관점에서 각각 빅데이터의 지식-권력체계, 주체화의 효과, 인구의 문제를 살펴보았다. 이 세 영역에서 나타난 현상을 정리하면, 첫째로 지식-권력의 차원에서 빅데이터는 가상 공동체 내지 가상 사회의 구성원들의 모든 것, 그들의 존재와 행동을 데이터로 환원한다. 외형상 자율적이며 능동적인 디지털 네트워크 이용자들에 대한 새로운 통제 양식으로서, 빅데이터는 구성원들을 억압하거나 폐쇄적으로 감시하지 않는다. 순수하고 투명한 지식임을 자임하고, 참여자들로 하여금 지식의 공개성과 협력 및 연결성을 강조하면서, 자발적 혹은 무의식적으로 산출된 이용자 데이터를 치밀하게 수집, 처리, 활용하는 통치력을 발휘한다. 이 과정에서, 둘째로 주체성의 차원에서 데이터 주체는 그들의 시간과 기억이 통제되며, 자신의 비물질 노동의 결과 산출된 데이터에 대해서도 접근과 활용이 구조적으로 제한받게 된다. 그럼에도 그들은 자발적이고 자율적으로 빅데이터 환경에 참여함으로써 자기계발의 욕망과 필요를 충족시키고 경쟁력을 강화하는 기업가적 열망을 추구해나간다. 만인의 데이터화, 그럼에도 데이터 주체의 소외, 착취, 전유가 동시에 일어나는 모순 상황이 곧 빅데이터 현실이다. 셋째, 인구의 집합적인 차원에서 볼 때 빅데이터 조건에서는 현실 질서로부터 비교적 자유롭게, 일종의 무정부 상태에 있었던 가상 공동체 및 가상 사회 구성원들이 거대하고 정교한 자본과 국가의 데이터베이스 안에 포섭된다. 이 현상은 가상 인구의 탄생을 의미한다. 신자유주의적 디지털 자본주의의 경제 질서 안에서, 그 지배적 논리에 적합한 경제적 인간이 배양되고 통치된다.

인간의 모든 존재적·행동적 요소, 즉 정동이 빅데이터 체제 안에 포섭되고 관리된다는 것은 무엇을 뜻하는가? 무엇을 해야 함을 알려주는가? 들뢰즈가 통제사회에 관해 단언했듯, "두려워할 필요도, 희망할 필요도 없"으며 "단지 새로운 무기를 찾"아야 할 뿐일까?(Deleuze, 1992, p. 4). 그렇다면 어떠한 새로운 무기가 가능하고 필요할까?

이 글의 서두에 던졌던 질문으로 돌아가보자. 문화는 삶의 방식이다. 모든 삶의 방식이 거대하게 정보화된 지식-권력체계에 의해 지배될 때, 우리의 다양한 삶의 잠재력과 의미들은 질식되고 소실될 것이다. 나의 네트워크 활동이 통제적인 데이터 시스템에 의해 잠식되지 않도록, 우리의 사회적 관계와 세계가 지배적인 통치 질서와 경제적 가치에 의해 포섭되지 않도록 하는 문화적 상상력이 더욱 절실하게 요청된다. 물론 현재에도 우리는 세계 각 지역에서 벌어지는 크고 작은 도발과 혁명의 사례들을 쉽게 상기할 수 있듯이, 대중이 디지털 테크놀로지와 네트워크를 활용하여 벌이는 문화 실천과 그것이 발현하는 정치적 효과를 경험하고 있다. 이렇게 본다면 모든 것이 거대 자본 및 정치적 통제권력에 전적으로 종속되고 마는 것은 아니다. 그러나 이러한 사례들은 여전히 '스몰' 데이터와 개별 네트워크의 차원에서, 그리고 대체로 일국의 한 사회의 범위에서 시도된 정치적 실험이다. 이에 비해 초국적 미디어 기업들에 의해 경영되는 빅데이터 차원에서 일반 이용자들이 자유롭게 운신할 수 있는 가능성은 지극히 낮다. 빅데이터 기술 자본과 통치권력을 고발하고 이에 저항하는 행위는 여전히——미국 NSA의 감시체제를 고발한 에드워드 스노든이나 페이스북의 사적 정보 침탈 행위에 반대하는 운동의 사례들처럼(Brustein, 2010. 5. 12)——'탈데이터화'된 인간 육성의 발언이 갖는 힘에 의존한다. 이런 점에서 데이터화된 삶의 조건과 디지털 네트워크에 종속된 활동 양식을 살아 있는 목소리와 대안정치적인 언어들로 재전유하고 그 생의 잠재력을 피워나가야 하리라 생각한다. 이것이야말로 전면적으로 데이터화되는 삶의 조건에서의 새로운 윤리의 창출, 다름 아닌 저 오래된 문화의 진실인 "삶의 방식의 창발"이다.

제3부 **인간과 미디어 노동**

7장
네트워크 참여, 혹은 디지털 노동

1. 노동으로서의 문화 생산

디지털 미디어 테크놀로지에 힘입어 개인의 사회적 참여에 대한 가능성이 상징적·실질적인 차원에서 폭넓게 확장했다. 우리는 사회에 항상적으로 접속되어 있다고 믿고, 그 믿음에 따라 자연스럽게 소통한다. 디지털 미디어 상황은 자유와 참여에 대한 "담론 네트워크"를 구성했고 (Kittler, 1992), 동시에 담론 네트워크라는 상황은 디지털 미디어의 대중적 이용이 가능하도록 구체적 조건을 제공했다.

20세기 후반부터 진행된 거대한 변화의 과정 — 디지털화, 지구화, 개인주의화 — 에서 전통적으로 전제되던 이분법적 구조, 즉 제도/일상, 생산/소비, 노동/여가, 공적인 것/사적인 것, 이성/감정, 정치/대중문화 등의 대별 구조가 약화되고 있다는 지적은 더 이상 새로운 것이 아니다(Dahlgren, 2006). 나아가 이렇게 경계가 무너지는 경향을 해체나 약화로 표현하지 않고, 당대의 키워드가 된 '컨버전스'라는 생성적 관점으로 명명하는 것이 대세가 되었다. 생비자 혹은 생용자produser의 능동성을 강조하며 젠킨스는 컨버전스를 "다수의 미디어 플랫폼을 가로지르는 콘텐츠 흐름, 다수 미디어 산업의 협력, 자신이 원하는 일종의 오락적 경험을 찾아서 거의 어디든지 좇아가려는 미디어 수용자들의 이동 행위"라고 정의했고, 이와 유사하게 소비대중문화의 관점에서 이용자의 능동적 참여를 강조하는 시장주의적 컨버전스 개념은 현재 디지털 미디어 환경을 설명하는 주류적 시각으로 자리 잡았다. 이용자 참여에 대한 관점의 차이에 따라 시장주의적 컨버전스 논의에 대한 반론 혹은 대안적 담론들이 활발히 제기되고 있지만,[1] 디지털 환경에서 개인이 사회적 소통에 참여할 수 있는 자유, 그리고 자유로운 참여를 실현할 수 있는 조건적 가능성이 획기적으로 확대되었다는 점에는 대체로 동의가 이루어진 듯하다(Aufderheide, 1998).

문화의 수용을 능동성의 관점에서 보는 해석은 꽤 오랜 역사를 지니고 있다. 현대 문화 비평의 맥락으로 시기를 좁혀보더라도, 텍스트를 읽는 "즐거움"을 텍스트의 해체와 새로운 "쓰기"라는 격렬한 의미 구성의 과정으로 해석한 바르트의 문학 이론(Barthes, 1973)과 스튜어트 홀의 재현 이론인 "인코딩-디코딩 모델"(Hall, 1980)의 수혜를 입으며, 1980년대 문화연구는 수용자 집단이 벌이는 다양한 '해독' 행위를 사회적 참여의 능동성, 나아가 저항의 정치적 실천으로 설명해내는 데 전력투구를 했다고 말해도 과언이 아니다(Morley, 1992). 그렇지만 능동성을 강조

---

1) 예를 들어 격차의 문제에 관련한 '디지털 격차' 담론이나, 레식과 뱅클러 등의 학자들이 주장하는 "공유지"와 "공유지 기반의 또래 생산"의 개념들을 참고할 수 있다(Benkler, 2006).

한다는 공통점을 지니되, 오늘날 디지털 미디어의 맥락에서 번성하는 이용자의 능동성 담론은 과거의 수용자의 능동성 담론과 뚜렷한 차별점을 지닌다. 과거의 수용자 이론에서 능동성이 해석의 차원에서 사유되었다면, 디지털 이용자의 능동성은 문화산업의 경제적 관점에서 조망되며 쌍방향적인 행동으로 구체화되어 생산 과정에 실제로 투입됨으로써 문화 콘텐츠에 상품적인 가치를 부가하는 요소로서 강조되기 때문이다(김예란, 2007; Hartley, 2005; Neff 외, 2005).

디지털 환경에서 부상한 개인 참여의 가치를 단지 이념적이고 의미적인 차원이 아니라 문화 생산의 행위로 이해할 때, 새로이 궁구해야 할 문제는 생산으로서 문화 참여 행위가 자본주의적인 문화산업의 장 안에서 재조직될 때 나타나는 노동 가치 및 인간 주체성의 변화 양상에 관한 것이다. 이러한 문제의식에서 출발하여, 이 글은 자유와 참여라는 사회적·정치적·문화적 가치가 경제적 노동의 가치로 계발, 향유, 활용, 전유되는 방식에 질문을 던진다. 구체적으로 '참여'라는 인간 본연의 사회적 활동이 자본주의적 문화산업의 구조 안에서 노동의 한 양식이자 상품적 가치로 재구성되고, 그 가치와 성과가 소비대중문화 시장의 차원에서 촉진·이용·평가되는 방식에 주목한다. 그 과정에서 새로운 문화생산자 혹은 노동자의 사회적 정체성과 문화적 규범 질서가 타협적이면서도 경쟁적으로 구성되는 방식과 의미를 비판적으로 해석할 것이다.

논의를 시작하기에 앞서, 이 글을 구성하는 주요 사항들의 의미와 상황적 맥락에 대해 설명하는 것이 좋으리라 생각된다. 우선 이 글에서 주목하는 대상은 문화노동[2]의 주체로서, 20대의 UCC 생산 집단이다.

---

2) 문화노동은 문화산업 종사자들의 노동을 의미한다. 되제는 특히 문화노동 안에서도 미디어

기성 담론에서 현재 20대 젊은이들은 사이버공간에서는 정보 및 문화의 생산과 소비에 주도적이지만, 현실공간에서는 불안과 고립에 젖어 있는 집단으로 흔히 묘사된다. 사이버공간과 현실공간에서 그려지는 청년 집단 이미지들 사이의 간극은 매우 커서, 사이버공간에 (때로는 과도하게) 몰입하는 경향이 현실에서의 무능력과 무관심 양상과 대비되곤 한다. "젊은이를 위한 나라는 없다"는 구절이 집약적으로 나타내듯이 (김홍중 외, 2008), 자신의 나라로부터 방출되거나 도망쳐 나온 청년 집단에게 사회는 '문화백수' '88만원 세대' '루저loser'라는 잉여 시민권을 부여했다. 이러한 표현들은 공통적으로——한편으로는 생산 활동과 노동 조건의 빈곤함을 짊어지고, 다른 한편으로는 문화적 소비 또는 소비 문화 환경의 풍부함을 누리는——분열된 존재로서 청년 세대를 명명하고 있다.

그러나 이러한 '문화-백수'에 대한 비판적 해석은 부분적으로 설득적이되 충분하지는 않다. 우선 청년 집단의 현실적 취약성이 강조되는 문화-'백수'의 요소에 주목하는 비관론은 청년 집단의 사회적 무기력과 무관심의 심리적·구조적 요인과 그 사회적 파장을 적확히 읽어내고 있지만, 이들이 '어쨌거나' 매일의 일상을 어떤 식으로든지 엮어내며 살아가(야 하)는 사회적 주체라는 지극히 기본적인 사실을 간과하고 있다. 아무리 낭만적인 백수라고 할지라도 사회적 주체로서 삶을 살아가기 위한 윤리적이고 경제적인 투쟁으로부터 완전히 자유로울 수는 없다. 청년 집단이 삶의 시공간에서 구체적으로 경험하는 일상의 고난과 전략들이 문화-'백수' 담론에 섬세하게 반영되기는 어렵다. 반대로 백

산업의 여러 층위에서 진행되는 노동을 포괄하여 '미디어 노동'이라고 부른다(Deuze, 2007).

수-'문화'의 풍부함에 방점을 두는 입장은 모순적인 삶의 조건에서 오히려 더욱 왕성하게 발현되는 청년 집단의 문화적 잠재성에 기대를 싣는다는 점에서 상대적으로 낙관적이다. 낙관론의 대표적인 사례로서 88만원 세대의 절망적 일상을 '싸구려'의 미학으로 변환시킨 인디 문화에 대한 긍정적 해석을 참고할 수 있다. 이 시각에서 볼 때 '문화'-백수 집단은 사회가 부여한 문제투성이의 삶의 조건에 대응하기 위해, 자신의 상실된 삶의 이야기를 재료로 하여 "지속 가능한 딴따라질"을 궁리해낸 창의적 집단으로 이해된다. 더군다나 과거의 인디 밴드와 달리 대중을 끌어들이기 위해 "작전"을 짜고 "음반 제작 과정 전반에 대한 전략"을 성공적으로 기획하고 수행한다는 점에서, 이전 청년 세대에 비할 수 없이 현실적이고 영리한 집단으로 그려진다(정민영, 2009. 5. 1). 이러한 긍정론은 청년 집단의 문화적 실천력의 잠재성을 읽어낸다는 점에서는 유용하지만, 하위문화적 열정과 실천을 자본주의적 시장 질서로 재조직화하는 문화산업적 구조와 권력 작용에 대해서는 진지한 주의를 기울이지 않는다는 점에서 역시 한계를 드러낸다.

이렇듯 청년 집단의 문화, 노동 그리고 문화노동에 대한 기존 담론에 비판적인 질문을 제기하면서, 20대 청년과 디지털 네트워크 문화노동의 관계, 구체적으로 청년들이 디지털 문화에 참여하는 사회적 방식, 문화노동과 소비의 과정에서 작용하는 자본주의 권력 질서, 이러한 복잡성 안에서 형성되는 주체성 및 노동의 가치에 대해 탐구해보고자 한다. 이를 위해 구체적으로 UCC 생산에 '참여'하는, 혹은 '노동'하는 20대 청년들을 심층인터뷰했다. 이 글에서는 이들을 UCC 생산자라고 부르기로 하며, 미디어 분야에서 활동하는 문화노동자의 일부로 자리매김한다. UCC 장르에 주목한 이유는 UCC 콘텐츠의 미학적·기술적·제도적 특수성 때문이다. 이용자의 쌍방향적 참여를 중시하는 것이 디지털 문화 산업의 일반적인 속성이기는 하지만, 타인과의 연결과 명예, 또는 자신을 표현하려는 욕망에 의해 콘텐츠가 생산·유통된다. "제도화되거나 상업화된 미디어 영역 '외곽'에 상존하는 '보통' 사람들이 콘텐츠를 새로이 만들거나 기존의 것에 창의적 노력을 덧붙여 사회의 유통망에 무료로 싣는 영역"(OECD, 2007)이라고 공식적으로 정의될 정도로, UCC는 일상성, 보통성, 창의성, 참여성, 비상업성의 가치가 특화된 장르다. 나는 이미 장르화된 UCC를 자연 발생적인 산물이기보다는 인터넷 기업화의 자장 안에서 '발명'된 상품으로 이해하고, 그 생산에 개입되는 문화 활동-노동의 성격을 분석할 것이다.

이어지는 장들에서는 노동과 소비가 혼융하는 생활세계에서 핵심적인 역할을 하는 문화노동의 성격을 비물질 노동 개념을 중심으로 해석하고, 그 주요한 분야로서 미디어 노동의 특성을 검토할 것이다. 이어 UCC 생산자들의 심층인터뷰 내용을 분석함으로써, 디지털 컨버전스 미디어 환경에서 대중의 디지털 문화 참여가 경제적 수익 창출을 위한 문화노동으로 전유되는 과정, 디지털 문화산업의 장 안에서 작동하는 공적·경제적·문화적 권력의 규범화 작용, 익명적 다수 평가 제도가 낳는 미적 규율화의 효과, 그리고 문화 생산인이 미디어 노동자로 전환되면서 새로이 구축되는 주체성 및 노동 가치의 문제를 논의할 것이다.

2. '노동'에 의한 '활동'의 식민화

인간은 노동, 작업, 활동을 통해 삶의 조건을 구성하고 생활세계와 상호작용한다(Arendt, 1958). 노동은 자연 조건에 대한 형성 행위, 작업은 인공적인 조건에 대한 형성 행위, 그리고 활동은 사회적·정치적인 조건에 대한 상징적 형성 행위이다. 서구 근대 자본주의는 노동이라는 경제적인 행위가 생활세계를 식민화하는 방향으로 전개되어왔으며, 이러한 경향은 현대 후기 자본주의 체제에서 보다 심화되고 있다. 20세기 후반 이후 지속적으로 팽창한 후기 산업주의 체제에서, 지배적인 노동 양식과 그 생산물은 기호, 정보, 지식, 서비스, 커뮤니케이션 등, 산업사회의 물질적 요소와는 구별되는 비물질적 요소로 구성된다는 점에서 "비물질 노동immaterial labour"으로 개념화된다.[3] 라차라토의 유명한 정의를 따르면, 비물질 노동은 "상품의 정보적이고 문화적인 요소를 생산하는 노동"으로서, 일반적으로는 "노동으로 간주되지 않는 일련의 활동들, 즉 문화적·예술적 기준, 유행, 취향, 소비 규범, 그리고 보다 전략적으로는 공공 여론을 정의하고 규정짓는 활동"을 의미한다(Lazzarato, 1996, p. 133).

하트와 네그리는 비물질 노동을 1) 일반 산업적 생산에서 커뮤니케이션 기술과의 결합과 더불어 발전한 정보 관리 사무 체계, 2) 분석적

---

[3] 이탈리아의 자율주의autonomia 관점에서 제안된 비물질 노동이라는 용어는 여전히 논쟁의 대상이다. 비물질 노동 개념에 반대하는 주장의 근거는 이러하다. 즉 전통적인 마르크스의 노동 개념에도 비물질적 생산성의 요소가 내재하고 있으며, 현대 비물질 노동으로 범주화되는 노동 양식에도 물질적 요소가 필수적으로 포함된다는 점에서, 노동 양식을 물질적인 것과 비물질적인 것으로 구분하는 것은 논리적으로나 현상적으로 적확하지 않다는 것이다. 이러한 반론에 부분적으로 동의하면서도, 나는 후기 자본주의 체제에서 진행되는 문화노동은 과거의 산업적 노동과는 질적으로 차별화된 속성을 지니고 있다고 판단하여 비물질 노동 개념을 사용했다. 그 고유한 속성이란, 문화상품이 물질로 형태화되는 것은 사실이지만 본연적인 소비의 대상은 콘텐츠와 프로그램같이 비물질적인 것이라는 점을 비롯해 노동 질서의 유연화 혹은 비안정성, 노동의 과정 및 질, 성과 기준의 변화, 노동 과정에 있어서의 주체성의 개입과 같은 것이다.

이고 상징적인 업무 영역으로서 주로 창의적이고 지적인 작업, 3) 인간적 접촉 및 친근감을 바탕으로 감정을 생산, 조정하고 사회적 네트워크를 생산하는 감정노동의 세 영역으로 구분한다(Hardt, 1999; Hardt & Negri, 2000). 이처럼 비물질 노동의 상당 부분은 감정, 가치, 취향, 관계와 같이 '삶' 고유의 문제와 밀접한 관련을 맺고 있다. 따라서 비물질 노동이란 노동이 덜 물질화됨을 뜻하지 않는다. 오히려 전통적인 산업주의 시각에서 볼 때 비생산적이라고 여겨졌던 것, 아렌트의 표현에 빗대어 이해한다면 "(경제적이기보다는) 사회적인 것" "(육체적이기보다는) 감정적인 것" "(물질적 상품이기보다는) 과정적이고 경험적인 것"을 요소로 취하는 '활동'이 '노동'의 영역에 편입되고 있음을 시사한다.

　비물질 노동은 인간의 활동 역능을 산업화, 표준화, 상업화한다(Fortunati, 2007). 재능이 대표적이다. 재능은 후기 자본주의 체제에서 그 경제적 가치가 급격하게 증가하고 있는 중요한 인적 자산들 중의하나이다. 본래 재능은 개인의 창의적인 역량으로 간주되어왔지만, 현대 자본주의 체제에서는 미래를 위한 투자와 계발의 대상으로 관리된다. 사회적 조직과 그 운영의 자원으로서, 재능을 상업화하여 경제적이익을 최대화하는 데 기여할 수 있도록 측정·평가·육성·활용되는 것이다(Thrift, 2008). 이런 점에서 파올로 비르노는 커뮤니케이션의 노동화라는 관점에서 비물질 노동의 부정적 효과를 비판하고 있다(Virno, 2004). 전통적으로 커뮤니케이션은 정치적 인간이 발휘하는 기술로서, 사적 이해관계로부터 자유로운 인간이 공공 영역에 참여하기 위한 기예로 중시되었다. 그러나 오늘날 신자유주의적 자본주의 체제에서는 커뮤니케이션이 유연한──환언한다면 '불안정한'──노동 조건에서 경쟁하여 승리하기 위한 노동 자원으로 변질되고 있다는 것이 비르노의 주장이다. 개인이 확보한 지식, 정보, 기술을 언어로 표현하고 경쟁하도록 요구하는 노동 환경에서는 숙련 기술 못지않게, 때로는 그보다 더 큰 정도로 언술과 사교술 같은 커뮤니케이션 기예가 우수한 노동자가 되기 위한 요건으로 책정된다는 것이다. 노동 과정에 커뮤니케이션이 핵심적인 요소로 내재하며 노동의 양식으로서 코드화될 때, 기회주의('즉발적인 아이디어가 어느 날 갑자기 성공을 불러다줄 수 있을 것이다'라는 식의 기대)와 허무주의(불안과 공포가 내성화되고 만족이 영원히 유예되는 상황에서 그 어느 것도 이제는 무가치하다는 식의 느낌)의 상반된 태도가 다중의 주된 정조를 이루게 된다.

이처럼 비물질 노동의 효과는 사회로부터 분리된 경제 영역의 현상으로 한정되지 않고, 인간 주체와 사회적 관계의 변화로까지 확장된다. 노동 양식 및 노동관계의 변화, 나아가 노동에 필요한 지식과 활동의 성격, 질, 가치체계의 전면적인 변화는 개인 주체성, 집합성, 사회질서 형성에 중대한 영향을 미치기 때문이다(Hardt, 1999). 오늘날 노동의 주요한 형태를 비물질 노동으로 보는 견해에 동의한다면, 비물질 노동이란 삶의 주체의 '활동' 그 자체이자, 주체의 삶을 대상으로 하는 '노동'이기에 곧 '삶의 노동living labour'이다. 이리하여 비물질 노동은 존재론적이다. 노동은 "감정에 직접적으로 작동하고, 주체성을 생산하고, 사회를 생산"하여 급기야는 "삶을 생산"하게 될 터이다(같은 글, p. 99).

3. '능동적 소비자'인가 '무불 노동자'인가: 미디어 산업에서 생산과 소비의 컨버전스

활동의 노동화와 경제화 양상이 두드러지게 나타나는 분야가 문화 산업 또는 창의산업이다. 이런 점에서 일종의 메타적인 비유로서 '컨버전스'라는 용어는 편리성을 지녔다. 이는 미디어 테크놀로지, 콘텐츠, 장르 등의 특정한 미디어 하위 영역들 간에 전략적으로 진행되는 융합 현상뿐 아니라, 인간 커뮤니케이션 활동 전반에 관련된 사회적·문화적·제도적·심미적 구조의 해체 및 재형성 현상을 컨버전스라고 이해할 때 더욱 그러하다. 실로 젠킨스와 되제가 논하듯, 컨버전스는 "혼종화된 미디어 생태계에서 점증하는 상업, 아마추어, 정부, 비수익, 교육, 사회운동 영역들의 복잡한 상호작용"이다(Jenkins & Deuze, 2008, p. 8). 컨버전스의 효과가 뚜렷하게 드러나는 분야들 중의 하나가 창의산업이다. 창의산업은 (사회적 차원에서의) "문화적 과정"을 (경제적 차원에서의) "문화 생산" 노동으로 유도하고 집중시키는 것을 추구하기 때문이다(Deuze, 2007, p. 53). 미디어 산업은 창의산업에서 특히 후기 자본주의적 노동 양태가 집약적으로 나타나는 산업 분야로 지목된다. 미디어 노동이란 다름 아닌 창의산업의 핵심 요소인 4C(창의성creativity, 콘텐츠 content, 상업commerce, 연결성connectivity)를 수렴하여 "사회적 네트워크를 구축하는 방식을 개발"하는 일이다(같은 책, p. 82). 소통의 새로운 양식 창출을 목표로 하기에, 미디어 산업은 본질적으로 1) 항상적인 위험성 및 예측 불가능성, 2) 도시 중심의 클러스터cluster 구축, 3) 프로젝트 또는 상업적 기업의 맥락에서 창의 인력들이 맺는 통제와 협력의 복합적 관계를 특징으로 한다(같은 책, p. 63).

지금 우리의 관심은 삶의 활동으로서의 노동에 있으므로, 미디어 산업 분야에서도 특히 부상하는 노동의 특성, 구체적으로 미디어 노동의 사회적 존재 방식, 권력의 구조 및 작용, 심미적이고 문화적인 규율화 방식의 문제들에 초점을 두어 살펴보기로 한다. 우선 미디어 노동의 사회적 존재 방식에서 미디어 생산 조직과 사회적 공간의 혼융 현상을 지적할 수 있다. 테라노바는 이용자의 적극적인 소비 행위가 상품적 가치를 생산하게 되는 "무불 노동free labour"으로 등치·변환되는, 즉 자유로운 소비와 무임금의 노동이 융합되는 환경이 곧 네트워크 문화라고 규정한다(Terranova, 2004). 그의 시각에서 볼 때 사회는 소비자들의 일상적인 문화 활동이 노동으로 변질되는 "사회적 공장"에 다름 아니다.[4] 사회적 공장에서는 개인이 자신의 무불 노동을 "자발적으로 제공하고, 그에 대한 임금이 지불되지 않아 착취되지만 오히려 즐거움을 얻는다"(같은 책, p. 74). 인터넷에서 개인 웹사이트를 개설하는 일, 소프트웨어 패키지를 조작하는 일, 메일링 리스트를 운영하는 일과 같이 일상적인 디지털 네트워크 이용 행위가 모두 무불 노동에 포함된다. 이렇게 볼 때 인터넷은 "빈 공간이 아니라" 지속적인 문화 테크놀로지의 소비 과정에서 가치가 창출되는, 그야말로 노동과 오락이 중첩된 다층적 네트워크인 것이다. "무불 노동을 경유하며, 지능적인 문화 소비는 과잉의 생산 활동으로 변형"된다. 소비의 양상으로 나타나기에 과잉의 생산 활동은 유쾌하게 수용되며 수치심을 느끼지 않으면서 착취될 수 있다. 이렇게 문화 테크놀로지를 이용한 무불 노동은 "언제나 이미 자본주의의 장

---

4) '사회적 공장social factory'이란 이탈리아의 자율주의자들이 제안한 개념으로, "노동 과정이 공장에서 사회로 이행하며 복잡한 기계 작용이 사회적 공간 안에서 작동"하는 현상을 의미한다(Terranova, 2004).

field 내에서 형성"되며 "집합적 노동(나아가 문화적 노동으로서)의 회로에 내재"한 채 동시다발적으로 발현된다(같은 책, p. 78). "생비자" "생용자" "공동 개발자co-creator" "혁신의 대행자"로서 찬미되는바, 적극적 이용자의 참여 행위는 "생명과 같이 필수적인 대화"로서 상품의 생산 과정에 투입되어 더욱 시장성이 큰 상품을 만드는 데 기여할 것이기 때문이다(Thrift, 2008).

이러한 이론적 논의를 지지하는 사례들을 어렵지 않게 발견할 수 있다. 예를 들어 뱅크스와 험프리스가 게임 산업의 노동관계에 관한 연구에서 밝혔듯이, 소비자 집단은 개발 단계 초기부터 게임을 시험적으로 이용하고 평가를 하는 식으로 상품 개발에 참여한다(Banks & Humphreys, 2008). 그러나 이러한 적극적 소비자들은, 저자들이 브뤼노 라투르의 표현을 비틀어 인용하듯이, 실상 "네트-워크net-works 건설"을 위한 수단인 "일-네트work-nets"를 건설하는 데 동원되는 인력일 뿐이다(같은 글, p. 403). 요컨대 네트워크 문화의 체제에서 사회는 곧 공장이므로, 개인의 일상적인 소비 행위는 곧 공장의 생산 노동으로 환원되는 것이다.

미디어 노동의 두번째 속성으로, 그에 내재하는 권력구조 및 그 효과의 문제를 논의할 수 있겠다. 인간과 기계, 생산자와 소비자가 느슨하게 연계된 사회적 공장에서라면, 소비자들은 자유롭고 능동적이며 자율적인 소비자이면서 동시에 자신의 소비 욕구에 따라 자발적으로 문화산업 체제에 "얽매인harnessed" 노동자이다. 자발적으로 능동성을 발휘함으로써 순응하는 주체는 소비자-노동자, 수탈-자율의 합체인 "네트워크 육체"로 현존한다. 네트워크 육체를 통제하는 데는 폐쇄와 배척의 구조적 작용 대신 개인에 대해 개방, 포용, 자율성의 가치를 촉진하는 "안전 테크놀로지"가 효과적이다(Lazzarato, 2006). 안전 테크놀로지는 개별 주체의 자발적 인식과 능동적 행동을 독려하는 통치의 기술(Foucault, 2007)로서 자기계발, 자기 투자, 자기 사업의 논리가 구조적 차원에서 적극적으로 촉진되고 조정되는 "부드러운 통제력"을 낳는다.5)

네트워크 체제에는 외면상 자유로워 보이지만 정교하게 작동하는 권력이 내재한다. 그 예로서, 터너는 네바다 주 사막에서 매년 테크노 엘리트들이 벌이는 하위문화적 제의 행사인 "버닝맨Burning man"을 언급하는데, 그것은 개인의 감정적 상승을 유도하고 또래 집단의 우정 관계 및 문화적·지적 자본을 공유할 수 있는 중요한 문화 체험이기도 하지만, 미래의 "구글맨google man"을 발굴하고 중요 정보를 채집할 수 있는 문화 "인프라"로 활용(변용 또는 악용)된다고 주장한다(Turner, 2009). 또한 서희선은 마이스페이스 등의 소셜 네트워크 서비스(이하 SNS)에서 문화 생산인들이 직접 자신의 창의적 생산물을 공개하고 광고하는 이점을 누리지만, 동시에 이를 위해 엄청난 의지와 시간을 투입하여 노동하고 있음을 밝힌다(Suhr, 2009).

세번째로 문화 소비자-노동자의 주체성의 문제를 생각해볼 수 있다. 되제는 미디어가 다양성과 유연성이 강한 산업적 외형을 띠고 있지만, 그 실제 노동 과정은 지극히 단선적이며, 미디어 노동자의 창의성은 기업의 '관리' 대상으로 선택·투자되는 질서를 따른다고 주장한다

---

5) "부드러운 통제력soft control"은 "유동적 상태fluid state"를 관리하기 위한 방식으로서, 갑작스런 변동이나 돌발 위기에 항상 노출되어 있으므로 운동의 흐름과 속도를 통제하는 데 주력한다. 따라서 정교한 조정 능력이 강조되며, 제약 조건들에 있어서 분석적 접근 대신 "합성"의 처방을 내린다. 이러한 방식이 부드러운 통제로 묘사되는 이유는 이 통제 시스템이 덜 거칠어서가 아니다. 견고한 통제에 대해 폭력적인 대응이 이루어지는 실험적 통제 시스템이기 때문이다(Terranova, 2004, pp. 100~108).

(Deuze, 2007). 미디어 노동자의 개인성이 강조되는 것은 주로 개인의 능력 개발 및 네트워크 구축과 같이 투자 가치가 높은 부문과 연관될 때다. 그 외의 상당 부분에서는 조직과 사회의 요구에 따르는 순응적인 역할에서 벗어나기 어렵다. 예컨대 개인 노동자는 지속적으로 변화하는 미디어 환경에 적응할 수 있도록 "뛰어난 사교와 커뮤니케이션 기술"을 끊임없이 습득하고 첨단 테크놀로지 사용 능력과 외국어 실력을 발전시켜 자기 향상의 프로젝트를 진행해나갈 것을, 사회와 조직으로부터 명시적 또는 암묵적으로 요구받는다(Lazzarato, 2006, pp. 68~69). 이는 주체의 능동적이면서도 자기소외적인 행위로서, 개인 노동자가 자신의 자본주의적 가치를 상승시키기 위해 자기계발, 자기 투자, 자기 관리, 자기 평가하는 "인간 자본화"의 한 과정을 이룬다(같은 글).

인간 자본에 대한 평가 역시 네트워크 체제 안에서 이루어진다. 이는 전통적인 문화 중개자 역할을 다수의 네티즌들이 대신하게 되면서 익명적 다수의 규율권력이 발휘되는 형태를 띤다. 익명적 다수의 평가 행위는 클릭 수로 명시되듯이 계량화된 기준에 따라 노동과 노동 산물의 미적 가치가 평가되고 조율되는 "가치의 위기" 현상을 낳는다(Suhr, 2009, p. 192). 동시에 창의성이라는 인간 자율적인 속성과 능력이 "엄청나게 유연한 새로운 세계에서 노동자의 심리적, 사회적, 물리적 자원"으로 대상화될 위험도 있다(Turner, 2009, p. 76). 일반적으로 UCC 콘텐츠의 주요한 채널인 SNS는 "각자 알아서 하기 문화DIY culture"가 개인적 네트워크의 형태로 구현될 수 있는 인터페이스로 환영받는다. 이렇듯 다수의 네트워크 평가 시스템은 개인의 사회 참여 증진이라는 긍정적 측면도 있지만, 문화노동의 관점에서 볼 때는 계량화된 익명적 권력 작용 및 미적 규율화라는 부정적 효과를 낳는다.

인간 자본화 문제와 관련해 짚어볼 마지막 사항은 문화노동자의 위계화 문제다. 노동자가 인간 자본화하는 것은 "동등성"에 기초한 "교환"의 원리가 불평등에 기초한 "경쟁"의 원리로 대체됨을 의미한다(Lazzarato, 2006). 그 결과 신자유주의 체제의 문화노동 시장은 공식적으로는 무계급적이지만 재능과 창의성 경쟁에서 암묵적인 수직적 피라미드를 구성한다. 우선 문화산업 분야의 구조적 무계급성에 대해서, 로스는 디지털 문화산업에 종사하는 문화노동자들이 전문 지식을 갖춘 엘리트이지만 그들의 실제 노동 과정은 격심한 육체노동 및 불안정한 감정노동으로 구성된다고 주장하며 이러한 문화노동자 집단을 (블루컬러도 화이트컬러도 아닌) "노컬러no-collar" 집단이라 칭한 바 있다(Ross, 2004).

한편 아르비손의 연구 역시 로스의 '계급 없음'의 논리와는 상반되지만 내용적으로는 결국 유사하게 진행되는 문화산업 내 위계화 경향을 보고하고 있다(Arvidsson, 2007). 그가 덴마크의 광고계를 관찰한 내용에 따르면, 광고업계는 관리와 제작 영역으로 구분된다. 관리 영역은 프로젝트 개발, 수주, 진행을 담당하는 기업의 "경영자 계급"에 의해 주도되며 수익의 최대화를 추구하는 화폐경제의 논리를 따른다. 이에 비해 제작 영역은 정서적으로나 실제 제작 면에서 "언더그라운드" 영역에 뿌리를 두고 있으며 경제적 수익 못지않게 작업의 미적 성과에 대한 존경과 평판을 중시하는 "윤리적 경제ethical economy" 원리에 근거한다. 나아가 언더그라운드 세계 내부적으로도 차별화가 진행된다. 아직 업계에 진입하지 않은 문화노동자들의 군락인 "밑바닥 언더그라운드"로부터 상층부의 유명 아티스트 집단에 이르기까지, 피라미드형의 "네트워크 위계"가 형성되는 것이다. 여기서 계급화 기준이 되는 주된 재화는 사회적 자본이다. 개인 각자가 지닌 인간관계 관리 능력——타인의 주목, 참여, 존경, 평판을 불러일으킬 수 있는——"생명정치적" 역량의 수준은 누군가가 유명 또는 무명의 작가로 자리매김하는 데 중요한 영향을 미친다. 그렇기 때문에 문화 생산의 장에서 성공하기 위해서는 예술적 자질도 중요하지만, 그에 못지않게 즐겁고 화려한 "무료 상품"——경험담, 작업 소개, 농담 등의 자기 표현 기회, 훌륭한 파티 모임 등——을 제공함으로써 타인으로부터 자신에 대한 존경심과 좋은 평판을 창출해내는 능력 역시 중요시된다. 결과적으로 화폐경제의 주체인 관리 계급과 윤리경제의 주체인 언더그라운드 계급은 상호 의존적이고 협력적인 관계를 맺게 되는데, 이는 관리 계급은 수익 창출을 위해 제작자의 미적 활동을 필요로 하고, 동시에 제작자들의 입장에서도 화폐경제적인 가치 즉 현실적인 성공과 보상을 욕망하기 때문이다. 결과적으로 제작자의 혁신적 창의성은 규범 체제 안에 포섭되어 평가와 투자의 대상이 된다.

문제의 핵심은 컨버전스 상황에서 소비의 능동성이 사회적 참여로 발현되기도 하지만, 문화산업의 생산 노동으로 전화되어 조직화와 통제의 대상으로 환원됨으로써 자원, 투자, 실적의 데이터로 "프로그래밍"되어 관리·통치된다는 사실에 있다(Harney, 2006). 이 과정에서 인간 정체성과 사회관계 역시 새로운 양식으로 구성될 것이다. 다수의 소비자들이 합류한 "무리와 흐름의 경제flock and flow economy"에서 개인의 문화 생산과 소비의 열정, 재능, 활동이 "혁신 엔진"으로 흡수되며, 욕망, 감정, 정서, 미학이 상업적으로 융해된 하나의 "세계"가 구성되기 때문이다(Thrift, 2008). 그렇지만 노동에 의한 활동의 식민화 경향에 대한 이 모든 비판적 해석에도 불구하고, 비물질 노동은 앞서 강조했듯이, 궁극적으로는 생의 문제를 구성하고 실천하는 존재론적 활동이다.

따라서 노동이 사회적 활동으로 역전될 수 있는 잠재적 가능성에 대한 기대를 완전히 버릴 수는 없다. 어쩌면 이 모호한 잠재성까지도 거대한 컨버전스의 문화정치학적 네트워크를 구성하는 역동적 요소인 것이다.

4. 일상으로서의 문화 환경

비물질 노동에 관한 이론적 이해는 오늘날 한국 사회의 청년의 삶의 조건을 설명하는 데 중요한 함의를 지닌다. 그러나 한국 사회의 특수성 안에서 고유한 방식으로 응결되어 발현되는 문화노동의 실제를 이해하려면 보다 섬세한 접근이 시도되어야 한다고 생각한다. 이를 위해 우선 몇 가지 고유한 문제의식을 밝히고자 한다.

우선 한국의 디지털 네트워크 문화에서 '세대'가 지니는 의미이다. IMF의 경제 위기가 할퀴면서 드러난 사회의 허점들을 정보통신기술의 급격한 확장으로 대체하여 채우는 방식으로 국가적 정체성을 재구축하는 동시에 지구적 후기 자본주의 문화 시장에 급속하게 진입한 한국 사회에 대한 상황적 고려가 필요하다. 이러한 급격하면서도 굴곡진 변화의 흐름이 낳은 부작용 중의 하나는 세대 간 차이와 갈등이다. 과거의 세대 갈등이 생물학적 연령의 차이에서 자연스럽게 빚어지는 도덕적인 문제로 간주되었다면, 오늘날의 그것은 세대 간 '문화' 혹은 '노동' 문제(예를 들어 88만원 세대 담론)로 인식된다는 점에서 특징적이다. 세대의 문화에 관한 사고를 이 글이 다루는 문제 영역에 적용할 때, 문화 산업과 이에 자발적으로 '얽매인' 문화노동자의 관계가 문제시되고, 나아가 청년 문화 생산인들이 이러한 사회문화적 질서와 충돌 또는 타협하면서 지속적으로 형성, 재형성하는 정체성과 삶의 방식이 진지하게 고민되어야 할 것이다.

이 문제들이 중요한 이유는, 디지털 문화 환경의 도래가 산업사회에서 노동의 시기를 보낸 중년 이상의 세대와는 달리 현재 사회 진출을 앞두고 있는 20대 젊은이들에게는 디지털 상품과 콘텐츠와 같은 혁신적인 소비 대상일 뿐만 아니라 새로운 노동 조건으로 다가오기 때문이다(이동후, 2009 참조). 이러한 시대적 변화를 감안할 때, 한국의 젊은이들은 현실적 자본 관계에서 매우 취약하지만 디지털 문화 소비에 있어서는 뛰어난 '재능'을 지녔다고, 때로는 찬미되고 때로는 비난받아왔다. 이에 나는 사회적 존재로서 20대 젊은이들이 (빈곤한) 노동 환경과 (풍부한) 소비 환경으로 양면화된 삶의 조건을 어떻게 체험하고 대응하는지를 알아보고자 했다.

또한 이전의 논의들은 전문 미디어 생산 조직에 집결된 문화 생산의 영역과 일상에 확산된 문화 소비의 영역을 분리시켜 생각하는 경향을 보여왔다. 그래서 이론적으로는 컨버전스의 개념을 설파하지만 실제 현상에 있어서는 생산과 소비를 구분하여 단편화하는 한편, 생산과 소비, 미디어 제도 영역과 일상이 합류하는 컨버전스 상황을 유기적으로 읽어내지 못했다. 이에 반해 이 글은 젊은이들이 또래 집단과의 일상적인 사귐을 통해 하위문화자본을 체득하고, 그 자원을 바탕으로 미디어 조직에 합법적 또는 비공식적인 노동력으로 진입하여 '인간 자본화'하는 과정을 사회적 연속성 또는 네트워크의 관점에서 이해한다. 그러한 문화 노동의 산물로서 UCC 영역이 지니는 양면성——한편으로는 능동적 소비자의 참여적 산물이지만 다른 한편으로는 생산자의 하위문화적 재능과 자본이 결합하여 구성된 상품——을 논의할 것이다.

이어지는 문제는 주체와 권력의 관계에 대한 것이다. 생산 영역과 소비 영역의 경계, 또는 교육, 공공기관, 상업 조직, 하위문화 공간에 설정된 경계들을 넘나들며 문화를 생산하는 활동은 주체의 능동적 속성이라 할 수 있다. 그러나 주체의 능력, 활동, 노동을 관리하고 규범화하는 문화산업의 권력 작용 방식과 효과를 비판적으로 이해하는 작업도 중요하다. 이를 위해 문화의 소비-노동 양식의 변화와 맞물려 형성되는 인간 주체성의 문제를 읽어보고자 한다. 문화산업 영역에는 지배/종속 또는 착취/저항이라는 대립관계로 단정하기가 불가능할 정도로 다양한 "존재론"들이 존재한다(Thrift, 2008). 자발적으로 순응하는 주체, 타협하지만 회의하는 주체, 권력에 길들여지는 동시에 그것을 이용하는 주체들이 이러한 복잡성과 모호성을 체현하는 존재들이다. 이 현상을 굳이 매끈하게 이론화하는 대신, 한국의 디지털 문화 생산의 장을 갈등적이고 모순적인 현실을 비추어 보여주는 사회적 텍스트로서 접근하고자 한다.

이 작업을 위해 일곱 명의 UCC 생산자를 만나 심층인터뷰하고, 그들의 작업물인 UCC 콘텐츠와 그것들이 유통되는 웹사이트를 관찰했다. 2008년 여름 수개월 동안 내가 만난 UCC 생산자들은 인터뷰 당시 20대였던 남성 네 명, 여성 세 명의 젊은이였다. 대부분 대학 재학 중이었지만 몇몇은 휴학을 하거나 수개월 전 졸업을 한 상태였다. 이들은 우리 사회의 전형적인 중산층 가정에서 자란 20대들이라 할 수 있다. 대체로 고액의 학비를 부모가 부담하므로 그에 대한 죄송함과 취업의 압박감에 힘들어하고, 될 수 있는 한 장학금을 타거나 아르바이트를 하면서 조금이나마 생활비와 용돈을 벌고자 했다. 이들 중 몇몇은 대학원에 진학하여 영상 공부를 좀더 심화하기를 바라지만, 학비 부담과 부모로부터 독립해야 한다는 생각으로 사회적 활동에 적극적으로 나서게 되었다고 한다.

인터뷰 참여자를 UCC 제작 방식에 따라 두 유형으로 구분할 수 있다. 한 유형은 상업적이고 대중적인 접근을 하는 집단이다. 이 중 일부는 이미 다수의 공모전 수상 경험이 있고, 몇 개의 히트작으로 명성을 쌓은 전문적 아마추어다(이 명성이 무엇이며 어떻게 형성되는지는 뒤에서 상술할 것이다). 이들은 모두 콘텐츠 생산 및 미디어 기업에 일시적으로 취직하여 일한 경험이 있거나 동영상 콘텐츠 제작 프로젝트에 참여한 경험을 다수 지니고 있다. 일부 인터뷰 참여자들은 친구들끼리 모여 소규모의 동영상 제작 회사를 만들었다. 이들은 서울 동북부의 작은 오피스텔에서 월세를 내며 개인적인 장비를 동원하여 물적 조건을 갖추고, 알음알음 들어오는 제작 프로젝트를 수주받아 건당 받는 수고비로 겨우 회사를 유지한다. 물론 순이익을 창출하지 못하며 그럴 수 있을지도 확신하기 어려운 상황에서 자신의 제작 능력 및 사회적 활동의 가능성을 시험하는 단계에 있다. 두번째 유형은 경제적 보상보다는 자신의 미적 또는 사회적 정체성을 표현하기 위해 동영상 제작을 한다. 이들 중 일부는 미디어 기업에서 아르바이트로 일하기도 했지만, 인터뷰 시기에는 교회에서 동영상 제작을 맡고 있는 것을 비롯해 순수 예술 및 종교의 목적에서 동영상 제작 활동을 하고 있었다.

비록 UCC에 연관된 복잡한 문제 영역들(거칠게 보더라도 법제적·경제적 시각, 정치 커뮤니케이션 기능, 미디어 미학과 텍스트성 등)을 포괄한 광범한 현상과 경향을 기술하기에는 부족하지만, UCC의 일상적 소비 환경 및 문화산업의 전략적 권력체계가 개인적 삶과 접합하고, 이러한 사회적 작용과 개인적 삶이 그/그녀의 문화 생산 노동으로 육화되어 나타나는 한 양식을 이해하기 위한 시도로서 이 글의 의의를 찾을 수 있을 것이다. UCC 생산의 장을 문화산업, 공공 영역, 순수예술 활동 등의 인위적 기준에 따라 애써 구분하거나 사회 전면적인 양상으로 굳이 확장시키지 않았다. 대신 구체적인 상황에 따라 유기적으로 구성되고 변화하며 살아 있는 인간 주체의 구체적인 실천에 의해 발현되는, 사회적 과정성과 문화적 동학이 접합된 공간으로 이해했다.

5. 노동을 통한 '참여'의 생산

UCC 생산자를 대상으로 한 심층인터뷰 내용을 UCC 생산자의 정체성 형성이라는 과정적인 축을 따라 1) 사회의 기업화와 UCC 생산자의 경력 구축, 2) 자기 평가와 사회적 보상, 3) 노동과 활동의 가치라는 세 부분으로 나누어 서술하겠다. 각 논의 영역은 대학생들이 UCC 생산자로서 문화산업의 영역에 편입되는 사회적 과정, 실제 노동 방식 및 사회적 관계, 작업을 통한 정체성 형성 및 재형성이라는 문제의식에 상응하는 것이기도 하다.

1) 사회의 기업화와 UCC 생산자의 경력 구축

UCC 생산자들은 자신의 작업과 삶을 어떻게 연결시키고 있는가? 20대 젊은이들이 대학에 입학할 당시에는 그 용어조차 존재하지 않았지만, 국내 포털 사이트가 붐을 일으키면서 UCC라는 대상이 이들 삶에 갑자기 부상했다. 젊은이들이 UCC를 일상적으로 소비하고 생산에 참여할 수 있는 "장"(Bourdieu, 1984)이 형성된 것이다. 또한 이들로 하여금 UCC 제작에 뛰어들도록 한 보다 심대하고 누적적인 요소는 하위문화의 경험으로부터 발전한 영상에 대한 개인적 관심, 취업을 위한 경력 쌓기, 생활 유지를 위한 경제적 수입의 필요와 같은 문화적·사회적인 것들이라고 할 수 있다.

우선 개인의 영상 작업에 대한 열망과 호기심 그리고 마음이 맞는 친구들끼리 공유한 하위문화적인 경험이 이들이 '업계'로 뛰어들도록 한 중요한 문화적 동력이 되었다. 예를 들어 학교 연구실 조교로 일하는 친구들에게 "밥 한 끼 사주면서" 어차피 놀고 있는 공간과 장비를 빌려 쓰거나, 한 친구의 집에 개인 작업실을 만들어놓고 모여서 공부와 일을 밤샘 작업으로 병행하는 하위문화적 분위기가 중요하다(인터뷰 참여자 '형국'). 사회적인 필요로는 취업의 압박이 강한데, 예를 들어 20대 사이에 통하는 농담으로, "취업 5종 세트"에는 학점, 토익, 인턴, 해외 연수와 함께 "공모전 수상"이 포함되어 있다(인터뷰 참여자 '종현').

> **종현**: 제가 아까 휴학했다고 말씀드렸을 때, 잠실에 있는 광고단체연합회에서 일했었거든요? 연합회에서 일을 도와주는 인턴 사원으로 있었는데, 제가 그때 일 시작하기 전에 방학 때 이것저것 많이 하면서 공모전도 참가하면서 수상을 많이 했어요. 한 일고여덟 개 정도 했는데. 거기서 그분이 말씀하시더라고요. 바로 위에 계신 분이. 연합회 분이, "넌 정말 시대를 잘 타고났다." 잘 타고난 게 한창 지금이 UCC 마케팅이 꽃피고 있는 시기라고 생각하는데, 이때 아무도 선점하지 않은 이 영역에 발을 들여놓음으로 해서 상도 타고 돈도 벌고 커리어도 쌓이고……

인터뷰 참여자들의 대화 내용에서 드러나듯이, 한 개인이 UCC 생산에 뛰어들기까지에는 다양한 요인들이 작동한다. "발전"(인터뷰 참여자 '세은')을 열망하거나 낙후를 염려하는 심리, 대학에서의 교육적 지원(재학 또는 휴학의 상태가 각각 차별적인 효과를 낳는다), 인턴제, 각종 공모전과 같은 제도적 포상 장치, 미디어 기업 및 종사자들을 포함한 인적 네트워크, 그리고 취업과 성공에 관해 공식화된 사회적 통념 등, 제도적·심리적·문화적·사회적·정서적 요인들이 복잡하게 개입하여 개인의 '참여' 욕망을 자극하고 '참여' 노력을 독려하며 '참여' 활동을 지원한다.

세은: 작년 2007년에 여름방학을 했는데 학교에서 산학 협력 인턴이라는 프로그램이 있더라고요. 학교만 다니는 건 발전이 없는 것 같아서 회사에 인턴 같은 거 해볼까 [해서 간 곳이] D 커뮤니케이션이었어요. 포털사이트…… 처음 서비스가 시작하는 상태니까 아직 UCC가 생소하고, 생소하진 않았지만 어쨌든 기반이 필요했잖아요. 그래서 조금 할 줄 아는 대학생들을 뽑아가지고 양질의 콘텐츠를 공급을 하는 일을 했어요. [……] 6개월 기간이 끝나서, 회사는 끝났고요. 영상이 되게 재밌고 하고 싶어서 공모전도 하고 학교에서보다 밖에서 많이 찾아서 했거든요? 방학 때 문화체육관광부에서 문화PD라는 걸 했었어요. 교육을 전문적인 영상 교육을 5주 동안 받고 1년 동안 문화PD가 되면, 1년 동안 문화 관련 UCC를 업로드해서 그걸 또 사이트로 홍보를 시키는 그런 활동이 있는데 지금 그래서, 방학 때 교육 기간 5주를 마치고 1년간 영상을 올리는 식으로……

이들의 경험에서 주목할 지점은, 순전히 영상을 좋아하던 대학생이

UCC 생산자로 전환 또는 재구성되도록 이끄는 사회구조적 질서다. 우선 학생의 아마추어리즘은 UCC의 상품적 가치로 유용하다. UCC의 장르적 미학과 대중적 인기의 기반은, 설익었지만 반짝이는 아이디어를 서툴고 순박하게 그려내는 아마추어리즘에 있기 때문이다. 아마추어리즘의 장르적 속성은 (권력과 자본에 의해 조작되지 않았다는 식의) 진실성과 신뢰성이라는 사회적·상업적 가치를 동시에 확보하기에 유용하다. 이러한 가치가 홍보 및 광고 효과의 주된 장치로 유용하며 나아가 상품성으로 전환된다. 교육기관, 정부 부처, 공공기관, 민간 기업, 미디어 조직, 광고와 홍보 기업 들은 학생, 공모, 인턴, 사원이라는 다양한 이름으로 이들을 호명하여 초대하고, 이에 응답하는 개인은 UCC 소비자인 동시에 생산자, 학생인 동시에 노동자라는 중첩적인 위치로 자신을 투입하는 것이다. 대중의 문화 참여적 '활동'이 참여 가치를 생산하는 '노동'으로 전환되는 지점이다.

> **형국**: 제 친구가 [공모상이] 열 개고 제가 열다섯 개를 탔거든요. 근데 UCC 공모전 열다섯 개 상을 타는데 그 열다섯 개에 환경부도 있고 어디도 있고. 그런 데에서 직접 하는 게 아니고 대행사를 끼고 대회를 주최를 해요. [……] 그런데 저희들이 영상을 딱 내놓은 걸 보니까 "어 이거 쓸 만하다" 하고 대회 끝나고 명함 주면서 연락 한번 하라고 한번 보자 이런 식으로 해서, 그래서 이렇게……

연구자가 만난 UCC 생산자들이 능동적 하위문화 소비자로부터 문화 노동자로 이행하는 과정의 내러티브는 대략 이렇게 기술될 수 있다. '영상 디지털 테크놀로지의 하위문화적 놀이와 실천→교육(학교 제도 교육, 기업이 실시하는 인턴십, 공공기관 및 민간기관이 실시하는 연수)→공모전 실시와 개인의 응답(지원)→선정과 수상, 또는 탈락과 절망→기업 리스트(공공기관, 일반 기업, PR, 인터넷을 비롯한 미디어 기업)에 편입→상업적 제작 의뢰→UCC 제작 수주를 위한 지속적인 관계 형성 및 관계 유지.'

공모전 수상 실적은 문화 생산인 개인의 성공적인 경력 구축의 증표로서 기능한다. 제도적 보상은 개인의 창의적 재능을 공인한다. 이에 상응하여, 주체가 공모전 수상을 통해 사회적 주목을 받아 공적인 정체성을 구축하며 이것을 자기 능력의 공인증으로 활용할 때, 제도의 권력 효과 역시 정당하게 확증된다. 개인과 제도 권력이 상호 호명을 통해 각자의 정체성을 형성·확보하는 것이다.

형국: 제가 공모전 수상 경력을 열다섯 개를 가지고서는 제가 어딘가 방송국이나 기타 이런 곳의 연장선상이 있는 방면으로 알아봤을 때 이걸 인정해줄까 안 해줄까 너무 궁금했고 혼란스러웠거든요. [……] 궁금해서 잡코리아에다가 이력서도 올려보고 이번에 방송사 시험 보는 데도 넣어봤는데 나름 인정을 해주더라고요. 필기는 떨어졌는데 서류 전형에선 붙었거든요. 서류 전형에다 내가 넣은 게 토익 시험 성적도 안 넣고 아무것도 안 넣고 수상 경력이나 자기소개 하나만으로, 서류에선 제가 됐는데 그걸 보고서 저는 느꼈죠. '아 이게 헛고생은 아니었구나.'

UCC가 영화, 방송, 광고 등 전문적인 문화 생산인이 되기 위한 양성소 혹은 대기소 기능을 하면서, 학생들의 UCC 제작 및 선정과 수상 경험은 학생들의 경력을 위한 포트폴리오로 기능한다. 그러나 막상 UCC

제작 계약이 수립되고 프로젝트가 본격적으로 진행되면, 창의적 시도, 모험, 실험, 노력의 의미를 지녔던 UCC의 제작 활동은 이제 계약에 의해 부여되는 노동의 과업이 된다. 이때 UCC 제작 작업에 대한 갈등이 빚어지는데, UCC가 장래 경력을 위한 징검다리가 되기보다는 오히려 애초의 목표를 위해 노력하는 것을 저해하는 매혹적인 "놀이터"가 되거나, 반대로 "다른 노동과 다를 바 없는 UCC"가 되어버리기 때문이다. 따라서 애초의 순수 영상 예술인이 되고자 했던 목표를 보류 또는 포기하거나 반대로 UCC 제작을 그만두기로 결심하는 일이 종종 발생한다. 인터뷰 참여자들은 선택과 포기의 결단을 단호하게 내리기보다는, 선택을 번복하여 UCC계를 떠났다가 다시 돌아오는 등, 주저, 후회, 갈등의 과정을 견디어나가는 모습을 보였다. 스스로 "자본주의의 노예가 된 건가"라고 냉소적인 자문을 할 정도로(인터뷰 참여자 '형국').

한국 디지털 문화의 장에서 전개되는 경력 구축 과정 내러티브는 테라노바가 설명한 네트워크 문화의 현상보다 훨씬 조직화된 것으로 보인다. 왜냐하면 앞서 살펴보았듯이 테라노바는 일상적인 인터넷 활동(메일링, 인터넷 사이트 운영 등)이 매개적으로 낳는 경제적 효과를 주목한 반면, 이 글에서 제시된 UCC 생산자들은 공공 영역, 시장, 교육, 하위 문화가 결합된 사회의 기업화 상황에 직접적으로 편입되는 것을 의미하기 때문이다. 여기서 개인은 문화노동의 계발/착취 구조에서 자신의 열망과 목표의 내용을 조율하며 몸소 추진함으로써 자본주의 문화노동 시장에 진입하는 실질적 이행 및 삶의 변화 과정을 거친다. 즉 자본주의적 컨버전스 환경에서 문화의 능동적 소비 집단이 노동 집단으로 실체화된다. 또한 일상에서 습관적으로 행해지기에 경제적 대가가 전혀 없는 무불 노동의 형태보다는, 비정규적이고 불안정한 노동 질서와 임금

체계로 구조화된 '저가 노동'으로 나타난다는 점에서 특징적이다.

2) 자기 평가와 사회적 보상

UCC 영역에는 일반 소비자-생산자 집단, 공공·민간 기구, 상업적 미디어 조직이 다층적으로 연계되어 있다. 이에 상응하여 개인적 만족, 금전적 보상, 사회적 주목, 명예와 같이 다양하고 때로는 상충하는 가치들이 공존한다. 이러한 다층성과 모순성은 역설적으로 상이한 가치관과 동기를 지닌 수많은 문화 생산인들을 끌어들이는 유용하고 거대한 잠재력으로 발휘된다. 특히 UCC 생산자 입장에서 볼 때, 이러한 복잡성은 예측 불가능한 '대박'에 대한 기대를 불러일으키기에 충분할 정도로 폭넓은 보상 레퍼토리로 인지된다. 이렇게 유동적이고 다면적인 상황에서 UCC 생산자는 어떻게 자신의 작품을 평가하며 그에 대한 사회적 평가에 대해 어떤 태도를 가지고 있을까?

가장 먼저 UCC 작품은 생산자가 작업실에서 제작하는 과정에서 그의 주관적인 시각과 기준에 따라 평가된다. 제작 과정에서 내가 좋아하는 것과 싫어하는 것 같은 개인적 감상이 자기 평가의 중요한 기준이 된다. 이어 작품이 상품으로 '납품'되는 단계에서는 제작을 의뢰한 기업 고객에 의해 상업적인 기준에 따라 평가된다. 마지막으로 인터넷에 업로드되면 대중의 조회 수에 의해 성공 여부가 판가름 난다. 궁극적으로 대중이 부여하는 익명적이고 계량화된 최종 평가 결과가 가장 중요한 영향을 미친다고 할 수 있는데, 이는 대중의 조회 수가 웹에 명시적으로 제시됨에 따라 UCC를 의뢰한 고객이 생산자를 평가할 수 있는 객관적인 근거로 이용되고, 대중과 고객의 평가가 심리적인 반향을 일으키며 생산자의 자기 평가 준거로 기능하게 되는 작용이 역으로 진행되기 때문이다.

소영: 사람들이 평가도 하고…… 평가가 나쁘다는 게 아니라 어떻게 했으면 좋겠어, 어떤 요소가 들어갔으면 좋겠어, 이런 말들을 해줘요. 저는 귀가 얇고 그러다 보니까 '아, 그런가'라는 생각이 들고 사람들의 반응 때문에 사람들이 원하고 재밌어할 것 같은 것을 생각하다 보니까 만들고 나서 잘 만들었는지 못 만들었는지 모르겠지만 만들고 나서 작품 자체로 만족을 못하는 거예요. [……] 확실히 조회 수가 큰 영향이 있고요. [……] 근데 막상 사람들의 말을 듣고 잘 되면 좋긴 좋은데 이건 좀 내가 원하는 게 아닌 것 같기도 하고 그런 생각이 들어서, 방향이 한번 약간 흐트러지면 다시 돌려오기도 쉽지도 않고 해서 지금이 슬럼프에요(웃음).

클릭 수라는 추상적 기준에 UCC의 생산인과 의뢰 고객이 (서로 다른 이해관계에도 불구하고) 승복하게 되는 이유는, 이것이 특정 자본이나 권력의 영향력으로부터 자유롭다고 간주되는 대중 수용자들이 각자 내린 평등한 결정의 정당한 총합으로 인식되기 때문이다. 그러나 유의해야 할 점은 (대중문화 취향의 저속성과 상업성에 관한 미학적 판단은 차치하고서라도) 이렇듯 외형상 '민주주의적인' 평가 방식이 UCC 생산자의 노동의 질을 평가하고 통제할 수 있는 자본주의적 문화 시장 논리로 전환된다는 사실이다.

세은: 그건 무조건 조회 수, 댓글 이런 것? 댓글보다는 아무래도 조회 수가 가장 눈에 띄는 평가. UCC에서 제일 눈에 띄는 평가가 조회 수밖에

없잖아요. 조회 수 높으면 잘했다고 인정받고 낮으면 그 주는 되게 괴로워요. 그래서 좀 저도 그때 되게 회의감을 많이 느낀 게, 오락적이고 자극적인 것 만들면 좋아하고…… 막 최고 50만, 60만 나오는 거는 조금 그런 내용? 마치 내가 연예계 기사 쓰는 사람처럼, 영상으로…… 이런 거 할 때 정말 힘들었어요. 막 하기 싫은 거예요. 좀더 좋은 걸 만들고 싶다, 단순한 UCC보다는 퀄리티가 좋은…… 그런 생각했죠.

원론적으로 UCC 영역은 기술적 생산이나 유통에 있어 누구나 자유롭게 참여할 수 있도록 개방된 것으로 여겨진다. 그러나 매력, 주목, 재미와 같이 객관적 측정이 불가능한 가치들이 익명적 다수의 조회 수로 계량화되어 명시되는 이상, 문화산업에 개입하는 두 개의 경제 원리, 즉 화폐경제와 윤리경제는 '부드럽게' 결합하여 개인 생산자의 작업 활동을 통제하는 원리로 작동하게 된다. 이에 대중성과 상업성은 생산자들의 경제적·문화적·미적 활동을 통제하는 준거로 체득되며, 그들의 작업을 통해 재생산된다.

한편 UCC 영역에서는 상이한 경제 원리가 혼합될 뿐만 아니라 이들이 서로 충돌하며 예기치 않은 효과 —— 소위 말하는 '대박' —— 가 발생하기도 한다. 공식 제도가 내린 평가에 복종하지 않는 '반발적인' 주체가 다수 대중에게 재평가를 요청하고, 다수의 응원이 언론의 주목을 새로이 불러내는 식이다.

형국: 최근에 칸 나갔을 때가 제일 좋았죠. [……] 시내버스[를 소재로 한 UCC]는 그때 별로 회자가 못 되고 끝났었어요. 시상식이 다 끝났어요, 1월에. 근데 아무리 생각해봐도 이건 분명 먹힐 수 있는 콘텐츠인데 이렇게

회자가 안 되니까 억울한 거예요. 그래서 ○○○라는 친구가 싸이월드에 슥 올렸어요. 그런데 다음 날 자고 일어났더니 이게 웬일, 메인에 올라가 있고 제 친구 홈페이지 방명록에 600명이 방문해가지고 글을 남긴 거예요. "보고 너무 감동을 받았다" "내 아이도 크면 당신들처럼 이렇게 했으면 좋겠다" "정말로 멋진 친구들 같다" 이런 식의. 댓글들이 엄청나게 나오면서 이틀 있다가 『중앙일보』에서 전화가 왔어요. 기사를 썼으면 좋겠다고 해서 인터넷 기사가 올라가고 그다음 날 지면 기사가 올라갔어요. 『중앙일보』 사회면 지면 기사에 "서울에서 부산까지 시내버스 스물네 번 갈아타면 간다"라고 기사가 올라왔어요. 그러고 나서부터 방송, 라디오, 잡지, 신문, 2월 한 달 내내 인터뷰만 하고 다녔죠. [……] 저희는 보잘것없는 대학생에 불과한데 사회가 주목을 해주니까 좋았죠.

이처럼 UCC 생산자들이 의식적 또는 무의식적으로 염두에 두는 사회적 보상은 크게 두 가지로 나누어볼 수 있을 듯하다. 하나는 수상이나 기업 고객의 승인과 같이 특정 제도로부터 부여되는 형식이다. 다른 하나는 조회 수와 같이 익명적 다수의 합의되지 않은 행동의 일치로 파생되는 이벤트다. 흥미롭게도 UCC 생산자들은 두 평가 방식에 대해 상반된 태도를 취하고 있었다. 후자의 대중의 익명적 평가는 기회와 운이 지배하는 차원으로 신비화하고 이에 순응하는 경향을 보인다. 그리고 기회와 운이 불러다준 갑작스런 성공의 사례는 실패의 위기를 감수하면서라도 계속 노력해보려는 욕망과 의지를 불러일으킨다. 비르노가 지적했듯 기회주의와 허무주의의 극단적 정서가 UCC 노동을 지속시키는 주된 정조로 결합되어 작동한다. 반면 전자의 제도적인 평가의 경우, 생산자들은 스스로 그 평가의 원리를 잘 알고 있다고 믿고 있으며 자신이 통제하고 이용할 수 있는 조건으로 인식한다. 이는 비르노나 테라노바의 비관적/비판적인 시각이 포착하지 못한, 청년들이 벌이는 문화 활동의 도전적 잠재성을 미약하게나마 감지할 수 있는 부분이다. 어쩌면 이들은 기업의 운영 원리를 간파하기에 빈틈을 엿보고, 그 진부함을 느끼기에 벗어나고자 하는 꿈을 꾸게 되는 것이다. UCC 생산자의 자기 정체성이 사회적 규범에 전적으로 종속되지는 않으리라고 생각할 수 있는 근거도 여기에 있다. 이에 우리는 산업으로서 UCC 영역에서 벌어지는 참여 활동이 주체의 순응적 노동인지, 전술적 활동인지, 혹은 그 외의 무엇인지를 질문하게 된다.

3) 노동과 활동의 가치: 수동적 타협자 혹은 전술적 밀렵자

내가 만난 UCC 생산자들은 현재 자신이 하고 있는 UCC 제작 일을 한시적인 것으로 여기고 있었다. 그래서인지 이들의 하루하루는 제작 활동, 인맥 관리, 향후 작업을 위한 기획 등의 업무로 매우 바쁘고 활기차게 진행되지만, 동시에 현실 조건에 타협적인 자신에 대한 자괴감과 미래에 대한 불안감을 저변에 품고 있다. 미래는 투자와 개발의 논리와 불확실과 불안이라는 이중적 의미를 지닌 채 끊임없이 다가온다. 예측 불가능한 미래에 대해 희망적 가능성과 실패의 불안을 동시에 느끼며 기회주의와 허무주의의 정조를 함께 느끼는 것이다. 청년 제작자들은 현재의 생존을 위한 경제적 수익과 미래를 불 밝히는 미적·윤리적 가치가 혼존하는 이중 질서 사이에 가까스로 몸을 끼워 넣고 있는 상태이다. 궤도 밖으로 빠져나가지도, 궤도 안에서 전진하지도 못한 채 지속적으로 유예된 성공의 가능성을 미래의 소실점으로 바라보고 있는 듯하다.

여기서 주체의 주저와 웅크림은 양면적인 의미로 해석할 수 있을 듯하다. 한편으로는 기회주의와 허무주의라는 상충된 정서가 불편하게 웅결된 "공포"어린 "침묵"(바우만, 2009)의 반응일 수 있다. 반대로 이 주저와 웅크림을 기존의 체제에 대한 비판적 회의와 도전적인 조롱의 태도로 읽을 수도 있다.

UCC 생산자들의 모호한 정체성을 보다 정교하게 이해하기 위한 시도로서, UCC 작품의 사회적 선택 원리에 대한 이들의 인식을 들어보자.

> **형국**: 저희는 이제 그냥 도사급이에요. 딱 보고 공모 주제 보면 딱 단체 보고, 단체가 조금 보수적이면 아, 어떤 스타일 좋아하겠구나. 이건 진보적인 성향이 많은 것 같은데 실험적인 거 좋아하겠구나. […] 제가 한 것 중에 KT&G 이런 것들 아니면 일반 UCC 사이트 같은 데 이런 곳은 자극적이거나 뭐 이런 걸 좋아하는데, 정부기관이나 이런 곳은 오히려 보수적인, 약간 노멀normal한 것 좋아해요. 깔끔한 것. […] 저희는 보면 딱 뉴스불패? 뉴스 포맷으로 만들면 정부기관에서 되게 좋아해요. 그런 식으로 성향, 좋아하는 포맷이나 성향이 저희 눈엔 딱 보이는 거죠.

이들은 자신의 작품에 대한 평가가 이루어지는 원리를 이미 알고 있다. 선택의 공식을 파악하고 있을 뿐만 아니라, 그 공식의 진부함까지 인지하고 있다. 심지어 그 공식이 실제로 적용될 때 활용되는 허위적인 수법까지도 터득하고 있다. 기업에서 지시에 따라 행하면서 그 기술을 체득했기 때문이다. 이러한 젊은 생산인들은 문화산업이 자신에게 행

사하는 통제 기술을 전유하여 ──도전적이라고까지 할 수는 없을지라
도──기업 논리로부터 분리된 자기 정체성을 독자적으로 형성한다.

영한: UCC라고 하는 게 홍보 목적으로 만든다는 거를 표면 아래 감추고
가는 거기 때문에 어떤 때는 "너희 이름으로 올려줘"라고 얘기를 할 때가
있어요. 그리고 "너희가 만든 것처럼 해줘"라고 할 때가 있기 때문에……

종현: 가끔은 '작업'이란 걸 하기도 해요. 조회 수나 추천 수, 저희 쪽에서
도 조금 플러스 알파를 해드리고 있거든요. 그러니까 조작이라고 하면 그
렇고요. 어쨌든 누군가는 봐야 되는 거잖아요. 지인들한테 알려주고, 보
고 평가해줘라, 이렇게 퍼뜨리기는 해요. 소개해주고 하거든요. 그래서
그래서인지 몰라도 저는 대중들의 반응을 잘 살펴본 적은 없는 것 같아
요. 왜냐면 저는 그게 좋아요.

이들은 평가가 만들어지는 원리를 간파하고 있기에, 그 결과에 대해
서도 어느 정도 자유로울 수 있다. 대중이 내린 클릭 수의 효과로부터
비판적인 거리를 유지하고 있다. 심지어 이렇듯 자기소외적인 노동의 경
험이 또 다른 "자발적 창의성vernacular creativity"(Burgess, 2006)을 배태
할 수 있다. 예를 들어 어떤 젊은 UCC 생산자들은 비용과 인건비는 물
론이고 작품의 성격을 놓고 기업 고객과 흥정을 할 정도로 현실적 대처
능력을 스스로 계발했다. 요컨대 테라노바의 '무불 노동자'라는 표현을
적용하기가 어색할 정도로, 젊은 UCC 전문 생산자들은 "전략"적 기업
체계가 부여된 노동 과정 속에서 오히려 독자적으로 자기만의 영리한
"전술"을 체득한 것이다(de Certeau, 1984 참조).

형국: 돈도 받으면서, 모든 제반 조건을 제공받으면서, 그리고 심지어는 붐업에 대한 약간의 보장도 받으면서 하는 거죠. 그렇게 해가지고 저는 돈을 버는 건데, 실제로 그걸 주면서도 느끼는 게 과연 이게 어떤 도달률이 얼마나 될지 측정도 안 되고 전혀 단순한 홍보 효과밖에 안 되는 거고. 솔직히 나한테 눈먼 돈을 주는 것 같다는 생각이 들기는 해요, 솔직한 마음으로. [……] 어제부터 계속 영상을 보내줬는데 계속 컨펌이 안 나는 거예요. "마음에 안 든다, 우리(광고주) 영상 더 넣어 달라" 이런 식의 요구가 계속 들어오는 거예요. 저는 "그게 더 들어가면 사람들이 더 싫어할 거다, 냄새가 나지 않느냐" "뭐 냄새 안 난다, 그냥 해라" 그러면 "알았다" 저는 이제 돈 받는 입장이니까 "넣어줄게" 이런 식밖에 안 되는 거죠.

때로는 눈감지만 때로는 다투는 젊은이들, 때로는 순응하지만 때로는 반발하는 노동자들, 이들은 순응적인 노동자일까 전술적인 "밀렵자"일까(같은 책), 혹은 이기적인 타협자일까 비판적인 냉소자일까. 이 모든 특성을 다층적으로 내포한 주체로서, UCC 생산자들은 자신이 속한 권력 체제의 문제점을 인지하고 한계를 예측하는 불온한 주체다. 불온한 주체는 불변의 체제 '안'에서 결정되는 산물이 아니라 '일시적인' 안정화의 조건과 분열적으로 상호작용하면서 형성된다. 순응하되 의심하고, 착취되지만 반발하고, 즐기면서도 비판하는 주체는, 체제를 구성하고 체제에 의해 구성되지만, 체제 안에서 주변화되는 "구성적 타자"인 것이다(Hall & Maharaj, 2001).

불온한 주체가 타자성을 지속적이고 반복적으로 수행할 때 체제의 호명 회로에서 잡음이 나고 권력구조에 균열이 생길 수 있다. 불온한 주체의 타자적 활동에 따라 체제는 자신의 불안정성을 노정한다. 느 슨해진 체제에 대해서 주체는 이제 "귀속belonging"이 아닌 "벗어나기 unbelonging"를 시도할 수 있다(Rogoff, 2000). '벗어나기'란 다양한 듯 보 이지만 진부한 미적 체계, 부드러워 보이지만 통제적인 관리체계, 참여 적이고 개방적인 듯 보이지만 위계적이고 폐쇄적인 사회질서를 넘어서 는 '활동'을 가리킨다. 주어진 공식을 재생산하는 노동이 아니라, 그 방 식과 대상과 목표를 근본적으로 재설정하는 창의적 개입으로서의 참 여 활동을 의미하는 것이다. 기존의 체제에 불편함을 느끼고 새로운 가 능성을 회원하지만, 구체적으로 '어떤' 새로움이 만들어져야 하는지에 관한 기획이 부재한다는 점에서, UCC 생산에 참여하는 젊은이들은 귀 속과 벗어나기의 경계에서 '진동' 중이라고 말할 수 있을 것이다. 운동 이 아니라 진동이기에, 벗어나기를 위한 전격적인 위치 이동은 (아직) 이루어지지 않고 있지만, 동시에 귀속된 자리에 고정되어 있지도 않다.

6. 가상의 삶과 노동

지금까지 UCC의 영역에서 인간의 '활동'이 '노동'으로 환원되고, 노 동이 인간 형성의 존재론으로 구축되는 과정을 살펴보았다. 이 과정은 대중문화의 차원에서 대중의 능동성으로 간주되어온 '참여'가 문화 생 산의 노동력으로 전환됨으로써, 문화의 향유 활동이 문화상품의 생산 을 위한 노동으로, 권력의 통제 작용이 주체의 자발적 계발로, 인간 내 재적인 능력이 인적 자본으로 이행하고 혼융되는 경향으로 설명되었다. 특히 UCC 문화산업 분야에서 20대 청년 집단의 소비와 생산의 '참여'

활동이 개인/공공 조직 및 민간 조직/문화산업의 기업적 결합 체제 안에서 문화노동으로 전화하고, 익명화된 대중의 객관적 총합이라는 기준에 의해 그 노동의 가치와 성과가 평가되는 식의 새로운 문화노동 질서가 생성되고 있음이 제시되었다.

여기서 사회문화적 참여 '활동'이 자본주의적 문화산업 체계의 '노동'으로 활용될 때, 이러한 활동–노동의 행위자란 자발적인 주체인가 혹은 순응적인 노동자인가라는 근본적인 문제가 제기된다. 그러나 이 글에서는 이렇듯 이분법적으로 정의될 수 없는 모호한 정체성을 관찰할 수 있었다. 주어진 조건에서 노동하고 그로부터 받은 임금과 명예로 현재적인 만족을 느끼는 현실적 '노동자'의 정체성과, 길들여져가는 자신에게 자괴감과 불안을 느끼며 자신을 길들이는 체제의 운영적 한계와 미학적 진부함을 비판하고 조롱하는 '활동인'의 정체성이 중첩되어 나타났기 때문이다. 의심하고 회의하는 존재는 체제에 전적으로 순응하는 종속적 존재라기보다는, 여전히 그에 묶여 있지만 소여의 현상으로부터 비판적 거리를 유지하고 때론 벗어나기를 추구하는 불온한 존재라고 할 수 있다. 그러나 현재로서는 이들의 회의감과 비판성이 개인의 삶에 변화를 시도하는 행동으로까지 활성화되지는 않는다. 대체로 주저와 웅크림의 진동 상태에 머물러 있기에, 이들은 실천적이기보다는 잠재적인 상황에 머물러 있다고 할 수 있다.

우리가 유념해야 할 점은 잠재가 반드시 가시화된 실현보다 부족하거나 부정적인 것만은 아니라는 사실이다. "삶은," 들뢰즈가 명료하게 진술하듯, "**오로지** 가상적인 것들만을 내포한다"(Deleuze, 2001, p. 31; 필자 강조). 이때 가상이란 "현실의 결여가 아니다." 오히려 가상이란 수많은 가능성들 중에서 지금의 이 특정한 상황이 곧 유일한 현실이 되도록 이끈 '실재화'의 힘이다. 이렇게 볼 때 UCC 생산자들의 참여를 낙관 어린 '허상'으로 낭만화하는 것은 옳지 않다. 그것을 무불 노동 혹은 저 가 노동 체제에 피폐해진 현실에 고착되어 있다고 틀 짓는 것도 타당하 지 않다. 대신에 '가능'과 '실재'의 복합적인 중첩인 '가상'으로 이해할 수 있을 것이다. 실상 다양한 가능성들을 내포한 이들의 활동이 기업화된 사회에 대한 노동적 참여의 형태로 잠재하고 있는 것이다. 이런 점에서 UCC 생산자의 '삶의 노동'은 노동의 문화 기술적 차원과 존재론의 차원 에서 공히 가상적이다. 현실성을 결핍한 것이 아니라 '특정한' 현실을 만 들어나가는 데 개입하는 욕망이자 활동으로서의 가상인 것이다.

오늘날, 디지털 문화 환경에서 경제적 종속과 능동적 활동, 길들이 기의 체제와 벗어나기의 시도가 '참여' 가치로 융합되고 있다. 이로부터 한 걸음 더 나아가 또 하나의 현실, 즉 대안적 가상을 상상해볼 수 있을 것이다. 후기 자본주의 체제에서 사회가 공장으로 조직화되는 것이 현 실 '일반'이라면, 이 일반적 현실에 고유한, '또 다른' 현실을 구성하고 실현해나가는 힘은, 20대 문화 생산인들의 창조적 노동-활동으로부터 나온다. 따라서 이들의 '삶의 노동'이 과연 어떠한 '특정한' 현실로 드러 날 것인가라는 문제는, 그들의 가상적 활동과 현실적 노동이 충돌하고 접합되는 구체적인 국면에서 답해질 수 있다. 우리가 20대 청년들의 능 력 혹은 무능력을 섣부르게 판단하는 대신, 그들의 어렴풋한 냉소와 순 진한 열정, 불안 어린 침묵과 소란스런 움직임이 혼합된 주저와 웅크림 의 속내들을 보다 진지하고 참을성 있게 바라보아야 하는 실제적인 이 유도 여기에 있다.

8장
리액션 비디오의 주목경제

1. 능동성과 수동성의 혼용

아마도 오늘날 디지털 미디어 환경에서 가장 범죄시되는 단어가 있다면, 그것은 '수동성'일 것이다. 이 암묵적인 평가는 미디어와 인간 집단에 대해 모두 적용된다. 우선 가장 대표적인 미디어는 텔레비전이다. '바보상자'라는 오래된 오명이 상징하듯이, 텔레비전은 시청자들로 하여금 프로그램을 수동적으로 받아들이게 함으로써 그들을 어리석게 만드는 미디어로 간주되었다. 텔레비전이 발휘하는 막강한 힘에 수동적으로 따라가는 시청자는 더욱 문제적인 존재로 해석되었다. 시청자가 자신의 명예를 찾는 길은 텔레비전이 주도하는 수용의 경로를 이탈하는 것이었다. 스튜어트 홀이 주목한 일탈 해독자란 다름 아닌 주어지는 의미 작용의 경로를 벗어나거나 맞서는 자로서, 그의 일탈성은 곧 수용자의 능동성 발현으로 평가되었다(Hall, 1980). 즉 주류 텔레비전 프로그램의 이념 작용을 거부하거나 적어도 타협적으로 받아들이는 사람은 해석적 능동성을 발휘하는 것으로 인정되었다. 이때 해석 측면에서 능동적 수용자란 단지 기능론적인 범주에서의 적극성이 아니라 정치적인 차원에서의 저항성이라는 의미를 부여받는 셈이다. 이후 시청자의 수동성은 자본주의적 문화산업의 이념 작용에 순응적인 것으로 간주되었고, 따라서 그 상태에서 벗어나기 위한 가치로 능동성이 중시되는 경향이 계속되었다. 이후 디지털 미디어 환경에서는 일반 수용자가 미디어를 상호작용적으로 이용할 수 있는 기술적 가능성이 확보됨에 따라, 수용자의 능동적 측면이 더욱 강조되고 우리는 능동적인 이용자가 되어야 한다는 식의 논리가 "규범화"되기까지 한다(van Dijck, 2009). 미디어와 그 콘텐츠에 대해 자신의 의견을 표명하고, 그것을 매개로 다른 사람들과 소통하는 등의 상호작용은 곧 사회적 참여라는 의미를 획득하게 된다. 디지털 미디어 조건에서 수용자는 이제 이용자, 나아가 이용자의 생산자적 측면까지 부가된 "생용자"라는 이름으로 불린다(Bruns, 2008). 아울러 이용자의 능동성이 집합적 참여를 유도하고, 그 참여와 공유의 양상이 사회적으로 가시화된다는 점에서 디지털 미디어의 민주적 가능성이 찾아지곤 한다(이기형·이영주, 2012; Papacharissi, 2010). 이처럼 수용자의 능동성과 생산성, 혹은 그에 대한 기대 어린 인식은 의미론적·행위론적 차원에서 항상 가중되어왔다.

그러나 디지털 미디어의 수용자를 이용자 혹은 생산자로 당연시하는 시각에 대한 반론 역시 계속 제기되고 있다. 생비자 혹은 생용자의 개념을 지지하는 편에서는 미디어 콘텐츠를 선택적으로 이용하고 때로는 새로 만들어내거나, 기존의 콘텐츠를 수집하고, 변형을 거쳐 공유를 하는 일들을 해내는 이용자의 능동성을 주장한다. 생비자에게는 편집자로서 지녀야 하는 응용성과 독창성이 강조된다(Jenkins, 2006). 반면 이 개념은 기능론과 행태주의에 치우친 낙관론의 경향을 띤다(이 책의 4장 참조). 또한 생비자가 보여주는 듯한 능동성과 창의성이란 막상 정보나 콘텐츠 자원의 유통과 배분에 관여하는 거시적 권력구조에는 영향을 미치지 못하여, 미시적 차원의 능동성에 불과하다는 해석이 제안되었다(van Dijck, 2009). 이러한 미디어 이용의 적극성을 발휘할 수 있는 집단과 그렇지 못한 집단 사이에는 분명 경제적이고 지정학적인 차별이 존재한다는 점에서, 생비자 개념의 일반성의 오류를 지적하는 입장도 있다(Bird, 2011). 그리고 기능주의적 적극성이 반드시 사회적 영향력과 의미를 지닌다고 단언하기 어렵다. 미디어 콘텐츠 및 타인들과의 상호작용성이 오히려 개인주의와 파편화를 강화시킬 수도 있다(Couldry, 2004; 2006).

　생비자 또는 생용자에 대한 단순화된 논의의 또 다른 문제점은, 수용자의 이용자적인 기능을 강조하다 보니, 반대로 이용자의 수용 또는 해석의 역할에 대해서는 공평한 주의를 기울이지 않는다는 점이다. 능동적이지 않은 수용자란 그저 "안타까운" 일로 취급될 따름이다(Carpentier, 2011). 그리고 수용자들이 단지 주어진 것을 받아 취하는 '반응적'인 입장에서 벗어나 '능동적'인 태도와 역능을 갖추어야 한다고 암묵적으로 주장된다. 그러나 이용자의 역할은 다층적으로 살펴보아야 할 문제다. 내용을 받아들이는 수용자의 역할부터 네트워크를 이용함으로써 미디어 기업이 유용하게 활용할 수 있는 인적 정보를 자발적으로 노출하고 알려주는 '정보 제공자'의 역할, 그리고 콘텐츠를 제작하여 유통시키는 '생산자' 역할에 이르기까지, 수용자의 영향력은 다차원적으로 형성되는 것이므로, 그의 역할을 오로지 "수동적 수용자 대 능

282

동적 이용자"라는 이분법적 논리로 판가름하는 일은 적절치 않다(van Dijck, 2009). 만약 누군가 콘텐츠의 수용과 해석의 작업을 거치지 않고 오로지 생산만 한다면, 그것이 가능하기나 한 일이며 나아가 그를 사회적 커뮤니케이션 과정에 능동적으로 참여하고 있다고 볼 수 있을 것인가? 수용자가 이용하고 (재)생산하기 위해서는 적어도 주어진 텍스트를 받아들이는 해석의 단계가 선행되어야 한다. 즉 수용자의 능동성이란 수용의 단계를 전제로 한다. 그럼에도 생비자론은 그간의 수동성에 대한 편향을 교정하려는 노력이 지나쳐, 생산자적 측면을 과도하게 강조하는 대신 소비자로서의 역할과 함의는 간과하는 우를 범해왔다. 따라서 생비자의 균형적인 이해를 위해, 한동안 잊고 있었던 생비자의 소비자적 기능, 즉 해석의 역할을 되살릴 필요가 있다.

또한 구조적 관점에서 볼 때, 자본주의적 정보 체제하의 이용자들이 개인적 차원에서 발휘하는 능동성이란 인간의 생각, 감정, 관계, 소통과 같이 "비물질적"인 요소들이 "무불 노동"으로 착취되는 논리에 종속되는 것 이상의 의미를 지니지 못한다(Hardt & Negri, 2000; 2005; Terranova, 2004). 이용자가 감정과 인식을 개입시켜 언어와 이미지를 소비하고 생산하는 부지런함이란 결과적으로 "인지 자본cognitive capital"을 축적하여 후기 자본주의 체제를 살찌우는 효과를 낳는다(Marazzi, 2011). 마찬가지로 능동적 이용자가 생산한 콘텐츠는 방대한 디지털 공간을 무료로 채워주는 상품에 해당한다. 이렇게 본다면 수용자의 능동성이란 디지털 자본주의의 지배적 논리를 더욱 확장시키고, 현재의 미디어 구조를 유지·확장시키는 기능을 한다(Fuchs, 2011).

마지막으로 오늘의 멀티미디어에서의 수용자/이용자에 대해 균형적인 이해를 도모하는 일은 미디어 환경에 대한 균형적인 시각을 전제로 한다. 지난 세기에 매스미디어라는 이름으로 등장했던 일군의 미디어는 디지털 환경에서도 사라지거나 축소되지 않고, 스스로를 변형하고 갱신하며 "재매개"의 과정을 거치고 있다(Bolter & Grusin, 1999). 사회적·경제적·정치적·문화적인 영향력을 여전히 유지할 뿐만 아니라, 어떤 면에서는 보다 강력한 힘을 발휘하고 있다. 그럼에도 개인화된 디지털 모바일 이용으로 미디어 환경을 일반화하는 편향적 인식에 의해 그들의 지속적인 영향력과 함의는 정당하게 평가되지 못하고 있다. 대표적으로 텔레비전은 변화하는 미디어 환경에 대응하며 그 존재 형식과 기능 방식을 스스로 변화시켜왔다(이 책의 5장 참조). 20세기 미디어의 일방적인 성격을 어느 정도 벗어나 "인터넷화"함으로써 상호작용적이고 네트워크적인 기능을 발달시켜왔다(Fortunati, 2005). 이러한 디지털 환경에서 태어난 텔레비전 후예들은 텔레비전 시대 이후의 텔레비전, 혹은 포스트TV라는 이름으로 불린다(Spigel & Olsson, 2004). 예를 들어 포스트TV의 대표라고 할 스마트TV는 네트워크화된 개인주의와 맞춤화 기능을 강화하는 방향으로 변화를 꾀했다. 이러한 텔레비전의 변화는 수용 문화에도 변화를 낳는다. 그래서 "정치적 이념이나 계급적 동질 의식을 매개"로 하는 대신 "취향이나 라이프스타일 등의 문화 및 사회 자본의 동질성에 의거"한 문화적 부족들을 만들어낸다(이 책의 5장, p. 182; Caldwell, 2004). 이렇게 볼 때, 디지털 네트워크 시대에 텔레비전은 디지털 개인주의의 성향을 수용하는 동시에 현재의 미디어 질서를 결합하면서, 사회 구성원들을 일정한 공동체로 묶는 매개 역할을 여전히 수행하고 있다고 볼 수 있다.

디지털 환경에서 재매개된 매스미디어, 구체적으로 텔레비전과 수용자의 관계에 대해 탐구하려는 이 글은 이렇게 구성된다. 수용자의 해석적/행위적 능동성, 소비자/생산자로서의 능동성의 측면들을 균형적으로 인정하며, 그 어느 한편이 아닌 두 영역을 공평하게 포괄하는 바로 그 지점에서 수용자의 능동성을 주장하려 한다. 여기서 능동적 수용자란 수용과 생산을 함께 행한다는 점이 중시되며, 이렇게 두 개 역할을 함께 수행하는 이를 이용자라고 이해한다. 이어 이용자에 대해 구조적인 종속성과 기능적인 능동성으로 양분되어온 그간의 논쟁에 비판적으로 접근하기 위한 방법으로서, 그것이 거시적인 자본주의 구조이건 미시적인 이용 경로이건 그중 하나의 기준에 기대어 설명하는 환원론적 접근을 유보한다. 대신 이용자의 해석적 능동성과 행위적 능동성이 중첩적으로 발휘되는 새로운 영역에 주목할 것이다. 구체적으로 이용자의 다차원적인 행위들이 공존하고 나름의 분업과 협업의 활동이 질서화되며 가동되는 영역을, 주목경제의 관점에서 파악할 것이다.

이 논의를 위해, 우선 멀티스크린의 환경에서 이용자의 수용과 생산의 활동이 교차하는 영역 중 하나인 리액션 비디오reaction video를 구체적인 분석 대상으로 택했으며, 특히 한국의 미디어 콘텐츠의 전 지구적 유통 현상을 보기 위해 케이팝K-pop의 리액션 비디오에 주목한다. 뒤에서 상술되겠지만, 리액션 비디오는 수용자가 '능동성action'이나 '상호작용성interaction'을 자임하는 대신, '반응성reaction'을 선언한다는 점에서 흥미롭다. 반응성은 수동적임을 의미하기에, 수용자의 능동성을 중시하는 현재의 주류적 경향과 뚜렷하게 대비된다. 그러면서도 자신의 수동적 반응성을 콘텐츠로 생산하여 유통하는 행위를 통해 능동성을 발휘하려는 행위인 것이다. 따라서 담론의 차원에서는 리액션, 즉 수동성을 주장하지만, 행동의 차원에서 액션, 즉 능동성을 수행하는 이중성을 지닌다.

이어지는 절에서는 리액션 비디오에 대해 소개하고, 주목경제에 대한 이론적 논의를 검토한다. 이어 케이팝의 리액션 비디오가 유튜브를 중심으로 유통, 소비되는 방식을 분석함으로써, 새로운 주목경제 체계의 생성과 작동이라는 점에서 리액션 비디오 문화를 살펴보겠다. 이때 주목경제 체계란, 주목을 중심으로 생산자와 수용자의 경계를 교차하는 새로운 문화 공급과 수요의 질서가 형성됨을 의미한다. 마지막으로 주체의 생각, 감정, 관계, 소통이 '주목'의 형태로 자본화되는 논리를 커뮤니케이션 자본주의의 관점에서 고찰하여, 리액션이라는 텔레비전 시청 문화가 지구적으로 재창출되는 경향에 관해 논할 것이다.

2. 리액션 비디오란 무엇인가

리액션 비디오는 수용자가 특정 비디오를 시청하면서 그에 대해 발언하는 자신의 모습을 원숏 촬영으로 녹화하여 배포하는 영상물을 뜻한다. 리액션 비디오에서는 꾸미지 않은 자연스러움과 비디오를 시청하는 감정의 즉시성이 강조된다(김수철·강정수, 2012; Ramstad, 2012. 8. 6). 유튜브를 비롯한 동영상 공유 사이트에서 일반인들이 올린 리액션 비디오를 흔히 접할 수 있다. 리액션 비디오가 수용과 생산의 양 측면을 교접한 장르로서 대중적인 인기를 끌고 있다는 점에서 흥미로운 시의성을 지님에도 불구하고, 적어도 내가 조사한 바로는 리액션 비디오에 대한 국내외의 학문적인 접근은 그리 많지 않다.

리액션 비디오는 특정한 장르나 스타에 대한 팬덤 하위문화의 일종으로 이해할 수 있다. 자신이 좋아하는 팝스타나 프로그램을 선택해 그것을 보는 자신의 얼굴을 찍는 형식이 일반적이므로, 리액션 비디오 자체는 얼핏 보아 매우 단조로운 형식을 갖추었다. 등장인물 역시 평범한 사람들이다. 리액터reactor 중의 일부는 리듬에 맞추어 몸을 흔들거나 노래를 따라 부르며 일종의 장기 자랑식 자기표현을 하기도 하지만, 대부분은 그저 가만히 비디오를 바라보는 얼굴이 클로즈업되는 화면으로 일관한다.

리액션 비디오의 형식은 등장인물이 시청하는 콘텐츠를 한 화면에 제시하는지 여부에 따라 단일 형식과 다중 형식으로 구분할 수 있다. 단일 형식은 등장인물의 시청 대상이 되는 콘텐츠는 제시되지 않은 채, 시청하는 인물들의 모습만 나타나는 것을 가리킨다. 이에 비해 다중 형식은 일종의 액자 형식을 갖춘 경우다. 등장인물의 반응을 찍은 웹캠 화면의 한구석에 그가 현재 시청하고 있는 비디오 콘텐츠가 작은 화면으로 삽입된다. 따라서 다중 형식에는 두 개의 콘텐츠가 동시에 흘러간다. 하나는 등장인물의 리액션을 담은 콘텐츠이고, 다른 하나는 그의 리액션을 유발한 본래의 콘텐츠다. 리액션 비디오의 시청자들은 당연히 리액터와, 리액터가 감상하는 음악을 동시에 보고 들을 수 있다.

리액션 비디오에서는 수용자적 기능과 생산자적 기능이 구분되는 동시에 함께 드러난다. 전자가 후자에 비해 부정적이거나 열등하다고 간주되지 않고, 서로 균등한 중요성을 지닌 대별적 범주로 다루어진다. 따라서 리액션 비디오에서는 수용자적 기능과 생산자적 기능 각각에 공평하게 관심을 기울이는 일이 중요해진다. 아울러 이와 같은 리액션 비디오의 텍스트성이 그것의 사회적인 작동 방식에 미치는 영향을 살펴볼 필요가 있다. 보다 전문적이고 세련된 기법으로 만들어진 기성 미디어 콘텐츠가 감상의 대상으로 유리하여 수용자의 역할을 유도해낸다면, 내용이 대체로 평이하고 일상적인 이용자 생산 콘텐츠User Generated Contents(이하 UGC)는 그 내용의 '불완전성' 때문에 오히려 수용자의 참여를 독려하는 경향이 관찰되기 때문이다. 사람들은 UGC에 평을 달고 그에 대해 서로 토론하면서 유튜브 사이트의 "이용자"로 등극한다(Shifman, 2012).

리액션 비디오를 쉽게 접할 수 있는 대표적인 플랫폼은 세계적인 동영상 공유 사이트인 유튜브다. 유튜브에 관한 이전 연구 결과에 따르면, 그 인기도는 여러 흥미로운 경향성을 보여준다(Burgess & Green, 2009). 버지스와 그린은 유튜브의 인기도를 조회 수, 선호 정도, 댓글 수, 토론 수(그 콘텐츠에 관해 토론된 정도)의 네 가지 범주로 나누고, 콘텐츠의 유형을 기성 미디어 조직에서 만든 것과 일반 이용자가 만든 것(UGC)으로 구분하여, 각 범주와 유형 간의 상관관계를 조사했다. 그 결과 조회 수에서는 기성 미디어 조직의 콘텐츠가 가장 큰 비중을 차지했지만, 댓글 수나 토론 수에 있어서는 UGC가 큰 비중을 차지한 것으로 나타났다. 즉 이용자들은 정보 습득이나 감상을 위해서는, 즉 수용의 필요를 충족하기 위해서는 주로 미디어 전문 조직이나 기업에서 만들어진 기성의 콘텐츠를 찾는다. 이에 비해 자신이 평을 달거나 다른 사람들과 함께 이야기하는 경우, 즉 생산적인 기능과 참여적인 역할을 수행할 때는 기술적 결함은 있지만 보통성ordinariness이 두드러져서 친밀감을 낳는 UGC를 선호하는 것이다.

이렇듯 리액션 비디오는 여러 관점에서 혼합성이 두드러진다. 우선 수용자 기능과 생산자 기능이 결합되어 있다. 케이팝 리액션 비디오에서 리액터는 기성의 케이팝 뮤직비디오의 수용자이면서 그 리액션 비디오의 생산자다. 또한 유튜브에 올라온 리액션 비디오를 시청하는 사람들은 뮤직비디오 음악의 청취자이자 리액션 비디오의 수용자이면서, 때론 댓글의 생산자로 기능한다. 리액션 비디오에는 또한 기성 미디어 콘텐츠의 요소와 이용자 콘텐츠의 요소가 결합되어 있다. 특히 다중 형식의 리액션 비디오의 경우, 리액션 비디오의 시청자들은 리액터가 시청하는 케이팝 뮤직비디오의 음악과 그 리액션의 이미지를 함께 시청할 수 있다. 이러한 혼합성과 혼종성의 구조에서 리액터는 자신을 수용자로서 대상화하는 동시에, 대상화된 자신의 이미지를 녹화함으로써 하나의 콘텐츠로 만드는 생산자로서 주체화한다. 이런 점에서 리액션 비디오는 기성 미디어 콘텐츠와 UGC, 수용자와 생산자의 양 측면을 고스란히 노출한다.

더불어 리액션 비디오는 멀티미디어 환경에서의 멀티스크린의 성질을 포함하고 있다. 리액션 비디오에는 여러 개의 스크린이 중첩적으로 동원된다. 우선 리액터가 시청하는 비디오가 처음 방송된 미디어 스크린의 존재를 상정할 수 있다. 이어 그것이 전 세계로 확산되는 과정에 개입한 무수한 인터넷과 SNS 인터페이스 스크린들이 존재한다. 그리고 리액션 비디오가 녹화되고 전송된 리액터 자신의 컴퓨터 모니터가 있다. 마지막으로 리액션 비디오를 시청하는 수많은 유튜브 이용자들의 디지털 기기(컴퓨터, 휴대폰, 태블릿PC 등)의 스크린이 있다. 요약한다면 리액션 비디오는 수용자적 기능과 생산자적 기능, 수동적 차원과 능동적 차원, 매스미디어 기능과 디지털 미디어 기능 등이 멀티스크린의 네트워크 환경에서 구체화되는 특징을 집약적으로 보여준다.

이 연구에서는 리액션 비디오의 광범한 영역들 중에서, 특히 케이팝 리액션 비디오를 주목한다. 상대적으로 신생 장르인 케이팝이 언어와 문화의 주변성을 어느 정도 극복하면서 유튜브를 중심으로 하여 확산되고 있는 네트워크 상황을 감안했다. 서구와 일본의 그것에 비해 신생 영역이며 영향력도 약한 한국의 대중문화가 팬덤을 통해 지구적으로 확산되며 주목을 획득하는 방식을 탐색함으로써, 원천적으로 텔레비전으로부터 발생한 대중문화가 팬들의 상호작용 속에서 공유되는 문화의 실제를 알아보고자 한다. 이런 점에서 오늘날 정보화된 사회에서 '주목'이 지닌 의미와 역할에 대해 체계적으로 알아볼 필요가 있다.

3. 리액션의 주목경제

리액션 비디오에서는 리액터가 시청하는 본래 영상물에 가해진 주목이 리액터에게 이전된다. 이에 따라 수용자의 위치에 있던 리액터는 이제 자신이 주목의 대상이 되는 생산자로 이행한다. 리액터는 수용자의 수동성과 생산자의 능동성이라는 두 역할을 겸한다. 이 자리에서 주목의 생성과 유통과 소비의 역학이 작동하고 있음을 알 수 있다. 주목에 관한 특정한 논리가 구성되며 하나의 재화이자 행위로 가동되는 것이다.

"주목경제attention economy"라는 개념은 골드하버에 의해 제안되었다 (Goldhaber, 1997). 골드하버에 의하면 정보는 본질적으로 경제를 이룰 수 없다. 왜냐하면 정보는 경제의 기본 원리인 희소성을 지니고 있지 않기 때문이다. 그것은 대신 무한정한 풍부성과 공유성을 지녔다. 정보에 희소성의 가치를 투입하고 교환의 가능성을 부여하며 경쟁성을 촉발시키는 역할을 하는 요소는 "주목attention"이다. 어떠한 정보가 가치를 지니게 되거나 그 반대로 가치를 잃게 되는 것은, 해당 정보가 얼마나 주목을 획득하거나 상실하는지에 달려 있다. 환언하면 특정 정보가 가치를 획득하는 것은 "주목을 소비"함으로써 가능하다. 주목이 없다면 어떠한 정보도 무용하다. 정보사회에서 주목의 계량화, 표준화, 규범화가 적극적으로 시도되는 이유는 정보의 가치 생산과 증가가 주목에 달려 있기 때문이다.

정보와 주목은 상호 연관된 만큼이나 서로 간에 대비도 뚜렷하다. 정보가 객관적 대상이라면 주목은 전적으로 인간으로부터 나온다. 정보는 무한정한 풍부함을 갖추었으므로 경제적 부를 창출하고 네트워크적 활용을 통해 일종의 '사회적 두뇌'를 창출할 것으로 기대된다. 반대로 희소성의 원리에 종속되어 있는 주목은 정보가 많아질수록 오히려 희박해진다. 그리고 주목에 대한 정보 간의 경쟁은 격화된다. 또한 정보는 시간성과 무관하다. 시간이 흘러도 개체 정보는 양질적으로 유지되는 한편, 외부로부터 타격이 가해지지 않는 한 일정 정도로 누적과 확산 및 유지되는 경향을 보인다. 반면 주목은 인간의 몸에서 나오기에, 시간적 유한성이라는 인간의 속성 역시 이어받는다. 주목의 한계는 그 주체인 인간의 두뇌와 감각기관의 한계에 기인한다. 따라서 시간이 지날수록 주목의 주체는 피곤과 싫증을 느끼게 되며 그의 주목 역시 질이 저하된다.

생물학적 작용인 주목을 디지털 정보기술 체계에 적용해봐도 마찬가지다. 테라노바에 따르면, 디지털 테크놀로지의 발달로 인해 정보가 증대할수록 인간의 주목 영역에서는 질 저하가 일어난다(Terranova, 2012, p. 4). 정보가 창조적인 사회적 두뇌를 창출하는 것에 반해, 주목은 모방을 낳는다. 슬프게도, 정보가 풍부해질수록 주목의 주체인 인간은 산만해지고 그의 기억은 빈곤해진다. 이런 식으로 정보경제의 화려함에 반대되는 지점에 주목경제가 현존한다(같은 글). 디지털 테크놀로지, 페타바이트,[1] 메타데이터, 빅데이터 같은 엄청나고 거대한 용어들이 정보경제의 무한정한 풍요를 지시한다면, 주목은 인간, 두뇌, 감각, 행위라는 생물학적으로 불리한 이면에 한정적으로 위치한다. 요컨대 주목은 정보를 '가치 있는 자원'으로 만들지만, 동시에 인간 주체의 빈약함을 여지없이 노출시키는 것이다.

정리하면, 주목은 정보와 서로 대립되면서도 상보적인 관계에 있다. 정보는 계량화, 측정, 처리가 가능한 것으로서 무한정한 풍부성을 지니며, 반복과 재생산에 따라 가치가 상승하는 속성을 갖는다. 반면 주목은 희소성의 논리에 의존한다. 또한 주목은 상품 가치를 높이는 만큼 시간의 제약을 받는다. 주목은 창의적인 사회적 지성 및 사회적 두뇌를 만들어낼 수 있지만, 모방과 경쟁의 도구로 변질될 수도 있다. 이러한 주목의 희소성 때문에 디지털 자본주의에서는 주목의 상품화, 자본화, 금융화가 치열하게 추진된다. 돈은 주목으로 흘러가지만, 주목이 반드시 돈으로 수렴되는 것은 아니다. 따라서 자본주의적 정보 네트워크 상황에서 주목을 둘러싼 경쟁은 더욱 격렬해진다(Goldhaber, 1997).

우리가 리액션 비디오의 수용자 문제를 논함에 있어, 주목경제에 대한 이해는 중요한 의미를 지닌다. 골드하버에 의하면 주목은 전환 가능하다(같은 글). 예를 들어 내가 A라는 사람을 보고 있더라도 B라는 새로운 사람이 나타나 거동을 할 경우, 나의 주목은 A로부터 B로 쉽사리 이동한다. 이때 A는 새로운 경쟁자인 B에게 주목을 빼앗긴 셈이다. 주목에 대한 경쟁에서, 주목의 전환은 후발 정보가 선재했던 정보를 이기고 주목을 획득할 수 있는 가능성을 부여한다. 우리의 논의로 되돌아와

---

1) 데이터양을 나타내는 단위로서 1페타바이트(PB)는 약 100만 기가바이트(GB)에 해당한다.

서 리액션 비디오에서 일어나는 주목의 작용에 대해 생각해보기로 하자. 우선 '진정한' 생산자라면 그의 사회적 의미는 단지 콘텐츠를 만들었다는 사실만으로는 불충분하다. 혹은 누군가 인터넷에 한 줄의 글이나 한 장의 이미지를 올렸다는 사실만으로 그가 진정 사회적 참여를 했다고 단언하기는 어렵다. 콘텐츠가 누군가의 주목을 받았을 때만이 그 제작자의 생산과 유통 행위가 사회적으로 유의미해진다.

조금 더 나아간다면, 리액션 비디오에서 생비자인 리액터의 역할은 단순한 콘텐츠 생산자의 그것에 비해 더 복잡하다. 수용자이자 생산자인 리액터의 이중적 위치를 적극적으로 고려해야 하기 때문이다. 리액션 비디오의 주체인 리액터는 자신이 접하는 본래의 콘텐츠에 주목을 쏟는다. 이때 그는 주목의 주체이자 수용자다. 이어 그가 자신이 비디오를 응시하는 장면을 녹화하여 리액션 비디오를 제작한 후 인터넷에 업로드하면, 인터넷 이용자들의 주목을 대기하는 입장이 된다. 이때 그는 시청자들의 주목의 대상이자 생산자다. 이처럼 리액터의 능동성의 사회적 효과는 주목의 전환에 있다. 나아가 그가 갖는 더 큰 영향력은, 단지 본래 콘텐츠로부터 자신에게로 주목을 옮기는 데 그치는 것이 아니라, 그 주목의 미학적·문화적 성격을 리액션 비디오라는 고유한 장르적 특성에 맞도록 변형시키는 힘일 것이다. 이런 점에서, 리액터의 능동성은 주목의 전환과 변형이라는 관점에서 평가될 수 있다. 즉 그는 단지 생산자 '혹은' 수용자인 것이 아니라, 수용자 '그리고' 동시에 생산자다. 리액터는 주어진 콘텐츠에 주목을 '주는' 행위와, 그 자신이 주목을 '받는' 행위를 겸한다. 나아가 이러한 리액터의 능동적인 개입 행위는 본래 콘텐츠에 대한 사회적 주목을 확대하는 효과를 가지고 온다. 사회적 주목은 단지 인지적인 차원에서 그치는 것이 아니다. 리액션 비디오를 시청한 유튜브 수용자들이 자신의 시청 소감과 그로부터 연관되어 파생되는 사회적 이슈들을 적어 올림으로써, 일정한 주제의 담론들이 형성되기 때문이다. 이러한 담론화의 측면을 리액션 비디오의 문화정치학적 성격으로서 고려할 수 있다.

한편 리액션 비디오의 정치경제학적 구조에 대해서도 유념할 필요가 있다. 개인 리액터가 개별적으로 발생시킨 주목 효과는 궁극적으로 텔레비전 방송사를 포함한 미디어 기업들이 주도하는 미디어 문화산업의 구조로부터 전적으로 자유로울 수는 없다. 미시적이고 기능적인 차원에서 리액터가 주목의 주체이자 대상으로 기능한다고 할지라도, 주목경제의 구조적 통제력은 본래 콘텐츠를 생산, 제작, 유통시키는 기성 미디어 기업에게 있다고 볼 수 있기 때문이다. 이렇게 본다면 리액터는 기존의 미디어 산업이 확장하고 증대되도록 기여하는 역할을 한다. 요컨대 리액터는 한편으로는 담론의 차원에서 문화 생산인으로서의 주체적 역할을 실행하지만, 다른 한편으로는 자본주의적 문화산업의 구조를 구체화하는 행위자라는 역할에 충실함으로써 인간과 구조, 능동성과 수동성 등의 양면성이 긴장을 이루는 경계에 자리하게 된다.

4. 리액션 비디오에 대한 멀티모달리티 분석

이제 구체적으로 케이팝 리액션 비디오의 성격과 이곳에서 벌어지는 주목경제의 성격을 탐구해보기로 한다. 이 연구를 위해 유튜브 사이트에서 "K pop" "reaction video"를 검색어로 하여, 관련성이 높은 순서대로 케이팝 리액션 비디오 40편을 선정, 수집했다. 물론 검색어 "K pop" 대신 "Big Bang(빅뱅)"이나 "SHINee(샤이니)"와 같은 개별 아이돌의 이름을 넣으면 그들에 대한 더 많은 리액션 비디오를 추출할 수 있다. 그러나 특별히 어느 아이돌 이름으로 검색해야 하는지를 결정하는 일이 쉽지 않을 뿐만 아니라, 특정 아이돌의 리액션 비디오를 집중적으로 보는 것보다는 일종의 장르화된 실체로서 케이팝 현상을 전체적으로 살펴보는 것이 리액션 주목경제의 역학을 이해하기에 더 적절하리라 생각되었다.

관련성 순서로 배치된 케이팝 리액션 비디오 목록에는 일부 리액터들이 상대적으로 다수를 차지한다. 하지만 이 편향 현상은 케이팝 리액션 비디오에서 형성된 문화적 장의 논리와 주목의 수요·공급 현상을 이해할 수 있는 유용한 자료라 생각하여, 리액터의 집중을 분산시키기 위한 인위적인 조정은 하지 않았다.

분석 방법으로는 리액션 비디오 동영상과 그 대상인 뮤직비디오를 영상의 관점에서 분석하고, 그와 아울러 소개되는 음악과 댓글의 의미구조를 결합해 파악하는 멀티모달리티 분석 방법multimodality analysis을 사용했다. 이는 문자 텍스트 중심으로 진행되어오던 텍스트 분석 방법을 지양하고, 음악, 음향, 몸짓, 태도 등의 다감각 요소들을 포괄하여 분석하는 기호학 방법론의 일종이다. 아울러 멀티모달리티 분석 방법은 기호의 사회적 쓰임새를 강조한다. 따라서 이 방법을 사용함으로써 텍스트의 의미 작용과 더불어 텍스트를 매개로 하여 이루어지는 저자와 수용자 간의 상호작용 및 그 맥락을 폭넓게 살펴볼 수 있다(Lim, 2007; O'Halloran, 1999). 이런 점에서 리액션 비디오 및 그들이 집합된 인터넷 사이트에서 벌어지는 이용자들 간의 상호작용을 이해함에 있어, 다감각 요소들을 유기적으로 고려하는 멀티모달리티 분석 방법이 적절성과 유용성을 지닌 것으로 판단된다.

5. 케이팝 리액션 비디오의 미학적 특성

케이팝 리액션 비디오는 고유한 포맷을 갖추고 있다. 우선 제작 방식은 간단한 편이다. 리액터가 자신이 시청할 케이팝 아이돌을 선정한다. 아이돌 선정은 때로는 자발적으로, 때로는 다른 이용자들의 요청에 따라 결정되는 듯하다. 웹캠을 설치하고, 그 아이돌의 뮤직비디오를 감상하는 자신의 모습을 찍는다. 그리고 찍은 화면을 유튜브에 올리고, 유튜브 이용자들이 올린 댓글을 관리하며 필요에 따라 답신을 한다. 리액터와 그 시청자들은 정도의 차이는 있으나 어느 정도 안정적인 관계를 맺고 있다. 그 관계는 멀티미디어 네트워크로 유지되는데, 예컨대 특정 리액터를 좋아하면 그의 트위터 등을 팔로잉하는 식이다.

리액션 비디오는 여러 유형으로 나타난다. 리액터는 2~5명 정도의 단체일 수도 있고 한 명이 단독으로 등장할 때도 있다. 감상의 방식도 여러 모습으로 나타난다. 리액터가 단독일 때는 주로 뮤직비디오가 재생되는 컴퓨터 화면을 응시하는 그의 얼굴이 내내 클로즈업되며, 때로는 노래를 흥얼거리며 따라 하거나 리듬에 맞추어 춤을 추며 몸을 흔드는 모습이 고정된 카메라로 녹화되는 방식을 따른다. 이에 비해 리액터가 집단일 때는 서로 이야기를 나누거나, 누구는 춤을 추지만 누구는 화면을 응시하는 식으로 상이한 비디오 감상 형태들이 자연스럽게 연출된다.

한 편의 리액션 비디오는 대체로 리액션의 대상인 케이팝 노래를 중심으로 구성된다. 케이팝 비디오를 중심에 놓고, 앞뒤로 리액터가 상상의 시청자들과 대화를 하는 내용을 묶어 서론-본론-결론으로 구성하는 것이 일반적이다. 우선 리액터가 자신과 리액션 대상인 뮤지션을 소개하는 것으로 시작한다. 이때 리액터는 이번 리액션 비디오가 자신의 몇 번째 작품이라고 밝히거나, 만약 이전에도 리액션 비디오를 올린 적이 있는 유경험자라면 이미 익숙한 시청자들을 대하는 식으로 "안녕, 오늘은 제가 ○○○(뮤지션 이름)의 리액션 비디오를 소개하렵니다"라고 친밀하게 "말 거는 관행"(Miller, 2008)을 따른다. 이러한 자기소개 내용은 유튜브 사이트에 제작자 댓글 형식으로 제시되기도 한다. 소개가 끝나면 뮤직비디오가 상영된다. 예컨대 빅뱅이나 샤이니의 음악이 전곡 흘러나오고, 그것을 감상하는 리액터의 모습이 리액션 비디오의 비주얼을 구성한다. 노래가 끝나면, 간단한 평을 곁들이거나 작별 인사를 하는 것으로 마무리한다. 연주되는 노래를 중심으로 리액션 비디오의 내러티브가 구성되므로, 리액터의 감상평과 분석이 추가된다고 하더라도 전체 리액션 비디오의 길이는 좀처럼 10분을 넘지 않는다.

리액터의 취향이나 기술적 능력에 따라 케이팝 아이돌들의 뮤직비디오가 삽입되는 경우도 있고, 화면은 나오지 않은 채 음악만 흘러나오는 경우도 있다. 리액션 비디오 화면에 뮤직비디오를 삽입하는 방식은 상당한 기술을 요하기 때문에, 이 기술을 사용한 리액션 비디오의 경우에는 어떠한 첨단의 편집 프로그램을 사용했는지를 질문하는 댓글이 종종 올라오기도 한다. 뮤직비디오가 삽입되지 않은 경우는 리액터가 응시하는 컴퓨터나 모바일 기기의 화면이 간간히 비춰지면서 주로 리액터에 초점을 맞춘 영상이 전개된다.

리액션 비디오가 단지 아이돌 그룹의 음악을 듣기 위한 보조품이라고 간주할 수는 없을 듯하다. 왜냐하면 해당 음악을 듣고자 했다면, 애써 리액션 비디오를 보는 것보다 본래 뮤직비디오를 유튜브에서 직접 찾아보는 편이 훨씬 쉽고 효율적이기 때문이다. 예컨대 빅뱅의 「몬스터」 뮤직비디오를 감상하고자 한다면, "big bang, monster"로 검색을 해서 나타나는 다수의 뮤직비디오들을 감상하면 된다. 이런 점에서 그 뮤직비디오 대신 빅뱅의 「몬스터」 '리액션' 비디오를 감상하는 것은, 그것 고유의 독특한 미학과 문화를 향유하려는 대중적 욕구가 존재한다는 사실을 시사한다. 유튜브로 리액션 비디오를 조회하는 이유는 '리액션들의 이미지'를 보기 위해서이지 케이팝 아이돌의 음악을 들으려는 것은 아니라는 시청자들의 댓글 내용은, 리액션 비디오를 중심으로 한 주목경제가 독립적으로 형성되고 있음을 암시한다. 그렇다면 이제 리액션 비디오의 주목경제에서 리액터가 행하는 역할은 어떤 것인지 좀더 자세히 살펴보기로 하자.

6. 리액터: 문화 매개자로의 부상

연구 대상으로 선정한 40편의 리액션 비디오에는 일부 리액터들이 반복해서 등장하는 경우가 흔했다. 이것은 케이팝의 일부 고정 팬들이 리액션 비디오를 제작하고 유통시키는 일을 지속적으로 열렬히 행하고 있음을 의미한다. 어떤 일반인이 올린 한 아이돌의 리액션 비디오가 유용하고 재미있을 경우, 해당 리액터에게 다른 아이돌의 리액션 비디오를 만들어 올려달라는 요청이 밀려들게 되고, 이 과정에서 그는 유명 리액터로 부상한다. 인기 리액터가 "지난번 약속한 대로 이번에는 ○○○

의 리액션 비디오를 준비했습니다"라고 말하는 경우가 종종 발견되는데, 이로부터 특정 리액터의 경우 안정적인 수용자층을 구축하고 있으며, 그들의 요구에 기꺼이 응하고 그에 걸맞은 콘텐츠를 제공하는 역할을 자연스럽게 수행하고 있음을 짐작할 수 있다. 리액터를 중심으로 하는 주목의 공급과 수요의 질서가 새로이 생성되고 있는 것이다. 여기서 유통되는 재화는 물론 (케이팝 뮤직비디오가 아닌) 리액션 비디오다. 리액션 비디오는 본래 뮤직비디오에 종속된 파생물의 위치를 벗어나 그 자체 단독적인 위치와 의미를 지닌 고유한 콘텐츠라고 평가되어 마땅하다. 이처럼 단독적인 수요 및 공급 관계를 안정적으로 갖춘 영역을, 우리는 '리액션 비디오의 주목경제'라고 이해할 수 있다.

리액션 주목경제의 주체인 리액터는 작가, 유통자, 연기자, 비평가의 역할을 겸한다. 리액터의 작가로서의 역할은 당연히 리액션 비디오의 제작과 업로드 과정에서 두드러진다. 리액션 비디오의 제작은 대체로 자발적으로 개시되는 것 같다. 리액터는 "나도 리액션 비디오를 만들어 보았다"는 식의 소박한 어조로 데뷔를 하고, 경험이 누적되면서 "나의 몇 번째 비디오"라는 식으로 자신의 필모그래피를 내세운다. 리액션 비디오 작가는 새로운 콘텐츠와 이에 사용된 편집 기술을 전시하고, 뮤지션이나 리액션 비디오 제작 방식에 관한 정보를 알려준다. 이처럼 리액터는 콘텐츠 및 정보의 유통자로서 역할을 한다. 그리고 그와 시청자들 간의 관계를 안정적으로 관리하는데, 이것은 리액션 비디오가 업로드된 후 댓글과 주변 미디어들을 결합한 소셜 네트워크의 공간 전체에서, 즉 리액션 비디오가 창출한 디제시스[2] 공간에서 지속적이고 다각적으

---

2) '디제시스diegesis'는 이야기되고 있는 전체 세계를 지칭하는 용어다(Bordwell &

로 진행된다.

　브라운아이드걸스의 「아브라카다브라」에 대한 저의 첫번째 리액션 비디오입니다. [……] 제가 제일 좋아하는 케이팝 비디오들 중의 하나지요. 첫 리액션 비디오와 새로운 리액션들, 그리고 그에 대한 평은 매주 월요일에 올라옵니다. 제 평이 듣고 싶은 노래가 있으면 아래 의견란에 곡명을 남겨주세요.[3]

　이처럼 리액션 비디오 제작자들은 자신의 작품 계보를 알리고 리액션 비디오 제공의 정규성을 알림으로써, 작가와 유통자로서 자신의 위치를 확고히 해나간다.

　한편 리액션 비디오 안에서 리액터는 연기자로서 기능한다. 리액터는 함성을 지르고 노래를 부르거나 춤을 추는 식의 과감한 액션을 취할 때도 있다. 그러나 리액션 비디오의 주류는 리액터가 뮤직비디오를 가만히 응시하는 식의 소극적인 자세를 취하는 유형이다. 이때 리액터는 대체로 웹캠에는 무관심한 듯한 태도를 보인다. 소극적인 형태든 적극적인 형태든 간에 리액션의 성공 여부는 자연스러움과 친밀감을 유도해내는 정도에 비례하는 듯하다. 리액션이 성공적으로 전개되었을 경우, "내가 [그 음악을 들을 때] 하는 리액션과 똑같아!"라는 찬사가 댓글로 달리곤 한다.

Thompson, 1993).
3) 이하 인용한 리액터의 말과 리액션 비디오의 댓글 등은 주로 영어로 되어 있던 것을 필자가 가급적 원문의 느낌을 살려 번역한 것이다. 각각의 구체적인 출처나 원문 링크는 생략했음을 밝혀둔다.

뮤직비디오의 상영 전후에 리액터는 뮤지션에 대해 자신의 감상과 의견을 제시하는 비평가 역할을 수행한다. 제도적인 관점에서 볼 때 리액터들은 아마추어다. 그러나 때로는 웬만한 전문 비평가 못지않은 비평을 전개하기도 하며, 때로는 전문적인 분석은 아니지만 재치 있는 평을 덧붙임으로써 인기를 끌기도 한다. 리액션 비디오에 대한 시청자들의 평가의 상당 부분은, 본래 뮤직비디오에 대한 것이라기보다는 아마추어 비평가로서의 리액터의 역할 수행에 관한 것이다. 대체로 조회 수가 높은 리액션 비디오는 콘텐츠와 장르에 대한 지식을 풍부하게 제공하는 편이다. 뮤직비디오 상영 전후에 리액터가 제공하는 뮤직비디오 분석 내용에 대해 시청자들은 "당신의 분석 내용이 정말 좋다"는 식의 칭찬을 던지곤 한다. 집단 리액터의 경우, 그들끼리 하는 대화에서 재치 있는 언변을 하는 리액터는 단박에 큰 인기를 얻는다. 예를 들어서 리액터가 "저 가수의 이빨이 참 예쁜걸" 같은 발언을 했을 때, 이어지는 댓글에서 "이빨이 예쁘대, 하하"라는 식의 그 유머에 호응하는 발언들이 연계되어 나타난다.

리액터들이 유명해지면 그들 나름의 팬덤이 형성된다. 케이팝 리액션 비디오 영역에서는 브리타니가 대표적이다. "이 비디오 가운데 있는 사람이 남자냐 여자냐"라는 질문이 종종 등장할 정도로 그녀는 짧은 숏커트 헤어스타일을 고수하고 있고, 몸은 상당히 비만한 편이며 간단한 반팔 티셔츠에 청바지나 운동복을 편하게 입고 무표정한 얼굴로 리액션을 행한다. 얼핏 보면 대중적인 주목을 끌기는 어렵게 느껴질 만큼 평범한 모습이다. 그러나 오히려 그녀의 커다란 체구와 편안한 모습은 유튜브 시청자들로부터 친밀감과 호감을 불러일으키는 듯하다.

브리타니는 정말 대단해!!!! 정말 '죽여줘!' 나는 그녀가 하는 리액션이 참 좋더라. 비디오를 좋아하든 싫어하든 그녀는 있는 그대로를 정확히 말해주잖아 XD. 브리타니는 내가 '제일 좋아하는' 리액터야!!!

SNS로 브리타니와 친구관계를 맺는 추종자들까지 등장할 정도다. 물론 브리타니와는 대비되는 성격의 리액터들도 사람들의 시선을 끈다. 예를 들어 날씬하고 깜찍한 모습의 여성 리액터들이 단독으로 뮤직비디오를 응시하면서 날렵하게 리듬을 타는 리액션 비디오도 종종 발견된다. 그러한 여성 리액터들에 대해, "너 참 예쁘구나" "우리 밴드에서 같이 일해볼래" "춤을 같이 배워보지 않으련"과 같은 유혹적인 발언이 공공연히 행해지기도 한다. 그러나 리액터들에 대해 항상 호감 어린 평가가 나오는 것은 아니다. 리액터가 과잉된 반응을 보일 때 눈살을 찌푸리는 시청자들도 있으며, 리액션 비디오의 독창성이 시청자들로부터 의심을 받는 경우도 가끔 있다. 리액션 비디오에 대해 상당한 지식을 갖춘 시청자들이 이전에 올라온 것과 유사한 비디오 클립을 발견할 경우 표절 시비가 일어나며, 그에 대해 리액터는 적절한 설명을 제공해야 한다.

당신 헬로케이팝프렌드 것을 베꼈어.
ㄴ, 나는 그녀의 아이디어를 좋아해, 그러나 그렇다고 해서 내가 따라 했다는 건 아니지. 나는 그녀의 비디오를 우리 아빠한테 보여드렸고, 아빠도 멋지다면서 무척 좋아하셨어. 그래서 우리도 그런 걸 함께 만들어본 거야. 많은 사람들이 리액션 비디오를 만들잖아. 내가 가족이랑 하나 만들어본 게 그렇게 나쁜 일인가?

이처럼 리액션 비디오는 독자적인 수요-공급의 체계를 갖춘 주목경제이자 고유한 미학을 갖춘 장르로서 구축된다. 리액터의 역할이 작가, 유통자, 연기자, 비평가 등의 다층적 방식으로 구성되고, 그에 대한 대중적 합의와 기대가 상호 공모적인 관계 속에서 구성된다. "우리는 뮤직비디오를 보려는 것이 아니라, 리액션 비디오를 보려는 것이다"라는 댓글이 스스럼없이 오르고 그에 반박하는 발언이 거의 보이지 않는 현상에 비추어 판단한다면, 리액션 비디오를 보는 사람들은 본래 뮤지션들의 팬이기도 하지만, 그에 못지않게 리액션 비디오 고유의 재미를 추구하는 리액터들의 팬이기도 하다. 성공적인 리액션 비디오는 본래의 뮤직비디오로부터 팬들의 주목을 옮겨오는 작업에 어느 정도 성공했음을 의미한다.

시프먼은 대중의 모방 행위로 만들어지는 UGC를 "모방형 비디오 memetic video"라고 이름 붙이고, 대중적인 인기 획득에 성공한 모방형 비디오의 미적 특성을 제시한다(Shifman, 2012). "보통성, 불완전한 남성성, 형식의 단순성, 유머, 반복성, 내용의 변칙성"이라는 미학적 특징을 잘 살릴수록 대중적인 인기를 획득할 수 있다는 것이다. 그에 비해 이 글에서 살펴본 리액션 비디오는 보다 다양한 하위 형식들이 정교하게 세분화되어 발달한 것으로 생각할 수 있다. 남녀 주인공이 골고루 분포되어 있고, 재현되는 남성상과 여성상도 중성적이고 평범한 이미지와 성적인 매력과 관능성을 모두 발견할 수 있다. 참여 세대에 있어서도 젊은 세대뿐만 아니라 그의 부모도 종종 함께 등장한다. 리액션 비디오 팬들은 리액터 주인공의 부모가 케이팝을 순박하게 즐기는 모습을, 기성세대의 관용적인 태도로 받아들이며 환영한다. 또한 첨단의 편집 기술이 동원되고 분석적인 설명이 추가될수록 시청자들의 질의와 칭찬을 받는 경향성을 통해, 리액션 비디오에서 단순성 못지않게 세련성과 정교함의 미학이 중시됨을 알 수 있었다. 이처럼 다채로운 방식으로 리액션 비디오가 "유대적 비디오affinity video"(같은 글, p. 200)로 기능함으로써 다양한 흥미와 욕망이 교차하고 매개되는 문화적 공동체가 형성될 수 있다. 이 문제를 담론과 문화의 장의 영역에서 논하기로 한다.

7. 리액션 사이트: 담론과 문화의 장

리액션 비디오 공간은 리액터와 시청자들에게 하나의 대화 공간으로 활용된다. 이는 리액션 비디오가 획득한 주목이 다수 익명의 시청자들의 대화로 분산되고 확산·확장되는 식으로 전개된다. 댓글에서는 논리적이기보다는 우연적이고 일시적이며 짧막한 발언들이 오가지만, 때로는 어느 정도 지속되는 대화와 토론으로 이어지기도 한다. 이 과정에서 신생 하위문화인 케이팝에 관한 솔직한 대화와 더불어 그것이 야기하는 젠더, 섹슈얼리티, 인종, 세대, 패션에 관한 대중적 담론이 생성되고 공유된다. 예컨대 아버지와 한 소녀가 함께 제작한 유키스의 「포비든 러브Forbidden love」에 대한 리액션 비디오가 큰 인기를 끌었는데, 그에 관한 시청자들의 댓글들은 미처 문화적 정당성을 제대로 인정받지 못한 케이팝이 가부장적 가족 관계 속에서 수용 또는 배척되는 방식의 일면을 보여준다.

와 너네 아빠 정말 멋지다.
우리 아빠는 [케이팝에] 신경도 안 써. 아빠는 걔네가 중국인이라고 말하고, 그냥 무시해버려. 그러나 우리 엄만 미스에이와 투애니원 노래가 멋지다고 좋아하시고 나한테 그들의 노래를 틀어달라고 하셔. [리액션] 비디오 정말 잘 봤어. 「포비든 러브」로 정말 잘 했구나.

너네 아버지 진짜 멋지다! 만약 내가 우리 아빠께 이걸 보여드리면 당장에 죽이려 하실걸. 특히 그들이 춤추는 장면에서 말이야 =. = 아빠 이게 바람직하지 않다고 말씀하셔 =. =

이 리액션 비디오는 내가 본 어떤 것보다도 귀엽고 사랑스러워. 너네 아버지 한번 만나 뵙고 싶다!!!! 아, 이상한 뜻이 아니고…… 정말 짱 멋지구나! 와아…… 이 비디오 정말 좋아. 진짜 잘 만든 비디오야!!!!!

리액션 비디오 사이트의 소통은 거의 대부분 영어로 진행된다. 적어도 본 연구를 위해 검색한 모든 리액션 비디오에는 모두 영어가 쓰이고 있었다. 그에 대한 댓글도 거의 모두 영어였고, 한국어나 중국어, 일본어로 작성된 경우도 아주 가끔 있었다. 하지만 언어는 영어 중심이되 비치는 이미지는 다문화적이다. 리액터의 정체에 관해서 흑인, 황인, 백인 또는 혼혈 등으로 느슨하게 추론할 수 있을 뿐, 그들의 국적이나 인종을 뚜렷이 구별하기는 어렵다. 집단 리액터들이 등장하는 경우에는 여러 인종의 친구들이 함께 있는 경우가 흔했다.

또한 본 연구가 '케이팝' 리액션 비디오에 주목했으므로, 한국이나 한국어에 관한 발언이 종종 등장하는 것은 당연하다. 노래 가사에 등장하는 한국어 단어의 뜻을 서로 묻고 대답하거나 유추하는 내용을 자주 접할 수 있다. 예를 들어 빅뱅의 노래에서 "사과"의 뜻이 "apple"인지 "apologize"인지 설왕설래하고, 블락비의 노래 제목인 "'난리나'가 무슨 뜻이냐"라는 댓글 질문에 관해 "war" "go crazy"식의 풀이들이 중구난방으로 등장한다. 이런 논쟁이 계속될 때 한국어를 할 줄 알거나, 한국인 혹은 혼혈 한국인이라고 인종 정체성을 밝힌 이가 그에 해당하는 한국어 의미를 풀이해주면, 논란은 자연스럽게 잦아든다. 또한 엑소케이Exo-K, 엑소엠Exo-M같이 구성원이나 국적이 헷갈리기 쉬운 아이돌 그룹에 대해, 혼란스러워하는 댓글이 올라올 경우, 그에 대해 이들이 본질적으로 동일한 구성원으로 이루어졌으며, 활동 무대에 따라 한국에서는 엑소케이로 중국에서는 엑소엠으로 불린다는 식의 정확한 지식을 알려주면 최고 평점 댓글로 대우받기도 한다. 남성 아이돌의 게이 코드와 여성 아이돌의 레즈비언 코드에 대한 짤막한 발언도 종종 관찰된다. 스타일도 자주 등장하는 소재다. 아이돌 그룹의 패션이나 화장에 관심이 쏠리곤 한다. 빅뱅 멤버들의 헤어스타일이나 문신은 이방의 팬들을 매혹시키는 듯하다. 그에 대한 질문(예컨대 빅뱅 멤버들의 문신이 진짜인가와 같은 질문들)이 올라올 경우 누군가가 전문적인 설명을 해주면 그 논란이 해결되는 식이다. 이처럼 케이팝이 하나의 장르로 구성되는 흐름에서 그에 대한 경험, 지식, 정보는 집단 내 권위 획득의 기반이 된다. 한국 문화나 한국어는 상대적으로 낯선 대상이므로, 이에 대한 정보와 경험은 희소한 "하위문화자본"(Thornton, 1996)으로 대우받는 것이다.

이러한 문화 활동은 적어도 외면적으로는 미디어 기업에 의해 주도되기보다는, 익명의 보통 사람들의 네트워크 안에서 그들의 문화노동에 의해 진행된다. 한국 아이돌의 패션과 스타일을 따라 하고 모방하려는 하위문화적 욕망도 엿볼 수 있다. 상상화된 이국성에 대한 호기심과 그에 모방적인 소비문화 욕구가 드러난다. 관심, 애정, 욕망이 어우러지면서 한국 대중문화라는, 기성의 잣대에서 보면 주변화된 문화가 오히려 희소성의 가치를 지니게 된다. 이러한 문화적 자원을 향유하고 활용할 줄 아는 능력이 — 적어도 리액션 비디오 공동체 내에서만큼은 — '주목'을 획득하고 사회적 정당성을 확보하면서 일종의 상징권력으로 발휘되는 것이다. 그러나 이러한 능동적인 차원이 케이팝 리액션 비디오 현장에서 구축되는 이념 작용으로부터 완전히 자유로운 것은 아닌 듯하다. 이제 이 문제를 규범화와 쾌락의 관점에서 생각해보겠다.

8. 리액션의 규범화와 쾌락

지금까지 살펴본 특성에 따를 때, 리액션 비디오의 특징적 요소들을 도출할 수 있다. 그중 하나는 보통성이다. 리액션 비디오는 평범한 사람들의 일상을 배경으로 한다. 등장인물들의 보통성은 물론이고, 행동에 있어서도 지극한 평범함이 두드러진다. 리액션 비디오 커뮤니티에서 주고받는 발언들을 보면 지나치게 과장된 리액션 행위에 대해서 비난하는 분위기다. 리액터가 뮤직비디오에 대해 설명을 하거나 분석을 하는 것은 환영하지만, 이것 역시 간결하게 핵심만 재치 있는 어투로 제시하는 식이지 장광설을 늘어놓지는 않는다. 인기 있는 리액터는 외모가 멋지거나 화려한 인물이 아니다. 백인 중심적이고 남성화된 전통적 시각 질서(Evans & Hall, 1999) 안에서 주변화되어왔던 흑인 남성이나 뚱뚱한 백인 여성 리액터에게 팬이 형성되는 반면, 흔히 매력적이라고 묘사될 법한 날씬하고 예쁘장한 여성에게는 별다른 관심이 없어 보인다.

다른 하나는 피동성에 대한 합의다. 거의 아무 말도 하지 않는 대여섯 살 가량의 소녀가 케이팝 뮤직비디오를 보는 리액션 비디오가 "내가 본 것들 중 가장 귀여운 리액션 비디오"로 칭송되고, 케이팝에 대해 거의 지식이 없는, 한 소녀의 배 나온 아버지가 어눌한 리액션을 보이는 장면을 찍은 리액션 비디오에 대해서 "너네 아버지 정말 귀엽다"라는 찬사가 터져 나온다. 무엇보다도 대부분의 리액션 비디오는 문자 그대로 화면만을 응시한 채 꼼짝하지 않는 리액터의 모습으로 일관하는 게 일반적이라는 사실은 수동성의 극치를 보여준다.

또한 리액션 비디오는 자폐적이다. 흔히 유튜브의 이용자 콘텐츠는 현재성과 대화성이 두드러진 것으로 평가된다(Burgess & Green, 2009). 이러한 생생함의 가치가 존중되는 것은 디지털 모바일 환경에서 더욱 강화되는 추세다. 언제 어디서나 네트워크에 접속 가능한 상황에서, '실시간' '현장'과 같은 시공간의 직접성과 즉시성이 강조된다. 반면 리액션 비디오는 외부 세계와는 물론 상상적인 시청자와도 연결을 거부하는 듯하다. 이러한 특성은 리액터가 상상적 시청자와 대화를 하는 서론과 결론을 제외한 본론 부분에서 현저하게 나타난다. 이런 느낌을 불러일으키는 주요한 요소는 리액터의 시선이다. 리액션 비디오에서 리액터는 뮤직비디오가 재생되는 스크린을 바라보는 시점을 취한다. 그리고 그로부터 좌 또는 우로 조금 떨어져 방향이 어긋난 지점에 웹캠이 설치된다. 이것은 등장인물이 정면으로 카메라를 마주 보는 시선을 취하는 텔레비전 프로그램과는 다른 상황이다. 텔레비전 프로그램에서는 등장인물이 카메라의 시점과 일치하면서 시청자와 마주 보는 시각구조 안에 배치된다. 이에 비해 리액션 비디오에서 시청자는 삐뚤게 놓인 웹캠을 통해 등장인물의 옆모습을 보게 되고, 리액터 역시 정면에서 상영되는 뮤직비디오를 보고 있으므로 시청자와 눈을 맞추지 않는 상황이 연출된다. 간단히 말해, 자신을 보지 않고 뮤직비디오만을 바라보고 그것에 집중하는 리액터를, 시청자는 엿보듯 바라보게 된다. 리액터는 자폐적이며 시청자는 관음적이다. 물론 뮤직비디오의 상영 전후에 리액터가 시청자들에게 간단한 인사와 자기소개를 하고 뮤직비디오에 대한 평을 할 때는 대화적인 분위기가 만들어진다. 그러나 리액션 비디오의 중심이라 할 수 있는 뮤직비디오가 상영되는 동안은 리액터와 시청자가 전적으로 분리되는 상황을 리액터가 창출하는 것이다.

보통성, 피동성, 자폐성의 질서는 리액션 비디오 문화에서 일종의 규범처럼 작동한다. 이들 요소는 이용자들 간의 능동성과 대화적 네트워크를 강조하는 오늘날의 지배적 미디어 담론과는 대비되는 성격이다. 왜 사람들은 이렇게 특이한 상황을 창출하고 소비하기를 원하는 것일까? 얼핏 보면, 리액션의 보통성, 피동성, 자폐성은 인위적인 능동성을 거부하는 자연스러운 인간의 모습이라고 말할 수 있다. 그러나 실제로는 한 번 더 꼬여 있다. 실상 리액션 비디오의 보통성, 피동성, 자폐성은 인위적으로 창출된 것으로서, 일부러 타인들에게 보여주려는 적극적 행위의 산물인 것이다. 간단히 말하면, 자신의 수동적인 모습을 일부러 표출하고 전시함으로써 적극적으로 자신의 "인상 관리"를 수행하려는 능동성인 것이다(Goffman, 1959; Marwick & Boyd, 2010). 리액션 비디오는 우선 주체를 뮤직비디오의 수용자로 수동화시킨다. 이어 수동화된 주체를 리액션 비디오로 담는 것은 능동적 생산자의 행위다. 이 과정에서 뮤직비디오에 대한 수동적 수용자는 리액션 비디오의 생산자로 능동화하는 위치 바꿈을 한다. 따라서 엄밀하게 말하면 리액션 비디오에는 텍스트 내에 존재하는 주인공의 수동성과, 텍스트 바깥에서 리액션 비디오 콘텐츠를 만들어 업로드하는 생산 주체의 능동성이 결합되어 있다. 리액션 비디오는 그간 능동적 "생비자론에서 규범화된"(van Dijck, 2009) 자발성과 적극성의 가치를 수동성의 가치와 결합한다. 문자 그대로 '액션'이 아닌 '리액션,' 즉 자신의 반응적이며 수동적인 면모를 대상화하고 전시한다. 이런 점에서 리액션 비디오는 수동화된 자기를 능동적으로 표출하는 이중성을 지녔다. 환언하면, 리액션 비디오는 주체의 수동성을 적극화한다.

특별성/능동성/연결성을 대체하는 보통성/피동성/자폐성은 단독의 고유한 가치를 주장한다. 튀는 것이 금지될 때 사람들은 튀고 싶어 한다. 그러나 누구나 다 튈 수 있고 튀기를 원하게 되면, 반대로 아무것도 눈에 띌 것이 없는 보통의 것이 오히려 튀는 무언가가 될 수 있다. 특별함의 가치가 사라졌을 때 취해지는 가치가 보통성이다. 피동성이란 인간 행위자로서의 수행 가능성을 스스로 원천 봉쇄하는 태도다. 아무것도 하지 않음의 무위성, 그 동물적 상태가 스펙터클의 대상으로 환영받는 것이다. 자폐성은 네트워크의 논리에 반하는 태도다. 다른 사람에게 상관하지 않고 텔레비전하고만 상대하는 고립된 시청자인 '카우치 포테이토couch potato'가 이제 어엿한 리액터로 격상되는 것이다. 즉 능동성, 활동성, 네트워크가 중시되는 디지털 네트워크 환경에서 배제되는 가치들로서 보통성, 피동성, 자폐성이 추구되는 것이다.

이 요소들이 사람들의 주목을 끄는 현상을 어떻게 설명해야 할까? 이는 인간의 인지, 감정, 지식과 같은 인간 역능의 비물질적인 요소가 지식, 정보, 소통, 감정적 반응의 효과를 일으키는 노동력으로 활용 또는 착취되는 양상을 의미하는 "커뮤니케이션 자본주의"(Marazzi, 2011)의 일면으로 볼 수 있다. 리액션 비디오 생산자들은 자신이 케이팝 뮤직비디오를 체험하는 반응적 모습을 사람들에게 제공하고, 이어 그들로부터 즐거움의 반응을 받을 수 있기를 기대한다. 뮤직비디오를 감상하는 리액터의 감정과 리액터를 감상하는 인터넷 시청자의 감정이 리액션 비디오의 생산-유통-소비의 과정에 삽입된다. 리액터는 "시청"이라는 수동적인 모습을 "자기 브랜드화"하여 "상상적 시청자들"에게 전시함으로써 자신을 홍보하는 효과를 거두고, 리액션 비디오 시청자의 입장에서는 자신이 동감할 수 있는 감정을 노출해주는 리액터를 보면서 쾌감을 느낀다(Marwick & Boyd, 2010).

이렇듯 커뮤니케이션 자본주의 환경에서 전개되는 주목경제 논리에 따라 리액터와 리액션 비디오의 시청자는 감정노동자가 된다. 그들은 자신의 감정을 재화이자 노동력이자 그 산물로서 취하며, 그러한 감정 네트워크에 애정과 열정을 가지고 투신한다(Gregg, 2009). 리액터는 특정한 뮤지션에 대한 리액션 비디오를 만들어달라는 유튜브 이용자들의 반응을 새로운 수요로 받아들인다. 그리고 약속 수행이라는 형식으로 리액션 비디오를 제작하여 공급한다. 적어도 특정한 경제적 보상을 받지 않는다는 점에서, 이들은 "무불 노동"을 제공하는 셈이다. 공식적인 "계약" 대신 비공식적인 "약속"을, "신용" 대신 "신뢰"를 준거로 삼는 "봉사 노동servile labour"에 임한다. 봉사 노동은 금전적 보상과는 무관한 "호혜적 선물"을 재화로 취한다. 노동 과정에서 제공되는 의미, 흥미, 참여, 헌신이 개인들로 하여금 소비자의 관계에 더욱 충실하도록 이끈다 (Marazzi, 2011, pp. 47~49). 리액터들은 유튜브의 플랫폼에서 형성된 리액션 비디오 팬들에게 뮤직비디오를 제대로 감상하기 위한 정보 및 감정 작용의 방식을 알려주는 봉사를 한다. 그에게 있어 "보여지는 일"은 "보여주는 일" 못지않게 중요한 하나의 "노동"으로서 자리매김된다

(Andrejevic, 2004).

정리하면, 리액션 비디오에서 리액터는 자신의 보통적이고 피동적이며 자폐적인 '수용자'의 모습을 대상화하여 적극적으로 노출함으로써 생산자로서의 능동성을 확보하게 된다. 그는 뮤직비디오의 유명 스타에게 쏠리던 주목의 상당 부분을, 수용자이자 생산자인 자신에게로 옮겨온다. 이처럼 리액터의 능동성의 효과란 주목경제의 역학을 유도하고 통제하는 힘에 있는 것이다. 그러나 역설은 주체가 능동적으로 보이고자 하는 자신의 모습이 세상에서 흔히 이야기하는 영웅적인 문화 생산인의 모습도 아니고, 역동적인 사회적 참여자의 모습도 아니며, 그저 스타를 하염없이 바라보는 수동적인 수용자의 모습이라는 사실에 있다. 나아가 이들의 리액션 비디오는 케이팝에 대한 사회적 주목을 확장하는 일에 기여하게 된다. 이 과정에서 자신의 '자연스러운' 감정과 태도를 상품화하여 전시하고 자신을 브랜드화함으로써 유튜브에서 전개되는 커뮤니케이션 자본주의의 한 구성 요소로서 스스로를 자리매김한다.

이처럼 리액션 비디오에서는 '인간은 활동적이고 능동적이어야 한다'는 식의 규범이 무시된다. 또한 인간은 '수동적이면 안 된다'라는 금지의 규칙도 무너진다. 디지털 사회에서 규범화된 '능동성'과 금지된 '수동성'의 구분이 모두 부재하는 것이다. 리액터는 단지 자신의 수동적인 모습을 있는 그대로 드러냄으로써, 그리고 시청자는 그것을 보는 과정에서 "쾌락"을 느낀다(Dean, 2010). 이는 인간 문화 행위의 준거인 '액션'이라는 능동성의 가치가 '리액션'이라는 수동적 반응성으로 대체됨을 의미한다. 지젝의 표현을 따르면 능동성의 "상징적 효력symbolic efficacy"이 소진되는 것이다(Žižek, 2009). 그리고 그 자리에 자기애적인 표상인 상상적 이상imaginary ideals의 변양들이 번성한다. 리액션 비디오에 있어서는

"생각하지 않음"(Carr, 2010)에 대한 비난과 우려도 힘을 잃게 된다. 왜냐하면 리액션 비디오에서는 생각하지 않음 자체가 리액션의 미덕이자 능력으로 당당히 자리 잡기 때문이다. 그저 주목하고 주목받는 존재로서 '나'라는, 자기애적인 주체와 그에 대한 환상이 번성한다.

제4부 문화의 공간과 실천

9장
문화판과 사람들

1. 문화판의 열림

1990년대 이후 문화는 한국 사회의 변화를 이끄는 핵심 영역으로 작동했다. 1980년대 후반부터 형성된 정치권력의 문민화로 대변되듯, 군사독재정권으로부터 민주주의로의 이행은 사회의 문화화와 맞물려 진행되었다. 이 변화는 정치의 문화화뿐만 아니라 문화의 정치화를 동시에 함축하는 것이다(김예란·신현준·전규찬, 2005). 즉 권력과 갈등의 양상이 문화적인 형태로 재현되고, 문화 활동의 사회적 영향력이 강화되는 "문화적 배태성cultural embeddedness"이 본격적으로 형성된 것이다(김문조, 2005).

이 연구에서는 1990년대 이후 진행된 한국 사회의 문화화의 방식 및 효과를 문화 생산의 영역을 중심으로 살펴보고자 한다. 특히 그 시대적, 지역적 특수성을 아우르기 위해 '문화판'이라는 틀을 적용한다. 뒤

에 상술되겠지만, 구조나 장과 같은 기성의 사회과학 용어에 비해 '판'이라는 일상어가 보다 적합성을 띠는 이유는 한국 사회의 정책, 산업, 일상의 차원에서 문화적 실천의 시도, 실험, 변이와 이탈이 마치 '벌어지듯'——때로는 갑작스런 이벤트의 형태로, 또 때로는 역사적인 지속 과정 속에서——전개되었다고 생각하기 때문이다. 이 급진적인 변화는 보다 장기적이고 체계적으로 진행된 서구의 문화화 양상과 차별화되는 한국 문화화의 고유한 특성이라 생각된다. 더불어 나의 문화판에 대한 접근은 문화화의 구조적 차원만큼이나, 그러한 구조적 상황에 개별 주체가 접합되어 수행하는 구체적인 경험과 의미 작용의 복잡성에도 관심을 둔다.

이 글은 크게 두 부분으로 구성된다. 전반부는 문화판의 개념 구성을 위한 논의로, 후반부는 문화판의 주체인 문화 생산인들에 대한 논의로 이루어진다. 전반부에서는 한국의 문화화 과정의 정치적·산업적·문화적 요소들을 설명함으로써, 문화판의 개념 정립을 시도한다. 이리하여 서구 사회에서 발전해온 문화산업 혹은 창의산업의 논리 그리고 부르디외를 중심으로 이루어진 문화의 장 이론을 적용하되, 문화판만의 고유한 특성들을 읽어내고자 한다. 기존 이론에 비해 이 글이 지니는 고유성은, 우선 현대 대중문화산업에 관한 문화경제학적 입장이 사회적 조건과 맥락을 간과한 채 포스트포디즘적인 지식/정보/디지털 중심적 경제 영역에 치우쳐 있는 반면, 이 글은 산업적인 맥락이자 생성력으로서 문화 영역에 중점을 둔다는 점이다. 한편 부르디외의 장 이론은 문화가 작동하는 사회구조 및 그에 내재한 계급 및 차이 질서를 통찰하고 있지만, 오늘날 특정한 제도로서 작동하고 있는 문화산업의 구조적 힘과 그 안에서 대중들이 펼치는 문화 실천의 구체적 양상에는 상대적으

로 약한 관심을 보이고 있다. 부르디외의 장 이론이 어느 사회, 어느 시대에나 동일하게 적용될 수는 없다. 이것은 급격한 정치 변동, 전 지구적 후기 자본주의 체제의 압축적 성장, 소비대중문화의 급속한 확산이라는 사회적 경험을 거친 한국 사회에 있어서 더욱 그러하다. 따라서 이 연구는 1990년대 한국 문화 생산의 구체적인 성격을 분별하고, 이 조건에서 작동하는 문화 생산의 사회적 관계와 실천 양식들을 살펴보려 한다. 후반부에서는 1990년대 이후 문화판에서 청소년기 및 청년기를 거쳤고 현재 문화 생산 활동을 통해 생활을 영위하고 있는 문화 생산인들에 주목한다. 심층인터뷰 자료 분석을 통해 문화판의 조건을 주관화하여 수행하는 문화 생산인들의 사회문화적 정체성을 탐색한다.

2. 문화판의 개념 구성

문화판의 개념 구성을 위해 1990년대를 전후한 시점부터 현재에 이르기까지 한국의 문화적 현실을 형성해온 사회적·경제적·정치적·문화적 맥락들을 이해할 필요가 있겠다. 우선 느슨하게 정의한다면, 문화판은 1990년대 이후 한국 사회의 민주화 및 문화화 과정과 맞물려 형성된 문화공간이라 할 수 있다. 따라서 문화판이라는 자명하게 공간적인 개념은——그 어느 공간이라도 그러하듯이——필연적으로 시간성을 내포한다(Soja, 1996 참조). 그러나 대부분의 후기 산업사회가 문화화의 경향을 지닌다는 점에서, 일반적인 문화화 개념 외에 오늘날 한국 사회에서 진행되고 있는 문화화의 고유한 성격을 밝힐 필요가 있다. 이를 위해 한국의 문화화 과정 및 그 산물로서 문화판이라는 개념을 제안하

며, 그 논의의 중심을 창의성에 두고자 한다. 이는 창의성이 인간 문화 및 예술 활동의 핵심적 요소로서 간주되는 근대적 사고에서부터 20세기 대중문화에 대한 성찰을 거쳐 오늘날 디지털 문화산업 체제에 이르기까지, 창의성의 담론은 문화 활동에 관련한 사고의 주요한 축을 구성하고 있기 때문이다(Hesmondhalgh, 2002; Negus & Pickering, 2004).

결론부터 말한다면, 문화판은 1990년대 진행된 한국 사회의 문화화 과정으로서의 사회적 활동이자, 그 산물로서 구성된 사회적 공간이다. 우선 문화판은 창의성을 매개로 이루어지는 사회적 관계와 활동을 조직하고 관리하는 제도적 질서를 재현한다. 이런 점에서 문화판은 '공간의 재현'이다. 또한 문화판은 그 창의성의 통치 조건에서 일어나는 개인 및 집단의 문화 활동을 함축하며, 본래 그러한 행위들에 의해 구성된 산물이다. 따라서 문화판은 창의성을 중심으로 하는 각개 문화 활동의 총합보다 크고 복합적이다. 문화란 본래 사회를 재현하는 활동인데, 문화판은 그러한 활동이자 산물이라는 점에서 그 자체가 재현의 효과를 발휘하는 것이다. 이런 점에서 문화판은 '재현적 공간'이다.[1] 문화판의 역사적 함의는 구성원의 창의성 계발 및 관리를 적극화하는 산업적·정치적·사회적 체제라는 점에서 과거 독재 체제의 문화 억압적인 분위기와 단절되며, 이렇듯 생산적이고 긍정적인 사회적 관계에서 개인 및 집단의 문화 활동이 과거와는 다른 새로운 형태의 가능성과 한계를 담보하게 되었다는 점에 있다. 이러한 조건 및 문화 활동상의 변화와 특성은

---

1) 여기서 '공간적 재현'과 '재현적 공간'의 논의는 르페브르의 공간 이론에서 함의를 얻은 것이다. 르페브르는 인식적 대상이 되는 공간을 "공간의 재현representation of space"으로, 인간의 실천이 형성·전개되는 공간을 "재현적 공간representational space"으로 정의한 바 있다(Lefebvre, 1991).

이어지는 절에서 상술될 것이다. 이를 위해 우선 창의성에 대한 문화연구의 접근들을 검토하고, 이어서 문화판의 성격을 정교하게 규정하기 위한 작업으로서 1990년대에 진행된 창의성의 사회적 관리 방식을 살펴본다.

1) 창의성과 문화

기존의 청소년 문화 담론에서 창의성의 사회적 의미에 대한 논의는 크게 세 관점에서 진행되었다고 볼 수 있다. 첫째는 청소년 문화란 사회의 지배적 권력 체제를 재생산한다는 이념적 순응의 관점이다. 둘째는 청소년 문화가 사회적 규범에 반발하는 방식과 효과에 주목하고, 그 상징적 저항성을 강조하는 입장이다. 마지막으로 청소년 문화가 기성의 문화산업 체제에 교섭적으로 대응하며 새로운 문화 활동 주체로 성장해가는 과정이라고 보는 시각이 있다.

청소년 문화를 이념적 순응 작용이라고 본 대표적인 논의는 폴 윌리스가 영국의 노동자계급 청소년을 대상으로 수행한 민속지학 연구서인 『학교와 계급재생산』(Willis, 1977)에서 찾을 수 있다. 윌리스는 백인 노동자계급 출신 소년들이 체득한 반反학교적인 정서가 그들로 하여금 지적 훈련을 장려하는 학교 교육에 저항하고 남성적 육체노동의 가치를 중시하도록 유도함으로써, 결국 자본주의 체제가 필요로 하는 노동자로 성장하도록 이끈다고 설명한다. 윌리스의 해석에 따른다면, 청소년기에 발휘되는 저항 문화란 결국 체제 순응적인 남성 노동자 문화의 발아적 형태가 된다. 여기서 문화적 주체로서 소년의 창의성과 탈정치적인 남성적 노동 문화가 모순적으로 교차되고 있다. 청소년기의 열정적

인 문화적 정서가 경제적 생산을 위한 노동력으로 길들여지고, 문화 주체의 자발성이 체제 유지 권력에 편입된다고 설명되기 때문이다. 노동자 계급 출신 소년들은 자신의 반학교적인 정서를 "스스로 만들었다"고 믿지만 이들의 저항적 창의성이란 궁극적으로 자본주의 체제를 유지, 강화하는 정서적·물질적·인적 환경으로부터 기인한다는 것이다.

둘째, 상징적 저항의 관점에서 본 청소년 하위문화는 주로 지배적인 권력구조에 의해 조건화된 삶의 질서를 교섭적인 방식으로 전유하여 독자적인 "스타일"로 재현하는 청소년 집단의 창의적 활동이라고 설명된다(Hebdige, 1981). 여기서 문화적 창의성은 일종의 재활용 능력이라고 할 수 있다(Mercer, 1994). 주어진 모순적 사회 조건을 재료로 하고 청소년들의 반발적인 역동을 노동력으로 하여 형성된 산물이 곧 하위문화 스타일이기 때문이다. 헵디지가 주장하듯 그것은 이미 있는 자원과 노동력을 재활용하는 전술적 오용이며, 사회적 질서로부터 이탈적 파생이라는 점에서 저항성을 내포하는 것으로 간주된다.

마지막으로 하위문화의 사회적 생산력을 중시하는 입장에서 앤절라 맥로비는 포스트모던 시대의 대중문화는 지배적 권력 작용과 신생적인 문화들이 교섭, 경쟁, 투쟁하는 장이라고 주장한다(McRobbie, 1994). 특히 맥로비는 상업화된 소비문화에 대한 비판적 이해를 촉구하면서도, 포스트모던의 풍부한 문화적 세례를 받으며 성장한 청소년 하위문화의 경험과 소비적 감성이 기성의 문화산업 장에 유의미한 도전적 영향력으로 작동하고 있음을 발견한다. 예술, 패션, 음악, 저널리즘 등 다양한 미디어 및 문화 영역에서 대안적·독립적 자영업자들이 성장해가는 궤적을 빈번히 발견할 수 있듯이, 창의적인 문화 소비 활동을 통해 계발된 대안적 문화 감성이 대안적 문화 생산력으로 성장하며 이미 포

화 단계에 들어선 후기 자본주의 문화 시장에 진입하고 있다는 것이다. 이는 젊은이들의 문화 실천의 성과가 —기호적 스타일이나 의미 생산과 같은 상징 영역뿐 아니라 — 실제 문화산업의 실질적 노동력과 물질적 산물의 형태로 발현되고 있음을 뜻한다.

위에서 살펴본 세 입장은 청소년의 문화적 창의성의 문제를 공유하지만, 그 이념적 성격과 사회적 효과에 있어서는 평가를 달리한다. 청소년 문화의 창의성이 내포하는 이념적 성격에 대해서 순응성 또는 저항성을 강조하는 시각이 갈리고, 창의성의 사회적 효과에 대해서 상징적 혹은 물질적 생산력을 중시하는 입장으로 나뉘는 것이다. 따라서 자율적인 개인이라는 낭만적 시각이나 구조 중심적 결정주의라는 이분법 논리, 또는 문화적 창의성을 상징적 영역에 고립시키거나 혹은 물질적 차원에서만 이해하는 대립 구도에 빠지지 않아야 한다. 이를 위해 특정한 경제적·정치적·문화적 관계 속에서 창의성의 담론 및 실천 양식이 맥락화되는 방식과 의미에 대한 이해가 필요하리라 생각한다. 이어지는 문화판 논의에서는 1990년대 이후 한국의 문화적 맥락에서 창의성이 사회적으로 접합되어 실천되는 방식을 검토함으로써, 그 고유한 성격들을 짚어나가기로 한다.

2) 문화판의 경제적 맥락

이미 언급했듯이, 인간의 상징적인 활동에 관한 인식에는 항상 창의성에 대한 사고가 공존한다. 대중문화가 등장한 20세기 전반에 비판이론가들은 대량생산, 대량소비적인 문화산업 체제에서 개인의 창의성이 산업적으로 표준화된다고 우려했다(Adorno, 1991). 이에 비해 문화

주의자들은 현대 대중문화 체제가 지배권력의 이념적 기제로 작동한다는 점에 동의하되, 동시에 그것이 대중의 창의성이 발현될 수 있는 갈등적 조건 혹은 환경이라는 점에 주목했다(Hall, 1980; Hall & du Gay, 1996).

오늘날 산업화된 형태의 문화란 20세기 대중문화 경험에 근거하되, 보다 구체적으로는 오늘날 후기 자본주의 체제의 문화화 과정 속에서 본격적으로 형성, 발현된 것으로 이해할 수 있다. 플루에게 있어 문화화란 인간, 경제, 사회의 전 영역이 문화적인 것으로 이행하고 확장하는 경향으로서, "개인 및 집단에 대한 문화적 관리 체제 확장, 문화산업의 팽창, 일반 조직 및 사회 활동의 문화로의 전환"의 양상으로 구체화된다(Flew, 2005). 개인 및 집단의 사회적 활동이 상징적 가치에 의존하게 되고, 획일적으로 고착된 위계질서 대신 개성이 중시, 활용되는 특성이 강화된다.

문화화는 주로 실물경제의 효율성 원리 못지않게 미학경제의 상징적 가치 질서에 근거한다(Böhme, 2003). 문화화라는 사회 전반적인 변화와 미학경제의 성장을 주도하는 영역으로서 창의산업 담론이 대두하고 있다. 그 담론에서 창의산업은 전통적인 문화산업 담론에 내포된 획일성과 대량성에 관련한 부정적인 어감을 대체하려는 듯, 개인의 창의성 발휘를 적극 지원하고 이익을 창출하는 지식-테크놀로지-문화-경제 활동의 결합체로서 정의되고 있다. 문화학자 하틀리의 정의에 따르면, 창의산업은 "**신지식경제** 내 **정보통신기술** 맥락에서 **시민-소비자**의 새로운 상호작용적 활용을 위해, 창의적 예술(개인적 재능)이 (대량적 수준의) 문화산업과 이론적, 실질적으로 통합되는 것"을 지향한다(Hartley, 2005, p. 5; 원저자 강조). 창의산업 내 노동의 방식은 기존의 산업적

질서에서의 그것과 다를 것이라 예상되는데, 케이브에 의하면 창의적 노동 활동의 특징은 다음과 같이 설명된다(Cave, 2000). 1) 경험재 experience goods이기 때문에 수요가 불확실함, 2) 일상 및 창의적 활동을 지원하기 위한 상업적인 활동(부업)이 수반됨, 3) 다양한 관심사와 능력을 지닌 사람들 간의 공동 작업이 쉽게 이루어짐, 4) 각양각색의 창의 상품은 상호 비교를 통해 차별화됨, 5) 결과물에 따라 생산자의 창의적 재능이 등급화되어 평가됨, 6) 다수의 사람들의 참여가 한정된 시간 내에 일괄적으로 조율되어야 함, 7) 창의상품은 시간적 지속성이 강함. 즉 실제로 어떠한지는 차치하고서라도, 적어도 담론적 수준에서는 창의노동의 구조적 유연성과 자율적인 개인성이 강조되고 있음을 알 수 있다.

후기 자본주의사회의 문화화가 진행되기 위해서는 경제적 질서 못지않게 이에 수반되는 대중적 정서가 중요하다. 문화화의 근간이 되는 주요 정서는 '새로움'에 대한 의지, 욕망, 집착, 경쟁이다. 여기서 '새로움'이란 미시적인 차이의 일상적 기호라 할 수 있는 상품적 가치로부터, 생산기술 발전 차원에서의 "혁신"의 가치(Nixon, 2006), 그리고 사회 변동 차원에서의 '진화'의 가치까지 폭넓게 포함하는 것이다. 새로움은 사회적 실재로 작동하기도 하지만, 때로는 개인과 사회의 변화 욕구와 환상을 대변하는 물신으로 유통된다. 이렇듯 새로움을 상상하고 그것을 사회적 실재로서 창출·소비하는 인간의 잠재성이 창의성에서 찾아지므로, 그것의 효율적 관리가 문화산업의 발전에서 핵심 관건이 되는 것은 당연하다. 본래 창의성은 심미적 감수성과 표현 능력을 포괄하는 개인의 속성을 의미했지만, 이제 지속적인 성장을 추구하는 후기 자본주의사회에서 창의성이란 상업적 논리로 계발되어야 할 대상이 된 것이다(Negus & Pickering, 2004).

비판론자는 창의산업 담론이 외면상 문화 환경의 개혁과 혁신을 주장하지만, 실제로는 개인주의적인 경쟁과 선택의 가능성을 극대화하는 후기 자본주의 체제의 신자유주의적 수사에 지나지 않는다는 입장을 피력한다(Miller, 2004; Uricchio, 2004). 또한 주로 서구 사회의 모델에서 발전한 창의산업 담론이 지역적인 차이를 극복하며 모든 사회에 보편적으로 적용될 수 있는 것도 아니다(Wang, 2004). 한 사회의 문화화는 보편적인 경제 원리로는 충분히 설명될 수 없는 고유한 사회적·정치적인 맥락성을 지닐 것이기 때문이다. 이 관점에서 볼 때 압축적 근대화의 과정에서 급격한 소비자본주의 체제의 확장을, 특히 외환 위기의 반동으로 문화 시장의 급성장을 경험한 한국 사회는, 부분적으로는 서구의 창의산업 담론과 유사한 방향의 문화화의 과정을 밟고 있지만 동시에 그 고유한 사회문화적인 특성을 함축한다고 할 수 있다(조한혜정·김현미, 2003). 그 성격을 총괄적으로 살펴보는 것은 이 글의 범위를 벗어나므로 본래 주제인 문화판의 문화 생산 영역에 논의의 초점을 맞춰서, 우선 지구적인 창의산업 담론이 한국 문화 지형에 접합하게 되는 고유한 정치적 방식과, 이 접합이 문화판에 미친 효과를 살펴보도록 한다.

3) 문화판의 정치적 맥락

문화판의 정치적 맥락은 1980년대 중반 이후 급격하게 진행된 한국 정치의 문민화 과정에 기인하며, 이 점이 서구 창의산업의 탈정치화 양상과 구별되는 한국 창의산업 담론의 고유한 성격이 될 것이다. 따라서 지구적 자본주의 체제에서 확장하고 있는 문화산업 논리를 한 축으로, 그리고 한국 고유의 정치적 현실을 또 다른 축으로 하여, 한국의 문화

화의 현실을 파악할 수 있다.[2] 문민정부에서는 문화가 독재정권의 잔재를 극복하고 사회 민주화의 성과를 가시화할 수 있는 영역으로 중요시되었고, IMF 이후에는 경제 회복을 위한 출구로서 IT산업 및 디지털 테크놀로지와 결합한 문화산업 부문이 집중적인 투자 대상으로 인식되었으며, 참여정부에서는 사회의 민주화를 재현하고 촉구할 수 있는 장으로서 문화가 고려되었다. 이렇듯 개인적·사회적 발전 욕구를 담아낼 수 있는 과정으로서 문화의 정치화와 정치의 문화화 과정이 상호작용적으로 진행된 것이다.

문화판은 문화에 대해 억압적인 독재정치 체제를 벗어나, 정치와 문화가 공존하는 체제로 이행하는 과정에서 본격적으로 활성화될 수 있었다. 특히 참여정부 시기는 그간의 문화 정책이 수렴되며 보다 세련된 형태의 문화 정책으로 설계되었다는 긍정적인 의미에서, 그러나 그 수행 과정에서 과거 어느 때 못지않게 첨예한 갈등이 표출되었다는 부정적인 의미에서,[3] 그리고 무엇보다도 창의산업 담론이 본격적으로 성장한 시기라는 점에서 공히 중요성을 지니므로, 그 일면을 보다 상세히 검토해보기로 한다. 참여정부의 주요 문화 정책을 담은 『창의한국: 21세기 새로운 문화의 비전』(2004)과 『새로운 한국의 예술정책』(2004)에서는 생산 능력의 필수적인 요건이자 경제와 사회 발전을 이끄는 추동력으로서 '문화'가, 그러한 문화의 원동력으로서 인간의 '창의성'이 정의된다. 문화 정책 차원에서 창의성이란 개인의 자유로운 사고 및 상징 활

---

2) 문민정부 이후 문화 정책에 대한 구체적이고 실증적인 분석 내용에 대해서는 김예란·신현준·전규찬(2005)의 2장을 참고하라.
3) 이 갈등은 한-미 FTA 교섭 과정에서 정부가 보인 소극적 태도에 대한 진보 진영의 비판에서 두드러진다. 그 전반적인 논의의 흐름을 이해하기 위해서는 『문화과학』(2006 여름호)의 "특집: 한미 FTA를 깨고 문화사회로"에 실린 글을 참고하라.

동의 동력이자 사회의 문화적 다양성을 실현할 수 있는 핵심 가치로 규정되었다(문화관광부, 2004a; 2004b; 원용진, 2003; 이원재, 2003). 이러한 개념적 전제하에서 문화의 관리 체제 방향에도 변화가 일어났는데, 중앙집권적 권력구조로부터 다문화적 민주주의의 체제로, 주류적인 예술 부문 중심으로부터 대안적이고 실험적인 예술 부문으로 확장되었다.

중요한 점은 이러한 창의산업을 강조하는 문화 정책이 단지 정부의 정책 담론 수준에서가 아니라, 1990년대를 전후하여 급성장한 한국 시민사회의 다양한 문화 운동 또는 문화 활동과의 결합을 통해 이루어졌다는 사실이다. 창의성과 다양성에 근거한 진보적 문화정치 담론은 참여정부와 시민사회와의 긴밀한 이념적·인간적·조직적 연계 속에서 이루어졌다.[4] 따라서 참여정부 초기의 창의문화 정책은 단순히 서구 문화산업 논리의 수입 또는 피상적인 모방이었다기보다는, 당시 사회적으로 형성된 대중의 정치적 지향과 시민사회의 운동적 성과가 문화 영역에서 결합되어 나타난 것이다. 이처럼 지구화 수준에서 진행되면서 탈정치화된 신자유주의적 창의산업 담론이 한국의 정치적 지형과 접합하면서 상당히 정치 지향적인 문화 담론으로 지역화되었음을 알 수 있다.

그러나 참여정부의 문화 정책은 점차 공공 정책 중심에서 시장적 접

---

4) 노명우는 2006년 문화헌장제정위원회(위원장 도정일)가 공표한 "문화헌장"에 대해, 참여정부의 문화 정책과 프로그램을 포괄하는 '철학'을 제공하는 것으로서 중요한 의미를 부여하고 있다. "문화헌장"은 문화예술의 발전 전략은 물론 문화적 관점에 바탕을 둔 새로운 국가 발전 전략이라는 이중 목표를 추구한다는 것이다. "문화헌장"이 국가와 시민사회의 '협치'의 산물이라는 그의 견해는 주목할 만하다. 그에 의하면 "'문화헌장'은 국가가 만들어 국민에게 강요하는 국가주의적 헌장이 아니라 시민사회가 제안하고 정부가 수용하는 형식의 아래로부터의 헌장이며, 시민의 문화적 권리와 국가의 책무를 주 내용으로 한 시민문화권리 헌장이자, 시민사회의 요구를 국가가 수용하는 협약이다"(노명우, 2006, p. 227).

근으로, 시민사회의 요구를 포용하는 진보적 방향에서 신자유주의적인 질서에 호응하는 보수적 입장으로 전환하는 양상을 보인다(Pratt, 2005 참조). 예를 들어 『문화강국(C-KOREA) 2010』(2005)에서는 한국의 문화 경쟁력을 강화하기 위한 요건으로 3C, 즉 글로벌 시대 경쟁력의 장으로서 "문화culture," 경제 성장의 개발 대상으로서 "콘텐츠contents," 그리고 이러한 자원을 효율적으로 활용할 수 있는 개인적·조직적 능력으로서 "창의성creativity"이 제시된다. 여기서 창의성은 국가 경쟁력 강화를 위한 투자 대상으로서 산업화·규범화된다.

지배적인 정치구조는 주어진 사회적 조건으로부터 구성된다는 점에서 역사적 산물이고, 동시에 개인·집단·사회의 다층적 차원에서 담론적이고 행위적인 복합적 효과를 유발한다는 점에서 생산적이다(김예란, 2002; Burchell 외, 1991). 이런 점에서 한국 정치의 민주화 과정에서 나타난 일련의 문화 정책은, 그 성공 여부에 대한 단언적 평가는 성급한 것이 되겠지만, 문화판이 형성될 수 있도록 담론적·실질적으로 중요한 영향을 미쳤다고 볼 수 있다. 따라서 문화 정책, 문화산업, 개인 및 집단의 문화 실천 그리고 문화판은 상호 형성 관계에 있다. 우선 문화산업이 활성화되고 문화 정책이 민주화하면서 사회적 문화화가 진척되었으며, 그 안에서 개인의 문화적 실천 가능성이 넓어졌고, 이러한 상호작용의 독특한 산물로서 문화판이 형성되었다. 동시에 문화판의 역량이 이미 잠재하고 있었기에 그 바탕 위에서 개인의 문화 실천이 활성화될 수 있었고, 그 결과 문화 정책 및 문화산업의 구조적 질서가 변동할 수 있었다. 따라서 산업-정책-주체의 관계를 단선적인 인과관계로 묶어두기보다는, 이들 간의 상호적인 형성 및 결합 작용을 통해 개인과 사회의 문화적 실천의 폭과 깊이가 함께 성장했으며, 그 과정이자 산물로

서 문화판이 형성되었다고 이해하는 편이 적합할 것이다.

4) 문화판의 문화적 맥락

지금까지 문화판의 핵심 주제를 창의성이라고 보고, 창의성의 사회적 계발 및 관리 체제로서 문화판의 정치적·경제적 맥락을 살펴보았다. 이제 문화 내적인 논리를 살펴볼 차례다. 한국의 문화화가 일어난 시기는 사회와 문화에 대한 인식의 틀 자체가 변화하는 시기이기도 했다. 1980년대 후반부터 일어난 한국 사회-문화의 변화를 "사회과학의 시대"로부터 "문화의 시대"로의 이행이라고 김창남이 표현했듯(김창남, 1995), 사회를 보는 시각 역시 정치 투쟁에서 대중의 일상으로, 이념에서 경험으로, 과학에서 문화로 전환하게 된다(박명진, 1996). 이미 신세대 담론 현상에서 개화되었듯이, 이 문화로의 전환기에 청소년 문화가 급성장하며 사회 변화의 주도적인 힘으로 부각되었다. 한편 청소년의 문화적 소비가 지니는 상징적 의미에 주목하는 기존의 주된 해석에서 한 걸음 더 나아가, 이 글에서 특히 관심을 기울이는 부분은 한때 청소년이었던 이들이 자연적·사회적·문화적으로 겪게 되는 "이행기적 과정"이다(Hollands, 2002). 문화판의 본격적인 형성기인 1990년대 이후 10여 년은 소비문화 체제의 주체로서 등장한 10대 청소년이 사회인으로 성장해온 기간에 상응한다(이동연, 2005). 여기서 청소년 문화를 소년, 소녀들이 성장기에 당연히 누리다가 저절로 잊게 되는 자연 발생적인 현상으로 간주하는 시각은 그다지 적절치 않다. 왜냐하면 우선 개인적 차원에서 볼 때 인생의 한 시기에 겪은 문화적 경험은 장차 그/그녀의 사회화 과정 및 삶의 방식에 유의미한 영향을 미칠 것이기 때문이다.

또한 사회적 차원에서 본다면, 서로 다른 청소년 하위문화들을 이행기적인 관점에서 이해함으로써 그들에 내재하는 역사성을 직시할 수 있다. 마지막으로 청소년 문화란 전체 사회적 과정에서 유리된 것이 아니라 그 속에서 형성되며, 나아가 그에 끊임없이 개입하고 영향을 미치는 역동적 요소다.

이런 점에서 한국의 문화화 과정에서 청소년 문화가 지닌 의미는 결코 적지 않다. 여기서 청소년이란 1990년대의 10대 문화 소비자로 위치했고 현재 노동 인구로서 사회경제 체제에 편입되는 위치에 있는 사람들이다. 즉 과거의 '청소년=문화적 소비자'로부터 현재 '성인=경제적 생산자'로 사회적 정체성이 변화했으며, 소비 활동뿐만 아니라 생산 활동으로, 그리고 문화 영역뿐만 아니라 경제 영역으로 삶의 범위가 확장되는 과정에 있는 사람들이다. 한 집단의 사회적 위치 변화는 역시 그 세대 문화에 대한 사회적 인식의 변화를 수반한다. 청소년의 하위문화는 현실사회 질서에 대해 저항적인 상상력과 행동성을 지닌다고 여겨지지만, 성인 집단의 하위문화는 대체로 현실적 유용성을 전제로 한 전략적이고 타협적인 성격이 크다고 평가되는 것이 일반적이다(김창남, 1995). 문제는 이처럼 청소년이 사회인으로 성장하면서 사회적 규범 및 경제적 질서와 대면하는 것이 불가피한 상황에서, 청소년 집단이 수행해온 문화적 소비 활동의 사회적 관계와 의미가 변화하는 지점에 있다. 특히 1990년대 이후 신세대 담론이 상징하는, 사회 전반적인 문화화의 분위기 속에서 능동적이고 창의적인 문화 소비로 사회적 인지를 획득했던 10대 소년, 소녀들은 10여 년이 지난 오늘날 어떠한 방식으로 사회의 경제 활동 영역에 편입되고 있을까? 앞서 서술한 기존의 이론을 참고한다면, 윌리스의 예견대로 주어진 계급적 위치에 순응적인 노동

자로 성장할 가능성, 헵디지의 주장대로 문화적 소비 스타일이 상징적 저항성과 상업적 질서의 회로를 순환할 가능성, 또는 맥로비의 견해대로 고유한 하위문화적인 자원과 경험을 근거로 대안적인 문화 생산 활동에 참여할 가능성 등이 존재한다(Hebdige, 1981; McRobbie, 1994; Willis, 1977).

이후에 상술될 테지만, 1990년대 청소년 집단의 이행기에 성장한 문화판은 현실적인 굴곡과 모순을 내포하고 있었음에도 불구하고, 청소년 혹은 청년 집단의 문화에 대한 욕망을 자극·흡수하고, 이들이 장차 문화 생산 활동을 해나가는 주체로 성장하도록 유도하는 기능을 했다. 다수의 젊은이들에게 문화는 단지 소비의 영역일 뿐만 아니라, 그들이 사회인이 되었을 때 노동할 수 있는 영역으로 받아들여진 것이다. 예를 들어 김숙현은 1990년대를 전후하여 성장한 시네마테크 운동의 한 자락에서 개인적으로 체험한 영화 감상 및 제작의 또래 문화가 오늘날 자신을 포함한 독립영화인들에게 미친, 미시적이되 유의미한 영향을 서술하고 있다(김숙현, 2006). 개인은 문화화라는 거시적 사회 변화를 주관화하여, 자기 삶의 형태로 변형하여 수행한다. 이에 상응하여, 문화화라는 추상적인 역사적 흐름은 개인의 육체를 통해 실천되고 재현되는 과정에서 현실적 구체성을 지니게 된다. 이처럼 경제 질서, 정치 체제, 개인 및 집단의 문화적 실천이 상호 접합되고 표출되는 재현적 공간으로서 문화판이 실재하게 된 것이다.

5) 문화적 구별구조와 주체와의 관계

전술했듯이 문화판은 개인 및 집단의 문화적 창의성을 계발하지만,

동시에 규율권력이 작동하는 사회적 공간이다. 단순하게 말한다면, 문화판은 문화적 창의성의 촉진 및 규율 공간이다. 이 관점에서 한국의 문화판과 문화 생산인의 관계를 이해하기 위해 부르디외의 아비투스 개념을 중심으로 문화구조와 주체의 관계를 분석하고, 이어서 그의 이론이 설명하지 못하는 오늘날 한국 문화판의 고유한 특성들을 탐색해보기로 한다.

첫째, 문화의 구조와 주체의 관계에 관련하여, 주체의 개별성과 자율성을 강조하는 자유주의적 입장이 한편에 있다면, 구조적 위치 지음의 효과를 강조하는 이데올로기적 입장이 또 다른 한편에 있다(Bourdieu, 1993; Hesmondhalgh, 2006). 부르디외는 이러한 구조-주체의 이분화된 대립 논리에서 벗어나, "장"이라는 객관적 상황과 주체의 "자리매김position takings"의 상호적 관계에 주목할 것을 제안한다(Bourdieu, 2005). 장은 (주체의 실천을) "구조화하는 구조"이며 동시에 (주체의 실천에 의해) "구조화되는 구조"이다(Bourdieu, 1990, p. 53). 아비투스는 특정한 위치에 자리 잡은 주체의 행위와 그 산물을 표상하고 조직하는 원리다. 여기서 자칫 주체가 구조적 질서를 재생산하는 수동적인 존재에 머무는 것으로 생각될 수 있지만, 그/그녀가 구조를 체득·체화하여 그 질서를 현실화한다는 점에서 주체는 실상 능동적이다. 계급적 아비투스는 행위자에 "기록되는" 것이 아니라 행위자를 통해 "구성되는" 것이다(같은 책). 따라서 구조적 힘에 대해 수동적인 개인, 혹은 구조를 초월한 자유로운 인간 주체와 같은 이분법을 넘어서는 것이 가능하다. 이렇듯 구조와 개인의 상호성에 대한 인식은 문화판과 문화 생산인의 실천적 상호 관계를 이해하는 데 유용한 시사점을 준다. 사회적·경제적·정치적·문화적 권력관계 속에서 형성된 문화판에 자리매김된 주체는

자신의 위치에서 가능한 자원과 능력을 발휘하여 특정한 형태의 문화적 행위를 시도한다. 또한 그/그녀의 문화적 실천 행위는 사회적인 관계 속에서 일정한 방식으로 인정, 규제, 재현된다.

둘째, 시간성과 관련하여, 아비투스는 이미 주어진 조건인 동시에 개인의 실천을 통해 재생, 유지되는 역사성을 함축한다. 개인의 아비투스는 역사적으로 형성된 개인·가족·사회와의 관계로부터 유래한다는 점에서 과거의 누적이며, 주어진 위치에서 현실적 실천을 통해 발현된다는 점에서 현재진행적이고, 실용적 또는 상상적 이해에 근거하여 특정한 미래에 대한 열망과 가능성을 배태한다는 점에서 미래성을 띤다. 이렇게 아비투스는 과거, 현재, 미래를 관통하는 삶의 원칙이다 (Bourdieu & Passeron, 1977). 개인은 주어진 상황에서——부르디외의 표현을 빌리자면 "게임"에서——자기도 한 판 할 수 있겠다는 마음을 가지게 되는데, 이 "끌리는 기분"은 다분히 자신의 능력과 상황에 대한 주관적인 판단에서 유도되는 것이다. 이렇듯 개인의 능력과 의향이라는 두 가지 요소가 결합된 것을 부르디외는 "일루지오illusio"라 명한다(Bourdieu, 1991b; Bourdieu & Wacquant, 1992). 일루지오에 의해 개인은 자신에게 구조적으로 불리한 장의 논리에 합의하고 참여하게 된다. 따라서 일루지오는 개인의 행위에 나름대로의 논리를 부여하는 근거지만, 동시에 변화에 대한 개인의 열망이 오히려 기성의 구별구조에 포섭되는 현상이기도 하다(Bourdieu, 1990, p. 62). 이처럼 객관과 주관, 신념과 기원, 과거의 경험과 미래에 대한 기획의 중첩을 통해 아비투스가 개인의 삶을 지배하는 일관적 체계로 작동한다. 아비투스의 역사성에 대한 인식이 문화판에 대한 이해에 미치는 함의는, 문화판이 1980년대 이후 정치적 상황과 맞물려 1990년대를 거치며 급격하게 형

성되었을지라도, 역사적으로 구축되고 사회적으로 구조화된 기성의 구별구조로부터 완전히 자유롭지는 않다는 점이다. 문화판은 기존의 문화적 상황과 전혀 별개의 새로운 것이 아니다. 문화판은 변화의 잠재성을 여전히 보유하되 그에 외재하는 정치적·경제적 질서, 그리고 그 내부에 존재하는 문화자본 및 가치의 평가 체제에 (전적으로는 아니더라도) 적어도 부분적으로는 연계되어 있다. 그럼에도 불구하고 문화판에 대한 참여 욕구 및 경쟁과 변화의 욕망이 젊은 문화 생산인들로부터 지속적으로 형성되고 있는 것이다. 이처럼 문화판에 내재하는 역사적 연속성과 변화의 역학을 읽어내는 작업이 요청된다.

셋째, 아비투스의 구성적 차원에서, 아비투스 구성 요소들 사이에 상동성이 형성된다. 환언하면, 주체의 행위, 표현, 그리고 그 효과가 일관된 스타일로 구축된다는 것이다. 이 일관성의 논리를 구성하는 가치는 객관적 "합리성rationality"이 아니라 자기 정당화의 "근거reason"다. 정당화된 신념은 삶의 전 영역에 걸쳐 경제적 효율성을 추구하는 "스타일적 합일체stylistic unity"를 구성한다. 장은 예측 가능하고 계산 가능한 미래를 제공하고, 행위자는 그 안에서 변환 가능한 기술과 (때때로 습관이라고 일컬어지는) 성향을 획득한다(Bourdieu, 2005, p. 196). 이렇게 문화적 신념, 희원, 취향이 한 개인의 일관된 "실천의 논리"와 "실천의 감각"으로 구성된다. 중요한 점은 실용과 실천의 육체적 차원이다. 신념이 현실화되는 것은 몸을 통해서이고, 언어는 그에 대해 상징적 가치 및 권력을 부여하는 것이다. 부르디외는 "실천의 신념"이란 "정신의 상태"가 아니라 "몸의 상태"라고 단언한다(Bourdieu, 1990, p. 68). 신념은 사고와 언어를 "뛰어넘어" 육체와 결합한 후 언어를 통해 정당화된다. 상동성에 근거한 스타일적 합일성의 인식에 의거하여, 문화 생산인들의 다

양한 혹은 파편화된 노동과 여가의 일상적 질서가 특정한 양식으로 정합된다. 또한 문화 생산인은 외면상 개성과 다양성이 두드러지는 창의 노동자이지만, 이들이 몸으로 체득하고 수행하는 삶의 모습은 곧 문화 생산의 객관적 조건 및 사회적 계급관계를 체현한다. 이 문제는 문화 생산인의 체화된 정체성을 관찰하고 해석하는 작업과 연관되는 것이다.

넷째, 아비투스의 정치적 속성과 관련하여, 상이한 아비투스들은 서로 경쟁과 각축의 관계에 있다. 특히 강력한 지배구조 내에서 사회적인 동의를 구축한 상징권력은 다른 아비투스의 자발성과 자율성을 억압하고 파괴한다는 점에서 "폭력적이다"(Bourdieu, 1991a). 그렇다면 하나의 문화적 장은 마치 자유주의자들이 해석하듯 다양한 사회적 관계들의 수평적이고 조화로운 공존 관계에 있지 않다. 오히려 이질적인 아비투스들이 서로 견제하고 갈등하는 투쟁의 공간으로 존재한다. 따라서 상징권력의 개념에 근거하여 문화판에 내재하는 권력 작용을 비판적으로 성찰할 필요가 있다. 문화판을 다양한 창의의 문화들이 조화롭게 공존하는 공간으로 낭만화하지 않고, 거기에 여전히 존재하는 지배적인 문화와 주변화된 문화, 고가치의 문화자본과 저가치의 문화자본 사이의 간극과 갈등 관계를 이해하는 일이 관건이 된다.

그렇지만 부르디외의 장과 아비투스 이론이 하나의 문화 체제를 완전히 설명할 수 있는 것은 아니다. 그의 이론에 대한 주요 비판은 적어도 세 가지 입장으로 요약할 수 있다. 하나는 부르디외 이론의 결정주의적 시각에 대한 비판이다(Shusterman, 1999). 그의 장 이론은 구조의 위치지음 효과를 지나치게 강조한 나머지, 주체가 구체적 상황에서 도전적 혹은 이탈적으로 벌일 수 있는 수행의 가능성을 봉쇄하고 있다는 것이다(Butler, 1999). 또한 후기 자본주의 체제의 포스트모던한 문화적 분

위기 속에서 부르디외의 정교한 문화적 구별 질서가 해체되고 있다는 지적이 제기된다. 매스미디어의 성장, 문화의 대량상품화, 고등교육의 대중화, 소비문화의 대중적 확장, 여가 및 오락 문화의 확산 등의 사회적 변화는 대중의 소비 능력을 보편적으로 증대시켰다(Hesmondhalgh, 2006). 소비문화의 여건이 일상적으로 풍부해짐에 따라 문화적 스타일은 계급적 아비투스보다는 개인적 아비투스, 즉 '계급적' 차별구조보다 '개인적인' 능력과 선호의 문제로 환원되고 있다는 것이다. 부르디외가 상정했던 구별 짓기의 체제가 특히 젊은 세대에서 급속하게 와해되고 있다는 판단하에 그 변화 요인으로서 1) 다양화를 강조하는 "포스트모던 시나리오," 2) 계급적 위치보다 개인 능력이 중시되는 "능력주의 시나리오," 3) 소비주의의 확대에 주목하는 "물질주의 시나리오" 등 세 가지 가능성이 제시되기도 했다(van Eijck & Oosterhout, 2005). 마지막으로 문화적 취향의 우열 관계가 부르디외가 강조했던 수직적 '위계'로부터 다양성의 '범위'로 대체되고 있다는 주장도 제기되었다. 포스트모더니즘의 영향을 받아 소비문화의 폭이 넓어지면서, 고급문화와 대중문화를 질적으로 차별화하는 과거의 관습 대신 다양한 문화적 가치로 그들 모두를 소비하려는 욕구가 확대되고 있다는 것이다. 그러나 포스트모던의 다양성 상황에서도 문화자본의 차별이 행해지는데, 바로 평가의 기준이 달라지는 것이다. 이 새로운 문화 환경에서는 문화자본이 전통적인 문화 질서(예컨대 고급문화 대 대중문화)에 의해 수직적으로 평가되는 것이 아니라, 다양한 문화마다 고유하게 존재하는 문화적 개성을 발견, 해석, 향유하는 능력의 정도로 평가된다. 따라서 문화자본이 풍부한 사람일수록 고급예술부터 키치와 대중문화 스타일에 이르기까지 다양한 문화적 취향을 향유하는 '잡식성omnivorous'의 아비투스를 취

하는 반면, 문화자본이 적은 사람은 단일한 스타일에 한정되는 '단식성univorous' 아비투스를 취한다. 잡식성의 문화 취향은 젊고 엘리트이며 사회적·경제적 자본이 우수한 사람들에게 주로 나타나지만, 사회적·경제적으로 취약한 집단은 단식성의 문화 소비 양태를 보인다(Stichele & Laermans, 2006). 이러한 비판들은 공통적으로 부르디외의 문화적 구별 체계 이론에 근거하되, 역사적·사회적 맥락에 따라 적용의 구체적인 양상이 달라질 수 있음을 시사한다.

부르디외의 이론을 지역적 특수성에 근거하여 선택적으로 적용할 필요가 있다는 기본 전제 아래(Kane, 2003), 아비투스의 네 가지 속성들, 즉 구조와 주체의 상호작용성, 역사적 지속성 및 변화성, 실천의 감각 및 논리에 근거한 스타일적 합일성, 상징 폭력에 대한 인식은 문화판을 탐색하는 데 중요한 논거를 제공한다. 이를테면 각기 다른 가정, 학교, 사회적 조건에서 성장한 문화적 소비자로서 청소년은 어떠한 삶의 이행기를 거쳐 어떠한 위치의 문화 생산인으로 성장하는가? 기존의 문화적 경험이 청소년들로 하여금 문화 생산 활동에 대한 신념과 열망을 형성하는 데 어떠한 영향을 주는가? 문화 생산인들의 노동과 여가의 질서는 그들의 사회문화적 정체성과 어떤 고유한 방식으로 연관되는가? 마지막으로 이러한 문화적 실천들 간의 각축은 문화판에 어떠한 유의미한 변화를 낳고 있는가? 아울러 부르디외 이론에 대한 비판적 견해, 즉 후기 자본주의 소비문화의 확장 및 다양화의 조건에서 개인 주체의 문화적 실천 가능성에 대한 보다 유연한 사고 역시 문화판을 이해하는 데 참조점을 제공한다. 한국의 문화판이 단지 기성의 계급 질서에 의해 견고하게 규율되기보다는, 문화 생산 활동에 대한 대중적 욕구와 그를 지원하는 물적 조건의 급격한 성장에 따라 물질적 소비에 대한 욕망이 경

쟁적으로 (때로는 아비투스의 차별적이고 규율적인 경계를 넘어서) 과잉 팽배하는 가운데 더욱 복합적이고 중첩적인 구별과 차이 질서가 형성·작용하고 있다고 생각하기 때문이다.

지금까지 문화판의 정의와 성격을 사회적·경제적·정치적·문화적 맥락에서 서술했다. 요약하자면 문화판은 후기 자본주의 체제에서 지구적으로 진행되고 있는 문화화의 한국적 지역화의 과정이자 현상이다. 문화판의 맥락적 요소로서 창의산업을 중심으로 하는 신자유주의적 문화경제의 흐름과 함께 한국 사회가 경험한 문화정치학적 변화의 과정을 고려했다. 또한 문화판의 행위적 요소로서 창의성을 중심으로 하는 청소년 문화의 이행기적 성격과, 문화적 구별구조의 유지 및 변화의 양상을 제시했다. 결론적으로 문화판은 창의성을 촉진, 조직, 관리하는 사회적 질서를 함축하는 '공간적 재현'이며, 동시에 그 공간에서 주체가 문화적 실천을 수행하고 체화하는 '재현적 공간'이다.

3. 문화판의 사람들

이제 문화판에서 성장하고 활동하는 문화 생산인 집단으로 논의의 초점을 옮겨보기로 한다. 인터뷰에 응한 문화 생산인들의 대략적인 특징은 〈표 1〉과 같다. 인터뷰 참여자들은 20~30대 후반의 남녀 젊은이 열네 명이다. 나는 각계 지인들의 인맥을 통하거나 기왕에 알고 있던 전시장, 가게 등을 방문하는 방식으로 이들을 만났다. 연구 대상으로서 전적으로 산업화된 영역보다는 순수예술 및 문화 지향적인 영역 또는 예술적·문화적·경제적 가치가 비슷한 수준으로 혼합된 영역으로 한정

했고, 구체적으로는 영화·음악·미술·패션 분야 관련자를 주요 인터뷰 참여자로 선정했다.[5] 인터뷰 참여자는 다음의 세 집단으로 구분할 수 있다.

첫 집단에는 주류부터 인디 혹은 대안적 문화공간을 느슨하게 포괄하며 자신의 위치를 구축한 예술 작가들이 포함된다.[6] 이들은 대학 이상의 고등교육기관에서 해당 분야의 전문 교육을 받았고, 대체로 해외 유학의 경력을 지니고 있으며, 현재 작품 제작 및 전시·강의·교육의 영역에서 활발한 활동을 하고 있다. 주로 경제적 이익보다는 예술적 가치를 중시하며, 작업의 과정 면에서는 독창적이고 자율적인 작업 세계를 구축하는 것, 그리고 작업의 성과 면에서는 자기 평가 및 동료들의 비평을 중요시한다. 두번째 집단은 패션과 공예 작가들로서, 이들은 삼청동이나 대학로 등 소위 젊은이의 거리로 알려진 지역을 중심으로 작품 또는 상품을 디자인하고 판매한다. 이들은 예술적 가치와 경제적 수익을 동시에 추구한다. 이들의 자기 평가는 상품을 찾는 고객의 반응이나 상업적인 패션 잡지 등의 대중적인 평가에 상당 부분 의존한다. 세번째 집단은 이제 막 문화판에 진입한 입문생들이다. 이들은 대체로 파트타이

---

5) 트로스비는 현대 문화경제학적 관심에서 문화산업 영역을 1) 순수예술 및 문화적 가치 창출에 집중된 영역(음악, 무용, 연극, 문학, 시각예술, 공예, 비디오·퍼포먼스아트·컴퓨터미디어 등 새로운 예술 활동), 2) 경제의 결합적 가치 창출의 극대화에 주력하는 영역(건축, 관광, 광고), 3) 경제적, 문화적 가치를 상호 보완적으로 창출하는 영역(신문, 영화, 출판, 잡지)으로 구분한다(Throsby, 2001). 이 연구는 트로스비 동심원 모델의 1)과 3)에 해당하는 문화 생산인을 주요 분석 대상으로 취했다.

6) 역시 1990년대 이후 성장한 문화 활동 형태인 독립, 인디, 대안에 대해 이론적 개념이 명확히 구분되지는 않았지만, 한국 문화판의 현실에서 볼 때 각 활동의 성격, 방식, 효과상의 미묘한 차이가 감지된다. 이와 관련된 논의는 『문학과사회』(2006 여름호)의 특집 「인디는 어떻게 존재하는가」를 참고하라.

〈표 1〉 문화 생산인 열네 명의 특징

이름 (가명)	활동 영역	나이	성별	결혼 여부	학력	직업	해외 거주 및 여행 경험
가	영화	39세	남	기혼	대학원 졸	영화감독	유
나	영화	29세	여	미혼	대학원 재	학생	유
다	영화	31세	남	미혼	대졸	무직	무
라	영화	28세	남	미혼	전문대 졸	무직	무
마	음악	26세	남	미혼	대졸	무직	무
바	음악	23세	남	미혼	고 자퇴	무직	무
사	음악	22세	남	미혼	고 자퇴	무직	무
아	미술	38세	남	기혼	대학원 재	미술관 관장/ 큐레이터	무
자	미술	35세	남	미혼	대학원 졸	큐레이터	무
차	미술	35세	남	미혼	대졸	미술가	유
카	패션	31세	여	미혼	대졸	디자이너	무
타	패션	31세	남	미혼	대학 재	디자이너	유
파	패션	25세	여	미혼	대졸	디자이너	무
하	영화/ 미술	38세	남	기혼	대학원 졸	영화감독/ 미술관 관장	유

머로 여러 일을 동시에 해나가면서 진로를 개척해가고 있다. 비정기적인 거리 공연이나 클럽 공연을 하는 음악인들, 공동으로 한두 편의 단편을 제작한 경험이 있고 대체로 선배의 일을 도와주며 배우는 과정에 있는 영화인들이 이에 속한다.

인터뷰 문항들은 문화 영역의 일을 하게 된 동기, 과정, 현재 상황 및 미래의 전망들을 포괄하는 문제들로 구성되었지만, 각 문화 생산인의 개인적 상황, 작업 성격, 활동 영역의 특수성에 따라 융통성 있게 변용

했다. 각 인터뷰는 2~3시간가량 진행되었으며, 주로 인터뷰에 응한 문화 생산인의 작업 공간에서 만남을 가졌고 여의치 않은 경우에는 세미나용 카페 공간을 이용했다. 각 인터뷰 내용은 인터뷰 참여자의 동의하에 녹취하여 분석 자료로 사용했다.

문화 생산인들에 대한 분석 논의는 문화판 구조 분석 논의에 대체로 상응하는 형식으로 이루어진다. 즉, 1) 문화 생산인들의 사회적 성장 과정, 2) 문화 생산인들의 노동 및 일상, 3) 문화 생산인들의 문화적 구별구조로 구분된다. 이에 따라 열망, 긴장, 절망 등 앞에서 검토한 산업 또는 정책의 담론 분석에서는 읽을 수 없을, 섬세하고 복합적인 체험적 실제를 읽어나가고자 한다.

1) 문화 생산인들의 사회적 성장 과정

문화판은 일상과 이벤트의 공간들이 혼합되어 구성된다. 특정 문화 활동의 대명사처럼 사용되는 거리 이름들(대안미술공간과 클럽이 몰려 있는 홍대 앞, 기성 예술인들이 모이는 인사동, 공연예술의 중심지인 대학로 등)이 상징하듯이, 문화판은 자본이나 권력에 의해 독점적으로 소유되지 않는다. 그 공간구조가 권력관계에 의해 획정될지라도, 사람들의 의미와 행위의 소통과 교류에 의해 활성화되고 변화한다(de Certeau, 1984). 문화판을 일종의 "상징적 지형"으로 볼 수도 있는데, 이는 그것이 사람들의 의미 실천에 의해 형성되는 문화 지도이기 때문이다(Reguillo, 2004).

문화판을 1990년대 이후 전개된 문화화 과정의 공간적 재현이자 재현적 공간으로 볼 수 있다면, 그 안에는 오늘날 문화 생산인의 성장 궤

적을 함축하는 상징적 지형이 존재할 것이다. 문화판의 상징적 지형은 1980년대 후반 민주화의 격변기에 적대와 혁명의 가파르고 굴곡진 구조가 대중의 일상이라는 편평한 '판'으로 지각 변동하는 과정에서 본격적으로 형성되었다. 각종 문화교육기관, 연구소, 비평, 저널리즘, 출판, 시네마테크, 영화아카데미, 대안전시공간, 클럽, 동아리 등은 상징적 지형의 제도적·비제도적 또는 물리적·비물리적 형태의 대표적인 예들이다(양은경, 2000; 이상길, 2005). 이러한 상징적 지형은 대중문화의 주요한 실천 주체인 청소년들로 하여금 소비의 대상일 뿐 아니라 일과 직업의 환경으로서 문화를 받아들이도록 일깨워주는 중요한 역할을 했다. 중고등학교 시절은 물론 대학 입학 이후까지 자신의 문화적 욕구를 자각하지 못하던 일부 젊은이들이 호기심과 열망에 의해 문화화의 상징적 지형에 접근하게 되면서, 비로소 자신의 삶의 환경이며 조건으로서 '문화'를 인식하게 된다. 중등교육의 분화와 대학의 전공이 제도 교육에 의해 부여된 명목적 자각이라면, 이제 젊은이들은 문화판에서 자신의 적성과 취향을 이해하고 앞날을 모색하는 자기 성찰의 모험을 벌이게 된다. 현재 개인 영상 작업을 하면서 대안전시공간을 운영하는 '하'는 자신이 영상 작업을 시작하게 된 계기를 다음과 같이 설명한다.

하: 처음에는 내가 생물학과를 들어갔었어. [……] 한 2년쯤 다니다가 더 못 다닐 거 같더라고. 학점도 안 나오고 재미도 없고. [……] 신방과로 전과를 하고, 8mm 영화 워크숍을 접해본 다음에 군대를 갔다 와서 "16mm로 한번 찍어보자. 내용이 있는 게 아니라 한번 영화라는 걸 찍어보자"라고 해서 한 열 명이 모였었어. 그래서 그 당시 우리는 카메라를 신성사 가서 배우고 어떻게 돌리는지 [……] 졸업하자마자 충무로에 들어

갔었어.

인터뷰 참여자들은 자신의 문화 생산 활동의 본격적인 출발점으로서 '한겨레문화센터' '영화마당 누리' '문화사회연구소' 등 크고 작은 상징적 지형의 이름을 제시한다. 연구자가 만난 적잖은 문화 생산인들이 문화에 관련된 일을 시작하고 현재까지 지속할 수 있었던 심리적 추동력으로서 '자발성'을 제시했다. 이렇듯 자신의 자발성에 대한 믿음은 현재 자신의 활동에 대한 '자부심'과 장차 '자유로운' 삶에 대한 기대를 내비쳐준다. 자발성에 대한 자기 신념은 지금껏 경험해온 어려움의 기억을 긍정적인 경험으로 변형시키는 정서적 기제로 작동하고 있었다. 예를 들어 음악을 하기 위해 고등학교를 자퇴하고 현재 홍대 앞 클럽들에서 밴드 활동을 하고 있는 '사'는 "스스로 선택해서 여기까지 왔다는 자부심"에 대해 다음과 같이 말한다.

> 사: 음악은 자발적으로 시작했지만 그걸 만약 강요를 부모님께서 하던가 외부의 강요에 의해서 했더라면 음악은 안 했겠죠. 자발적으로 스스로 했으니까 음악을 지금까지 해왔던 것 같아요.

한편 이러한 상징적 지형은 문화 생산인들에게 문화적 활동의 거점이 된 동시에 경제적 수입을 얻을 수 있는 통로를 열어주곤 한다. 문화 생산인들 대부분은 활동 초기부터 현재에 이르기까지 방송사, 영상물 제작사, 잡지사, 패션 업체 등 기성의 상업 조직에서 비정규직으로 일하며 생활을 유지하지만, 엄청난 경제적 소득을 꿈꾸기보다는 자신의 창의적 작업을 지원할 수 있을 정도의 기본적인 소득을 얻는 수준에서 만

족하고 있다. 또한 문화판은 문화 생산인들로 하여금 사회적 자본을 형성할 수 있는 터전이 되기도 한다. 특정 분야의 상징적 지형에서 비슷한 관심과 지향을 지닌 사람들을 만나고, 유용한 정보를 교환하고, 일거리를 만들고 직업을 찾아다니며 일종의 인맥을 구성하는 것이다. 안정적인 직장과 조직이 부재하는 문화 생산인들의 상황에서 소통과 교류의 비물질적 형태로 구성되는 "사회적 자본"(Lesser, 2000; Coleman, 2000)은 더욱 긴요했을 것이다. 나아가 청소년기 또래 문화에서 문화적 관심사의 공유를 통해 구성된 사회적 자본은, 젊은 문화 생산인들로 하여금 이전에 자신의 가족과 친지로부터는 미처 접하지 못했던 새로운 문화적 가치관과 전망에 눈뜰 수 있는 계기를 제공한다(Fevre, 2000). 가족으로부터 주어진 아비투스의 경계를 넘어서는 문화적 변화의 가능성을 접하게 되는 것이다.

약 10여 년이 지나는 동안 상징적 지형에서 형성된 우정 관계는 오늘날 문화판에서의 협업 및 동업의 생산력으로 작동하고 있다. 적잖은 수의 소규모 집단들이 일시적으로 존재했다가 변경되거나 사라지는 등 문화판의 지형의 기반은 매우 불안정하지만, 1990년대 이후 활동하기 시작한 세대들이 새로운 관계론적 지형들을 만들어나가는 현상은 주목할 만하다. 현재 대안전시공간을 운영하는 '하,' 옷가게를 경영하는 '타'가 물리적 형태의 상징적 지형을 직접 일으킨 사례라면, 독립영화 작가인 '나,' 큐레이터인 '아,' 미술 비평가인 '자'를 비롯한 다수의 문화 생산인들은 집단적 문화 활동을 일으키고 참여함으로써 비물질적인 상징적 지형을 매개, 확장하고 있다. 이제 문화판의 형성 과정에 이어 그 현재를 이해하기 위해서 문화 생산인들이 일상적으로 경험하는 일의 문화에 접근해보자.

2) 문화 생산인들의 노동 및 일상: '멀티 플레이어' 또는 '백수'

자본에 대해 적대적인 태도를 취했던 구세대의 '순수주의'와 상반되게, 후기 자본주의 체제에서 성장한 세대의 문화적 감각은 경제적 감각과 함께 성장해왔다. 이러한 환경 속에서 문화 생산인은 자신이 지닌 모든 능력과 자원을 관리, 활용하는 개인 기업가의 역할을 자임하며 부여받게 된다(McRobbie, 1994). 이렇듯 조직화된 산업사회 질서에 대한 집단적 반감과 개인화된 자기표현의 적극적인 열망이 결합하여 공동 프로젝트 형식의 작업 문화가 특히 활성화되고 있다. 일반적으로 창의노동의 기본 속성은 노동의 복합성, 유연성, 개인들 간의 자율적 협력성에 있다고 간주된다(Cave, 2000). 그러나 이러한 경제학적 시각은 외면상 자유로운 노동 현장의 이면에 깔린, 노동을 둘러싼 사회적 모순 관계를 간과하고 있다. 예를 들어 후기 자본주의 디지털 산업 체제에서 적극 활용되는 "무불 노동"의 수사에 대해 테라노바는 그것이 디지털의 경제적 가치 창출을 위한 편법에 지나지 않는다고 비판한다(Terranova, 2000). 자본주의 권력은 미래의 노동 주체가 기존의 산업적 노동 질서에 완전히 길들여지는 것도, 혹은 체제 밖으로 완전히 이탈하는 것도 원하지 않는다. 대신 이들을 '지속적인 훈련' 상태에 남겨둠으로써 자본주의 체제의 잠재적 노동 인력이자 상품 소비자로 보유하기를 원한다. 이런 점에서 테라노바는 노동이 "공장으로부터 사회로 이전"했고 사회는 하나의 "사회적 공장social factory"이 되었다고 주장한다. 개인이 특정한 연령에 도달하면 독립적인 노동 주체로서 활동하는 과거의 방식과 달리 사회 전 영역이 자유로운/불안정한, 자발적인/착취적인, 창의적

인/규범화된 모순적 노동의 장으로 변모하는 것이다. 이런 맥락에서 자유로운 노동이란 실상 "자발적으로 취해지지만 무보수이고, 즐겨지지만 착취적인" 이중적인 것이다. 그것은 창의적 생산을 지향하는 개인의 문화적 욕망을 흡수하며 지속적인 지식 창출을 추구하기 위한 후기 자본주의 체제와 지식 경제의 자기 정당화 논리로 재창출된다.

테라노바가 지적한 사회적 공장 이데올로기는 오늘날 문화판에서 나타나는 현상과 상당히 유사하다. 그래서 외면상 자유롭고 유연한 작업 문화는 멀티 플레이어와 백수라는 양극의 정체성으로 체화된다. 우선 멀티 플레이어는 자신의 "하위문화자본"(Thornton, 1996)을 활용하여 혼종적이고 동시다발적인 노동 문화에 참여하는 이들이다. 예를 들어 '타'는 본업이 패션 디자인이지만 잡지 출간, 영화음악 제작, 공연, 캐릭터 상품 제작 및 온라인 판매 등 다양한 유형의 공동 작업들에 참여하고 있다. 이에 비해 상대적으로 경력이 짧은 이들은 알음알음 관계를 통해 생긴 파트타임 일자리로 생계를 유지한다. 경제적으로는 열악하지만 자기의 관심 분야를 배우고 인간관계를 넓혀나가며 경력을 쌓는다는 사회적 자본의 관점에서 이점이 있기 때문이다. 경력과 위치의 차이는 있으나, 두 집단 모두 표준화된 노동과 여가의 시간 질서로부터 이탈적인 생활 리듬이 일, 사교, 배움, 놀이의 혼합을 통해 자연스럽게 형성된다는 공통성을 지닌다. 또한 이 활기의 이면에 일한 만큼 벌 수 있는 것도 아니고, 시간을 투자한 만큼 배울 수 있는 것도 아니며, 즐긴 만큼 그것이 보장하는 미래가 밝지만도 않다는 불안정성이 존재한다는 점에서도 공통적이다.

하: 두 개의 일〔영화감독, 대안공간 운영〕에서는 돈이 안 나오니까. 기본

적으로 나는 딸이 있고 가정이 있으니까 어떤 생계의 부분도 스트레스로 다가오는 부분도 많고. 그래서 하는 일은 비디오 프로덕션같이 어떤 일을 맡아서 해주고 돈을 버는 그런 일들을 지금 하고 있죠. 앞으로는 어떤 형식으로 가든 이게 내가 영화를 해서 먹고살 수 있는 구조가 되지 않는 한 이런 일들이 병행이 되겠죠.

분산된 삶의 세계들을 닥치는 대로 엮어나가야 하는 '멀티 플레이어'의 상반된 위치에 '백수'가 있다. 특히 문화판에서 생활하는 "문화백수"는 문화판의 부조리한 생활 조건을 견디는 동시에 누리는 젊은이들을 지칭한다(김숙현, 2006). 문화백수는 기성 경제 질서에서 실질적인 수익을 낳는 정규 노동 체제로부터 이탈해 있다는 점에서 '백수'지만, 문화 영역에서 상징의 생산 활동을 한다는 점에서 '문화'라는 끈을 놓지 않고 있다. 마치 청소년 하위문화의 연장인 것처럼 문화백수의 일상은 경제적 가치와 문화적 가치 사이의 간극에 놓여 있는 것이다(김창남, 1995). 더불어 이들에게 있어 '백수'라는 단어가 주로 자기를 지칭하기 위한 용도로 쓰인다는 점을 상기한다면, 문화백수란 사회적으로는 무규정적인 주체가 자기 정체성을 스스로 정의 내리기 위한 언어적 기술이기도 하다. 경제적 자본에는 무관심하거나 무능력하지만 문화적인 지향을 지니고 있음을 드러내기 위한 표현인 것이다. 예컨대 독립영화감독인 '나'는 자신의 열정적인 작업 활동이 사회적 시각에서 볼 때는 무가치한 것으로 간주되는 경향을 비판적으로 자각하고 있다.

나: 내가 내 개인적인 입장으로는 뚜렷한 일을 하고 있는데, 사회적으로 봤을 때는 어떻게 보면 아무 일도 안 하는 것일 수도 있는 거지. 나한테는

되게 절실한 건데 사회적으로 봤을 때는 상품적인 가치라든지 상업적인
가치가 하나도 없으니까. 팔 수 있는 게 아니니까.

문화백수의 자기 담론에는 경제적으로 자기 냉소적이면서도 문화적
으로 자아 분별적인, 그리고 현실적으로 자기 부정적이면서 미래적으
로 자아 존중적인 이중성이 함축되어 있다. 그러나 일부 낭만적 백수 담
론에서 백수가 강렬한 문화적 욕구와 엄청난 문화 소비량으로 전형화
되는 것과 달리,[7] 문화판 백수의 현실은 위축, 제약, 긴장의 연속이다.
경제적 제약은 문화적 경험의 빈곤으로 이어지기 때문이다.

연구자: 시간 날 때 주로 하는 일은?
사: 〔영화를〕 다운받아 보거나요. 아니면 시사회 신청해서 무료로, 무료
로 영화보고. 미안하니까 팝콘 좀 사 먹고.

이처럼 멀티 플레이어와 백수라는 두 어휘는, 그 외연적 의미는 서로
상반되지만 혼란스런 노동 질서를 개인적 차원에서 대처해나가야 하는
문화 생산인의 현실을 의미한다는 점에서 그 기의를 공유한다. 실제로
멀티 플레이어와 백수는 분리되지 않는 것일 수 있다. 다수의 문화 생산
인들은 작업의 주기에 따라 멀티 플레이어와 백수의 위치를 순환한다.

다: 최근 몇 개월 동안은 무슨 말도 안 되는 영화를 찍느라고 좀 힘들게,

---

7) 최근 『백수생활백서』(박주영, 2006), 『내 머릿속의 개들』(이상운, 2006) 등 일부 소설들에
  서 백수는 경제 활동 면에서는 무력하지만 엄청난 지식을 엄청난 독서와 사고를 통해 얻는 것
  으로 그려진다.

저한테는 좀 고통스러웠는데 좀 규칙적인 생활을 할 수밖에 없었어요. 그러니까 규칙적인 생활이라는 게 아침에 일어나서 밤에 자고 이런 게 아니라 한 시기 동안 계속 밤에 생활하고 한 시기 동안 계속 낮에 생활하고.

후기 자본주의 체제에서 개인은 자율적 주체로 호명되지만 동시에 체제 유지를 위한 인력으로서 대상화된다. 김은실의 해석을 빌려 표현한다면, 오늘날 한국의 젊은 세대는 "개인이 갖고 있는 모든 요소가 시장에 전유되어 자원 또는 자본으로 작동"되는 체제에 매몰되어 있다. 개인이 "행위의 주체로서 상정"되는 동시에 "개인이 가진 모든 것이 자원화"되는, 자율과 대상화가 충돌적으로 혼존하는 모순적 상황에 있는 것이다(김은실, 2006, p. 20). 이는 자유와 자율의 긍정적 요소, 위기와 이탈의 부정적 요소는 물론 선택과 실험과 같이 미결정된 요소가 오직 '나'라는 개인의 차원으로 수렴되는 것을 의미한다.

자: 사실 자본주의사회이기 때문에 돈이 자유잖아요. 자유이기 때문에 그걸 얼마만큼 갖고 있느냐에 따라서 자기 선택의 폭이 굉장히 넓어지는데, 사실 저는 그게 별로 없거든요? 별로 없기 때문에 〔……〕 다가오지 않은 미래에 대한 고민을 하기보다 지금 할 수 있는 일, 지금 재밌게 할 수 있는 데 더 힘을 쓰려고 하죠.

사: 저도 그냥 딴따라죠. 음악 하는 것밖에 할 줄 아는 게 없으니까. 그거에만 전념하고. 그걸로 뭐 크게 이뤄보겠다 하는 생각보다는 내가 좋아하니까.

이렇듯 모순적인 문화 생산 영역에서 자발적인 노동을 추동해내는 정서적 기반은 자기애와 열정에 있다. 이들의 지극히 자기중심적이고 현재적인 태도는 고전적 의미의 예술가적 사명감이나 상업적인 작가의 경제적 지향과 뚜렷이 구분된다. 자기중심적이며 현재 지향적인 노동 가치관은 젊은 문화 생산인들로 하여금 종종 분열되고 불균등한 시간 질서, 과중한 노동 및 저임금의 모순으로 점철된 현실을 수용하도록 이끌고, 나아가 미래에 대한 불안을 차단하는 정서적 방어벽 역할을 한다. 현재의 빈곤과 불안의 경험으로부터 일에 대한 욕망이 형성되고 실천을 이끌어내기 위한 열정이 도출된다. 이렇듯 자기중심적이고 현재 지향적인 노동 문화와 열정의 가치관은 (부르디외의 의미에서) 문화 생산인의 '일루지오'를 형성한다. 이로부터 현재의 빈곤과 모순을 견디면서, 한껏 용기를 내 문화판에 뛰어들고자 하는 주관적 심리가 발동하는 것이다. 한편 보다 긍정적으로 전망한다면, 기존의 문화 질서에 대항하고 대안적 행위를 할 수 있는 (드 세르토의 의미에서) 문화적 "전술" 역시 이러한 정서적 신념과 상상 속에서 잠재적으로 성장한다고 볼 수 있다(de Certeau, 1984).

3) 문화적 구별구조와 체화

문화판을 마치 단일한 것처럼 일반화하여 이해하면 자칫 낭만화의 오류에 빠질 우려가 있다. 문화판에는 다양한 구별과 차이의 체계들이 내재한다. 그중 하나는 경제적 관계이다. 문화 생산인의 교육 정도와 활동 방식은 주로 개인의 경제적 조건과 관련된다. 예를 들어 '하'는 비교적 풍족한 집안에서 성장했고 외국에서 유학을 한 후, 미술과 영화의

복합 장르를 넘나들며 활발한 작업 활동을 하고 있다. '타'는 서울 문화의 거리인 삼청동에서 옷가게를 경영하는 패션 디자이너다. 그 역시 비교적 풍족한 집안에서 성장했고, 유럽에서 교육을 받고 귀국한 후 얼마 되지 않아 부모님의 도움을 받아 자신의 가게를 열 수 있었다.

하: 갤러리(가 있는) 이 건물이 아버지 건물이에요. 내가 살던 집이었어요, 대학교 다닐 때까지. 그 공간에 아버지가 병원을 하시는데, 아버지 정년퇴임하고 〔……〕 내가 말씀을 드렸더니 흔쾌히 1년간 무상으로 빌려주고 그다음부터 돈을 받겠다(고 하셨죠).

타: 제가 갖고 있는 나쁜 점이 가난을 모르고 자라서, 아마 가난한 시절을 보낸 적이 있어서 빵이 없어서 겪는 고통을 아는 분들은 다 개소리라고 할지도 모르거든요? 왜냐면 미감이 없어서 유행하는 아름다운 옷 타령을 못하느냐. 당장 내가 먹고살아야 되니 제가 당장 쌀 살 돈이 없어서 힘든 적이 없는 사람이다 보니까 철없는 부분이 있어요. 〔……〕 근데 또 그거는 정말 솔직히 말씀드려서 제 복이고요. 또 사람이 욕심을 낸다면 더 낼 수도 있는 건데 저는 욕심이 없는 편인 거 같아요. 아무리 봐도. 어떤 면에서는. 그러니까 이렇게 천천히 가고 있는 게 아닌가 싶기도 하고 그렇거든요.

한편 영화인이 되기를 희망하는 '다'는 자기가 쓴 시나리오가 공모전에서 뽑혔지만 영화를 만들 수 없는 것은 자신의 사회적·경제적 조건이 취약하기 때문이라고 '믿고' 있다. 그는 결국 기성의 불합리한 사회적 가치, 즉 이른바 '간판'의 힘을, 자신이 가지지 못했다는 바로 그 이유 때

문에 용인하게 되는 역설적인 상황에 빠진다.

다: 예를 들면 제가 시나리오를 하나 썼어요. 내가 쓴 시나리오가 정말 죽이는데 이게 공모전에 가서 상도 받았어요. 이제 투자를 받아야 되는데 막말로 충무로에서 잔뼈가 굵어서 인맥도 있으면 어느 영화사에서 사줄지도 모르겠지만 저는 그런 게 아니니까. 얘가 뭐하는 인간인지, 경력도 없고 어디 학교를 전공한 것도 아니고. [……] 그럴 때는 제 경력보다는, 경력이 없기 때문에 그런 간판이 더 중요하지 않을까라고 생각을 해요.

개인은 구조적으로 특정한 사회적·경제적 위치를 부여받는다. 특히 부르디외가 이미 지적했듯이, 부모의 계급적 위치에 따라 각 문화 생산인이 누릴 수 있는 교육 수준이 정해지는 경향이 강하다. 특히 성장한 후에도 부모에 대한 의존도가 큰 한국의 상황에서 학업을 마친 후 사회에 진출하는 방식 역시 부모의 사회적·경제적 지위에 의존하게 되는 정도가 크다. '대학의 전공 교육─해외 유학─자기 활동 개시'가 유복하게 성장한 문화 생산인의 표준적인 경로라면, 그렇지 못한 이들은 독학 및 사설 교육기관을 통해 터득한 기술로 다수의 비정규직 노동을 통해 생활비를 벌고 제한된 범위 내에서 문화 활동을 하는 식의 일상을 벗어나기 힘들다. 나아가 이러한 구조적 관계는 문화 생산인이 문화판과 맺는 정서적 관계에 영향을 미친다. 적어도 연구자가 만난 인터뷰 참여자들에 한해 보자면, 세련된 전문 예술 교육을 받고 비교적 안정되게 작업 활동을 하고 있는 이들은 대체로 자신의 비현실적인 태도에 대한 솔직한 인정과 함께 미학적 감성에 대한 자기 확신을 동시에 내비쳤다. 경

제적 문제로부터 비교적 자유로울 수 있기 때문에, 자신의 비현실적이고 비실용적인 태도를 스스럼없이 인정하는 한편 이 한계를 예술적 도전의 행위로 대체한다(인터뷰 참여자 '타'). 이들에게는 자기 훈련 과정부터 작업 스타일, 사교적 감각에 이르기까지 일관되고 자연스럽게 자신감이 표출된다. 더불어 이 자신감이 이들로 하여금 기존의 관습을 넘어서 새로운 예술을 시도하도록 이끄는 정서적 기반이 되고 있음을 알 수 있다. 예컨대 현재 한국의 대표적인 신세대 영화감독들 중의 한 명인 '가'는 자신의 영화 미학을 발전시켜나가기 위한 방법을 다음과 같이 소개한다.

가: 영화 자체가 가진 특성상 영화를 좀 보지 말고 영화를 덜 보고, 영화 한 편을 보면은 연극을 보든지 무용을 한 편 보든지 미술관에 가든지 이런 식으로. 유학 생활도 그렇게 했고. 그러는 걸 권하고 여전히 지금도 그렇게 하는 것이 내 영화를 좀 풍성하게 하는 방법이라 생각해요. 안 그러면 누구 스타일의 영화를 따라가게 되거나 이런 식일 것 같아요. [……] 미술에 대한 지지는 계속적인 나의 관심사이기 때문에 공부하는 기분으로 보고 있고, 느끼지 못하지만 열심히 읽고 글을 쓰고 있죠. 현대 미술도 해보려고 하는 거죠.

한편 상대적으로 빈곤한 경제적·문화적 조건에서 성장한 이들은 몸으로 뛰고 혼자 배우면서 사회적 지식을 체득하는 과정을 거쳤고, 그 과정에서 현실적인 제약과 문제를 수용하고 대응할 수 있는 심리적·실제적 기술을 습득했다. 또한 폭넓은 장르의 문화를 즐기기보다는 자신이 의도한 한정된 분야에서 집중적으로 훈련하고 발전하기 위한 필사적

인 노력을 한다. 신인 디자이너 '파'는 섣불리 자신의 창의성을 펼치려 하기보다는, 제한된 수준에서 모방과 변형의 학습 과정을 통해 기술을 발전시키려 노력하는 것을 당연한 훈련 과정으로 받아들이며 이를 자연스럽게 수행하고 있었다.

파: 일단 디자인을 많이 보고 책도 많이 보고. 완성된 걸 많이 보기보다는 과정 같은 걸 보면서 거기서 변형을 준다든가. 잡지 같은 데서 만들어 놓은 걸 보면 많이 따라 하게 되잖아요. 지금도 많이 따라 하긴 하는데 그거 안 따라 하기 위해서 전 완전하게 되기 전의 그런 부분을 보고 있어요.

인터뷰 내용에서 드러나듯이 전문적인 예술 교육을 받은 이들은 복합예술의 이름으로 고급예술부터 대중예술까지 폭넓게 접근하여 나름대로 응용하려는 야심을 보이지만, 스스로 제도 교육의 기반이 얕다고 느끼는 이들은 자신이 좋아하는 단일 장르에 주력한다. 이것은 부르디외 이후의 논자들이 주장한, 새로운 문화적 구별 체계에 대한 해석과 유사한 현상이다(Stichele & Laermans, 2006). 즉 문화자본의 차별구조가 장르와 영역의 다양성 정도로 나타나는 것이다. 즉 사회적 위치가 우월하면 다양한 영역과 장르의 문화를 폭넓고 자신 있게 섭취하여 창의적 문화자본으로 풍부하게 계발하는 반면, 사회적 위치가 취약하면 제한된 영역과 장르의 문화에 소박하게 만족하게 된다.

이렇듯 현실적인 조건은 각 문화 생산인이 자신의 도전 가능성의 범위를 설정하고 성공 가능성을 전망하는 방식에 암묵적인 규율과 차별화의 권력 작용을 한다. 해외 경험을 통해 한국 문화판의 경계를 자유

롭게 이탈할 수 있는 문화 생산인들에게 실험적 시도란 기성 질서에 대한 도전으로서 벌여봄 직한 현실적인 사안으로 여겨진다(인터뷰 참여자 '나' '차' '타'). 반면 문화판에서 취약한 위치에 있는 이들에게 기성의 질서는 도전의 대상이기 이전에, 우선 자신이 그 안에 진입하여 경쟁을 벌이고 인정을 받아야 하는 목표로서 존재한다(인터뷰 참여자 '바' '사'). 여기서 나는 문화판의 구별 질서에 대해 논함으로써 계급에 따라 개인적 능력이나 성향이 객관적으로 결정됨을 주장하려는 것이 아니다. 오히려 개인의 구조적 위치와 관계는 그/그녀가 문화판에서 자율성을 확보하고 창의성을 발휘할 수 있는 정도와 범위를 스스로, 주관적으로 규정하도록 영향을 미친다는 점을 비판적으로 지적하고자 한다. 문화판과 맺는 정서적 관계 속에서 문화 생산인의 노동적 특성이 특정한 방식으로 형성되고 체득되므로, 외면상 자유롭고 개방적인 문화판이라 할지라도 실상 주체의 정체성 형성에 중요한 규율 작용을 한다.

이러한 구별과 차이의 규율 작용은 성과 젠더의 영역에서도 역시 강하게 발견된다. 문화판 젠더화의 대표적인 양상은 남성 중심적인 '노동 질서'와 여성 중심적인 '재현 질서'로 양분된다. 예를 들어 공연의 경우 외적으로 드러나는 측면에서는 여성의 전시주의적 가치가 환영받지만, 문화판 현실의 중요한 저변을 이루는 일상의 강도 높은 작업 환경에서는 남성 중심적 노동 가치가 지배적이다. 예를 들어 홍대 앞 클럽에서는 전시 효과를 위해 "예쁜" 여자 가수가 선호되고 진지한 남성 밴드 뮤지션들은 방치되지만(인터뷰 참여자 '마'), 영화 제작의 작업 환경에서 여성 감독은 자신이 남성 스태프들이나 심지어 의도적으로 선택한 여성 스태프들에게도 무시되거나 거절당한다고 느낀다(인터뷰 참여자 '나').

나: 정말 내가 느낀 건 남자애들은 정말 자기네들 스스로가 위계질서를 원하는 거 같아. 〔……〕 내가 잘해주면 잘해줄수록 "누나는 카리스마가 없어. 앞으론 여자랑 작업 안 해," 이런 식으로 뒤통수를 치면서 가더라고. "여자는 안 된다. 여자 밑에선 일할 수 없다." 이게 얘네의 공통적인 화두인데 이게 과연 나의 개인적인 문젠지, 내가 뭔가 잘못하고 있는 건지 아니면 내가 단순히 여자이기 때문에 그런 건지.

인터뷰에서 만난 여성 문화 생산인들은 남성에 비해 현실적으로 더 적극적인 모습을 보였다. 남성 중심적인 작업 현장에서 유리되기 쉬운 여성은 고립당하는 대신 자율성을 획득하기 위해서는 반드시 경제적 자립이 필요하다고 다짐하곤 한다(인터뷰 참여자 '나'). 이러한 분위기 속에서 여성은 자신도 모르게 상처 입은 구성원으로 남거나 더 지독한 악바리가 되어간다.

한편, 흥미롭게도 이러한 젠더 질서가 반전되기도 한다. 여성 문화 생산인이 가부장적 문화판의 질서로 인해 겪는 이중적 어려움이 고유한 하위문화자본으로 전환되어 활용되는 현상이 발견되는 것이다. 여성 영화인들이 가부장제를 비판하는 영화를 제작하는 경우, 여성 디자이너가 손재주와 눈썰미, 사교술, 배우려는 겸손한 자세 등의 '여성적' 자원을 활용하여 직물 시장의 질서에 전략적으로 대응하는 기술을 터득하고 발휘하는 경우가 그 예다(인터뷰 참여자 '카'). 그러나 삶의 경험을 통해 비판적으로 인식되고 지혜롭게 재구성된 삶의 기술이, 마치 여성 성공 신화에서 비추어지듯 항상 성공과 보람으로 이어지지는 않는다. 경제적 제약에 의한 사교 활동의 축소, 과다한 작업량에 따른 일상의 붕괴, 생활공간과 노동공간이 분리되지 않은 채 이루어지는 작업 환경 등

의 요인들은 사회로부터 고립감을 낳는다. 경제적 이유에서 작업실을 정리하고 자신의 집에서 작업 활동을 하게 된 여성 패션 디자이너 '파'가 고백하듯이, 자신의 일그러진 사회생활에서 겪는 고난과 절망에 대한 자의식은 '살찐 육체'로 표현된다.

> 파: 저는 지금 [서울에] 올라왔거든요? 부산에 살았는데. 부산에선 거의 집에 안 붙어 있고 거의 하루에 두세 개씩 약속 있고 그랬는데 지금은 나와서 살면서 돈도 없고 친구도 없고 해서 맨날 집에만 있어요. 그래서 살만 이만씩 찌고.

이처럼 외면상 전통적 규범으로부터 비교적 자유로워 보이는 문화판이지만 경제적 계급, 교육 수준, 문화적·사회적 자본, 성별 질서를 기준으로 한 기존의 구별 질서는 여전히 강고하다. 이러한 구별구조가 문화 생산인의 노동 방식과 일상적인 생활 방식은 물론, 정서적 태도와 가치관, 그리고 미래에 대한 전망과 목표에까지 영향을 줄 수 있다. 이러한 구별과 차별의 양상이 비단 문화판에서 새로이 등장한 현상은 아니며, 오히려 문화 분야에 뿌리 깊게 존재하는 인습에 가까울 수도 있다. 그럼에도 불구하고 이미 익숙한 이런 상황을 기술한 이유는 새로움과 혁신의 수사로서 각광받고 있는 창의산업 담론의 현실적 이면을 드러내기 위해서이다. 즉 전근대적인 성별 차이로부터 현대적인 노동-소비 질서의 차별에 이르기까지 역사적으로 형성된 모순과 갈등의 누적 관계가 문화판의 상징권력으로 '여전히' 작동하고 있음을 밝힘으로써, 자칫 낭만화되기 쉬운 문화 생산 영역에 대한 신자유주의적인 담론에 비판적이고 대안적인 시각을 겨누고자 한다.

4. 문화판의 오늘 그리고 내일

지금까지 1990년대 이후 전개된 '한국의 문화화'의 공간적 재현이자 재현적 공간인 문화판의 맥락에서 문화 생산의 조건과 문화 생산인의 현실을 살펴보았다. 우선 문화판의 성격을 이해하기 위해 전 지구적 차원에서 창의산업 담론이 확산되고 있지만, 한국 사회에서 그것은 고유의 문화정치학적 상황, 정치의 문화화 및 문화의 정치화 추구라는 지역적 특수성과 결합되어 전개되고 있다는 점에 주목했다. 현대 문화산업 체제에서 창의성은 개인의 자율적인 능력이기보다는 경제적이고 사회적인 권력관계 속에서 구성되는 역사적 산물이다. 창의성에 대한 권력 체제 속에서 주체의 문화 생산 활동에 대한 자기 신념, 자기 기대, 자기 욕망이 규율되고 촉진된다. 오늘날 문화판은 이렇듯 다양한 사회적·역사적·정치적·경제적 요인들의 상호 교섭적 산물이다.

문화 정책의 확장, 문화산업의 급성장, 문화 담론 및 실천의 사회적 성장은 젊은 세대에게 노동과 소비를 아우르는 생활세계로서 문화판을 열어주었다. 그러나 동시에 문화 생산 영역에서 선택과 경쟁의 원리가 보다 치열해지고, 암묵적이고 정교한 구별 체계가 유지·강화되고 있다. 이런 점에서 문화판은 문화적 실천 욕구를 발휘할 수 있는 가능성의 공간이기도 하지만, 동시에 불평등한 사회적 관계와 이질적인 아비투스가 충돌, 각축, 갈등하는 장이기도 하다. 이러한 상황에서 문화에 대한 욕망과 실천의 핵심 요소로서 창의성은 사회적이고 산업적인 질서에 의해 구성되고 관리되어야 하는 개인적 자원이자 기술로서 대상화된다. 문화 소비자로서의 청소년이 문화 생산인으로 이행하는 과정은 문화판

의 질서를 체험하고, 그에 대한 생존·대응 기술을 체득하며, 궁극적으로는 자신의 문화적 욕망을 실천할 수 있는 기술 및 조건을 확보해나가야 하는 행로다. 문화 생산인의 일에 대한 가치와 정체성은 문화판에서 조화롭게 계발되기보다는 갈등과 고민을 맞닥뜨리고 헤쳐나가는 과정에서 끊임없이 형성, 재형성된다. 따라서 순응성 혹은 저항성이라는 이분법적 논리보다는 사회적 성장 과정, 노동과 여가의 질서, 사회적·경제적·문화적 구별구조, 성과 젠더 관계 등의 현존하는 문제들과 이에 대한 실험과 시도, 실패와 재시도 등의 다양한 경험의 역학에 대한 깊은 이해가 요청된다.

결국 논점은 문화판 내부의 새로운 지형의 창출 가능성으로 모아진다. 이런 점에서 일부 문화 생산인들이 주어진 문화적 구별 질서를 벗어나 새로운 소통과 유통의 네트워크를 만들어가고자 시도하는 모습이 흥미롭다. 요컨대 자신들이 문화적 소비의 거처로 지냈던 과거의 상징적 지형을 현재적 시점에 맞게 변화시키려는 기획이다. 예술인 길드 형성(인터뷰 참여자 '가'), 건전한 미술 시장 구축(인터뷰 참여자 '아')에 대한 전망 등을 예로 들 수 있다. 특히 디지털 가상공간은 적은 경제적 자본으로 새로운 상징적 지형과 네트워크를 구축할 수 있는 공간으로 기대되고 있다(성기완, 2005). 새로운 상징적 지형의 형성이란, 변화하는 문화 생산의 조건 속에서 문화 생산인들이 그간 스스로 또 집합적으로 구축한 문화자본과 사회적 자본을 기초로 하여 대안적인 "문화 생산의 문화들"(du Gay, 1998)을 창출하는 활동이다. 문화판은 역사적 경험과 변화하는 사회적 관계의 길항 속에서 항상 운동 중이다. 그 복잡성과 역동성에 여전히 열린 의미가 존재한다.

10장
광장에 균열 내기:
촛불 10대의 정치 참여에 대한 문화적 해석[*]

1. 광장의 소녀와 소년들

2008년 봄여름의 광장은 전통적으로 '정치적'이라고 여겨지는 공간
에서는 상상되기 어려운 존재들에 의해 흔들렸다. 이들은 관습적인 시
각에서의 정치적 주체인 '시민'이라고 명명되기 어려웠던 듯, "단정한 교
복 차림의 소녀·소년들, 하이힐을 신은 20대 삼국 처자들, 유모차 부
대, 예비역"과 같은 수식어들로 지칭되었다. 버틀러가 말했듯, 에두르
기 담론의 반복이란 그 현상 자체가 권력이 존재를 포획하고 고착시키
고자 하지만 그 시도가 매번 실패하고 있다는 사실을 반증한다(Butler,
1990). 나아가 권력이 매번 실패하기에, 존재는 계속 말하기와 행하기를

[*] 이 글은 김예란·김효실·정민우가 공동 저술한 것이다. 출간을 허락해주신 두 분 공저자에게
감사드린다.

끈질기게 수행해나간다는 점을 알려준다(Butler, 1997).

지배적인 담론이 집요하게 포획을 시도했던, 그럼에도 계속 실패했던 가장 두드러진 대상은 10대였다. 10대를 저항의 주체(진보적 시각) 또는 탈선한 청소년(보수적 시각)으로 도식화하는 양극화된 시각을 비롯하여, 이들의 정체와 참여 양상을 파악하려는 "사회적 평가"가 부지런히 행해졌다(김철규·김선업·이철, 2008). 무수한 시각들이 불편하게 접합된 대표적 표상은 '촛불소녀' 아이콘이다. "순진성"과 "앙증맞음"의 기표로서 촛불소녀 아이콘은 "약한 대상으로서 여성-청소년에 대한 사회적 고정관념을 시각적으로 표현"하는 데 유용했을 뿐 아니라, 점차 그 모습이 "촛불 대가족"으로 변이하면서 누구라도 편안히 취할 수 있을 정도로 일반화된 기표가 되었다(이상길, 2009). 그러나 막상 이러한 지배적 기표에서 누락된 것은, 촛불 정국을 계기로 가시화되었으되 그 이전부터 현존했던 10대, 그들의 목소리, 모습, 행동 들이다. 이처럼 촛불 10대에 대한 대부분의 기존 담론이 정치적 공간으로서의 '광장'을 대상화하고, 그 속에서 등장하고 퇴거한 10대를 내려다보는 입장에 있었다면, 이 글은 광장을 향해 움직이고 주저하고 물러서지만 또 다른 꿈틀대기를 시도하는 10대의, 바로 그 자리에서 서술된다. 10대의 경험과 자기 인식, 사회에 대한 의미화 과정을 따라가면서, 촛불이라는 정치적 상황 속에서 형성되기도 하고 스스로 형성하기도 하는, '되어가기 becoming'로서의 10대의 사회적 정체성을 탐문하고자 한다.

2008년 가을-겨울은 촛불의 열기가 지나가고 난 이후의 공허한 시기이기도 했지만, '촛불'에 대한 반성적 담론이 풍부하게 생산된 시기이기도 했으며 논의의 상당 부분은 10대에 대한 것으로 채워졌다.[1] 기존 담론의 주요 관점을 나누어본다면 다음과 같다. 첫번째는 역사적 연속

성을 중시하는 입장이다(김종엽, 2008; 한홍구, 2008). 이 입장에 따르면, 촛불에 참여한 10대는 2002년 월드컵, 2002년 미군 장갑차 사건 추모 촛불집회, 2004년 대통령 탄핵반대 촛불집회 등 문민정부 이후 활성화된 시민운동의 맥락에서 등장한 것으로 의미화된다. 이들은 더 거슬러 올라가 1987년 6월 민주화운동의 주체인 386세대의 후속 세대로 이해되기도 했다. 386세대의 '자녀 세대'로서 민주적·진보적 관점을 자연스럽게 체득하게 되었다는 해석이다. 두번째는 사회운동적 입장으로, 촛불에 참여한 10대들은 한국 사회의 교육 및 복지 제도의 붕괴라는 신자유주의화의 변동 속에서, 가족과 사회의 규율적 체제에 저항하는 행위자로서 이해된다(강내희, 2008; 고병권 외, 2008; 이득재, 2008; 이해진, 2008; 조명래, 2008; 조정환, 2009). 세번째는 여성주의의 관점에서, 주로 촛불에 참여한 소녀들에게 집중한 시각이다. "10대 여성"들인 "소녀"는 돌봄 노동과 양육 노동과 밀접하게 관련된 젠더 역할 및 생명정치적biopolitical 감수성을 통해 기존의 "정치적" 영역과 "재생산" 영역의 결합을 추구하는 젠더와 세대적 집합체로서 설명되었다(김은실, 2008; 김정희, 2008; 박주연, 2008; 김영옥, 2009). 한편 문화적 관점에서 이해진은 촛불집회에 참여한 10대가 집회 참여를 통해 정치 변혁적인 시민 정체성을 획득할 수 있었다고 분석한다. 이들은 "공포, 불안,

---

1) 다수의 학술 저널 및 비평지 들이 관련한 이슈를 특집으로 다뤘다. 대표적으로『문화과학』(2008년 가을호),『창작과비평』(2008년 가을호),『환경과생명』(2008년 가을호),『경제와 사회』(2008년 겨울호) 등이 있다. 담론의 상당 부분에서 촛불에 참여한 10대 소녀들, 20대 여성들, '아줌마 부대' 등은 "촛불"이라는 계기 앞에서 일상과 삶의 의제를 새롭게 제기하는 "정치적 주체"로 "등장"했다가, 어느새인가 충분히 "정치화"되지 못하고 사회적 연대로 나아가지 못한 "중산층 부르주아의 욕망"의 대리인agent으로 간주되곤 했다(백승욱, 2009; 은수미, 2009; 이택광, 2009).

수치, 불만, 분노의 감정적 힘"으로도 충분히 움직이고, "감수성에 기반을 둔 저항 방식의 상상력, 레퍼토리와 전략의 창의성, 감동과 연대감에 기반을 둔 자발성, 정서의 몰입과 열정적 헌신, 불의와 무시에 대한 분노, 참여의 지속의 미시적 메커니즘과 특성"과 같은 역능을 체득했다고 묘사되었다(이해진, 2008, p. 73).

이러한 설명들은 현재 한국 사회에서 폭발적으로 전개된 10대의 정치 참여 현상을 이해하기에 유용한 해석의 기본틀을 제공하지만 10대 소녀·소년들의 구체적인 정체화identification 과정의 특이성을 간과한다는 점에서 공통적으로 한계를 지닌다. 다소 거칠게 표현한다면 기존의 역사적·사회적 조건에 '끼워 맞추기'나 윗세대의 신념과 희구로 '부풀리기' 식의 담론은, 촛불에 참여한 10대 소녀·소년들을 '386세대'의 유산, 신자유주의적 사회 체제에 저항하는 행위자, 젠더 역할의 수행자로 명명함으로써, 이들을 역사·사회·젠더 등 이미 전제된 범주의 결과적 산물로 정형화하고 발전과 계몽의 정치 주체로서 도식화하는 성격이 짙다. 그러나 10대는 살아 있는 존재들이다. 가족·교육·사회의 권력에 의해 호명되고 훈육되는 위치에 있지만, 동시에 스스로 능동적인 행동력을 발휘하여 자신의 삶을 성찰하고 미래를 전망하는 "의지 형성의 주체"(홍윤기, 2009)이다. 그간 10대를 탈정치화된 문화 소비의 주체로 우려하거나 의식화된 정치 행위자로 찬미하는 양극의 시각을 넘어서, 우리는 10대의 사회적 주체성이 주관적 가치관, 또래 집단과의 교우 관계와 소통, 정치적 환경에 대한 대응 행위를 통해 복합적으로 구성되는 현장에 접근하고자 한다. 그들의 주체화된 관점에 우리의 해석 위치를 두고 그들의 목소리를 사회적인 맥락 안에서 재사유하며, 10대가 '청소년'이라는 사회적 주체로 자기 형성해가는 과정을 이해하고자 한다.[2]

2. 청소년 문화에 대한 해석의 흐름들

1) 저항의 주체인가, 소비의 향유자인가

청소년 문화는 청소년의 정치적 인식과 사회적 태도가 재현되는 상징 공간이다. 물론 시대와 사회적 정황에 따라 다소간의 차이가 있지만, 연구자들이 청소년 문화연구의 정치성 혹은 탈정치성을 진단하려는 관심은 끊임없이 제기되었다. 그 간단치 않은 흐름을 단순화하여 말한다면, 문화 소비의 능동성을 상징적 저항의 표출이자 정치적 미학의 실현으로 등치시키는 긍정적인 입장을 한끝에, 반대로 문화 소비의 과잉을 자본주의적 소비주의 및 개인주의의 강화, 즉 탈정치화의 경향으로 간주하는 부정적인 입장을 다른 한끝에 배치한 두 축을 잣대로 하여 이루어졌다. 그리고 특정한 청소년 문화 현상이 정치성(문화적 생산성, 즉

---

2) 여기서 10대와 청소년 등의 용어 사용에 대해 설명하자면, 우선 기존의 문헌이나 이론을 인용할 때는 원저자의 의도와 글의 맥락에 맞도록 '젊은 세대' '청소년'이라고 유동적으로 표현했다. 한편 구체적인 사회 현실을 논함에 있어서는 10대와 청소년을 구분하여 사용했다. 일정 연령층에 대한 의무, 책임, 자유의 항목들이 사회적으로 설정되고 그에 속한 개인의 삶의 기획과 상상에도 영향을 미친다는 점에서 연령은 애초부터 정치적 산물이다(Mizen, 2002). 이렇게 볼 때 오늘날 한국 사회의 10대란 고유한 세대, 젠더, 계급의 정체성을 함축한다(강명구, 1993; 김창남, 1995; 조한혜정, 1999; 2002; 최이숙, 2002; 추주희, 2009). 이 글에서 '10대'는 정치적으로 이미 틀지어진 조건 속에서 일상의 삶을 사는 주체를 의미한다. 이에 비해 10대가 자신의 사회적 정체성을 자각하며 어른과 상대되는 의미로서 '청소년'이라는 단어를 사용할 때, 즉 자기 형성적인 정체성으로 이해될 때는 그들 자신의 표현을 빌려 '청소년'이라는 용어를 사용했다. 따라서 이 글의 '청소년' 개념은 일견 계몽적이고 계도적인 의도로 포획된 청소년 개념과는 분명히 구분된다. 여기서 청소년이란 10대에 의해 의식적으로 전유되고 자기 형성적인 가치로 재구성된 개념인 것이다. 이 논의는 이 글의 후반부에서 정치적 정체성을 다루면서 보다 상세히 논의할 것이다.

저항성)과 탈정치성(과잉의 소비문화, 즉 순응성)을 양극으로 하는 스펙트럼 안의 한 지점으로 자리매김되는 식이었다.

구체적으로 그 흐름의 역사를 살펴본다면, 청년 문화를 전후 사회의 일탈 행위로 이해한 1950년대 미국 시카고학파의 기능주의적 해석과 영국의 정신분석학적 접근을 넘어서, 청소년 문화연구가 본격적으로 발전할 수 있었던 것은 영국 버밍엄 대학의 현대문화연구소Centre for Contemporary Cultural Studies(이하 CCCS)의 작업에 의해서였다. 여기서 청소년 하위문화는 청소년의 경험과 의식에서 비롯되는 자발적인 자기 형성의 과정으로서, "부르주아 질서에 대한 도전과 권위에 맞선 독창적 저항을 찬미하는, 비판적인 집합적 전위"로 해석되었다(Blackman, 2005, p. 16).

CCCS 연구 전통 이후 청소년 문화를 이해하는 방식의 주요한 변화는, 1980년대 후반 문화연구가 포스트모더니즘의 색채를 강하게 띠게 되는 시기에 일어났다. 포스트모더니스트들은 CCCS의 문화연구가 청소년들에게 과도한 행동성을 부여하며, 그들을 저항적 주체로 임명하고자 하는 지식인의 욕망에 빠져 있다고 비판했다. 이들 포스트 하위문화post-subculture연구의 입장에서 볼 때, CCCS의 하위문화연구란 청소년을 통해 저항의 주체를 창출하려는 "학문적 환상"에 젖어 있는 것이다. 반면 포스트모더니스트들의 눈에 비친 청소년 문화란 자본주의 사회의 '시뮬라크럼simulacrum'에 불과했다. 기표의 소비를 통해 선택과 조직의 자유를 구매하며 정체성을 만들고 바꾸는 "포스트모던 향락에 젖은 탈정치화된 놀이의 한 형태"일 뿐이다. 이처럼 포스트 하위문화적 관점에서 청소년 하위문화란 개인주의적이고 소비주의적인 것으로 재정의된다. "신新부족neo-tribe"이라는 유명한 표현이 보여주듯이

(Maffesoli, 1996), 계급적 의식에 의해 응결된 "청소년"이라는 세대 개념과 달리, "부족"은 개인의 선택에 따라 유연하게 만들어지고 얼마든지 변화될 수 있는 것이라는 뉘앙스를 풍긴다. 그리고 하위문화 역시 ──레이먼드 윌리엄스의 저 유명한 표현인 "삶의 방식ways of living"이 아닌──소비의 개성에 따른 "라이프스타일lifestyle"로 가볍게 치환되었다 (Muggleton & Weinzierl, 2003).

이처럼 포스트모던 관점에서의 하위문화에 대한 이해는 점차 개인주의적이고, "혼종적 즐거움을 찬미하는 식의 역기능주의적" 색채를 강하게 띠게 되었다(Blackman, 2005, p. 17). 이러한 입장은 후속 연구자들에 의해 "사회에 대해 개인주의적인 이해를 벗어나지 못했으며 사회구조의 문제를 결합시키지 못했다"는 비난을 받게 된다(같은 글, pp. 8~9). 예를 들어 머글턴은 극단적 포스트모던의 시각을 지닌 포스트 하위문화주의자들 스스로가 "계급, 젠더, 인종을 구조화"하는 체제에 개입하기를 거부하며 "개인적 선택 안에서 축제를 벌이는" 자들이라고 비판했다(Muggleton, 2000: Blackman, 2005, pp. 10~11에서 재인용).

포스트 하위문화주의자들이 탈정치화의 한계를 드러낸 후, 청소년 문화에 대한 평가는 정치성을 강조하는 방향으로 재전환하는 양상을 보인다. 그런데 이 방향 전환이 단지 이론의 유행 변화에 기인한 것만은 아닌 듯하다. 더욱 중요하게는 청소년 생활세계의 지구적 변동이라는 현실 맥락과 긴밀하게 연관되어 있다. 새 밀레니엄으로 이행하며 강화되는 지구적 신자유주의 체제와 그에 반대하는 반세계화 운동이 격돌하는 상황에서, 젊은 세대의 대응을 더 이상 (CCCS가 찬미했듯) 문화소비의 상징적 저항이나 (포스트 하위문화주의자들이 해석했듯) 탈정치화된 라이프스타일 놀이만으로는 볼 수 없게 된 정황이 주요했다. 이는

청소년의 삶이 과거의 빈곤이나 정치적 억압과는 다른 방식으로, 보다 복합적이고 미세한 수준에서 통제되고 있을 뿐 아니라, 보다 극명하게 역설적으로는 바로 스타일로서의 정체성 표현의 통로였던 문화 소비의 자유가 신자유주의 체제 안에 갇힌 젊은이들에게 더욱 차별화되고 빈곤해지는 조건으로 악화되었기 때문이다. 예컨대 2009년 세계 경제의 침체로 "지구촌 청년 백수〔는〕'최다'"를 기록했다![3] 그리고 "문화 소비에의 참여"를 가능케 하는 "안정된 경제적" 조건으로부터 차단된 젊은이들은(Blackman, 2005, p. 14), 이제 보다 직접적이고 참여적인 사회적 네트워크 활동에 몸소 나서게 된다.

2) 신자유주의 시대와 새로운 정치 문화

최근의 신자유주의 맥락에서 진행되는 청소년 문화연구는 청소년을 계급적 저항의 행위자로 명명하는 CCCS의 고전적 입장과 개인화된 소비주의의 스타일로서 피상화하는 포스트 하위문화주의자들의 오류를 동시에 넘어서고자 한다. 이런 의도에서 계급뿐 아니라 인종, 젠더, 섹슈얼리티, 이념, 세대, 문화 취향, 사회적 이슈(전쟁, 테러 등)를 매개로 일상에서 점진적으로 진행되거나 급격하게 발동하는 청소년들의 네트워크 활동에 대해, 다양한 입장의 해석이 제시되고 있다(Muggleton & Weinzierl, 2003).

우선 진보적인 입장에서는, 세계 각지에서 벌어지는 반세계화 운동

---

3) 『한겨레』의 기사 "지구촌 청년백수 '최다'"(2010. 8. 13)에 따르면, 국제노동기구의 「2010년 세계 청년 취업동향 보고서」에 15~24세의 청년층 실업자가 8,100만 명으로 나타나, 통계 작성이 시작된 20년 전 이래 최다수를 기록했다.

의 현장에서 목도되듯 청소년들이 지구적 네트워크를 통해 펼쳐가는 '대안적 행동주의alter-activism'에 기대를 건다. 대안적 행동주의란 "실제 삶의 경험과 과정에 기초를 두고, 수평적이고 네트워크화된 조직화에 헌신하며, 독창적인 직접행동을 벌이고, 새로운 정보 및 커뮤니케이션 테크놀로지를 이용해 대안적 가치와 실천을 발전시키는 실험으로서 물리적 공간과 행동의 캠프를 조직화"하는 행동주의 양식이다(Juris & Pleyers, 2009). 역사적으로 존재해온 대안적 정치 운동과 비교할 때, 오늘날 대안적 행동주의의 고유한 특징은 지구화, 네트워크화, 개방성과 협동성, 정보통신기술ICT 활용력, 감정적 연대주의가 결합된 "정치를 수행하는 몸들"에서 찾아진다. "이미지 이벤트"의 창출, 다수 행위자들 간의 느슨한 협력, 역동적이고 참여적인 조직 구성, IT 미디어의 전술적 활용, 문화적 교란jamming, 놀이 및 실험 정신, 개인들의 살아 있는 경험의 집합으로서의 역사 인식, 정치의 변화 가능성에 대한 믿음 등이 그 구체적인 모습이다(같은 글). 이렇게 본다면 오늘날 젊은이들은 포스트 하위문화주의자들의 주장처럼 탈정치화되기는커녕, "정치 그 자체를 재정의"하려는 근본적인 혁신을 추구한다고 볼 수 있다. 그들은 "문화적인 동시에 정치적인 것으로서 지구적 시민권"을 지향한다(Juris, 2008; Juris & Pleyers, 2009, pp. 60~61). 자칫 기존 제도 정치에 대해 "근본적으로 비정치적"인 냉소적 태도 때문에 정치 자체에 무관심한 것으로 오해될 수 있지만, 오히려 젊은이들은 이전 세대는 깨닫지 못했던 새로운 의제를 창출하고 새로운 행동의 장과 행동 양식을 개척하는 방식으로 정치에 적극 참여한다. 이들이 민첩하게 벌이는 일상적·미시적·행동적인 정치 참여 방식이, 간접적·익명적·정례적인 현행 선거 제도에 어울리지 않는 것은 당연하다. 요컨대 "변화를 위해서, 그들은 투표하

는 대신 그들 스스로를 바꾼다"(Farthing, 2010, p. 189).

한편 새로운 세대의 정치 문화를 전적으로 긍정하기보다는 신자유주의 체제 내의 자유분방하고 적극적인 주체의 한계성을 문제시하는 비판적 견해도 제기된다. 바르퍼스는 오늘날 지구적으로 디지털화된 미디어 환경에서 "재치 있고, 재빠르며, 풍자적인 개인주의"의 기술을 익힌 젊은 세대의 존재를 인정하기는 하지만, 이들이 생산관계의 변혁을 추구하는 수준으로까지 급진적이지는 못하다고 평한다(Barfuss, 2008). 오늘날 분산되고 유연화된 포스트포드주의적 산업 체제에서 개인주의와 소비주의가 촉진됨으로써 능동적 세대가 성장하고 있는 듯 보이나, 이는 실상 체제에 순응하는 적극성, 즉 잘 단련된 "수동성"에 지나지 않는다는 것이다(서동진, 2009).

이처럼 오늘날 지구적 신자유주의를 배경으로 논의되는 청소년 문화연구는 계급과 저항의 테마에 집중했던 고전적 문화연구의 외연을 넓히면서 한층 광범하고 복잡한 사회관계 속에서 다양하게 나타나는 청소년의 현실에 접근한다는 점에서 그 의의를 찾을 수 있다. 그러나 이들은 긍정적이든 부정적이든 간에, 청소년 문화를 대상화하여 정치성/탈정치성, 능동성/수동성과 같은 이분화된 평가 시각을 적용하는 한계점을 일관되게 드러내고 있다. 실상 청소년의 일상이란 순종, 타협, 저항의 이질적인 태도들이 교차하며 협상하고 갈등하는 과정이다. 그러므로 이 복잡한 노선들을 가로지르며, 때로는 기쁘고 때로는 고통스럽게 전개되는 주체의 경험과 그에 대한 의미화가 문제시된다. 이를 위해 문화/정치, 개인/사회, 주관/객관의 중첩적 관계 및 그 속에서 역동적으로 전개되는 주체 형성의 문제를 이해할 필요가 있겠다.

3. 10대를 이해하기 위한 세 가지 관점

지금까지 서술된 논쟁의 핵심은, 자유와 즐거움의 가치가 중시되는 청소년 문화가, 개인적 자유와 즐거움을 상품화하여 판매하는 식으로 무한 증식해가는 자본주의 체제 안에서 어떠한 의미와 정치성을 확보하는가라는 문제로 정리할 수 있다. 특히 문화적 감수성과 행동성이 두드러지는 10대들의 삶이기에, 그 정체성에 대한 이해는 보다 섬세한 접근을 요한다.

주체와 체제의 관계를 분석함에 있어, 바넷과 그의 동료들은 신자유주의 시대의 "시민권의 죽음"을 비관적으로 예단하기 이전에, 시민권의 지위와 소비자로서의 역할이 "봉합"되는 계기로서 "주체화의 새로운 삶의 공간new habitat of subjectification"을 내밀히 살필 것을 제안한다(Barnett 외, 2008). 이들은 푸코의 (신)자유주의에 관한 비판적 통찰을 따라가면서, 권력의 강대한 규범화 효과뿐 아니라 그 안에서 예측 불가능할 정도로 변덕스럽고 역동적인 별종의 주체가 태어날 가능성을 모색한다. 우선 신자유주의의 통치권력이 개인의 발전과 자유를 촉진시키는 식으로 발휘되는 상황에서 개인의 자유와 창의성을 맹신하는 것은 충분치 않다. 왜냐하면 스스로 자유롭고 자율적이라고 믿는 개인의 응답 자체가 이미 통치권력에 의해 구성된 순응적 반응일 수 있기 때문이다(같은 글, p. 633). 그럼에도 통치권력이 그 의도와 계획대로 주체에게 일방적이고 즉각적인 효과를 발휘한다고 판결 내리는 결정론도 성급하다. 따라서 개인과 구조 '사이'에서 작동하는 매개와 변화의 지점에 조금 더 면밀하게 다가갈 필요가 있다.

권력의 일방적 산물도, 권력에 독립적으로 대항하는 저항적 주체도 아니라면, 지금의 '나'는 무엇인가? 이때 주체의 존재 양식으로서, 권력에 마주선 단독자로서의 '나'가 아니라 관계를 이루는 '우리'가, 그리고 '우리' 안의 '나'가 중요해진다. 즉 세계로부터 분리된 개인 아니면 전체 안에 흡수된 익명자라는 식의 비관적인 극단화 대신, 자율적인 개인으로 존재하되 외부세계와 관계를 맺으며 그에 대해 비판적이고 대안적인 사유를 해나가는 '자아,' 주체들이 서로 연결되어 소통하고 공유하는 '집합'의 관계, 상이한 집합들이 연대하거나 갈등하는 과정에서 발생하는 권력과 정의에 관한 '정치적' 문제들이 부각되는 것이다. 이 문제들을 정체성 형성의 관점에서 논의하기 위해 윤리적 주체, 소통적 주체, 정치적 주체의 층위를 제안하고자 한다. 외부로부터 고립되거나 그에 매몰되지 않고 세계를 인식하고 내면화하는 '나'로서 윤리적 주체, 세계와 독대한 외로운 개인이 아니라 타인과 연계하고 공존하는 '나'로서 소통적 주체, 마지막으로 나와 공동체뿐만 아니라 다수의 모르는 사람들이 공존하는 세계를 인식하고 받아들이며 그와 상호작용하는 '나'로서 정치적 주체다. '윤리적 주체-소통적 주체-정치적 주체'의 관계는, 각각 '자아의 주관과 진정성-간주관적 인간관계 및 공동체 문화-사회적 활동과 효과의 차원'에 상응하는 것으로 이해할 수 있다. 이 여러 쌍들을 배타적이지 않고 상호 연관되며 상호 형성적인 관계에 있는 것으로 이해함으로써, 이전의 청소년 문화연구가 개인/사회, 주체/구조, 주관/객관의 영역을 애써 구분함으로써 불가피하게 겪어야 했던 오류들을 부분적으로나마 피할 수 있다. 그리고 정체성 형성에 관해 관계적이며 지속적인 관점을 취할 수 있다.

우선 윤리적 주체란 사회관계와 구조를 자신의 위치에서 성찰하고,

자신의 시각에서 새롭게 문제를 구성하고 담론화하며 행동으로 실천하고자 의지를 발하는 주체를 의미한다. 세이어가 부르디외의 논의의 발전을 꾀하며 논하듯이, 아비투스는 역사나 사회로부터 부여받아 불변적으로 고착되는 계급 질서가 아니라, 새로운 요소들과 상황이 끊임없이 유입되는 변화의 공간이다(Sayer, 2005). 따라서 특정 아비투스에 위치한 주체는 계급화된 규범을 무의식적으로 체득하여 수행하기도 하지만, 새로운 상황에 맞부딪힐 때마다 이전과는 다른 새로운 상상과 기대를 펴면서 일정한 시도를 벌이기도 한다. 주어진 것과 새로운 것, 외부적인 것과 내부적인 것, 객관적인 것과 관계적인 것을 견주며 이해하고 성찰적으로 실천하는 과정에서, 주체는 사회적인 것에 대한 자신의 주관적 가치를 생성하고 타인과의 관계를 만들어나가게 된다. 즉 주체는 객관적으로 부여된 계급적 아비투스의 틀을 넘어, 자신의 경험에 대해 비판적인 질문을 던지고 자신의 가치관 안으로 포용하면서, 신념 체계를 구성하여 "진정성"의 "윤리"를 형성해간다(Taylor, 1991). 이처럼 계급 안에 속해 있되 그것에 전적으로 종속되지 않고, 자신의 내적인 사고, 감정, 가치의 총체로서 "도덕적 이상"(같은 글)을 생성하며, 자신의 의지에 따라 실천하는 주체를 곧 윤리적 주체라 할 수 있다. 여기서 도덕은 거창한 무언가를 뜻하지만은 않는다. 오히려 윤리적 주체의 의미는 거창한 사회문제를 자신의 틀 안으로 전유하여, 자신의 가치 및 태도로 재구성하는 "소박한 규범성"에서 찾아진다(Sayer, 2005, p. 649).[4]

자신의 자율성과 자유를 정의하기 위해서는 자기의 한계 너머에

---

4) 이런 점에서 규범성normativity과 규범화normalizing는 구분되어야 하는데, 규범화가 외부로부터 부여되는 강제력이나 조건에 의해 행해지는 것이라면 규범성은 자기 내부로부터 발현되는 힘이기 때문이다.

존재하는 "의미의 지평horizon of significance"을 상상할 수 있어야 한다 (Taylor, 1991). 윤리적 주체란 자신의 껍질을 넘어 타인과 세상을 상상할 수 있다는 뜻이다. 따라서 그는 "불가피하게 절대적인" 이유에서 타인을 향해 열려 있고 타인과 관계 맺지 않을 수 없다. 이에 윤리적 주체는 자연스럽게 "소통의 주체"가 된다. 도덕과 소통은 서로 불가분하게 맞물려 있다. 우선 도덕의 실행에서 소통은 반드시 필요한데, 자신이 대우받기를 원하는 방식 그대로 타인에게 행할 때 비로소 도덕의 원칙이 실현될 수 있기 때문이다(Sayer, 2005, p. 9). 마찬가지로 소통에 있어 도덕은 필수적인데, 도덕적 차원이란 무수히 상이한 삶들이 함께 형성하는 인간관계의 그물망 안에 들어가는 순간에 우리가 "언제나 이미 실행하는 것"이기 때문이다(Benhabib, 1992, pp. 125~26). 이처럼 윤리적 주체는 자연스럽게 소통의 희원과 의지를 지니며 타인과 관계 맺기를 감행하면서, 스스로를 소통의 주체로 확장한다. 나아가 소통의 과정에서 개인은 타인의 지지와 교정을 받으면서, 점차 사회 안에서 자신의 주관적 도덕을 말하는 "주장적 주체argumentative subject"로 성장할 수 있게 된다.

윤리적으로 소통하는 주체는 "조화 안에서 행위acting-in-concert"하고자 쉼 없이 노력하기에, 그의 삶의 세계는 곧 사회적인 공간으로 확장된다. 여기서 확장이라는 다소 무거운 용어를 사용하면서, 우리는 정치적 주체 형성의 가능성을 염두에 두고 있다. 개인적 차원에서의 '윤리'와 공동체 차원에서의 '소통'이 사회적 차원에서의 '정치'로 확장되는 가능성을 전망하는 것이다. 또한 이러한 확장이 결코 소수의 영웅에 의해서가 아니라 범상하고 때로는 고통받는 다수 인간들에 의해서 행해질 수 있다는 사실 역시 유의미하다. 조디 딘은 개인이 스스로 "선택한" 가치

와 관계의 방식에 따라 진지하게 소통하는 과정에서 형성되는 집합적 형태로서 "성찰적 연대"를 제안한 바 있다(Dean, 1996). 개인적인 친밀성 안에서 형성되는 "정서적 연대"나 전통에 기대어 만들어지는 "관습적 연대"와 달리, 이 양극적인 형태의 문제점 ─ 전자의 과도한 내향성과 후자의 과도한 보편성 ─ 을 넘어서며, 성찰적 연대는 "관계성에 대한 책임 있는 지향, 그리고 그것을 향한 상호 평등적 기대"를 지향한다(같은 책, p. 29).

그러나 성찰적 연대라는 아름다운 이상에도 불구하고 실제로 우리가 모두 오류에 찬 인간이라 할 때, 이러한 인간들이 부당한 현실에서 책임 있고 정의로운 관계를 맺는 것이 과연 현실적으로 어떻게 가능할 것인가? 이 물음에 대한 하나의 답변으로, 부족한 인간의 행동은 고통받는 존재에 대한 연민, 그리고 고통을 주는 부당한 지배자에 대한 분노에서 비롯될 수 있다. 이러한 태도가 온정적이거나 감상적인 향유로 협소하게 변질되지 않고 고통을 주는 지배자에 대해 타당한 비판을 가하고 고통받는 자에 대해 정의로운 지원을 행하는 행위로 구현되는 현장을, 볼탄스키는 "연민의 정치politics of compassion"라고 이름 붙인다(Boltanski, 1999). 연민의 정치는 관찰자가 부당한 지배자를 향해 던지는 비난·조롱·반발의 언어나, 고통을 겪는 불행한 자가 스스로 발하는 도전의 언어를 통해 급진적인 미학으로 발현한다. 성찰적 연대와 연민의 정치에 관한 사유들은 범상하거나 불행한 이들이 서로 공감하고 연대하여, 도전적인 담론 실천과 정치적 행위를 벌일 수 있는 가능성을 열어준다.[5]

---

5) 연민의 정치의 관점과 유사하게 촛불집회를 "불안의 연대"로 해석하는 정태석의 관점은 매우 흥미롭다(정태석, 2009). 위험사회와 정치의 시장화가 강화되는 상황에서 시민이 불안을 매개로 연대한다는 그의 이론은 설득적이지만, 상이한 위치와 이해관계에 있는 시민들이 과연

나아가 이 가능성이 단지 전망에 그치지 않고 현실 설명력을 갖추기 위해서는, 개별화된 고통과 불안이 상호 연대하며 일정한 정치 행위로 드러나는 방식, 또는 일반화된 고통과 불안이 보다 세밀한 정황적 차이들에서 분화되며 구체화되는 방식에 대한 살아 있는 이해가 확보되어야 할 것이다.

이런 점에서 윤리적 주체, 소통적 주체, 정치적 주체의 개념은 촛불 10대를 해석하기 위한 틀로서 몇 가지 적합성을 지닌다. 우선 역사와 사회의 반영적 산물로서 10대를 이해하는 결과론적 견해를 교정할 수 있다. 대신 사회적이고 역사적인 '외부'의 문제를 자아의 문제로 주관화하여 새로운 문제틀로 재구성하고 성찰하는 윤리적 진정성이 중시될 것이다. 아울러 오늘날 문화의 장은 과거에 비해 다양한 생각, 정보, 경험들이 교차하여 변화하는 정도가 훨씬 크므로 개인적 변화 가능성 역시 과거보다 크다는 사실(Stahl, 2003)이, 현재 10대의 윤리적 주체성의 복잡성을 이해할 때 함께 고려되어야 할 것이다. 또한 소통적 주체의 관점에 설 때, 이념적 환원론의 문제를 부분적으로나마 벗어날 수 있다. 즉 신자유주의적 사회 환경 및 가족사가 저항적인 10대를 낳았다는 단선적 시각 대신, 10대의 상호적인 소통 및 자발적 참여를 통해서 운동의 수평적 역동과 상호주관적 의미화가 구축된다는 과정적 시각을 취할 수 있다. 그리고 정치적 주체의 관점에서는 약자로서 개인적이거나 집단적인 10대의 참여가 기존의 정치 지형에 변화를 가져오는 효과를 전망하게 된다. 이처럼 개인적(윤리적)이고, 공동체적(소통적)인 정체성이

어떠한 위기와 불안을 공유하여 전면적으로 집결할 수 있는지에 관한 보다 까다롭되 중요한 문제는 비껴간다.

사회적으로 발현되는 지점이 곧 정치적 정체성이다. 특히 10대의 정체성에 주목하는 이 글은 촛불집회 '일반'의 효과가 아니라, 촛불을 매개로 또 다른 차이들이 점진적으로 분화되어 파생되는 다층적이고 구체적인 '차이들'의 정치에 관심을 둔다. 이는 남성-어른 중심으로 전형화된 시민운동 '내부'에서, 재차 타자화된 10대들이 진행한 다면적 균열 내기로 드러날 것이다.

이렇듯 10대들이 규범화된 위치를 거부하고 자아-공동체-사회적 관계를 새로이 만들어나가는 과정에서 자신의 윤리적-소통적-정치적 정체성을 형성해나가는——'청소년'으로 되어가는——과정과 의미를 이해하고자 한다. 이어지는 절들에서는 그 복잡한 결들을 보다 깊게 읽어나갈 것이다.

4. 말 걸기와 듣기의 방법론

촛불에 참여한 10대의 주체성을 이해하기 위해, 세 명의 연구자들로 이루어진 '우리'는 2009년 여름부터 촛불에 적극적으로 참여한 10대들을 만났다. 심층인터뷰는 우리가 우리 자신도 모르게 10대들에 대해 지녀왔던 편견[6]을 마주하는 곤혹스런 경험이기도 했기에, 자신을 반성하고 수정하기 위해 노력하는 과정이 되기도 했다. 심층인터뷰는 말 걸기

---

6) 연구 과정에서 우리는 10대들이 미성숙하기에 자신의 정치 참여의 의미를 해석할 언어를 갖지 못했거나, 혹은 '어른'들의 언어를 섣불리 흉내 내리라는 식의 편견이 우리 안에 자리 잡고 있음을 계속 발견했고 이를 수정해나가고자 애썼다. 이러한 오류 수정의 노력은 상이한 위치의 인터뷰 참여자들 사이에서 교호적으로 진전되었다.

와 듣기의 방법론이다. 스피박은 역사적으로 침묵해온 이들로부터 단지 듣거나 그들을 대변하는 것이 아니라, 그들과의 대면 속에서 "말 걸기"를 배우는 과정을 통해 오히려 "우리"가 가진 재현의 특권을 비울unlearn 수 있게 된다고 말한다(Spivak, 1988). 말 걸기의 문제는 대화와 해석의 문제, 즉 듣기와 이해하기의 문제와 연계된다. 연구자가 타인을 이해하기 위해서는 그가 "뭔가를 말할 수 있게 내버려둘 준비가 되어 있어야" 한다. 타인의 말을 자극 삼아 자신의 주장을 의식적으로 "전유"하여 그것의 자의성을 수정하고 보다 "정당한 이해"로 나아가야 하기 때문이다. 즉 해석자이자 연구자는 인터뷰 대화 과정을 통해 "자신의 선이해의 반성"과 "타인의 의미세계의 이해"라는 이중의 과업을 진행해야 하는 것이다(신진욱, 2009, pp. 45~47). 우리는 이처럼 자신과 타인이 발하는 "다양한 목소리"에 귀 기울임으로써 대상의 외적 맥락과 내적 구조를 일관되게 설명할 수 있는 "정당한 해석"에 이르고자 노력했고, 이 과정을 통해 방법론적 자기 성찰성의 가치에 보다 가까이 접근할 수 있기를 바랐다.

심층인터뷰는 2009년 여름 동안, 2008년 촛불에 적극적으로 참여한 십여 명의 10대들과 함께 이루어졌다. 한 시민단체 활동가의 소개를 통해, 청소년 인권 운동에 참여하고 있던 10대들과의 만남이 시작되었고 이후 눈덩이 굴리기snowballing 작업을 통해 인터뷰 범위를 넓혀갔다. 인터뷰는 기본적으로 가족-학교-학원-아르바이트 등을 중심으로 한 일상생활과 함께 2008년 촛불 경험에 대한 기억과 견해, 그리고 다시 현재(2009년 여름)에 대한 이야기 등을 중심으로 하여, 반半구조화된 질의응답과 유연한 대화를 혼용하는 방식으로 구성되었다. 매 인터뷰는 인터뷰 참여자가 선호하는 장소에서 1~2시간가량씩 진행되었으며,

인터뷰 참여자들의 동의하에 녹취되었다. 2010년 여름에는 청소년 인권 운동을 계속하고 있던 두 명의 인터뷰 참여자에 대해서 추가적인 인터뷰를 실시했다.

이 글에는 총 여섯 명의 사례가 등장한다. 이들 소녀(세 명)·소년(세 명)들은 10대 초반에서 후반으로, 촛불 정국을 전후하여 두드러지게 활발한 활동을 벌였고, 현재는 학교에 다니거나 자퇴를 한 상태였다. 연구의 전체적인 그림을 제시하기 위해 〈표 1〉을 통해 인터뷰 참여자 여섯 명을 대략적으로 소개한다. 이들 중 일부는 촛불 전부터 청소년 인권 운동에 관심을 갖고 활동에 참여하고 있었으며, 또 다른 일부는 촛불 참여를 계기로 정치에 관심을 갖게 되었고 이어 단체 활동에 참여하게 되었다.[7]

---

7) 여기에서 말하는 10대 소녀·소년들의 단체 활동은 주로 온라인을 기반으로 한 '청소년에 의한 단체'로 10대와 20대에 의해 주도적으로 운영되는 형태를 가리키며(김진아 외, 2009), 이런 점에서 기성세대가 운영하는 '청소년에 대한 단체'와는 차별화된다. 인터뷰 참여자들 중 세 명이 활동 중인 A 단체는 청소년 인권단체로, 2000년대 초반 고등학생 연합회 소속 학생들이 졸업 후 청소년 단체를 지원하는 형태로 운영하다가, 2000년대 중반부터 청소년 자발적인 단체로 전환했다. 고정된 사무실 없이 온라인을 기반으로 청소년과 비청소년 활동가들이 전국적으로 지역 모임을 꾸려서 활동하는 방식으로 운영되는 이 단체는 온라인 회원 수 6천 명을 상회하지만 오프라인에서 만나 활동하는 회원 수는 수도권 지역 기준으로 10~20명 정도라고 한다(인터뷰 참여자 '나'). B 단체도 A 단체와 마찬가지로 온라인에 기반을 둔 청소년 주도 단체다. 이 단체는 촛불 정국 시기인 2008년 5월 전국적인 청소년 대중 조직을 지향하며 인터뷰 참여자인 '바'가 결성했다. 인터뷰 참여자 '다'와 '라'가 참여하는 프로젝트 C는 인터넷 라디오를 통한 문화 운동 프로젝트다. 촛불과 청소년 단체 등을 통해 만나 친해진 "여성 청소년들"의 친목모임에서 출발하여 현재 시민단체의 지원을 받으며 공식적인 활동을 벌이고 있다(인터뷰 참여자 '다').

〈표 1〉 인터뷰 참여자 소개

인터뷰 참여자	가	나	다	라	마	바
성별	남	남	여	여	여	남
연령	12세	17세	19세	17세	18세	18세
촛불 정국 전후 상태	촛불 정국 이전부터 청소년 인권 운동 활동(모두 A 단체 소속)			촛불 정국을 계기로 활동 시작 (B 단체 소속)		
일상 및 사회 활동	A 단체 활동		프로젝트 C 활동		대학 입시 준비 중	

5. 윤리적 주체: 사회적인 것의 주관화

연구자들이 만난 10대 소녀·소년들은 각자 다양한 차이는 있지만, 대체로 촛불 참여 이전부터 학교와 가족 사이에서 소통의 부재, 관계의 어려움을 일상적으로 경험해온 듯했다. 이들에게 촛불 정국은 개인적인 차원에서 모호한 형태로 감지되던 갈등들이 집결되고, 새로운 문제들과 결합하면서 비로소 구체적인 '문제'로 구성될 수 있었던 계기적 사건이다. 촛불 정국을 계기로 이전까지의 다양한 갈등적 경험들이 평소보다 급격하고 명료하게 개인적 의식의 표면에 떠오를 수 있었던 것이다.

집과 학교로 대변되는 10대의 현실은 "재미없음"으로 묘사되고 있었다. 학교 체벌, 야간 자율학습, 성적에 대한 압박감, 경제적 조건의 악화와 아르바이트 경험과 같은 일상의 억압(인터뷰 참여자 '다' '마'), 부모의 이혼이나 가족의 해체, 가정 폭력의 아픈 경험이 10대의 이면에 깊숙이 자리 잡고 있다. 사회에 대한 "분노"와 "두려움"(인터뷰 참여자 '가'

'나' '바'), 부모와 친구에 대한 애정과 소외감 등이 복잡하게 얽혀 있던 그들에게 촛불은 "우연히" 접하게 된 색다른 현장이기도 했지만, 일시적인 흥미의 수준을 넘어서 어쩌면 지금까지와는 사뭇 다른 새로운 실천이 열릴 수 있는 가능성의 공간으로 다가왔다. 주변화된 10대들의 희미하되 의미심장한 삶의 고민들이 촛불 정국과 결합하면서 보다 명료한 문제틀로 정교해질 수 있었다. 싫은 학교와 미운 선생님과 같은 일상적인 문제가 교육 민주화의 문제로 추상화되고, 광우병이라는 추상적 문제가 이들의 개인적 건강의 문제로 구체화되는 객관화와 주관화의 과정이 병행되었다. 가령 '마'는 촛불에서 자신이 제일 좋아하는 "벅차다는 느낌"을 두 가지 의미에서 느꼈다고 이야기한다. 하나는 "맨 처음에 그 촛불들, 엄청나게 [많은] 6월 10일 날의 촛불들"이 폭력적 시위가 아닌 다른 광장을 만들고 있는 것을 봤을 때의 감각적 흥분이고, 다른 하나는 "아무것도 몰랐었"던 자신에게 문제의식을 제기하고 수입 쇠고기 문제가 "정치랑도 관련이 있는 거"라는 점을 알게 되었다는 자각의 경험과 관련된다.

이와 유사하게 연구자들이 만난 10대들은 촛불 정국에서 친구들과의 대화 내용이나 분위기가 촛불과 밀접히 맞물리는 식으로 변화하고 있음을 느꼈다고 이야기한다. 광장에 직접 나서지 않은 다수의 소녀·소년들도 촛불 정국을 접하며 자신이 처한 일상적 삶의 조건에 대해 비판적 물음을 제기하게 된 것으로 해석할 수 있다. 두발 통제나 자율학습으로 점철된 학교에서 일상적으로 겪던 무료함, 지루함, 걱정, 불안의 느낌은 이제 인권 시각에서의 교육 문제로, 또한 미국산 쇠고기에 대한 공포감은 이것을 수입하는 국가의 정당성에 대해 질문하는 방식으로 한층 명료해지며, "해방감"(인터뷰 참여자 '라')과 "자유"에 대한 감동(인터뷰 참

여자 '마')으로 확장되었다. 이러한 감수성과 인식의 성장 흐름을, 자아/외부세계, 추상화/구체화, 주관성/보편성을 아우르며 진행되는 윤리적 주체 형성의 과정으로 이해해도 좋을 것이다.

가족과 학교 안에서 불행과 긴장을 경험해온 10대 소녀·소년들은 촛불 정국에서 현실의 문제를 직면하는 도덕적 용기와, 이를 해결해나가고자 하는 양심적 실천력을 발휘했다. 그렇다면 어떻게 일상적 고통이 실천적 도덕성으로 전환되어 실행될 수 있는 것일까? 정치철학자 웬디 브라운의 설명에 기댄다면, 이들의 감정세계는 일종의 "상처 입은 애착 wounded attachment"과 같은 것이다(Brown, 1993). 브라운이 니체의 '질투'와 '분노'의 개념에 기대어 설명하고 있듯이, 현실사회에서 고통받는 약자가 분노와 질투를 발휘할 때, 그것은 일방적으로 상처 입고 배척당하는 수동적 경험이 아니다. 고통은 정상화의 논리로 지배되는 권력 체제 안에서, 그 힘의 작용을 가로지르며 살아가려는 주체의 적극적인 감정 작용으로 설명된다. 고통과 분노에 근거한 약자가 일으키는 반향은 단순한 정치적 무능력이나 한탄과는 다르다. 그것은 개인의 자유와 행복의 무한 추구를 슬로건으로 삼는 (신)자유주의 체제의 획일화된 주체 형성 프로젝트에 대한 섬세하되 절절한 도전이자 위협이다.

미국산 쇠고기 수입 문제가 직접적인 계기가 되었을 터이지만, 10대의 정체성 형성이라는 보다 넓은 관점에서 본다면, 장기적으로 누적되어왔던 현실 문제들이 10대 주체들에 의해 명료하게 사유되고 발화發話/發火되는 사건으로서 촛불 정국을 의미화할 수 있을 것이다. 연구자들이 만난 10대들은 이질적으로 보이는 사안들 사이에서 연관성을 발견하거나 만들어나가고, 자신의 경험적 문제틀 안에서 결합하여 주관적인 가치와 신념을 구성하는 과정을 스스로 밟아나갔다. 이들은 여러 사회적

문제를 자신에게 중요한 문제틀로 전환하고 자신의 신념과 가치의 틀 안에서 궁구하고 구체화하며 대응하려는 윤리적 주체로 성장해간 것이다.

6. 소통적 주체: 혼자 느끼기에서 서로 이야기하기로

흔히 정서가 불안정하거나 미성숙한 10대, 또는 사회적으로 불행하거나 불량한 소녀·소년들이 촛불집회에서 주도적인 역할을 했다고 말해지며, 그 이유에 대한 몇 개의 가설이 덧붙여지곤 한다.[8] 이를테면 이들을 '일탈자'로 명명하면서 원래 문제아이기에 학교에서 도망쳐 나왔다거나, '반항자'로 명명하면서 이미 사회적 규범에 반발적이었기에 촛불 정국에도 보다 적극적으로 나섰다는 식이다. 그러나 이러한 상상적 낙인찍기는 매우 위험한 일인데, 왜냐하면 이들을 특별히 일탈적이거나 반항적인 자로 전제할 만한 어떠한 사실적·이론적 근거도 없기 때문이다. 이런 통념을 바로잡기 위해서는 전술된 바와 같이, 일상과 사회의 문제를 윤리적으로 성찰하는 10대들의 주관적인 경험이 사회적으로 연결되는 구체적인 방식, 즉 소통과 교류 행위에 대한 깊이 있는 이해가 요청된다.

'나'는 촛불 정국 이전부터 학교 교사의 물리적 체벌과 비인격적 대우에 반발하며, 스스로 청소년 인권단체인 A 단체를 찾아 나서게 되었다.

---

8) 한 사례로서 『조선일보』의 기사 "'촛불'은 없고······ 꾼들의 '비열한 폭력'"(2008. 8. 17)과 동일 신문 사설 "학생인권조례로 '촛불 홍위병' 키워보겠다는 건가"(2010. 7. 2)를 들 수 있다.

그가 촛불집회에 참여하게 된 것도 A 단체를 통해서였는데, 촛불 운동 참여를 통해 무료한 학교를 벗어나 좀더 "재미있게 살아가는 데" 대한 "즐거움"을 키울 수 있었다고 한다. 연구자들이 만난 대부분의 10대 소녀·소년들은 촛불이 주는 의미를, 자유롭고 개방적인 친구들과 "수다도 떨고 정치에 관해서 토론도 하"는(인터뷰 참여자 '마') "재미"와 "성취감"으로 표현하고 있었다. 이들의 목소리는 10대가 촛불 현장에서 얻은 즐거움이 서로의 느낌과 정치적 의견을 공유해가는 소통과 친교의 경험에서 우러나온 것임을 알려준다(전효관, 2003). 광장(오프라인)과 인터넷(온라인)을 아우르며 이전의 친구 관계를 지속하거나 새로운 만남을 만들어가는 다층적 경험들이 교차하면서, 사회적 현상으로서 10대의 자발적인 참여가 만들어졌다. (외부의 눈에서는 배후를 찾게 만들었지만) 적어도 그들에게는 자연스럽게 느껴졌던 소녀·소년들의 소통적 집합이 형성된 것이다.

촛불 활동의 정경을 구체적으로 살펴보면, 도시의 거리와 광장, 그리고 인터넷과 모바일 미디어를 통한 가상공간이 활발히 접합되고 이용되었다. 10대들은 촛불 정국 이전에도 자주 방문하던 유머, 개그 및 외모 관련 커뮤니티나(예를 들어 〈쭉빵 카페〉), 중요한 사회적 의제가 다루어지는 토론 사이트(다음daum 〈아고라〉), 촛불 현장을 주도하는 커뮤니티 사이트(《안티MB》나 〈미친소닷넷〉)를 비롯해 그 밖의 블로그들에 접근했고, 스스로 온라인 커뮤니티를 만들기도 했다. 가령 '바'는 거리의 촛불 현장에 무수한 청소년들이 결집했으나, 이들이 주로 사용하는 익명의 모바일 문자 유통 방식이 지나치게 "비조직적"이라는 문제를 인식하고, 청소년의 조직적 활동을 지향하는 온라인 카페인 B 단체를 직접 개설했다. 한편 촛불 초기에 홀로 참여한 '마'는 초기에는 "방관자 입장"

에 있었지만, 교복 입은 학생들이 대규모로 촛불 현장에 몸담는 광경을 보며 점차 용기를 얻었다. 그리고 청소년 활동 카페에 가입해 촛불 광장에서 "같이 다닐 친구를 구하"는 식으로, 점차 활발한 사귐 활동을 펼쳐나가게 된다.

이러한 모습은 여러 논자들이 이미 기술한 지구적 현상인 '대안적 행동주의'와 유사하다. 그러나 사회적 경험의 공유와 언어적 공통성에 뿌리를 둔 보다 지역화된 소통과 집결의 집합적 행위라는 점에서, 촛불 10대는 지금-여기 우리가 처한 고유한 사회문화적 특수성을 지닌다. 마치 직관의 작용처럼 인터넷을 통해 '모이자'라고 말을 던지면 누군가에게 다다르고 그에 동감하는 누군가는 대답하여 '우리'가 만들어지는 것이 가능하다는, 순진하되 용감한 "사회적 상상"(테일러, 2010)이 공동의 삶의 공간을 살아가는 10대들 사이에서 자연스럽게 발휘되고 공유되었다. 이렇듯 온라인과 오프라인의 공간들을 가로지르며 광범하고 자유롭게 이루어지는 교류, 대면, 소통의 과정을 거치며, 하나의 집단으로서 촛불 10대가 사회적인 가시성을 획득할 수 있었다. 벨 훅스가 지적했듯, "위험스러운 주변부"는 "급진적 열림의 공간"을 창조할 잠재성을 지닌다(Hooks, 1991, p. 149). 위험스러운 주변부 바로 그 위치로부터 대안이 사유되고 새로운 문화 실천이 상상될 수 있기 때문이다. 주변화된 10대들이 엮은 "위험스런" 소통 활동은 촛불 광장을 새롭고 급진적인 공간으로 열어나갔다. 그들의 다각적이고 다채로운 자유와 의지가 소통되고 공유됨으로써, 이전에는 예견될 수조차 없었을 생각, 말, 행동이 광장에서 창조되어 개시되고 퍼져 나갔다.

10대들의 고통의 발화는 고유한 정치적이고 미학적인 '코드'로 정련된다. 볼탄스키가 고통에 대한 "연민의 정치"가 발휘될 수 있는 언어적

코드로서 "공개적 비난"이나 "확증"과 "정당화"의 코드를 제시한 것처럼(Boltanski, 1999), 특정한 정치적 경험은 고유한 언어 스타일로 표현된다. 따라서 언어적 코드의 진정한 중요성은 개별적 언어 코드가 고유하게 함축하는 정치적 의미의 특수성을 실감하는 데에 있다. 이런 점에서 촛불 10대의 언어적 코드의 독특함은 자신의 고통과 분노를 즐거움과 재미와 같은 긍정의 언어로 전유하는 역설의 코드, 그리고 그것이 함축하는 비판과 도전의 기의에 있다. 예컨대 A 단체는 등교 거부라는, 자칫 무겁게 비칠 수 있는 직접행동을 일종의 '퍼포먼스'로 의미화하여 무거움을 덜어내며 가볍게 실행한다. 10대들이 전교조 교사나 진보단체에 의해 동원되었다거나(배후설), 보호하고 통제해야 하는 대상이라는 보수 담론(10시 귀가 지침 등)은 10대 스스로의 유머 코드에 의해 끊임없이 조롱당하는 대상이 되었다. 스타일에 있어서도, 인터넷에서 유행하는 신생 언어가 적극적으로 활용되는 한편, 기성 운동 조직의 틀에 박힌 수사학적 코드가 모방되고 오용되는 변용의 전술이 발랄하게 혼용되었다. 예컨대 한 시민단체가 대량 배포한 피켓의 구호 "아이들이 무슨 죄냐 우리들이 지켜주자"(김이구, 2008. 5. 11)는 A 단체에 의해 "어른들이 무슨 죄냐 우리들이 지켜주자-_-;"[9]로 전도된다. 언어적 전환을 통해 촛불 운동의 주체가 '어른'에서 '아이'로 역전되고 있다. 약자가 모방과 오용을 통해 조롱과 도전의 의미를 담아내는 언어 변용의 코드는 원전의 권위에 차이와 균열을 내는 역설의 효과를 낳는다(Bhabha, 1994). 마찬가지로 촛불이라는 남성-어른 중심의 운동 문화는 "최대한

---

9) "어른들이 무슨 죄냐 우리들이 지켜주자-_-;."온라인 개인 블로그(http://g******.tistory. com/***). A 단체 명의의 웹 자보로 배포된 이 자료는 현재 A 단체 활동가의 개인 블로그에 남아 있다. 이하에서는 글쓴이의 보호를 위해 인용된 URL을 부분적으로 익명화하여 제시한다.

상큼"하고 "쫌 재미있는 거"를 찾아서, 절대 "쩔게 하지 않"기를 추구하는 10대의 하위문화 코드로 변모하며 기존의 권위를 상실하고 새로운 세대적 감수성을 부여받는다.[10]

촛불의 10대 집단은 서로 다른 맥락과 상황 속에 놓인 다수로 이루어져 있다. 각자가 차이의 주체면서 동시에 다양한 차이들을 내포한 결절점이기도 하다. 또래 친구들과의 소통은 수많은 차이들이 서로 교류되고 응결될 수 있는 위치와 관계를 만들어주기 때문이다. 따라서 소통을 통해 개인은 전적인 고립에 빠지거나 권력의 호명에 완전히 굴복하는 대신, 의견들을 청취하고 조율하며 자신의 오류를 수정하고 논의를 살찌워가는 경험을 쌓아간다. 그리고 비로소 다수의 목소리를 포용한 자신의 언어를 발화한다. 소통을 통한 관계망을 통해 비로소 정치적인 "주장적 주체"로서, 10대 스스로 표명하는 바로서의 '청소년' 집단이 만들어진다.

7. 정치적 주체: '차이' 안에서 '차이들'을 만들기

소통을 매개로 집합화한 10대는 자신의 문제를 촛불 광장에서 직접적으로 드러냈다. 10대는 초기 촛불 운동 점화에 주요한 역할을 했을 뿐 아니라, 교육감 선거 및 일제고사와 같이 자신의 삶에 직접적으로 관계되는 교육 문제를 적극적으로 촛불의 장으로 끌어들이며 정치 의

---

10) "5·17 행동에 대한 고민과 제안," A 단체 온라인 커뮤니티 게시글(http://cafe.naver.com/a****/*****).

제화했다. 그러나 촛불 광장이 성인 지배적인 질서로 재편성되면서, 10대들은 차차 보호와 통제의 대상으로 환원되었다. 그리고 결국에는 촛불 정국 초기에 활발히 등장했던 10대 소녀·소년들이 점차 광장으로부터 사라져갔다. 촛불 광장을 경계로 정부와 시민이 대면한다면, 시민 집단 내부에서 청소년/어른, 여성/남성, 그리고 궁극적으로는 운동의 가치와 윤리에 관해 감수성의 분화가 일어난 것이다. 그러면서 10대의 존재성은 시민의 연대 '안'에서 중심부의 운동권력으로부터 스스로를 분리해내는 방식으로 드러난다. 분화의 관점에서 10대의 정치성에 관심을 두는 우리는 그 분화의 외시적 효과 대신 광장 안으로부터 균열을 낳은 청소년의 정치적 정체성 차원을 살펴보기로 한다.

연구자들이 만난 10대들은 생물학적 연령의 의미에서가 아니라, 가치 함축적인 범주로서 청소년/비非청소년을 구분하고 있었다. 설사 자연적인 나이로는 어른이 된다 하더라도 삶의 태도로서는 청소년에 머물고 싶다는 이들의 생각 속에서 비청소년, 즉 '어른'이란 부정적 미래로서 유의미한 대상이었다. 이렇듯 세대라는 기준을 안팎으로 가로지르며 구성된 촛불의 10대 정체성을 가장 적극적으로, 그러나 매우 부정확하게 표상하는 기표는 '촛불소녀' 아이콘이다. 그러나 촛불소녀 아이콘이 각종 미디어를 통해 주목받으며 대중적인 인기를 누린 반면, 막상 이에 대한 10대들의 입장, 그 비판적 목소리의 울림은 거의 알려지지 않았다. 촛불소녀 아이콘에 대한 기성세대의 호의는 귀여움의 대상이 된 존재에 대한 보호자로서의 권위와 이들을 "미래로 유예된 인적 자원"으로 활용하려는 의도를 동시에 내포한다.[11] 반면 연구자들이 만난 소녀·

---

11) "촛불소녀에 거는 은근 태클," 온라인 개인 블로그(http://g*******.tistory.com/***).

소년들은 모두 촛불소녀 아이콘을 거부하거나 이에 부정적인 태도를 보였다. 이를테면 A 단체는 촛불소녀 아이콘이 '소녀'의 이미지를 촛불에 병치시킴으로써 촛불에 참여한 청소년들을 약자의 이미지로 틀 짓는다고 비판한다. A 단체에서 활동하던 '다'에 따르면 촛불 광장에서도 이 아이콘에 대한 비판적 토론과 회의가 빈번히 이루어졌다고 한다. 이들에게 촛불소녀 아이콘은 "애들을 띄워서 동정심을 유발"하고(인터뷰 참여자 '가'), "어른들[을] 더 나오게 하기 위해서"(인터뷰 참여자 '마'), "이용"된다는 느낌(인터뷰 참여자 '나')을 줄 정도로, 수상하고 불쾌한 기표였다. '촛불소녀' 아이콘에 대한 10대의 부정적 판단에는, 10대를 보호나 칭찬의 대상으로 치켜세우는 대신 이들을 동등한 정치적 주체로는 인정하지 않으려는 기성세대의 이중적 태도를 향한 비판 의식이 함축되어 있다.

10대와 기성세대와의 갈등은 촛불 광장의 일상에서 확연히 드러났다. 10대의 시각에서 볼 때, 남성-어른 단체는 10대 소녀·소년을 여성화·아동화하며, 스스로를 지배와 보호의 권력으로 자임했다. '나'는 촛불 현장에서 "어른 단체"가 "애들한테 심부름을 시키고 '아이, 귀엽다'〔라며〕 쓰다듬어주고" 하는 관계에 불편함을 느끼다가, "여자 청소년들에게 남자 어른들이 커피 심부름을" 시키는 행태에 문제 제기해야겠다고 판단하고 청소년들을 조직했다. 그에 따르면 '비청소년' 단체는 반말을 하고 잔심부름을 시키며, 유순히 따르지 않으면 활동비 지원(숙박, 인쇄, 깃발 제작 비용 등)을 중지하는 방식으로 10대를 통제하면서도 10시가 넘으면 귀가를 권유, 종용하는 식으로 보호의 권력을 남용했다. 어른들이 소녀들에게 언어적·육체적인 희롱을 가한다는 소문이 돌고, 10대의 집단적 항의가 있었을 정도로, "군사화된"(인터뷰 참여자 '나') 촛불

문화에 대한 갈등이 내부적으로 첨예해졌다는 것이다. 이처럼 훈육과 차별의 이중적 권력 작용이 횡행하는 분위기 속에서 청소년은 촛불 광장에서 점차 사라져갔다.

중요한 점은 10대의 정치적 감수성이, 그들이 기성의 운동 문화로부터 스스로 거리 두기를 시행하며 광장을 떠나고 외부의 눈에 띄지 않게 된 바로 그 지점에서 한층 더 성숙해졌다는 사실이다. 기성 운동 문화의 인습화된 위계적이고 관료적인 조직 질서(인터뷰 참여자 '마')와 "소수자 감수성"의 결핍 문제(인터뷰 참여자 '나')는 막 촛불에 들어선 10대에게 중요한 비판의 대상이 된다. 그리고 이들은 기성의 운동 집단을 떠나 A 단체와 같은 청소년 단체 활동에 참여하면서, "진보"의 "실제"에 대해 새로이 눈뜨고 몸소 실행하는 경험을 쌓아가게 된다.

마: "야 그거 무겁잖아. 남자애들 줘" 이러면 "남자 여자가 어디 있어 나도 힘 센데" 이러면서 막 들고 가거나. 그리고 회의를 할 때 남자가 이렇게 하는 게 아니라 누구나 할 수 있고, 자연스럽게 얘기할 수 있는 이런 거, 그런 거, 힘, 그러니까는 실제로 진보적인 청소년들은 다 알고 있잖아요. 성차별 안 하고, 다 평등하고 남녀 이런 거 없이. 근데 실제로도 힘이라든가 이런 거 보면 살짝 있거든요. 마초적인 면모들이 남자애들이 없지 않아 있잖아요. 이러면 멋있어 보이겠다 그런 게. 그런 게 아예 없지는 않은데 확실히 다른 것 같아요. 인권 운동 하는 친구들이랑, 아예 그냥 알고는 있지만 그렇게 행동하는 친구들이랑은 완전히 그런 행동이 다르더라고요.

정부에 대한 반대가 10대의 정치의식을 점화했다면, 이제 기성세대

가 주도하는 시민운동의 문제를 점차 인지해가면서 운동 내부에서 또다시 운동을 시도하는, 10대의 정치화 과정이 재점화되었다. 단지 정부에 대항하는 시민운동이라는 단일성이 아니라, 그 일차적인 대항 안에서 또다시 여러 겹의 대안성, 부정성, 저항성을 발휘한다는 점에서, 한결 중층적이고 섬세하게 구성되는 10대의 정치적 정체성을 읽을 수 있다.

촛불 광장의 10대들은 기성의 시민운동과는 구별되는 정체성 정치의 면모들을 보여주고 있다. 기성의 운동 문화가 대의(예컨대 반미와 진보)를 위해 차이들을 통합하는 방식을 취했다면, 10대의 정치 문화는 다양한 차이들을 인정하고 존중하며 "실제 행동"(인터뷰 참여자 '마')을 하는 감수성과 실천성에 기초를 두고 있다. 또한 세대/젠더 질서에 의해 정부와 기성 시민들로부터 이중으로 고통당하는 주변인으로서의 소녀·소년들이, 분노와 연민의 공감을 통해 응결하고 연대하는 모습을 발견할 수 있다. 그리고 특정 가치나 이념적 기준이 통합을 명령하는 절대 권력으로 인정되지 않는 대신, 상호 평등적인 기대와 책임성 있는 관계를 형성해가는 민주적 상상력이 중시되고 있다. 이렇게 서로의 차이들을 인정하고 존중하는 "성찰적인 연대"(Dean, 1996)를 만들어나가는 과정 속에서, 10대는 정치적 주체로서의 청소년들로 '되어가고' 있었다.

8. 후기: 그로부터 1년 후

첫 인터뷰 기간이 지나고 1년 후, 우리는 10대 인터뷰 참여자들 중의 일부와 다시 만났다. 그들을 2008년 촛불 광장이라는 단발적인 스냅숏에 일시적인 이미지로 굳혀두기보다는, 과정적이고 계속적인 자기 형성

의 과정 속에서 이해하고 싶었기 때문이다. 인터뷰에 참여했던 10대들은 당연히 자라고 변했다. 그리고 자신의 삶과 정체성에 대해 한층 성숙하고 날카로운 이해를 지닌 모습이었다. 그들 중 일부는 학교로 돌아가 대학 입시를 준비하고 있었고 다른 일부는 학교를 그만두고 청소년 인권단체에서 활동가로 일하고 있었는데, 현재 어떤 구체적인 일을 하는지와 무관하게, 이들은 촛불에 참여하는 과정에서 자신이 보다 다양하고 자유로운 생각을 가지게 되었다고 느끼고 있었다. 이를테면 '나'는 촛불 정국 초기에는 학교에서 자신이 전개하는 청소년 인권 운동에 대해 회의에 빠져 있었지만, 촛불을 계기로 변화한 학교 풍경과 광장에서 만난 수많은 또래 친구들을 통해 "청소년들의 거대 액션"에 대한 희망을 발견하고 학교를 떠나지 않기로 마음먹었다. '다'의 경우 2008년 학교를 자퇴하기로 결심한 후 촛불집회에 참여했다. 촛불 당시 연행을 당한 뒤 '청소년'이라는 명목으로 빠르게 풀려나지만, 언론에 '여중생의 연행'으로 선정적으로 보도되는 것을 지켜보면서 여성으로서의 자신의 위치를 고민하게 되고, 스스로를 보다 공고히 청소년 인권 활동가로서 정체화하게 된다.

인터뷰 참여자들의 주체성 이동의 궤적들은 모두 상이했으나, 그 각자의 다름은 서로 맞닿아 소통하고 영향을 주고받으며, 부딪쳐 갈라지기도 하는 흔적들을 머금고 있다. 10대들은 촛불 광장의 외부적 경계에서 물대포와 전경과의 몸싸움 등을 통해 정부-국가의 폭력적 실체를 자각하며, 촛불 광장의 내부적 경계에서 남성-어른 중심으로 기성화된 '시민' 주체의 보수성 역시 확인한다. 촛불집회 참여를 통해 자발적으로 생성된 '청소년'이라는 정체성은 국가-자본-남성-어른이라는 전선에 대면하는 집단적 정체성인 동시에, 스스로를 소수자 위치에 두고

소수자의 관점에 서서 운동 문화에 대한 내부적 성찰을 요청할 수 있는 실천적 위치이기도 했다. 자신의 고유한 기억과 현재의 일상과 미래에 대한 상상을 오가며, 10대 소녀·소년들은 어쩌면 또 한 차례, 아니 항상 자라나고 있다.

9. 새로운 정치 세대의 성장을 향해

2008년의 촛불 정국을 둘러싼 무수한 논의들은 끊임없이 촛불의 10대에 대한 지식을 양산해왔으나, 이는 필연적으로 10대들을 과잉 또는 과소 재현함으로써, 10대 그 자신들을 담론의 장에서 밀어내는 효과를 낳았다. 우리는 촛불의 10대들을 위협 또는 저항의 주체로 신화화하는 기존의 관점에 이의를 제기하면서, 이들과의 말 걸기와 듣기를 통한 새로운 이해를 도모했다. 10대의 일상 속에서 체화된 고통과 분노의 경험이 2008년 촛불 정국이라는 계기를 통해 윤리적인 태도로 구체화되고, 소통을 통해 재구성되며, 차이의 정치화라는 흐름으로 성장하는 과정을 살펴나갔다.

우리는 10대의 삶의 과정에서 자연스럽게 형성된 감정과 경험으로부터 자발적으로 발현된 현상으로서 10대의 촛불 참여 문화를 해석했다. 오늘날의 신자유주의적 교육 체제와 가부장적 가족구조하에서 10대가 겪게 되는 분노, 긴장, 두려움의 감정이 윤리적인 문제로 각성되고 정치적 실천으로 적극화되는 흐름과, 이러한 정치적 인식이 특정한 소통의 코드로 재현되는 문화적 흐름이 접합하는 지점에, 우리의 관심이 모아졌다. 아래의 '나'의 복합적인 목소리에서 내비치듯이, 촛불의 10대

는 '윤리적 주체'로서 사회적인 문제를 자신의 문제로 내면화하여 의미화하는 능력을 길러나갔다. 또한 다양한 또래 집단의 하위문화적 경험 안에서 자신과 타인의 문제들을 공유하고 교환하는 덕성과 능력을 지니며, 이에 따라 자신의 공동체를 재구성하는 '소통적 주체'로서 성숙해 갔다. 그리고 자신과 친구들의 생각과 경험을 사회적 차원으로 확장하고 구체적 행위로 개진하기를 시도하는 '정치적 주체'로 성장해나갔다.

> 나: 내가 인권 운동 처음 시작할 때는 딱히 정치가 나의 목표였거나 그런 건 아니었는데. 내가 정치가가 되고 싶었던 그런 것도 없었고. 정치 자체는 고민하지 않고 시작했는데 활동을 하다 보니까 자연히…… 이제 나에게 있어서…… 내 목소리를 알릴 수 있는, 내 목소리를 사람들과 이 사회에 어필할 수 있는 방법으로서 이런 정치적인 활동들, 내 짜증을 풀어내는 방법이었어. 답답함, 분노, 열 받음, 억울함, 상상력? 난 풍부한 상상력을 가지고 있으니까!

이처럼 윤리, 소통, 정치의 차원들에서 중첩적으로 형성되는 10대의 정체성에 대한 이해를 통해 개인/사회, 문화/정치를 분리하여, 양극단의 한 영역으로 설명하려는 기존의 청소년 문화이론의 오류를 교정할 수 있다. 이때 주변화된 타자가 획득한 분노와 복수의 심리는 일시적 일탈이나 놀이로 발산되어 사라지지 아니하고 주체의 윤리적 진정성으로, 소통의 상상력으로, 정치적 감수성으로 성숙할 잠재성을 지닌다. 따라서 10대에게 있어 촛불 현장 참여란 자신의 고유한 경험의 바탕 위에서 '되어가는' 윤리적·소통적·정치적 주체로의 자기 형성을 의미한다.

물론 이 글의 모든 논의가 분명하고 긍정적인 결론으로 마무리될 수

있는 것은 아니다. 10대들은 (어쩌면 그 누구도 그러하듯) 다수의 충돌적인 가치들 사이에서 모순된 모습을 보이곤 했다. 이 혼돈에는 신자유주의 시대의 소비문화와 개인적 자유의 문제가 주요한데, 예를 들면 홍대 앞의 상업화된 카페 거리가 자유로운 청년 문화의 본거지로 낭만화된다든지, 원하는 것을 모두 하고 즐길 수 있는 조건으로서 정치적 자유가 상상되는 식이다. 그럼에도, 바로 그러하기에, 우리에게 요청되는 것은 바로 이렇듯 10대의 삶에 혼존하는 갈등과 가능성에 대한 열린 이해다. 그들의 갈등과 혼란은 곧 한국 사회의 정치적이고 경제적인 구조로부터 기인하기 때문이다. 개인화된 소비 주체 혹은 집단화된 운동 주체라는 양분된 시각을 극복하고, 다양한 요소들과 충돌하고 타협하는 과정에서 접합적으로 형성되고 형성하는 10대의 정체성, 또는 정체성의 정치의 문제를 살펴보는 일이 더욱 긴요한 이유도 이 때문이다.

촛불에 참여한 10대들과의 '만남'은 단지 그들의 정치 참여와 정치적 정체성에 대한 새로운 이론화를 요청하는 작업일 뿐 아니라, 이들과 어떻게 만날 것인가라는 방법론적 질문을 제기하는 작업이기도 하다. 우리가 만난 10대 소녀·소년들은 자신들의 목소리를 활발히 발화할 수 있는 기본적인 공간을 비록 일시적으로나마 광장 한 부분에 확보할 수 있었다. 그러나 이 주체의 위치가 촛불의 진행 과정에서 급속하게 탈각되거나 다른 방식으로 환원되었다고 한다면, 그 주체 위치를 회복하는 것이 어떻게 가능한지를 탐색하는 것 역시 이 글의 과제였다고 할 수 있다. 또한 한순간의 이벤트로 마무리하는 대신, 10대 주체들의 지속적인 성장과 전환의 향방을 통찰하고 그 정치적 의미를 해명하는 작업은 향후의 과제로서 계속 유의미하다.

만약 미래를 믿는다면, 그것은 현재의 10대들에 의해 도래하는 그 무

엇이 될 터이다. 그렇다면 우리의 윤리적 진정성, 소통의 문화, 정치적 실천력의 가능성과 전망을 열어주는 힘 역시 10대 소녀·소년들이 만들어 뿌리고 모으는 생각·말·행위, 그것의 발랄하되 진중한 파동과 울림으로부터 빚어져 나올 것이다. 10대의 정체화는 때로는 의도적이지만, 때로는 의식의 밑에서조차 항상적으로 진행된다는 점에서 이미-언제나 역사적이다. 촛불 광장을 한때의 사건으로 넘겨버리지 않고, 그 공간을 중심으로 전개된 10대들의 정체성 정치의 의미가 사회적으로 해독되고 공유되는 성찰적 이해의 바탕 위에서만이, 새로운 정치 세대의 성장이라는 역사적 맥락화가 가능할 것이다.

1장 _ 소통이라는 유령: 상징권력과 인정투쟁의 관점에서

김영욱(2011), 「병합 100년, 일본은 사과했는가?: 일본의 과거사 공적 사과에 대한 수사학적 분석」, 『언론과사회』 19권 1호, pp. 75~113.

김예란·김효실·정민우(2010), 「광장에 균열내기」, 『한국언론정보학보』 52호, pp. 90~110.

김원식(2009), 「인정(Recognition)과 재분배(Redistribution): 한국사회 갈등 구조 해명을 위한 모색」, 『사회와철학』 17호, pp. 97~128.

김청환(2008. 7. 3), "25살 동갑내기 스타 논객 3인방─노정태, 한윤형, 김현진 '글발' 비결," 『주간한국』(http://weekly.hankooki.com/lpage/08_life/200807/wk20080703145429100510.htm).

김현진(2009. 6. 29), "[야! 한국 사회] 엠비와 두사부일체를 격리하자," 『한겨레』 (http://www.hani.co.kr/arti/opinion/column/363031.html).

──(2010. 1. 28), "차라리 믿고 세례 받자," 『시사인』 124호(http://www.sisainlive.com/news/articleView.html?idxno=6371).

루소, 장 자크(2002), 『언어 기원에 관한 시론』, 주경복·고봉만 옮김, 책세상. [J. Rousseau(1781), *Essai sur l'origine des langues*.]

문성훈(2005), 「인정개념의 네 가지 갈등구조와 역동적 사회발전」, 『사회와철학』 10
　　호, pp. 145~68.

민영·노성종(2011), 「소통의 조건: 한국 사회의 시민 간 정치대화 탐구」, 한국언론학
　　회 주최 "한국 사회의 소통 위기: 진단과 전망" 세미나 발표문.

민중언론참세상(2008), "촛불의 길을 묻다[인권오름-민중언론참세상 공동기획 좌담
　　(1): 김현진·한윤형·노정태·미류·완군]," 『민중언론참세상』(http://www.
　　newscham.net/news/view.php?board=news&nid=48373).

박주현(2008. 5. 3), "'이명박 커뮤니케이션에 벌써 빨간불?' 쇠고기 파문과 대통령
　　화법," 『오마이뉴스』(http://www.ohmynews.com/NWS_Web/view/at_
　　pg.aspx?CNTN_CD=A0000892320).

변희재(2008. 5. 11), "좌익파쇼386에 팽당한 20대 88만원 세대," 『미디어워치』
　　(http://www.bignews.co.kr/news/article.html?no=226351).

이택광(2009. 4. 29), "모든 것은 이명박 탓인가?," 『미디어스』.

임인택(2011. 5. 5), "'3류에 60년대식 유치찬란한 정치인' 누굴까: 정두언 트위터의
　　글 '누구냐' 댓글 줄줄이," 『한겨레』(http://www.hani.co.kr/arti/politics/
　　politics_general/476430.html).

조갑제(2008. 6. 18), "KBS 1TV 「단박인터뷰」의 편집 전 인터뷰 녹취록," 『조갑제닷
　　컴』에 실린 원문 인용(http://www.chogabje.com).

───(2008. 7. 1), "이명박의 소통병," 『조갑제닷컴』(http://www.chogabje.com).

진중권(2008. 5. 3), "반이(反李) 좀 하면 안 되나?," 『프레시안』(http://www.
　　pressian.com/article/article.asp?article_num=60080503190054&
　　Section=).

하버마스, 위르겐(2000), 『탈 형이상학적 사유』, 이진우 옮김, 문예출판사. [W.
　　Habermas(1988), *Nachmetaphysisches Denken: Philosophische Aufsätz*,
　　Frankfurt am Main: Sukrkamp.]

Austin, J.(1962), *How to Do Things with Words*, second edition, Cambridge,
　　MA: Harvard University Press. [김영진 옮김(1992), 『말과 행위』, 서광사.]

Bourdieu, P.(1991), *Language and Symbolic Power*, G. Raymond & M. Adamson
　　(trans.), Cambridge, MA: Harvard University Press. [정일준 옮김(1997),

『상징폭력과 문화재생산』, 새물결.]

Derrida, J.(1994), *Specters of Marx: The State of the Debt, The Work of Mourning and the New International*, P. Kamuf(trans.), London/New York: Routledge. [진태원 옮김(2007), 『마르크스의 유령들』, 이제이북스.]

Foucault, M.(2001), *Fearless Speech*, J. Pearson(ed.), Los Angeles: Semiotext(e).

Fraser, N.(2003), "Social justice in the age of identity politics: Redistribution, recognition, and participation," N. Fraser & A. Honneth, *Redistribution or Recognition?: A Political-philosophical Exchange*, London/New York: Verso, pp. 7~109.

Honneth, A.(1995), *The Struggle for Recognition: The Moral Grammar of Social Conflict*, Cambridge: Polity Press. [문성훈·이현재 옮김(2011), 『인정투쟁: 사회적 갈등의 도덕적 형식론』, 사월의책.]

──(2003), "Redistribution as recognition: a response to Nancy Fraser," N. Fraser & A. Honneth, *Redistribution or Recognition?: A Political-philosophical Exchange*, London/New York: Verso, pp. 110~97.

Taylor, C.(1979), *Hegel and Modern Society*, Cambridge/New York: Cambridge University Press. [박찬국 옮김(1988), 『헤겔철학과 현대의 위기』, 서광사.]

2장_ 감성공론장: 느끼고 말하고 행하다

권정민(2008), 「상품 페미니즘에서의 성 정체성 구축에 관하여: 여성 전용 케이블 채널인 온스타일(Onstyle) 사례연구」, 서울대학교 언론정보학과 석사학위논문.

김수아(2007), 「사이버 공간에서의 힘돋우기 실천」, 『한국언론학보』 51권 6호, pp. 346~80.

──(2008), 「온라인 글쓰기에서의 자기 서사와 정체성 구성」, 『한국언론학보』 52권 5호, pp. 56~82.

김수정·김예란(2008), 「사이버 공론장들의 젠더성과 담론구성의 특징」, 『미디어, 젠더 & 문화』 10호, pp. 5~36.

김영옥(2009), 「여성·국가·촛불」, 당대비평 기획위원회 엮음, 『그대는 왜 촛불을 끄

셨나요』, 산책자, pp. 201~14.

스피노자, B.(2007), 『에티카』, 강영계 옮김, 서광사. [원서: B. Spinoza(1677), *Ethica*.]

아리스토텔레스(2007), 『니코마코스 윤리학/정치학/시학』, 손명현 옮김, 동서문화사. [Aristoteles, *Ethica Nicomachea*.]

이상길(2009), 「순수성의 모랄」, 당대비평 기획위원회 엮음, 『그대는 왜 촛불을 끄셨나요』, 산책자, pp. 89~108.

이준웅(2009), 「인터넷 공론장의 매개된 상호가시성과 담론 공중의 형성」, 『언론정보연구』 46권 2호, pp. 5~32.

조한혜정(2000), 「내가 만들고 싶은 사이버 공화국: 인터넷의 정치경제학」, 『연세여성연구』 6호, 평민사.

천정환(2003), 『근대의 책 읽기』, 푸른역사.

프로이트, 지그문트(2009), 「집단 심리학과 자아 분석」, 김석희 옮김, 『문명 속의 불만』, 열린책들, pp. 71~164. [S. Freud(1921), *Massenpsychologie und Ich-Analyse*.]

Ahmed, S.(2004), *The Cultural Politics of Emotion*, Edinburgh: Edinburgh University Press.

Barfuss, T.(2008), "Active subjects, passive revolution," *Cultural Studies*, 22(6), pp. 837~49.

Benhabib, S.(1992), *Situating the Self: Gender, Community and Postmodernism in Contemporary Ethics*, London: Routledge.

Benhabib, S. & J. Resnik(eds.)(2009), *Migrations and Mobilities*, New York: NYU Press.

Blackman, L.(2008), "Affect, relationality and the 'problem of personality'," *Theory, Culture and Society*, 25(1), pp. 23~47.

Boltanski, L.(1999), *Distant Suffering: Morality, Media and Politics*, Cambridge/ New York: Cambridge University Press.

Borch, C.(2006), "The exclusion of the crowd: The destiny of a sociological figure of the irrational," *European Journal of Social Theory*, 9(1), pp.

83~102.

──(2007), "Crowds and economic life: Bringing an old figure back,"
  Economy and Society, 36(4), pp. 549~73.

Boyte, H.(1992), "The pragmatic ends of popular politics," C. Calhoun(ed.),
  Habermas and the Public Sphere, Cambridge, MA: MIT Press, pp.
  340~55.

Brennan, T.(2004), *The Transmission of Affect*, Ithaca: Cornell University Press.

Brooks, A.(1997), *Post Feminism: Feminism, Cultural Theory and Cultural
  Forms*, London/New York: Routledge. 〔김명혜 옮김(2003), 『포스트페미니
  즘과 문화 이론』, 한나래.〕

Calhoun, C.(1992), "Introduction: Habermas and the public sphere," C.
  Calhoun(ed.), *Habermas and the Public Sphere*, Cambridge, MA: MIT
  Press, pp. 109~42.

Clough, P.(2007), "Introduction," P. Clough(ed.), *The Affective Turn: Theorizing
  the Social*, Durham: Duke University Press, pp. 1~33.

de Certeau, M.(1984), *The Practice of Everyday Life*, Berkeley: University of
  California Press.

Dean, J.(2001), "Cybersalons and civil society rethinking the public sphere in
  transnational technoculture," *Public Culture*, 13(2), pp. 243~65.

Derrida, J.(2006), "Is there a philosophical language?," L. Thomassen(ed.), *The
  Derrida-Habermas Reader*, Chicago: The University of Chicago Press,
  pp. 35~45.

Fraser, N.(1992), "Rethinking the public sphere: A contribution to the critique of
  actually existing democracy," C. Calhoun(ed.), *Habermas and the Public
  Sphere*, Cambridge, MA: MIT Press, pp. 109~42.

Habermas, J.(1962), *Strukturwandel der Öffentlichkeit: Untersuchungen zu
  einer Kategorie der bürgerlichen Gesellschaft*, Frankfurt a. M.: Suhrkamp.
  〔한승완 옮김(2001), 『공론장의 구조변동: 부르주아 사회의 한 범주에 관한 연
  구』, 나남.〕

──(1992), "Further reflections on the public sphere," C. Calhoun(ed.),

Habermas and the Public Sphere, Cambridge, MA: MIT Press, pp. 421~61.

Hardt, M. & A. Negri(2005), *Multitude: War and Democracy in the Age of Empire*, New York: Penguin. 〔조정환·정남영·서창현 옮김(2008), 『다중: 제국이 지배하는 시대의 전쟁과 민주주의』, 세종서적.〕

Hebdige, D.(1981), *Subculture: The Meaning of Style*, London/New York: Routledge.

Juris, J. & G. Pleyers(2009), "Alter-activism: Emerging cultures of participation among young global justice activists," *Journal of Youth Studies*, 12(1), pp. 57~75.

Kress, G. & T. van Leeuwen(2001), *Multimodal Discourse: The Modes and Media of Contemporary Communication*, London: Hodder Arnold.

Landes, J.(1996), "The performance of citizenship: Democracy, gender and difference in the French Revolution," S. Benhabib(ed.), *Democracy and Difference*, Princeton: Princeton University Press, pp. 295~313.

Latour, B.(2002), "Gabriel Tarde and the end of the social," P. Joyce(ed.), *The Social in Question*, London/New York: Routledge, pp. 117~32.

Le Bon, G.(2002), *The Crowd: A Study of the Popular Mind*, T. Fisher Unwin (trans.), New York: Dover Publications. 〔이상률 옮김(2012), 『군중심리』, 지도리.〕

McRobbie, A.(2004), "Post-feminism and popular culture," *Feminist Media Studies*, 4(3), pp. 255~64.

Negt, O. & A. Kluge(1993), *Public Sphere and Experience: Toward an Analysis of the Bourgeois and Proletarian Public Sphere*, Minneapolis: University of Minnesota Press.

Rabinovitch, E.(2001), "Gender and the public sphere: Alternative forms of integration in nineteenth-century America," *Sociological Theory*, 19(3), pp. 344~70.

Tarde, G.(1898), "Opinion and conversation," T. Clark(ed.)(1969), *On Communication and Social Influence: Selected Papers*, Chicago:

University of Chicago Press, pp. 297~318.

———(1901), "The public and the crowd," T. Clark(ed.)(1969), *On Communication and Social Influence: Selected Papers*, Chicago: University of Chicago Press, pp. 277~94.

Thrift, N.(2004), "Intensities of feeling: Towards a spatial politics of affect," *Geogr. Ann.*, 86B(1), pp. 57~78.

Toews, D.(2003), "The new tarde: Sociology after the end of social," *Theory, Culture and Society*, 20(5), pp. 81~98.

Turner, G.(2009), *Ordinary People and the Media. The Demotic Turn*, London. Sage.

Warner, M.(2002), "Public and counterpublics," *Public Culture*, 14(1), pp. 49~90.

Williams, R.(1977), *Marxism and Literature*, Oxford: Oxford University Press. [박만준 옮김, 『마르크스주의와 문학』, 지식을만드는지식.]

Zoonen, L.(2006), "The personal, the political and the popular," *Cultural Studies*, 9(3), pp. 287~301.

3장 _ 불안: 그 느낌, 표정, 말들에 관하여

기든스, 앤서니(2010), 『현대성과 자아정체성』, 권기돈 옮김, 새물결. [A. Giddens(1991), *Modernity and Self-Identity: Self and Society in the Late Modern Age*, Cambridge: Polity Press.]

기형도(1989), 「입 속의 검은 잎」, 『입 속의 검은 잎』, 문학과지성사.

김홍중(2009), 『마음의 사회학』, 문학동네.

박민규(2005), 「카스테라」, 『카스테라』, 문학동네.

배수아(2010), 「밤이 염세적이다」, 『올빼미의 없음』, 창비.

벤야민, 발터(2008a), 「언어 일반과 인간의 언어에 대하여」, 『발터 벤야민 선집 6: 언어 일반과 인간의 언어에 대하여/번역자의 과제 외』, 최성만 옮김, 길, pp. 69~96. [W. Benjamin(1916), "Über sprache überhaupt und über die

sprache des menschen," *Gesammelte Schriften*, 1972~1989, Bd. II/1, Frankfurt a. M.: Suhrkamp, pp. 137~40.]

──(2008b), 「말과 이름의 대립적 측면」, 『발터 벤야민 선집 6: 언어 일반과 인간의 언어에 대하여/번역자의 과제 외』, 최성만 옮김, 길, pp. 327~32. [W. Benjamin(1933), "Antithetisches über wort und name," *Gesammelte Schriften*, 1972~1989, Bd. VII/2, Frankfurt a. M.: Suhrkamp, pp. 795~96.]

이인성(1997), 『낯선 시간 속으로』, 문학과지성사.

키르케고르(2007), 『불안의 개념/죽음에 이르는 병』, 강성위 옮김, 동서출판사.

Barfuss, T.(2008), "Active subjects, passive revolution," *Cultural Studies*, 22(6), pp. 837~49.

Barthes, R.(1977), *Image-Music-Text*, S. Heath(trans.), New York: Hill and Wang.

Beck, U.(1986), *Risikogesellschaft: Auf dem Weg in eine andere Moderne*, Frankfurt a. M.: Suhrkamp. [홍성태 옮김(2006), 『위험사회: 새로운 근대(성)을 향하여』, 새물결.]

Bhabha, H(1994), *The Location of Culture*, London/New York: Routledge. [나병철 옮김(2012), 『문화의 위치』, 소명출판.]

Boltanski, L. & E. Chiapello(2007), *The New Spirit of Capitalism*, London/New York: Verso.

Chandler, D.(2007), *Semiotics: The Basics*, New York: Routledge.

Clough, P.(2009), "The new empiricism affect and sociological method," *European Journal of Social Theory*, 12(1), pp. 43~61.

Couldry, N.(2010), *Why Voice Matters: Culture and Politics after Neoliberalism*, Los Angeles/London: Sage.

Dreyfus, H.(1991), *Being-in-the-World: A Commentary on Heidegger's Being and Time*, Cambridge, MA: MIT Press.

Fanon, F.(2008), *Black Skin, White Masks*, R. Philcox(trans.), New York: Grove Press. [이석호 옮김(2013), 『검은 피부 하얀 가면』, 인간사랑.]

Foucault, M.(1988), "The minimalist self," L. Kritzman(ed.), *Politics, Philosophy, Culture: Interviews and Other Writings 1977~1984*, New York: Routledge.

Fraser, N.(2003), "Social justice in the age of identity politics: Redistribution, recognition, and participation," N. Fraser & A. Honneth(eds.), *Redistribution or Recognition?: A Political-philosophical Exchange*, London/New York: Verso, pp. 7~109.

Hebdige, D.(1981), *Subculture: The Meaning of Style*, London/New York: Routledge.

Heidegger, M.(1962), *Being and Time*, J. Macquarrie & E. Robinson(trans.), New York: Harper and Row. [이기상 옮김(1998),『존재와 시간』, 까치글방.]

Honneth, A.(1995), *The Struggle for Recognition: The Moral Grammar of Social Conflict*, Cambridge: Polity Press. [문성훈·이현재 옮김(2011),『인정투쟁: 사회적 갈등의 도덕적 형식론』, 사월의책.]

Miller, T.(1993), *The Well-Tempered Self: Citizenship, Culture and the Postmodern Subject*, Baltimore: The Johns Hopkins University Press.

Taylor, C.(1991), *The Malaise of Modernity*, Toronto: Stoddart Publishing. [송영배 옮김(2001),『불안한 현대사회』, 이학사.]

Williams, R.(1977), *Marxism and literature*, Oxford: Oxford University Press. [박만준 옮김,『마르크스주의와 문학』, 지식을만드는지식.]

4장 _ 디지털 사회, 소통의 문화

권상희·우지수(2005),「블로그 미디어 연구: 블로그 이용 및 만족과 인지 형태에 관한 연구」,『한국방송학보』19권 2호, pp. 419~60.

김경희·배진아(2006),「30대 블로거들의 블로그 매개 커뮤니케이션 연구」,『한국언론학보』50권 5호, pp. 5~31.

김성기(1997),「문화 포퓰리즘, 혹은 신낭만주의의 그늘」,『언론과사회』18호, pp. 168~79.

김신동(2001), 「호모 텔레포니쿠스의 등장: 이동전화 확산에 영향을 준 사회문화적 요인 연구」, 『한국언론학보』 45권 2호, pp. 62~85.

김영주(2006), 「블로그의 미디어적 기능과 한계」, 『한국언론학보』 50권 2호, pp. 59~89.

김예란(2004), 「가상공간의 공동체 문화 탐색: 사이월드 문화를 중심으로」, 『언론과 사회』 12권 3호, pp. 55~89.

───(2005), 「디지털 아비투스: 플랫폼을 넘나드는 콘텐츠 소비문화」, 『방송문화연구』 17권 2호, pp. 68~109.

───(2006), 「모바일로 가다」, 『문화과학』 48호, pp. 196~212.

김호기(2002), 「시민사회론의 동향과 쟁점」, 『비평』 8호, pp. 310~24.

바르트, 롤랑(1997), 『텍스트의 즐거움』, 김희영 옮김, 동문선. 〔R. Barthes(1973), *Le plaisir du texte*, Paris: Éditions du Seuil.〕

박명진·이범준(2004), 「가상현실 커뮤니케이션의 특성과 그 체험의 양상: 몰입 과정과 몰입 조건에 대한 수용자 연구」, 『언론정보연구』 41권 1호, pp. 29~60.

박승관(1994), 『드러난 얼굴과 보이지 않는 손: 한국사회의 커뮤니케이션 구조』, 전예원.

아렌트, 한나(1996), 『인간의 조건』, 이진우·태준호 옮김, 한길사. 〔H. Arendt(1958), *The Human Condition*, Chicago: University of Chicago Press.〕

이기형(2004), 『인터넷 미디어: 담론들의 '공론장'인가 '논쟁의 게토'인가?』, 한국언론재단.

이동연(2003), 「세대문화의 구별짓기와 주체형성: 세대담론에 대한 비판과 재구성」, 『문화과학』 37호, pp. 135~53.

이동후·김예란 엮음(2006), 『모바일 소녀@디지털 아시아』, 한울.

이상길(2006), 「미디어와 문화산업: 장이론의 맹점?」, 『언론과사회』 14권 4호, pp. 70~100.

이재현(2004), 『모바일 미디어와 모바일 사회』, 커뮤니케이션북스.

이호영·박현주·음수연(2005), 『디지털 시대의 문화수용 방식에 관한 연구』, 정보통신정책연구원.

이희은(2007), 「놀이의 노동과 일상의 참여」, 한국언론학회 주최 "UCC와 커뮤니케이션 연구" 세미나 발표문.

임정수(2007), 「초기 UCC 생산과 소비의 탈집중 현상: 판도라TV를 중심으로」, 『한국
　　방송학보』 21권 1호, pp. 211∼42.

장미혜(2002), 「한국 사회에서의 사회 계급별 소비 양식의 차이」, 홍성민 엮음, 『문화
　　와 계급』, 동문선.

홍성민(2003), 「한국 정치와 계급분석: 참여정부 시대의 문화민주주의론」, 『비평』 11
　　호, pp. 204∼42.

Aarseth, E.(1997), *Cybertext: Perspectives on Ergodic Literature*, Baltimore:
　　Johns Hopkins University Press. 〔류현주 옮김(2007), 『사이버텍스트』, 글누
　　림.〕

Adorno, Th. W.(1991), "Free time," J. M. Bernstein(ed.), *The Culture Industry*,
　　London: Routledge, pp. 187∼97.

Aufderheide, P.(1998), "Niche-market culture, off and on line," D. Borden &
　　K. Harvey(eds.), *The Electronic Grapevine: Rumor, Reputation and
　　Reporting in the New On-Line Environment*, London: Lawrence Erlbaum
　　Associates, pp. 43∼57.

Baudrillard, J.(1981), *Simulacres et simulation*, Paris: Galilée. 〔하태환 옮김(2001),
　　『시뮬라시옹』, 민음사.〕

Bolter, J. B. & R. Grusin(1999), *Remediation: Understanding New Media*,
　　Cambridge, MA: MIT Press. 〔이재현 옮김(2006), 『재매개: 뉴미디어의 계보
　　학』, 커뮤니케이션북스.〕

Bourdieu, P.(1984), *Distinction*, Cambridge, MA: Harvard University Press. 〔최
　　종철 옮김(2005), 『구별짓기: 구별과 취향의 사회학』, 새물결.〕

───(1991), *Language and Symbolic Power*, Cambridge, MA: Harvard
　　University Press.

Castells, M.(2000), "Materials for an exploratory theory of the network society,"
　　British Journal of Sociology, 51(1), pp. 5∼24.

Chun, Hui Kyong(2006), "Did somebody say new media?," Chun Hui Kyong & T.
　　Keenan(eds.), *New Media/Old Media*, New York: Routledge, pp. 1∼10.

Convoy, M.(2007), "Permeation and profusion," *Journalism Studies*, 8(1), pp.

1~12.

Couldry, N.(2004), "The productive 'consumer' and the dispersed 'citizen'," *International Journal of Cultural Studies*, 7(1), pp. 21~32.

———(2006), "Culture and citizenship: The missing link?," *European Journal of Cultural Studies*, 9(3), pp. 321~39.

Couldry, N., S. Livingstone & T. Markham(2007), *Media Consumption and Public Engagement: Beyond the Presumption of Attention*, New York: Palgrave.

Dahlgren, P.(2006), "Doing citizenship: The cultural origin of civic agency in the public sphere," *European Journal of Cultural Studies*, 9(3), pp. 267~86.

de Certeau, M.(1984), *The Practice of Everyday Life*, Berkely: University of California Press.

Debray, R.(1995), *Vie et mort de l'image*, Paris: Gallimard. 〔정진국 옮김(1998), 『이미지의 삶과 죽음』, 시각과언어.〕

Doane, M.(2002), *The Emergence of Cinematic Time*, Cambridge, MA: Harvard University Press.

Ellis, J.(1985), *A History of Film*, Englewood Cliffs, NJ: Prentice-Hall. 〔변재란 옮김(1998), 『세계영화사』, 이론과실천.〕

Elsaesser, T.(2006), "Early film history and multi-media: An archaeology of possible future?," Chun Hui Kyong & T. Keenan(eds.), *New Media/Old Media*, New York: Routledge, pp. 13~26.

Everett, A.(2003), "Digitextuality and click theory," A. Everett & J. Caldwell(eds.), *New Media: Theories and Practices of Digitextuality*, New York: Routledge, pp. 3~28.

Featherstone, M. & R. Burrows(eds.)(1995), *Cyberspace/Cyberbodies/Cyberpunk*, London: Sage.

Foucault, M.(1988), *Technologies of the Self: A Seminar with Michel Foucault*, C. Martin, H. Gutman & H. Hutton(eds.), Amherst: University of Massachusetts Press. 〔이희원 옮김(1997), 『자기의 테크놀로지』, 동문선.〕

Galloway, A.(2006), *Gaming: Essay on Algorithmic Culture*, Minneapolis: University of Minnesota Press.

Gotved, S.(2006), "Time and space in cyber social reality," *New Media & Society*, 8(3), pp. 467~86.

Hall, S.(1980), "Encoding/Decoding," S. Hall, D. Hobson, A. Lowe & P. Willis(eds.), *Culture, Media, Language*, London: Hutchinson, pp. 128~38. [임영호 편역(1996), 「기호화와 기호 해독」, 『스튜어트 홀의 문화 이론』, 한나래, pp. 287~304.]

──(ed.)(1997), *Representation: Cultural Representations and Signifying Practices*, London: Sage.

Hansen, M.(2003), *New Philosophy for New Media*, Cambridge, MA: MIT Press.

Hesmondhalgh, D.(2006), "Bourdieu, the Media and cultural production," *Media, Culture & Society*, 28(2), pp. 211~31.

Hillis, K.(2006), "Modes of digital identification: Virtual technologies and webcam culture," Chun Hui Kyong & T. Keenan(eds.), *New Media/Old Media*, New York: Routledge, pp.347~58.

Holmes, D.(1997), "Virtual identity: Communities of broadcast, communities of interactivity," D. Holmes(ed.), *Virtual Politics: Identity and Community in Cyberspace*, London: Sage, pp. 26~45.

Ito, M. 외(eds.)(2005), *Personal, Portable, Pedestrian: Mobile Phones in Japanese Life*, Cambridge, MA: MIT Press.

Juul, J.(2004), "Introduction to game time," N. Wardrip-Fruin & P. Harrigan(eds.), *First Person: New Media as Story, Performance, and Game*, Cambridge, MA: MIT Press, pp. 131~42.

Katz, J. & M. Aakhus(eds.)(2002), *Perpetual Contact: Mobile Communication, Private Talk, and Public Performance*, Cambridge: Cambridge University Press.

Livingstone, S.(2004), "Media literacy and the challenge of new information and communication technologies," *The Communication Review*, 7(1), pp. 3~14.

Mitchell, W.(1992), *The Reconfigured Eye*, Cambridge, MA: MIT Press. 〔김은조 옮김(2005), 『디지털 이미지론』, 클라이닉스.〕

Morley, D.(1992), *Television, Audiences and Cultural Studies*, London: Routledge.

Moulthrop, S.(2004), "From work to play: Molecular culture in the time of deadly games," N. Wardrip-Fruin & P. Harrigan(eds.), *First Person: New Media as Story, Performance, and Game*, Cambridge, MA: MIT Press, pp. 56~70.

Myerson, G.(2001), *Heidegger, Habermas and the Mobile Phone*, Cambridge: Totem Books. 〔김경미 옮김(2003), 『하이데거, 하버마스, 그리고 이동전화』, 이제이북스.〕

Poster, M.(2004), "Consumption and digital commodities in the everyday," *Cultual Studies*, 18(2-3), pp. 409~23.

Potter, D.(2006), "iPod, you Pod, we all Pod," *American Journalism Review*, February/March(http://www.ajr.org/Article.asp?id=4053).

Ryan, M.(2001), *Narrative as Virtual Reality*, Baltimore: Johns Hopkins University Press.

Singer, J.(2007), "Contested autonomy: Professional and popular claims on journalistic norms," *Journalism Studies*, 8(1), pp. 79~95.

Silverstone, R.(2004), "Regulation, media literacy and media civics," *Media, Culture, Society*, 26(3), pp. 440~49.

Stallabrass, J.(2003), *Internet Art: The Online Clash of Culture and Commerce*, London: Tate.

Sterne, J.(2006), "The mp3 as cultural artifact," *New Media & Society*, 8(5), pp. 825~42.

Trammell, D. & A. Keshelashvili(2005), "Examining the new influences: A self-presentation study of A-list blogs," *Journalism & Mass Communication Quarterly*, 82(4), pp. 968~82.

Uricchio, W.(2004), "Historicizing media in transition," D. Thorburn & H. Jenkins(eds.), *Rethinking Media Change: The Aesthetics of Transition*,

Cambridge, MA: MIT Press, pp. 23~38.

van Eijck, K. & R. Oosterhout(2005), "Combining material and cultural consumption: Fading boundaries or increasing antagonism?," *Poetics*, 33(5-6), pp. 283~98.

Wellman, B.(2001), "Physical place and cyberplace: The rise of personalised networks," *International Journal of Urban & Regional Research*, 25(2), pp. 227~52.

White, M.(2006), *The Body and the Screen*, Cambridge, MA: MIT Press.

5장 _ '스마트'에 대한 성찰: 장치를 넘어 주체의 윤리학으로

강남준·김은미(2010), 「다중 미디어 이용의 측정과 개념화: 오디언스를 향한 새로운 시선」, 『언론정보연구』 47권 2호, pp. 5~39.

강홍렬 외(2011), 『스마트TV와 미디어 패러다임 변화』, 정보통신정책연구원.

김예란·권정민(2008), 「휴대폰 영상행위와 정체성 형성에 관한 문화적 접근」, 『언론과 사회』 16권 2호, pp. 74~106.

박태희(2012. 2. 10), "스마트TV '바보TV'되나," 『중앙일보』(http://article.joins.com/news/article/article.asp?ctg=11&total_id=7334710).

서우석·이호영(2010), 「네트워크화된 문화소비자와 문화자본」, 『사이버커뮤니케이션학보』 27권 1호, pp. 93~137.

안수찬(2012. 1. 9), "트위터 '사용-비사용' 집단 3천 명 비교 분석," 『한겨레』(http://www.hani.co.kr/arti/society/society_general/513859.html).

이광석(2012), 「스마트 시대 통치 성격 변화와 미디어 공공성 실천」, 미디어공공성포럼 엮음, 『한국 사회와 미디어 공공성』, 한울, pp. 462~88.

짐멜, 게오르그(2005), 『짐멜의 모더니티 읽기』, 김덕영·윤미애 옮김, 새물결.

홍석경(2012), 「프랑스의 한국 아이돌 문화 여성팬덤과 성 담론에 대한 연구」, 『한국언론학보』 56권 1호, pp. 185~208.

Aarseth, E.(1997), *Cybertext: Perspectives on Ergodic Literature*, Baltimore:

Johns Hopkins University Press. 〔류현주 옮김(2007), 『사이버텍스트』, 글누림.〕

Adorno, Th. W.(1991), "How to look at television," *Culture industry: Selected Essays on Mass Culture*, D. Kishik & S. Pedatella(trans.), London: Routledge, pp. 158~77.

Agamben, G.(2009), *What is an Apparatus? and Other Essays*, Stanford: Stanford University Press. 〔양창렬 옮김(2010), 『장치란 무엇인가?』, 난장.〕

Allon, F.(2004), "An Ontology of Everyday Control: Space, Media Flows and 'Smart' Living in the Absolute Present," N. Couldry & Anna McCarthy(eds.), *Mediaspace: Place, Scale and Culture in a Media Age*, London: Routledge, pp. 253~74.

Althusser, L.(1970), "Ideology and Ideological State Apparatuses," *Lenin and Philosophy and other Essays*, New York/London: Monthly Review Press, pp. 121~76. 〔이진수 옮김(1997), 「이데올로기와 이데올로기적 국가 기구」, 『레닌과 철학』, 백의, pp. 135~92.〕

Andrejevic, M.(2004), *Reality TV: The Work of Being Watched*, Lanham, MD: Rowman & Littlefield Publishers.

Barfuss, T.(2008), "Active subjects, passive revolution," *Cultural Studies*, 22(6), pp. 837~49.

Benjamin, W.(2006), *The Writer of Modern Life: Essays on Charles Baudelaire*, H. Eiland(trans.), Cambridge, MA: Belknap Press of Harvard University Press.

Bøgelund, T. & T. A. Rasmussen(2001), "Interaktivt TV i medielandskabet"(http://www.update.dk/cfje/VidBase.nsf/ID/VB00332602).

Bolter, J. & R. Grusin(1999), *Remediation: Understanding New Media*, Cambridge, MA: MIT Press. 〔이재현 옮김(2006), 『재매개: 뉴미디어의 계보학』, 커뮤니케이션북스.〕

Caldwell, J.(2004), "Convergence television: Aggregating form and repurposing content in the culture of conglomeration," L. Spigel & J. Olsson(eds.), *Television after TV: Essays on a Medium in Transition*, Durham: Duke

University Press, pp. 41~74.

Campbell, H. & A. La Pastina(2010), "How the iPhone became divine: New media, religion and the intertextual circulation of meaning," *New Media & Society*, 12(7), pp. 1191~207.

Cohen, N.(2008), "The valorization of surveillance: Towards a political economy of facebook," *Democratic Communiqué*, 22(1), pp. 5~22.

Chun, Hui Kyong(2006), "Did somebody say new media?," Chun Hui Kyong & T. Keenan(eds.), *New Media/Old Media*, New York: Routledge, pp. 1~10.

Dawson, M.(2007), "Little players, big shows: Format, narration, and style on television's new smaller screens," *Convergence*, 13(3), pp. 231~50.

de Peuter, G. & N. Dyer-Witheford(2005), "A playful multitude? mobilising and counter-mobilising immaterial game labour," *The Fibreculture Journal*, 5(http://five.fibreculturejournal.org/fcj-024-a-playful-multitude-mobilising-and-counter-mobilising-immaterial-game-labour/).

Deleuze, G.(1995), *Negotiations, 1972~1990*, M. Joughin(trans.), New York: Columbia University Press.

Fernback, J.(2007), "Selling ourselves? Profitable surveillance and online communities," *Critical Discourse Studies*, 4(3), pp. 311~30.

Fortunati, L.(2005), "Mediatization of the net and internetization of the mass media," *Gazette*, 67(1), pp. 27~44.

Foucault, M.(1980), *Power/Knowledge: Selected Interviews and Other Writings, 1972~1977*, C. Gordon(trans.), New York: Pantheon books. [홍성민 옮김(1991), 『권력과 지식: 미셸 푸코와의 대담』, 나남.]

――――(1986), *The Care of the Self: The History of Sexuality*, vol. 3, R. Hurley(trans.), New York: Random House. [이혜숙·이영목 옮김(2004), 『성의 역사 3: 자기 배려』, 나남.]

――――(1988), *Technologies of the Self: A Seminar with Michel Foucault*, C. Martin, H. Gutman & H. Hutton(eds.), Amherst: The University of Massachusetts Press. [이희원 옮김(1997), 『자기의 테크놀로지』, 동문선.]

――――(2011), *The Courage of Truth: Lectures at the Collège de France, 1983~1984*,

G. Burchell(trans.), Basingstoke, UK/New York: Palgrave Macmillan.

Fuchs, C.(2011), *Foundations of Critical Media and Information Studies*, London: Routledge.

Gripsrud, J.(2010), "Television in the digital public sphere," J. Gripsrud(ed.), *Relocating Television*, London: Routledge, pp. 3~26.

Hamilton, J. & K. Heflin(2011), "User production reconsidered: From convergence, to autonomia and cultural materialism," *New Media & Society*, 13(7), pp. 1~17.

IDATE(2011), *TV & Digital Content: Connected TV, Who Will Win Control of the User Interface?*, IDATE.

Jenkins, H.(2008), *Convergence Culture: Where Old and New Media Collide*, New York: NYU Press. [김정희원·김동신 옮김(2008), 『컨버전스 컬처: 올드 미디어와 뉴 미디어의 충돌』, 비즈앤비즈.]

Lee, Hye-Kyung(2011), "Participatory media fandom: A case study of anime fansubbing," *Media, Culture & Society*, 33(8), pp. 1131~47.

Maffesoli, M.(1996), *The Time of the Tribes: The Decline of Individualism in Mass Society*, London: Sage.

McLuhan, M.(1964), *Understanding Media: The Extensions of Man*, New York: McGraw-Hill. [김상호 옮김(2011), 『미디어의 이해: 인간의 확장』, 커뮤니케이션북스.]

McLuhan, M. & Q. Fiore(1967), *The Medium is the Massage: An Inventory of Effects*, Harmondsworth: Penguin. [김진홍 옮김(2001), 『미디어는 맛사지다』, 커뮤니케이션북스.]

Morley, D.(1992), *Television, Audiences and Cultural Studies*, London: Routledge.

Murray, S. & L. Ouellette(2008), *Reality TV: Remaking Television Culture*, New York: NYU Press.

Orgad, S.(2009), "Mobile TV: Old and new in the construction of an emergent technology," *Convergence*, 15(2), pp. 197~214.

Parks, L.(2004), "Flexible microcasting: Gender, generation, and television-

internet convergence," L. Spigel & J. Olsson(eds.), *Television after TV: Essays on a Medium in Transition*, Durham: Duke University Press, pp. 133~61.

Robert, D.(2011), "Searching for the future of television," *MIT Technological Review*, Jan./Feb.(http://www.technologyreview.com/computing/26930).

Schutz, A.(1967), *The Phenomenology of the Social World*, Evanston, IL: Northwestern University Press.

Shin, Dong-Hee, Hwang Yongsuk & Choo Hyunseung(2011), "Smart TV: Are they really smart in interacting with people? Understanding the interactivity of Korean Smart TV," *Behaviour & Information Technology*, 32(2), pp. 1~17.

Shirky, C.(2011), *Cognitive Surplus: How Technology Makes Consumers into Collaborators*, New York: Penguin. [이충호 옮김(2011), 『많아지면 달라진 다: '1조 시간'을 가진 새로운 대중의 탄생』, 갤리온.]

Spigel, L.(2005), "Designing the smart house: Posthuman domesticity and Conspicuous Production," *European Journal of Cultural Studies*, 8(4), pp. 403~26.

Stam, R., R. Burgoyne & S. Flitterman-Lewis(1992), *New Vocabularies in Film Semiotics*, London: Routledge. [이수길 외 옮김(2003), 『어휘로 풀어읽는 영 상기호학』, 시각과언어.]

Uricchio, W.(2004), "Television's next generation," L. Spigel & J. Olsson(eds.), *Television after TV: Essays on a Medium in Transition*, Durham: Duke University Press, pp. 163~82.

────(2010), "TV as time machine: television's changing heterochronic regimes and the production of history," J. Gripsrud(ed.), *Relocating Television*, London: Routledge, pp. 3~26.

Wellman, B.(2001), "Physical place and cyberspace: The rise of personalized network," *International Journal of Urban and Regional Research*, 25(2), pp. 227~51.

Williams, R.(1974), *Television: Technology and Cultural Form*, Hanover, N. H.:

Wesleyan University Press. [박효숙 옮김(1996), 『텔레비전론: 테크놀로지와 문화형식』, 현대미학사.]

──(1978), *Marxism and Literature*, Oxford: Oxford University Press. [박만준 옮김, 『마르크스주의와 문학』, 지식을만드는지식.]

6장 _ 빅데이터에 관한 작고 열린 생각들: 디지털 생명정치와 가상 인구의 탄생

강정수(2013), 「혁신과 위험의 빅데이터, 긴장과 균형」, 조현석 엮음, 『빅데이터와 위험 정보사회』, 커뮤니케이션북스, pp. 130~57.

김예란(2010), 「감성공론장: 여성 커뮤니티, 느끼고 말하고 행하다」, 『언론과사회』 18권 3호, pp. 146~91.

들뢰즈, 질(2005), 「정동이란 무엇인가」, 자율평론 기획, 『비물질노동과 다중』, 서창현 옮김, 갈무리, pp. 21~138.

배동민·박현수·오기환(2013), 「빅데이터 동향 및 정책 시사점」, 『방송통신정책』 25권 10호, pp. 37~74.

쉰버거, 빅토르 마이어·케네스 쿠키어(2013), 『빅 데이터가 만드는 세상』, 이지연 옮김, 21세기북스. [V. M. Schönberger, & K. Cukier(2013), *Big Data: A Revolution that will Transform How We Live, Work, and Think*, Boston: Houghton Mifflin Harcourt.]

유지연(2012), 「세계경제포럼(WEF)을 통해 본 빅데이터 논의 동향과 함의」, 『동향』 24권 4호, pp. 55~62.

정용찬(2012), 「빅데이터 혁명과 미디어 정책 이슈」, 『KISDI Premium report. 12-02』.

홍성태(2013), 「정보위험사회와 빅데이터: 현실 정보사회의 관점에서」, 조현석 엮음, 『빅데이터와 위험 정보사회』, 커뮤니케이션북스, pp. 3~32.

Agamben, G.(2009), *What is an Apparatus? and Other Essays*, D. Kishik & S. Pedatella(trans.), Stanford: Stanford University Press. [양창렬 옮김(2010), 『장치란 무엇인가?』, 난장.]

Anderson, B.(2010), "Modulating the excess of affect: Morale in a state of 'Total War'," M. Gregg & G. Seigworth(eds.), *The Affect Theory Reader*, Durham: Duke University Press, pp. 162~85.

Andrejevic, M.(2013), "Estranged free labor," T. Schotz(ed.), *Digital Labor: The Internet as Playground and Factory*, London: Routledge, pp. 149~64.

Beer, D. & R. Burrows(2013), "Popular culture, digital archives and the new social life of data," *Theory, Culture & Society*, 13(4), pp. 47~71.

Boyd, D. & K. Crawford(2012), "Critical questions for big data," *Information, Communication & Society*, 15(5), pp. 662~79.

Brustein, J.(2010. 5. 12), "Is There Life After Facebook?," *The New York Times* (http://bits.blogs.nytimes.com/2010/05/12/is-there-life-after-facebook/?_r=0).

Clough, P. T.(2007), "Biotechnology and digital information," *Theory, Culture & Society*, 24(7-8), pp. 312~13.

——(2012), "War by other means: what difference do(es) the graphic(s) make?," A. Karatzogianni & A. Kuntsman(eds.), *Digital Cultures and the Politics of Emotion: Feelings, Affect and Technological Change*, Basingstoke, UK/New York: Palgrave macmillan, pp. 21~32.

Deleuze, G.(1992), "Postscript on the Societies of Control," *October*, vol. 59, pp. 3~7.

Featherstone, M.(2006), "Archive," *Theory, Culture & Society*, pp. 591~96.

Foucault, M.(1972), *The Archaeology of Knowledge*, A. M. S. Smith(trans.), London: Tavistock publications. [이정우 옮김(2000), 『지식의 고고학』, 민음사.]

——(1997), "Will to knowledge," P. Rabinow(ed.), *Ethics: Subjectivity and Truth*, New York: The New Press, pp. 11~16.

——(2007), *Security, Territory, Population: Lectures at the Collège de France 1977~1978*, G. Burchell(trans.), New York: Palgrave Macmillan. [오트르망 옮김(2011), 『안전, 영토, 인구』, 난장.]

——(2008), *The Birth of Biopolitics: Lectures at the Collège De France*

1978~1979, G. Burchell(trans.), New York: Palgrave Macmillan. [오트르
망 옮김(2012), 『생명관리정치의 탄생』, 난장.]

Gartner(2012), *The importance of 'Big Data': A definition*.

Hardt, M. & A. Negri(2005), *Multitude: War and Democracy in the Age of
Empire*, New York: Penguin. [조정환·정남영·서창현 옮김(2008), 『다중:
제국이 지배하는 시대의 전쟁과 민주주의』, 세종서적.]

IDC(2011), *Extracting Value from Chaos*.

Karatzogianni, A.(2012), "WikiLeaks affects," A. Karatzogianni & A.
Kuntsman(eds.), *Digital Cultures and the Politics of Emotion: Feelings,
Affect and Technological Change*, Basingstoke, UK/New York: Palgrave
macmillan, pp. 52~73.

Lash, S.(2007), "Power after Hegemony: Cultural Studies in Mutation?," *Theory,
Culture & Society*, 24(3), pp. 55~78.

Lazzarato, M.(1997), "Immaterial labor," P. Virno & M. Hardt(eds.), *Radical
Thought in Italy: A Potential Politics*, Minneapolis: University of
Minnesota Press, pp. 133~50.

Lippold, J.(2011), "A new algorithmic identity: Soft biopolitics and the
modulation of control," *Theory, Culture & Society*, 28(6), pp. 164~81.

Manovich, L.(2011), "Trending: The Promises and the Challenges of Big Social
Data"(http://www.manovich.net/DOCS/Manovich_trending_paper.pdf).

MGI(2011), *Big Data: The Next Frontier for Innovation, Competition, and
Productivity*, New York: McKinsey & Company.

McNay, L.(2009), "Self as enterprise: Dilemmas of control and resistance in
Foucault's the birth of biopolitics," *Theory, Culture & Society*, 26(6), pp.
55~77.

Parisi, L.(2009), "What can Biotechnology do?: Process-Events vs the Bio-Logic
of Life: The Global Genome: Biotechnology, Politics, and Culture by
Eugene Thacker Cambridge, MA: MIT Press, 2005," *Theory, Culture &
Society*, 26(4), pp. 155~63.

Pasquinelli, M.(2013), "The number of the collective beast: On the substance

of value in the age of the institutions of ranking and rating"(http://www.
    rebelnet.gr/articles/view/the-number-of-the-collective-beast-on-the-
    substance-of-value).
Stiegler, B.(2010), *For a New Critique of Political Economy*, Cambridge: Polity
    Press.
Terranova, T.(2000), "Free labor: Producing culture for the digital economy,"
    Social Text, *18*(2), pp. 33~58.
———(2004), *Network Culture: Politics for the Information Age*, London: Pluto
    Press.
———(2006), "The concept of information," *Theory, Culture & Society*, 23(2-3),
    pp. 286~88.

7장_ 네트워크 참여, 혹은 디지털 노동

김예란(2007), 「디지털 사회, 소통의 문화: 디지털대중문화에 대한 비판적 논고」, 『언
    론과사회』 15권 3호, pp. 39~70.
김홍중 외(2008), 「청춘의 종언: 2008년, 불안한 이십대를 위한 소고」, 『문학동네』 겨
    울호, pp. 198~236.
바우만, 지그문트(2009), 『유동하는 공포』, 함규진 옮김, 산책자. 〔Z. Bauman
    (2006), *Liquid Fear*, Cambridge: Polity Press.〕
이동후(2009), 「사이버 대중으로서의 청년 세대에 대한 고찰: 사회적 소통과 관여를
    중심으로」, 『한국방송학보』 23권 2호, pp. 409~48.
정민영(2009. 5. 1), "작전 짜는 인디 레이블," 『한겨레21』 758호(http://h21.hani.
    co.kr/arti/culture/culture_general/24861.html).

Arendt, H.(1958), *The Human Condition*, Chicago: University of Chicago Press.
    〔이진우·태준호 옮김(1996), 『인간의 조건』, 한길사.〕
Arvidsson, A.(2007), "Creative class or administrative class? on advertising and
    the 'underground'," *Ephemera: Theory & Politics in Organization*, 7(1),

pp. 8~23.

Aufderheide, P.(1998), "Niche-market culture, off and on line," D. Borden & K. Harvey(eds.), *The Electronic Grapevine: Rumor, Reputation and Reporting in the New On-Line Environment*, London: Lawrence Erlbaum Associates, pp. 43~57.

Barthes, R.(1973), *Le plaisir du texte*, Paris: Éditions du Seuil. 〔김희영 옮김(1997), 『텍스트의 즐거움』, 동문선.〕

Banks, J. & S. Humphreys(2008), "The labour of user co-creators: Emergent social network markets?," *Convergence: The International Journal of Research into New Media Technologies*, 14(4), pp. 401~18.

Benkler, Y.(2006), *The Wealth of Network: How Social Production Transforms Markets and Freedom*(http://www.jus.uio.no/sisu/the_wealth_of_networks.yochai_benkler/index.html).

Bourdieu, P.(1984), *Distinction: A Social Critique of the Judgement of Taste*, R. Nice(trans.), Cambridge, MA: Harvard University Press. 〔최종철 옮김(2005), 『구별짓기: 구별과 취향의 사회학』, 새물결.〕

Burgess, J.(2006), "Hearing ordinary voices: Cultural studies, vernacular creativity and digital storytelling," *Continuum*, 20(2), pp. 201~14.

Dahlgren, P.(2006), "Doing citizenship: The cultural origin of civic agency in the public sphere," *European Journal of Cultural Studies*, 9(3), pp. 267~86.

de Certeau, M.(1984), *The Practice of Everyday Life*, Berkeley: University of California Press.

Deuze, M.(2007), *Media Work*, Cambridge: Polity Press.

Deleuze, G.(2001), *Pure Immanence: Essays on A Life*, A. Boyman(trans.), New York: Zone Book.

Fortunati, L.(2007), "Immaterial labor and its machinization," *Ephemera*, 7(1), pp. 138~57.

Foucault, M.(2007), *Security, Territory, Population: Lectures at the Collège de France 1977~1978*, G. Burchell(trans.), New York: Palgrave Macmillan.

〔오트르망 옮김(2011), 『안전, 영토, 인구』, 난장.〕

Hall, S.(1980), "Encoding/Decoding," S. Hall, D. Hobson, A. Lowe & P. Willis(eds.), *Culture, Media, Language*, London: Hutchinson, pp. 128~38. 〔임영호 편역(1996), 「기호화와 기호 해독」, 『스튜어트 홀의 문화 이론』, 한나래, pp. 287~304.〕

Hall, S. & S. Maharaj(2001), *Modernity and Difference*, London: International Institute of Visual Arts.

Hardt, M.(1999), "Affective labor," *Boundary 2*, 26(2), pp. 89~100.

Hardt, M. & A. Negri(2000), *Empire*, Cambridge, MA: Harvard University Press. 〔윤수종 옮김(2001), 『제국』, 이학사.〕

Harney, S.(2006), "Programming immaterial labour," *Social semiotics*, 16(1), pp. 75~87.

Hartley, J.(ed.)(2005), *Creative Industries*, Malden, MA: Blackwell.

Jenkins, H. & M. Deuze(2008), "Editorial: Convergence culture," *Convergence*, 14(1), pp. 5~12.

Kittler, F.(1992), *Discourse Networks, 1800/1900*, Stanford: Stanford University Press.

Lazzarato, M.(1996), "Immaterial labor," P. Virno & M. Hardt(eds.), *Radical Thought in Italy: A Potential Politics*, Minneapolis: University of Minnesota Press, pp. 133~47.

──(2006), "Construction of cultural labour market translation"(http://eipcp. net/policies/cci/lazzarato/en/print).

Morley, D.(1992), *Television, Audiences and Cultural Studies*, London: Routledge.

Neff, G., E. Wissinger & S. Zukin(2005), "Entrepreneurial labor among cultural producers: 'cool' jobs in 'hot' industries," *Social Semiotics*, 15(3), pp. 307~28.

OECD(2007), *Participative Web and User-Created Content. Technical Report.*

Rogoff, I.(2000), *Terra Infirma*, London: Routledge.

Ross, A.(2004), *No-Collar: The Humane Workplace and Its Hidden Costs*,

Philadelphia: Temple University Press.

Suhr, Hiesun(2009), "Underpinning the paradoxes in the artistic fields of
MySpace: The problematization of values and popularity in convergence
culture," *New Media & Society*, 11(1-2), pp. 179~98.

Terranova, T.(2004), *Network Culture: Politics for the Information Age*, London:
Pluto Press.

Thrift, N.(2008), "A perfect innovation engine: The rise of the talent world,"
Distinktion, 6, pp. 115~40.

Turner, F.(2009), "Burning man at google: A cultural infrastructure for new
media production," *New Media & society*, 11(1-2), pp. 73~94.

Virno, P.(2004), *A Grammar of the Multitude*, Los Angeles: Semiotext(e). 〔김상
운 옮김(2004), 『다중: 현대의 삶 형태에 관한 분석을 위하여』, 갈무리.〕

8장 _ 리액션 비디오의 주목경제

김수철·강정수(2012), 「대중음악(k-pop) 산업에서의 트랜스미디어 전략: '강남스타
일' 사례를 중심으로」, 한국언론학회 가을정기학술대회 SBS 후원 특별세션 발
표문.

이기형·이영주(2012), 「인터넷과 SNS를 통한 감성적 참여와 공유」, 한국언론학회 엮
음, 『정치적 소통과 SNS』, 나남, pp. 243~82.

Andrejevic, M.(2004), *Reality TV: The Work of Being Watched*, Lanham, MD:
Rowman & Littlefield Publishers.

Bordwell, D. & K. Thompson(1993), *Film Art: An Introduction*, 4th edition,
New York: McGraw-Hill. 〔주진숙·이용관 옮김(1993), 『영화예술』, 이론과
실천.〕

Bird, S. E.(2011), "Are we all produsers now?," *Cultural Studies*, 25(4-5), pp.
502~16.

Bolter, J. B. & R. Grusin(1999), *Remediation: Understanding New Media*,

Cambridge, MA: MIT Press. [이재현 옮김(2006), 『재매개: 뉴미디어의 계보학』, 커뮤니케이션북스.]

Bruns, A.(2008), *Blogs, Wikipedia, Second Life, and Beyond: From Production to Produsage*, New York: Peter Lang Publishing.

Burgess, J. & J. Green(2009), *Youtube: Online Video and Participating Culture*, Cambridge: Polity Press.

Caldwell, J.(2004), "Convergence television: Aggregating form and repurposing content in the culture of conglomeration," L. Spigel & J. Olsson(eds.), *Television after TV: Essays on a Medium in Transition*, Durham: Duke University Press, pp. 41~74.

Carpentier, N.(2011), "Contextualising author-audience convergences: 'new' technologies' claim to increased participation, novelty and uniqueness," *Cultural Studies*, 25(4-5), pp. 517~33.

Carr, N.(2010), *The Shallows*, New York: W. W. Norton. [최지향 옮김(2011), 『생각하지 않는 사람들: 인터넷이 우리의 뇌 구조를 바꾸고 있다』, 청림출판.]

Couldry, N.(2004), "The productive 'consumer' and the dispersed 'citizen'," *International Journal of Cultural Studies*, 7(1), pp. 21~32.

──(2006), "Culture and citizenship: The missing link?," *European Journal of Cultural Studies*, 9(3), pp. 321~39.

Dean, J.(2010), *Blog Theory: Feedback and Capture in the Circuits of Drive*, Cambridge: Polity Press.

Evans, J. & S. Hall(1999), *Visual Culture: The Reader*, London: Sage.

Fortunati, L.(2005), "Mediatization of the net and internetization of the mass media," *Gazzette*, 67(1), pp. 27~44.

Fuchs, F.(2011), *Foundations of Critical Media and Information Studies*, London: Routledge.

Goffman, E.(1959), *The Presentation of Self in Everyday Life*, New York: Doubleday.

Goldhaber, M.(1997), "The attention economy and the net," *First Monday*, vol. 2, pp. 4~7.

Gregg, M.(2009), "Learning to (love) labour: Production cultures and the affective turn," *Communication and Critical/Cultural Studies*, 6(2), pp. 209~14.

Hall, S.(1980), "Encoding/Decoding," S. Hall, D. Hobson, A. Lowe & P. Willis(eds.), *Culture, Media, Language*, London: Hutchinson, pp. 128~38. [임영호 편역(1996), 「기호화와 기호 해독」, 『스튜어트 홀의 문화 이론』, 한나래, pp. 287~304.]

Hardt, M. & A. Negri(2000), *Empire*, Cambridge, MA: Harvard University Press. [윤수종 옮김(2001), 『제국』, 이학사.]

――(2005), *Multitude: War and Democracy in the Age of Empire*, New York: Penguin. [조정환·정남영·서창현 옮김(2008), 『다중: 제국이 지배하는 시대의 전쟁과 민주주의』, 세종서적.]

Jenkins, H.(2006), *Convergence Culture: Where Old and New Media Collide*, Cambridge, MA: MIT Press. [김정희원·김동신 옮김(2008), 『컨버전스 컬처: 올드 미디어와 뉴 미디어의 충돌』, 비즈앤비즈.]

Lim, V.(2007), "The visual semantics stratum: Making meaning in sequetial images," T. Royce & W. Bowcher(eds.), *New Directions in the Analysis of Multimodal Discourse*, London: Lawrence Erlbaum associates, pp. 195~214.

Marazzi, C.(2011), *Capital and Affects: The Politics of the Language Economy*, G. Mecchia(trans.), Los Angeles: Semiotext(e).

Marwick, A. & D. Boyd(2010), "I tweet honestly, I tweet passionately: Twitter users, context collapse, and the imagined audience," *New Media & Society*, 13(1), pp. 114~33.

Miller, V.(2008), "New media, networking and phatic culture," *Convergence: The International Journal of Research into New Media Technologies*, 14(4), pp. 387~400.

O'Halloran, K. L.(1999), "Interdependence, interaction and metaphor in multisemiotic texts," *Social Semiotics*, 9(3), pp. 317~54.

Papacharissi, Z.(2010), *A Private Sphere: Democracy in a Digital Age*,

Cambridge: Polity Press.

Ramstad, E.(2012. 8. 6), "Korea real time: Reaction Vids Get a Pop With 'Gangnam Style'," *The Wall Street Journal Asia* (http://blogs.wsj.com/ korearealtime/2012/08/06/reaction-vids-get-a-pop-with-gangnam-style/).

Shifman, L.(2012), "An anatomy of a Youtube meme," *New Media & Society*, 14(2), pp. 187~203.

Spigel, L. & J. Olsson(eds.)(2004), *Television after TV: Essays on a Medium in Transition*, Durham: Duke University Press.

Terranova, T.(2004), *Network Culture: Politics for the Information Age*, London: Pluto.

────(2012), "Attention, economy and the brain," *Culture Machine*, vol. 13(www.culturemachine.net).

Thornton, S.(1996), *Club Cultures: Music, Media, and Subcultural Capital*, Middletown, CT: Wesleyan University Press.

van Dijck, J.(2009), "Users like you? Theorizing agency in user-generated content," *Media, Culture & Society*, 31(1), pp. 41~58.

Žižek, S.(2009), *The Ticklish Subject: The Absent Centre of Political Ontology*, second edition, London: Verso. [이성민 옮김(2005), 『까다로운 주체: 정치적 존재론의 부재하는 중심』, b.]

9장 _ 문화판과 사람들

김문조(2005), 『IT의 사회문화적 영향 연구: 21세기 한국 메가트렌드 시리즈』, 정보통신정책연구원.

김숙현(2006), 「문화백수의 정체성과 정치성에 대한 탐구: 독립영화 제작인들을 중심으로」, 연세대학교 영상대학원 석사학위논문.

김예란(2002), 「독립영화 워크숍 활동을 통한 문화적 정체성 형성: 영국 런던의 소수민족 독립영화 활동을 중심으로」, 『언론과사회』 10권 3호, pp. 52~87.

김예란·신현준·전규찬(2005), 『미래사회의 문화인프라 예측 및 구축: 구조로부터 콘

텐츠로, 콘텐츠를 넘어 실천으로』, 정보통신정책연구원.

김은실(2006), 「강의를 열며: 지구화 시대 한국 사회 성문화와 성 연구방법」, 『섹슈얼리티 강의 두번째』, 동녘, pp. 18~47.

김창남(1995), 『대중문화와 문화실천』, 한울.

노명우(2006), 「'문화헌장' 제정과 문화정책의 과제」, 『문화과학』 46호, pp. 220~36.

문화관광부(2004a), 『창의한국: 21세기 새로운 문화의 비전』, 문화관광부.

──(2004b), 『새로운 한국의 예술정책』, 문화관광부.

──(2005), 『문화강국(C-KOREA) 2010』, 문화관광부.

박명진(1996), 「문화연구: 새로운 시각의 모색을 위하여」, 박명진 외 편역, 『문화, 일상, 대중』, 한나래, pp. 9~30.

박주영(2006), 『백수생활백서』, 민음사.

성기완(2005), "한국대중음악학회 토론회," 성공회대학교.

양은경(2000), 「1990년대 한국 문화연구의 형성과 권력효과」, 서울대학교 언론정보학과 박사학위논문.

원용진(2003), 「참여정부 문화정책의 주요 개혁과제: 문화부 정책 조정 및 조직개혁 문제를 중심으로」, 『참여정부 문화정책의 개혁과제 및 대안정책 제시를 위한 공개토론회 자료집』, pp. 28~51.

이동연(2005), 『문화부족의 사회: 히피에서 폐인까지』, 책세상.

이상길(2005), 「1990년대 한국 영화장르의 문화적 정당화 과정 연구: 영화장의 구조변동과 영화 저널리즘의 역할을 중심으로」, 『언론과사회』 13권 2호, pp. 63~116.

이상운(2006), 『내 머릿속의 개들』, 문학동네.

이원재(2003), 「참여정부 문화산업정책의 개혁과제」, 『참여정부 문화정책의 개혁과제 및 대안정책 제시를 위한 공개토론회 자료집』, pp. 66~85.

Adorno, T.(1991), *The Culture Industry*, J. M. Bernstein(ed.) London: Routledge.

Arendt, H.(1958), *The Human Condition*, Chicago: University of Chicago Press. [이진우·태정호 옮김(1996), 『인간의 조건』, 한길사.]

Böhme, G.(2003), "Contribution to the critique of the aesthetic economy," *Thesis Eleven*, 73, pp. 71~82.

Bourdieu, P.(1984), *Distinction*, Cambridge, MA: Harvard University Press. [최종철 옮김(2005), 『구별짓기: 구별과 취향의 사회학』, 새물결.]

────(1990), *The Logic of Practice*, Stanford: Stanford University Press.

────(1991a), *Language and Symbolic Power*, Cambridge, MA: Harvard University Press. [정일준 옮김(1997), 『상징폭력과 문화재생산』, 새물결.]

────(1991b), "The peculiar history of scientific reason," *Sociological Forum*, 6(1), pp. 3~26.

────(1993), *The Field of Cultural Production*, New York: Columbia University Press.

────(2005), *The Social Structures of the Economy*, Cambridge: Polity Press.

Bourdieu, P. & J.-C. Passeron(1977), *Reproduction in Education, Society and Culture*, London: Sage.

Bourdieu, P. & L. Wacquant(1992), *An Invitation to Reflexive Sociology*, Chicago: University of Chicago Press.

Burchell G. 외(eds.)(1991), *Foucault Effect: Studies in Governmentality*, Chicago: University of Chicago Press.

Butler, J.(1999), *Performativity's Social Magic*, R. Shusterman(ed.), pp. 113~28.

Cave, R.(2000), *Creative Industries*, Cambridge, MA/London: Harvard University Press.

Coleman, J.(2000), "Social capital in the creation of human capital," E. Lesser(ed.), *Knowledge and Social Capital*, Boston: Butterworth-Heinemann Publications, pp. 17~42.

de Certeau, M.(1984), *The Practice of Everyday Life*, Berkeley: University of California Press.

du Gay, P.(1998), *Production of Culture/Cultures of Production*, London: Sage.

Fevre, R.(2000), "Socializing social capital: Identity, the transition to work, and economic development," S. Baron 외(eds.), *Social Capital: Critical Perspective*, Oxford/New York: Oxford University Press, pp. 94~110.

Flew, T.(2005), "Creative economy," J. Hartley(ed.), *Creative Industries*, Malden, MA: Blackwell, pp. 344~60.

Hall, S.(1980), "Encoding/Decoding," S. Hall, D. Hobson, A. Lowe & P. Willis(eds.), *Culture, Media, Language*, London: Hutchinson, pp. 128~38. [임영호 편역(1996), 「기호화와 기호 해독」, 『스튜어트 홀의 문화 이론』, 한나래, pp. 287~304.]

Hall, S. & P. du Gay(1996), *Questions of Cultural Studies*, London: Sage.

Hartley, J.(ed.)(2005), *Creative Industries*, Malden, MA: Blackwell.

Hebdige, D.(1981), *Subculture: The Meaning of Style*, London/New York: Routledge.

Hesmondhalgh, D.(2002), *The Cultural Industries*, London: Sage.

────(2006), "Bourdieu, the media and cultural production," *Media, Culture & Society*, 28(2), pp. 211~31.

Hollands, R.(2002), "Divisions in the dark: Youth cultures, transitions and segmented consumption spaces in the night-time economy," *Journal of Youth Studies*, 5(2), pp. 154~71.

Kane, D.(2003), "Distinction worldwide?: Bourdieu's theory of taste in international context," *Poetics*, 32, pp. 403~21.

Lefebvre, H.(1991), *The Production of Space*, D. N. Smith(trans.), Oxford: Blackwell. [양영란 옮김(2011), 『공간의 생산』, 에코리브르.]

Lesser, E.(2000), "Leveraging social capital in organization," E. Lesser(ed.), *Knowledge and Social Capital*, Boston: Butterworth-Heinemann Publications.

McRobbie, A.(1994), *Postmodernism and Popular Culture*, London/New York: Routledge.

Mercer, K.(1994), *Welcome to Jungle*, New York: Routledge.

Miller, T.(2004), "A view from a fossil: The new economy, creativity and consumption: Two or three things I don't believe in," *International Journal of Cultural Studies*, 7(1), pp. 55~65.

Negus, K. & M. Pickering(2004), *Creativity, Communication and Cultural Value*, London: Sage.

Nixon, S.(2006), "The pursuit of newness: Advertising, creativity and the

'narcissism of minor difference'," *Cultural Studies*, 20(1), pp. 89~106.

Pratt, A.(2005), "Cultural industries and public policy, an oxymoron?," *International Journal of Cultural Policy*, 11(1), pp. 31~44.

Reguillo, R.(2004), "The oracle in the city: Beliefs, practices, and symbolic geographies," *Social Text*, 22(4), pp. 36~46.

Shusterman, R.(ed.)(1999), *Bourdieu: A Critical Reader*, Oxford/Malden, MA: Blackwell.

Soja, E.(1996), *Thirdspace: Expanding the Geographical Imagination*, Cambridge, MA: Blackwell.

Stichele, A. & R. Laermans(2006), "Cultural participation in flanders: Testing the cultural omnivore thesis with population data," *Poetics*, 34, pp. 45~64.

Terranova, T.(2000), "Free labor: Producing culture for the digital economy," *Social Text*, 18(2), pp. 33~58.

Thornton, S.(1996), *Club Cultures: Music, Media and Subcultural Capital*, Hanover: Wesleyan University Press.

Throsby, D.(2001), *Economic and Cultures*, Cambridge/New York: Cambridge University Press. 〔성제환 옮김(2004),『문화 경제학』, 한울.〕

Uricchio, W.(2004), "Beyond the great digital: Collaborative networks and the challenge to dominant conceptions of creative industres," *International Journal of Cultural Studies*, 7(1), pp. 79~90.

van Eijck, K. & R. Oosterhout(2005), "Combining material and cultural consumption: Fading boundaries or increasing antagonism?," *Poetics*, 33, pp. 283~98.

Willis, P.(1977), *Learning to Labor: How Working Class Kids Get Working Class Jobs*, New York: Columbia University Press. 〔김찬호·김영훈 옮김(2004),『학교와 계급재생산: 반학교문화, 일상, 저항』, 이매진.〕

Wang, J.(2004), "The global reach of a new discourse: How far can 'creative industries' travel?," *International Journal of Cultural Studies*, 7(1), pp. 9~19.

10장 _ 광장에 균열 내기: 촛불 10대의 정치 참여에 대한 문화적 해석

강내희(2008), 「촛불정국과 신자유주의」, 『문화과학』 55호, pp. 66~89.

강명구(1993), 「압구정 문화와 노동청소년 문화」, 『소비대중문화와 포스트모더니즘』, 민음사, pp. 233~74.

고병권 외(2008), 「특집 좌담: 좌파, 2008년 촛불집회를 말하다」, 『문화과학』 55호, pp. 15~65.

김영옥(2009), 「여성·국가·촛불: 광장과 살림은 어떻게 만나는가」, 당대비평 기획위원회 엮음, 『그대는 왜 촛불을 끄셨나요』, 웅진씽크빅, pp. 201~14.

김은실(2008), 「세계화, 국민국가, 생명정치: 촛불, "국민", "여성들"」, 한국여성학회·비판사회학회 공동 심포지엄, 『신자유주의 시대의 노동, 생명, 촛불정치 자료집』(2008. 9. 26).

김이구(2008. 5. 11), "아이들이 무슨 죄냐, 우리들이 지켜주자." 『오마이뉴스』 (http://www.ohmynews.com/NWS_Web/view/at_pg.aspx?CNTN_CD=A0000897908).

김정희(2008), 「'반쪽 생명여성주의자'가 보고 듣고 느낀 '촛불'」, 『환경과생명』 57호, pp. 95~108.

김종엽(2008), 「촛불항쟁과 87년체제」, 『창작과비평』 141호, pp. 36~59.

김진아 외(2009), 『열정세대』, 양철북.

김창남(1995), 「'유신문화'의 이중성과 대항문화」, 『역사비평』 32호, pp. 121~32.

김철규·김선업·이철(2008), 「미국산 쇠고기 수입 반대 촛불집회 참여 10대의 사회적 특성」, 『경제와사회』 80호, pp. 40~67.

박주연(2008), 「촛불을 든 여성들: 정치화 과정의 배경과 기제」, 한국정치사회학회 특별 심포지엄, 『촛불집회와 한국사회: 과제와 전망 자료집』(2008. 8. 7).

백승욱(2009), 「경계를 넘어선 연대로 나아가지 못하다: 촛불의 낙관주의에 대한 어떤 우려」, 당대비평 기획위원회 엮음, 『그대는 왜 촛불을 끄셨나요』, 웅진씽크빅.

서동진(2009), 『자유의 의지 자기계발의 의지』, 돌베개.

신진욱(2009), 「해석학의 존재론적 전환과 '정당한 이해'의 이상」, 『한국사회학』 43집 1호, pp. 23~55.

은수미(2009), 「촛불과 한국 사회 중산층의 자화상: 더 나은 촛불을 위한 한 연구자의

소고」, 당대비평 기획위원회 엮음, 『그대는 왜 촛불을 끄셨나요』, 웅진씽크빅.

이득재(2008), 「촛불집회의 주체는 누구인가」, 『문화과학』 55호, pp. 90~109.

이상길(2009), 「순수성의 모랄: 촛불시위에 나타난 '오염'에 관한 단상」, 당대비평 기획위원회 엮음, 『그대는 왜 촛불을 끄셨나요』, 웅진씽크빅.

이택광(2009), 「촛불의 매혹은 우리에게 무엇을 남겼나: 촛불, 익숙하면서 낯선 꿈의 풍경들」, 당대비평 기획위원회 엮음, 『그대는 왜 촛불을 끄셨나요』, 웅진씽크빅.

이해진(2008), 「촛불집회 10대 참여자들의 참여 경험과 주체 형성」, 『경제와사회』 80호, pp. 68~108.

전효관(2003), 「새로운 감수성과 시민운동」, 『시민과 세계』 3호, pp. 311~25.

정태석(2009), 「광우병 반대 촛불집회에서 사회구조적 변화 읽기」, 『경제와사회』 81호, pp. 251~72.

조명래(2008), 「초록정치의 눈으로 본 '촛불'의 재해석」, 『환경과생명』 57호, pp. 61~80.

조정환(2009), 『미네르바의 촛불』, 갈무리.

조한혜정(1999), 『학교를 거부하는 아이 아이를 거부하는 사회: 입시문화의 정치 경제학』, 또하나의문화.

――(2002), 「청소년 "문제"에서 청소년 "존재"에 대한 질문으로」, 조한혜정·양선영·서동진 엮음, 『왜 지금, 청소년?』, 또하나의문화, pp. 82~109.

최이숙(2002), 「1970년 이후 신문에 나타난 청소년 개념의 변화」, 서울대학교 신문방송학과 석사학위논문.

추주희(2009), 「'괴물(음식)', '촛불소녀' 그리고 사이보그」, 『진보평론』 39호, pp. 245~70.

테일러, 찰스(2010), 『근대의 사회적 상상: 경제 공론장 인민주권』, 이상길 옮김, 이음. 〔C. Taylor(2004), *Modern Social Imaginaries*, Durham: Duke University Press.〕

한홍구(2008), 「현대 한국의 저항운동과 촛불」, 『창작과비평』 141호, pp. 12~35.

홍윤기(2009), 「'무자년 촛불 항쟁'과 다중성 시민, 그리고 농성권력」, 사회와철학연구회 엮음, 『촛불, 어떻게 볼 것인가』, 울력.

Barfuss, T.(2008), "Active subjects, passive revolution," *Cultural Studies*, 22(6),

pp. 837~49.

Barnett, C., N. Clarke, P. Cloke & A. Malpass(2008), "The elusive subjects of neoliberalism," *Cultural Studies*, 22(5), pp. 624~53.

Benhabib, S.(1992), *Situating the Self: Gender, Community and Postmodernism in Contemporary Ethics*, London: Routledge.

Bhabha, H.(1994), *The Location of Culture*, New York: Routledge. [나병철 옮김 (2012), 『문화의 위치: 탈식민주의 문화이론』, 소명출판.]

Blackman, S.(2005), "Youth subcultural theory: A critical engagement with the concepts, its origins and politics, from the Chicago to postmodernism," *Journal of Youth Studies*, 8(1), pp. 1~20.

Boltanski, L.(1999), *Distant Suffering: Morality, Media and Politics*, Cambridge: Cambridge University Press.

Brown, W.(1993), "Wounded attachment," *Political Theory*, 21(3), pp. 390~410.

Butler, J.(1990), *Gender Trouble: Feminism and the Subversion of Identity*, New York: Routledge. [조현준 옮김(2008), 『젠더 트러블: 페미니즘과 정체성의 전복』, 문학동네.]

──(1997), *Excitable Speech: A Politics of the Performative*, New York: Routledge.

Dean, J.(1996), *Solidarity of Strangers*, Berkeley: University of California Press.

Farthing, R.(2010), "The politics of youthful antipolitics: Representing the 'issue' of youth participation in politics," *Journal of Youth Studies*, 13(2), pp. 181~95.

Hooks, B.(1991), *Yearning: Race, Gender, and Culture Politics*, Boston: South End Press.

Juris, J.(2008), "Performing politics: image, embodiment, and affective solidarity during anti-corporate globalization protests," *Ethnography*, 9(1), pp. 61~97.

Juris, J. & G. Pleyers(2009), "Alter-activism: Emerging cultures of participation among young global justice activists," *Journal of Youth Studies*, 12(1), pp. 57~75.

Maffesoli, M.(1996), *The Time of the Tribes: The Decline of Individualism in Mass Society*, London: Sage.

Mizen, P.(2002), "Putting the politics back into youth studies: Keynesianism, monetarism and the changing state of youth," *Journal of Youth Studies*, 5(1), pp. 5~20.

Muggleton, D.(2000), *Inside Subculture: The Postmodern Meaning of Style*, Oxford: Berg.

Muggleton, D. & R. Weinzierl(2003), "What is 'post-subcultural studies' Anyway?," D. Muggleton & R. Weinzierl(eds.), *The Post-Subcultural Reader*, Oxford: Berg, pp. 3~23.

Sayer, A.(2005), *The Moral Significance of Class*, Cambridge/New York: Cambridge University Press.

Spivak, G. C.(1988), "Can the Subaltern Speak?," C. Nelson & L. Grossberg(eds.), *Marxism and the Interpretation of Culture*, Urbana: University of Illinois Press, pp. 271~313.

Stahl, G.(2003), "Tastefully renovating subcultural theory: Making space for a new mode," D. Muggleton & R. Weinzierl(eds.), *The Post-Subcultural Reader*, Oxford: Berg, pp. 27~40.

Taylor, C.(1991), *The Ethics of Authenticity*, Cambridge, MA: Harvard University Press.

출전

1장 「상징체계와 인정 투쟁으로서의 소통」, 한국언론학회 엮음, 『한국 사회의 소통 위기』, 커뮤니케이션북스, 2011.

2장 「감성공론장: 여성 커뮤니티, 느끼고 말하고 행하다」, 『언론과사회』 18권 3호, 2010년 가을호, pp. 146~91.

3장 「디지털 지구 그리고 한국어라는 말우주」, 『문학동네』 18권 1호, 2011년 봄호, pp. 362~80.

4장 「디지털사회, 소통의 문화: 디지털대중문화에 대한 비판적 논고」, 『언론과사회』 15권 3호, 2007년 가을호, pp. 39~70.

5장 「'스마트' 체제에 대한 이론적 고찰: '장치'와 '주체의 윤리학'의 관점에서」, 『언론과사회』 20권 1호, 2012, pp. 178~226.

6장 「빅데이터의 문화론적 비판: 미셸 푸코의 생정치 이론을 중심으로」, 『커뮤니케이션이론』 9권 3호, 2013, pp. 166~204.

7장 「'참여'의 디지털 문화산업적 형성에 관한 연구: UCC 생산자를 중심으로」, 『한국 언론학보』 53권 5호, 2009, pp. 406~28.

8장 「리액션 비디오의 주목경제: K-Pop의 지구적 생산과 소비를 중심으로」, 『방송문 화연구』 24권 2호, 2012, pp. 161~92.

9장 「1990년대 이후 한국사회의 문화생산 공간과 실천에 관한 연구」, 『언론과사회』 15 권 1호, 2007년 봄호, pp. 2~40.

10장 김예란·김효실·정민우, 「광장에 균열내기: 촛불 십대의 정치 참여에 대한 문화 적 해석」, 『한국언론정보학보』 52호, 2010년 겨울호, pp. 90~110.

찾아보기